U0453357

少年儿童集体意识教育的理论与实践研究

辛治洋 著

中国社会科学出版社

图书在版编目(CIP)数据

少年儿童集体意识教育的理论与实践研究 / 辛治洋著. —北京:中国社会科学出版社,2020.6
ISBN 978 – 7 – 5203 – 6660 – 1

Ⅰ.①少⋯ Ⅱ.①辛⋯ Ⅲ.①少年儿童—集体主义教育—研究—中国 Ⅳ.①D432.62

中国版本图书馆 CIP 数据核字(2020)第 097370 号

出 版 人	赵剑英
责任编辑	伊 岚
责任校对	张爱华
责任印制	张雪娇

出　　版	中国社会科学出版社
社　　址	北京鼓楼西大街甲 158 号
邮　　编	100720
网　　址	http://www.csspw.cn
发 行 部	010 – 84083685
门 市 部	010 – 84029450
经　　销	新华书店及其他书店
印刷装订	北京七彩京通商务服务有限公司
版　　次	2020 年 6 月第 1 版
印　　次	2020 年 6 月第 1 次印刷
开　　本	710×1000　1/16
印　　张	22.25
插　　页	2
字　　数	365 千字
定　　价	128.00 元

凡购买中国社会科学出版社图书,如有质量问题请与本社营销中心联系调换
电话:010 – 84083683
版权所有　侵权必究

目　录

导论 ………………………………………………………………（1）
　一　当前少年儿童集体意识教育的新特征 …………………（1）
　二　国内外研究现状述评 ……………………………………（3）
　三　本课题的研究设计 ………………………………………（5）

第一章　从集体主义教育到集体意识教育 …………………（9）
　一　集体意识教育的内涵及其价值 …………………………（9）
　二　集体意识：当代德育的应然目标 ………………………（13）
　三　集体意识教育是个系统工程 ……………………………（24）

第二章　少年儿童集体意识的现实考察 ……………………（29）
　一　研究对象和资料收集 ……………………………………（29）
　二　小铮、小文集体概念的认知 ……………………………（33）
　三　小铮、小文的集体与个人之间关系理解 ………………（38）
　四　小铮、小文自身角色的诠释 ……………………………（60）
　五　小铮、小文集体制度的遵守 ……………………………（76）
　六　小铮、小文集体意识的特征 ……………………………（89）
　七　少年儿童集体意识的养成环境 …………………………（91）

第三章　品德课程中的集体意识教育 ………………………（98）
　一　研究对象与资料收集 ……………………………………（98）
　二　品德课程中集体意识教育的类型分析 …………………（104）
　三　品德课程中集体意识教育的现实困境 …………………（118）
　四　品德课程中集体意识教育的影响因素 …………………（131）
　五　改善品德课程中集体意识教育的建议 …………………（134）

第四章　集体活动中集体意识教育 …………………………（138）
　一　研究对象与资料收集 ……………………………………（139）
　二　活动设计忽视集体意识教育 ……………………………（141）

三　活动条件限制集体意识教育 …………………… （145）
　　四　教师错失集体意识教育机会 …………………… （152）
　　五　教育者个体意识的思维立场 …………………… （158）
　　六　教育者对集体的错误解读 ……………………… （163）
　　七　集体活动中集体意识教育的成功实践 ………… （165）
第五章　集体组织中集体意识教育 ……………………… （175）
　　一　研究对象与资料收集 …………………………… （175）
　　二　班委会组织理应具有集体意识教育的价值 …… （177）
　　三　班委会组织缺失集体意识教育的现实考察 …… （185）
　　四　班委会组织集体意识教育价值流失的根源 …… （207）
　　五　依凭班委会组织进行集体意识教育的建议 …… （215）
第六章　奖励中的集体意识教育 ………………………… （236）
　　一　研究对象与资料收集 …………………………… （236）
　　二　缺乏集体意识教育意蕴的奖励 ………………… （237）
　　三　在奖励中开展集体意识教育的建议 …………… （259）
第七章　批评中的集体意识教育 ………………………… （283）
　　一　研究对象与资料收集 …………………………… （283）
　　二　缺失集体意识教育意蕴的批评现状 …………… （285）
　　三　在批评中开展集体意识教育的建议 …………… （308）
结论 ………………………………………………………… （337）
　　一　从集体主义教育到集体意识教育 ……………… （337）
　　二　从合作意识教育到集体意识教育 ……………… （338）
　　三　从集体意识现状到集体意识教育 ……………… （340）
参考文献 …………………………………………………… （342）
后记 ………………………………………………………… （351）

导　论

　　集体意识教育是我国少年儿童德育体系中的重要内容。2005 年，《教育部关于整体规划大中小学德育体系的意见》规定，小学教育阶段的德育目标是：教育帮助小学生初步培养起爱祖国、爱人民、爱劳动、爱科学、爱社会主义的情感；树立基本的是非观念、法律意识和集体意识。

一　当前少年儿童集体意识教育的新特征

　　1. 少年儿童集体意识教育的政策地位比较稳固。总体看，教育行政部门的德育政策体现出政府对集体意识教育的充分关注。1981 年版的《小学生守则》《中学生守则》分别要求学生"关心集体"和"热爱集体"；1982 年版的《全日制五年制小学思想品德课教学大纲》提出"着重在小学生中培养爱国主义、集体主义和主人翁精神"；1986 年版的《全日制五年制小学思想品德课教学大纲》提出"对学生进行集体主义教育"；1990 年版和 1992 年版的《九年义务教育全日制小学思想品德课教学大纲》提出进行"热爱集体的教育"；《基础教育课程改革纲要》提出"培养学生……交流与合作的能力"；《义务教育品德与生活课程标准》（2011 年版）提出"关心他人，友爱同伴，乐于分享与合作""获得合作、协商、对话、分享、尊重的思想方式和行为方式"；《义务教育品德与社会课程标准》（2011 年版）提出"养成……热爱集体、团结合作、有责任心的品质""与他人平等地交流与合作，积极参与集体生活"。在我国，班集体建设一直是班主任工作的重心。班级是社会集体天然的基层组织，各级教育行政部门每年会分配优秀班集体的评审名额，班主任也以组建良好的班集体作为自己的基本职责。班集体建设逐渐成了我国班级工作的最大特色，在培养学生的群体意识、集体责任感等方面起到了重大作用。

2. 多种非集体意识在少年儿童的生活中渗透且影响深刻复杂。改革开放以来，社会上多元的价值观念乃至一些消极的观念在少年儿童的生活环境中渗透，干扰了少年儿童集体意识的形成。这些非集体意识主要有三种表现形式。第一种非集体意识是个人主义，它将他人当作工具，只想着自己，认为人可以依照自己的喜恶随意欺骗、挪用、舍弃、伤害、杀戮。第二种非集体意识是利他主义。利他主义不公开地假设人性是自私的，但期待人能够更看重别人的私利，包装和宣传毫不利己、专门利人的道德榜样。利他主义是利己主义的升级版，只不过将自私的权利交给了他人以成就自身的道德。第三种非集体意识是个体主义，它公开承认每个人都是自私的，每个人的自私权利是每个人自私的前提，以个体为立场思考人际关系，个体相比于集体才是根本。这些非集体意识都依存于人在社会中单子式的存在形式，依存于"每个人在本质上都是自足的"的假设，或公开或隐藏地出现在少年儿童的生活环境及教育过程中，对少年儿童集体意识的形成造成了极大的冲击。

3. 合作意识教育是集体意识教育的最大障碍。当前中小学最直观的德育形式就是提倡合作意识，这种形式也被称为合作意识教育。合作意识教育的目标仅仅是，参与者能从利益最大化的角度出发，平衡自身的个人利益与其他参与者的个人利益，在双赢的整体氛围中保证个人利益的最大化，从而避免"囚徒困境"式的、两败俱伤的局面出现。而集体意识教育试图使受教育者明白，一个人除了对自己的利益尤其是物质利益的追求外，还有一种超越个人、超越利益的特殊需求。这种需求不排除其他参与者，恰恰相反的是，参与者越多，越能使每个参与者得到更多的利益。集体意识教育不排斥对个人利益的关注，但更强调每个人的思想和行为是否配享在集体中的身份存在。也就是说，合作意识教育强调的是妥善处理好人与人的关系，而集体意识教育看重的是一个即一切（每个人的自由发展是一切人的自由发展的条件）的关系。合作意识教育单方面强调合作的重要性，而忽视了合作的前提，从而使所谓教育中的学生合作成为博弈和二次博弈的结果。合作基于博弈，但教育却在教大家放弃博弈。长此以往，这不仅导致教育公信力下降，也容易使受教育者人格分裂，造就一代精致的利己主义者。

4. 开展对集体意识教育的理论与实践的研究已迫在眉睫。《公民道德建设实施纲要》指出，集体主义作为公民道德建设的原则，是社会主义经济、政治和文化建设的必然要求。党的十八大报告也重申了深入开展爱国主义、集体主义、社会主义教育的重要价值。可见，开展对集体意识教育的理论与实践的研究是回应时代发展要求的重要途径，也能为培养少年儿童的集体主义价值观奠定基础，从而从根本上解决当前我国道德领域的突出问题。集体意识教育是中小学道德教育的主要组成部分，然而"中小学德育所培养的学生的基本道德素质没有形成，各种思想品德课中所体现出来的社会主导价值观没有内化，学生日常生活中出现种种典型不良品德"①的现象似乎没有好转。集体意识几乎在各个文化中都可被找到，但是在不同社会中其存在形态千差万别。集体主义不仅仅是口号，更应内化入国人的生活。但实际中，国人的集体意识总是突破不了伦理的范畴，摆脱不了血缘、地缘的纽带，缺乏对陌生人的关怀与对社会的认同与责任。"各人自扫门前雪，莫管他人瓦上霜"的思想状态源于古代小农社会的局限，历史不容改变，现实更需要被正视。精神文明与物质生产的落差难以遮掩，集体意识教育已经不能再停留于口头或政策文件上的呼喊状态，必须将集体意识深深植入儿童的灵魂之中。本研究试图揭示集体意识教育及相关概念的内涵，研究少年儿童集体意识的具体内容和形成规律，探索开展集体意识教育的制约因素，将集体主义教育儿童化，揭示集体意识教育的有效途径和方法，以开展贴近少年儿童思维特点和生活实际的集体意识教育，从而为少年儿童集体意识教育提供具有可操作性的建议。

二 研究现状述评

1. 国外研究现状述评

西方的集体意识教育研究可以追溯到古希腊时期，古希腊先贤们所使

---

① 翟天山、杨炎轩：《学校德育有效性的现实考察及其评价》，《教育理论与实践》2000年第7期。

用的"共同体"一词来源于拉丁词汇 communit（团体），是 communis（共同）与 unity（联合）拼接而成的新词。马克思在《德意志意识形态》里认为，"只有在共同体中，个人才能获得全面发展其才能的手段"①。涂尔干在《社会分工论》中首次提出了"集体意识"概念。涂尔干认为，集体意识是一种具有共性精神气质的社会事实，是社会分工存在的精神基础。涂尔干认为应该在社会整体层面形成社会全体成员共同遵守的规范，培养共同的信仰和情感，同时在各个职业活动领域通过法团来规范各领域特殊的职业伦理。当代社群主义者著书立说，产生了如加拿大的查尔斯·泰勒的《自我的根源——现代认同的形成》、美国的阿拉斯代尔·麦金太尔的《追寻美德》等作品，认为重建道德共同体是追寻美德的前提。但在如何实现共同体，如何形成共同体意识等问题上，社群主义者并没有给出一个教育学上的解答方案。

集体意识教育的前身是集体教育或集体主义教育，具有现代学校教育理念的集体教育或集体主义教育是苏联的发明。早在20世纪30年代，克鲁普斯卡娅就作过许多关于集体生活和集体主义教育的论述。1947年凯洛夫的《教育学》中也有关于班集体和集体主义教育的内容。马卡连柯认为，一个人只有长时间地参加了有合理组织的、有纪律的和有自豪感的那种集体生活时，集体意识才能培养起来。苏霍姆林斯基在《培养集体的方法》《学生集体主义情操的培养》等著作中详细地阐述了学校集体及其培养原则、集体的思想和公民精神的基础、集体对个人教育影响的形成、教师集体和学生集体等内容。

2. 国内研究现状述评

在改革开放以前，我国少年儿童集体意识教育的主要目的就是培养"集体主义者"。这种过于政治化和超越少年儿童身心发展阶段的教育，随着那个时代的结束也一并在教师们和研究者们的视野中淡化了。改革开放以来，学者们对于集体意识教育相关问题的关注主要表现为四个方面：一是如吴式颖、顾明远、李学农等对于马卡连柯和苏霍姆林斯基教育思想的述评和学习；二是如赵存生、沈瑞莲等强调在市场经济等条件下培养集体意识的必要性；三是如蒋朝林等着重研究大学生集体意识教育；四是如

---

① 《马克思恩格斯文集》（第一卷），人民出版社2009年版，第571页。

班华、魏书生等着重研究班集体建设和集体教育的内涵与方法。但整体而言，正如陈桂生所指出的，进入21世纪以后，对于学生集体意识教育，除了在学校班集体建设实务中还保留了一些痕迹之外，教育理论界的关注已降至1949年以来的最低水平，相关的研究成果也实属凤毛麟角。

学者们忽视集体意识教育研究的主要原因有三：一是长期以来，少年儿童的集体意识教育忽视了少年儿童的认知特点和思维发展规律，强行将成人世界的集体主义思想灌输给少年儿童，缺少集体意识教育的科学性和艺术性，这种没有实际效果和愉悦体验的教育不可能激发研究的兴趣。二是我国处于社会转型期，独生子女的大规模出现、市场经济对竞争的强调等都易于滋生个人主义、利己主义等思想潮流，这些潮流严重地侵扰了理论界的集体意识教育立场。三是西方个体主义价值观念的冲击和管理主义思想的渗透，使学者忽视集体意识教育。改革开放以来，实践在检验并抵制着人们对集体主义的极端理解，西方自由主义和个体主义思潮乘虚而入并潜移默化地影响人们的思想和行动。同时，西方管理主义思想也侵入教育学领域，以至于教育学教材中的"班集体建设"内容逐渐被替换成了班主任的"班级管理"，教育实践界也无法认识到集体意识教育的重要价值。

上述学者的研究揭示了集体意识教育的价值和意义，有些还提供了进行集体意识教育的方法。可以说，紧扣时代脉搏、注重实践经验和承认人的道德可塑性是上述研究的基本特点。国外与国内的研究现状表明，少年儿童的集体意识教育需要应对时代发展的新变化，回应国家社会事业发展的新要求，根据少年儿童的认知、意识、信念、情感的阶段性特点，建构集体意识教育的分层体系，使少年儿童在潜移默化中认同所传达的价值和意义，构建其集体意识。

三　本课题的研究设计

1. 研究思路与基本内容

本书的基本内容包括理论研究、调查研究和实践研究三个部分。

理论研究主要通过对集体意识教育与集体主义教育的比较，厘清了集体意识教育的内涵及价值。在当前我国中小学的德育实践中，"培养团结互助的良好品质""形成合作意识""合作意识教育"等用法频频出现在政策文本和教学用语中。基于当前基础教育中"合作意识教育"的实际情况，本研究分析了合作意识教育与集体意识教育的差别，提出了集体意识教育的内涵和教育途径。

调查了解学生集体意识现状是保证集体意识教育行之有效的前提。为了更具体细致地发现问题，本研究在前人大数据调查的基础上，选择一名班干部（纪律委员）和一名普通学生作为研究对象，从对集体概念的认知、对集体与个人之间关系的理解、对自身角色的诠释及对集体制度的遵守四个维度进行对研究对象的集体意识的观察和测量，以真实案例展现学生集体意识的现实状态。

实践研究扎根于少年儿童的教育现场。在教育教学情境中，教师对学生有以下四种教育方式：一是依据教育部门规定的课程标准、教材、教学计划和课时安排而开展的教育；二是学校根据实际情况，以少先队活动和班级活动的形式所展开的有一定教育目的和活动计划的教育；三是在日常的学习和生活组织中，通过常规的集体创建和任务完成活动开展的教育；四是通过以教师对学生日常行为进行奖励或批评为内容的评价方式开展教育。实践研究基于上述教育方式，分别从品德课程、集体活动、班级组织、奖励批评几个角度，分析集体意识教育的现状，展现各种方式的教育效果，以期发现集体意识教育的合理方式。

2. 研究方法

本研究综合采用了个案研究法、质的研究等多种研究方法。

个案研究一般是对研究对象的一些典型特征进行全面、深入的考察和分析，也就是所谓"解剖麻雀"的方法。本研究以笔者本人作为研究工具去观察学生集体意识的现状，展现当代学生集体意识的实际情况，而研究目的并不是推广本研究的研究结论，因而选取个案研究法。本研究对两个学生个体的集体意识进行深入全面的探索、描述和分析，以获取他们在集体概念认知、集体归属感、集体定位和集体纪律等方面的特征。

质的研究需要研究者通过在研究过程中的亲身体验，对被研究者的感受和想法进行必要的解释。与量的研究不同，质的研究通过研究者与被研究者之间的互动来对特殊事件进行长期而细致的探究与体验。本研究之所以选择质的研究的方法，主要由于研究的现实需要。只有通过现实教育情境中的观察与访谈，人们才能够了解品德课程、集体活动、集体组织中集体意识教育价值流失的现状，才能发现教师的奖励和批评行为中的集体意识教育的实际情况、集体意识教育出现的种种状况的深层原因以及笔者的干预下集体意识教育的状况与改变。

3. 研究历程

本项目的研究团队主要由笔者和笔者的研究生组成。立项之后，我们收集国内外相关文献，解决集体主义教育与集体意识教育的相关理论问题与集体意识教育的内涵问题。这一工作在2014年基本完成。

在此基础上，经申请笔者被单位派到安徽师范大学附属小学挂职，笔者的研究生也随之全部进入该学校开展实践和研究工作。安徽师范大学附属小学是一所有着60多年办学历史的知名小学，硬件设施与师资力量在芜湖市均处于领先地位。学校生源比较分散，学生有的来自高校教师、政府官员的家庭，也有的来自普通工薪阶层和工商行业的家庭，还有将近1/3的学生来自城市拆迁的回迁家庭。选择该校的少年儿童为研究对象，不仅因为该校的办学条件和学生来源符合研究要求，也因为该校领导和教师的开门办学心态。在该校领导的支持下，我们被安排到不同班级跟班听课，参与全校的各类活动，全程参与了该校少先队活动课程体系的建设。多样的参与方式为我们提供了可靠的研究素材。这一工作历时3年多，到2016年基本完成。

在研究过程中，研究团队坚持每周举行一次研讨会。我们重点把握了整体研究与各子课题研究之间的逻辑关系，使核心概念具有一致性。同时，我们也反复研讨案例的真实性及其对课题的支撑意义。笔者在一些德育学术研讨会以及面向基层教师的讲座中发表了阶段性研究成果，以向相关专家请教、向一线教师验证理论的解释力，最终形成本书。

4. 研究的信度与效度问题

在对我国集体意识教育的文本分析中，分析对象是人教版的《语文》《品德与社会》和《品德与生活》等教材。而根据教育部的统一部署，2017年9月新学期，全国中小学一年级统一使用《语文》《道德与法治》新教材。由于研究时间的限制，本研究未能就新教材进行文本分析，这不能不说是一个遗憾。

在个案研究部分，本研究展现的是个案的集体意识现状，而非全体少年儿童的集体意识状况，因此个性与共性的问题仍需关注。实践研究将观察法和访谈法作为最主要的资料搜集方法，如果观察对象和访谈对象有戒备心理，那么本研究的信度也会下降，这也需要注意。

此外，为保护研究对象的隐私，本书中出现的所有班级名与人名，均为化名。

第一章　从集体主义教育到集体意识教育

正确处理集体主义教育与学生思维的发展阶段之间的关系，不仅要求教育工作者细致厘清集体主义作为社会主义道德原则的理论内涵和发展层次，还要求他们认真考量少年儿童道德认知发展的阶段性。本书认为，在少年儿童中开展集体意识教育，是贯彻社会主义道德原则的恰当举措。

一　集体意识教育的内涵及价值

（一）集体意识教育的内涵——基于其与集体主义教育的逻辑关系

集体意识与集体主义是很容易被混淆的两个概念，因此集体意识教育和集体主义教育也容易被混为一谈。当然，集体意识与集体主义的不同在于"意识"与"主义"的不同。意识是人对环境和自我的认知能力和认识清晰程度，而主义是人对行为和生活方式所持有的系统的理论观点、思维模式和行为原则。意识是具体的，主义是抽象的；意识是个体的，主义是普遍的思维方式原则主张；意识是初步的、不稳定的心理状态，主义是成熟的、坚定的行为原则。因此，集体意识是对集体主义的朴素感情，是对集体的信念、价值和规范的认同，是对集体的荣誉感、责任感和信赖感。集体主义更强调集体优先于个人，以集体而非个体作为思维的基本单位和行为原则，认为每个人的自由发展是一切人自由发展的条件。由此可知，集体意识是少年儿童对集体主义的朴素感情。

集体意识与集体主义联系紧密，因为集体主义的逻辑起点是集体意识，故集体主义教育的起点就是集体意识教育。而集体主义教育又不止于集体意识教育。集体意识教育应当为集体主义教育实现两个方向的拓展。一个方向是向内，使集体成员意识到集体福祉的增加不以减少某（些）

成员的福祉为代价（除非有效补偿）。另一个方向是向外，因为越大的集体越具有思维的优先性。在拓展之下，集体意识教育就可以引领学生在具体的情境和行为中体认到集体意识，进而形成成熟稳固的、被社会群体普遍认同与作为行为准则的集体主义。总之，集体意识教育培养学生朴素的集体主义思想感情，使之珍爱集体生活、具有初步的集体认同感，是集体主义教育的初级形态。

综上所述，集体意识教育以具体的集体为起点，包括形成集体认同感（如"我属于这个集体，无法逃脱和选择"的看法）、集体责任感（如"我为这个集体承担具体的责任"的看法）和集体荣誉感（如"我为集体形象而骄傲或羞愧"）的教育，也就是人们常说的集体教育。更早的"集体教育"与个别教育、单独教育相对应，强调在群体中开展教育，更应被称作"群体教育"。读者应厘清这几个概念。

（二）集体意识教育的价值

正如马克思所言："社会——不管其形式如何——是什么呢？是人们交互活动的产物。人们能否自由选择某一社会形式呢？决不能。"[①] 按照马克思的观点，人的本质是一切社会关系的总和。要战胜自然界，创造物质生活资料，单靠个体的力量是不行的，必须结成一定的关系。

马克思在《德意志意识形态》中提出"真正的共同体"和"虚假的共同体"两种不同性质的集体，也就有了两种不同性质的集体意识。"虚假的共同体"意识扼杀个人的主体性，禁锢自由、磨灭个性，其思想基础是个人的。马克思指出："只有在共同体中，个人才能获得全面发展其才能的手段，也就是说，只有在共同体中才可能有个人自由。"[②] 也就是说，人只有具有集体意识，才可能实现自由的全面发展。人是社会性的存在，每一个人在社会中都是通过共同体而组成社会的，共同体是每个人的基本构成单位，人的利益选择也是通过共同体获得的，所有的共同体都是一种利益共同体，因为共同体是人类的本性，人类不管出于情感，还是出于恐惧，都是要结盟组成共同体的。

---

① 《马克思恩格斯文集》（第十卷），人民出版社2009年版，第42页。
② 《马克思恩格斯文集》（第一卷），人民出版社2009年版，第571页。

1. 个体对社会具有依赖性

我们为何非要进行集体意识教育？要回答这个问题，就要先回答个体与社会的关系问题。集体意识教育是必不可少的，根源于个体与社会的相互依赖。个体对社会的依赖性体现在三个方面。

第一方面，社会决定了个体的属性。古希腊著名的古典政治哲学家亚里士多德在论述个体与社会的关系时，曾说过"人天生是一种政治动物"①。这句话浓缩了亚里士多德对于人的本性与社会（城邦共同体）之间关系的认知，他认为个体只有融入城邦，参与城邦的共同生活，才能够不断发展完善人的本性。马克思就人与社会的关系在《关于费尔巴哈的提纲》中曾经提出，人的本质，不是单个人所固有的抽象物，而是一种社会关系的总和。② 作为社会的一员，我们自出生起就处在既定的社会文化背景之下，受到已有的社会文化规范和社会价值观念的影响，我们的个性特征与行为方式无不深深地带着文化规范与价值观的烙印。个体的属性由社会决定，即"我是谁"是由社会的价值观念与文化传统所决定的，个体不能决定"我是谁"，而只能在社会生活中不断地进行自我认识，逐渐发现自我。

第二个方面表现为个体的存在需要他者的承认。这里以及下文中的"他者"指的都是普遍化的他者，既包括异于个体独立存在的他人，也包括社会及其文化规范与价值观念。马斯洛的需求层次理论将人的需求分为生理需求、安全需求、归属与爱的需求、自尊需求、自我实现的需求5个层次。个体的存在不仅需要物质生活的满足，还需要精神生活的满足。精神生活的满足在个体与他者的双向承认中实现，个体的自我认同感能够促使个体理智地看待自己以及与自己相关的外在世界。但是个体的自我认同不能独立存在，会受到他者的影响。与个体交往的他人如何评价看待自己，当时的社会生活、价值观念是否承认个体的存在，这些因素参与了个体自我认同感和自我意识的形成过程。只有获得与他者一致的认同与承认，并自觉承认社会中的他者，个体才能够较好地存在于社会之中。

第三个方面就是个体的发展需要他者的协助。个体作为社会中的一

---

① ［古希腊］亚里士多德：《政治学》，颜一、秦典华译，中国人民大学出版社2003年版，第4页。

② 参见《马克思恩格斯文集》（第一卷），人民出版社2009年版，第505页。

员，不可避免地要与社会、社会中的他人、集体（群体）发生千丝万缕的联系。离开了互相依赖、互相交叠的群体，人们便无法获得长足的发展，人类也不能够长久的存在。社会不仅为个体的发展提供了物质保障，还为个体的发展提供了精神保障。个体的社会性决定了个体的生存与发展离不开社会的保障。离开了社会，个人的发展也便随之停滞。泰勒认为，个人作为一个自主的主体，只有在社群中才能够发展起来。在人与社会的关系中，人天生就具有本能的趋社会性，人无法作为纯粹孤立的个体脱离于社会，社会在个体本性的发展和完善过程中发挥着潜移默化的影响。[①] 个体发展所直接接触的他人也对个体的发展产生举足轻重的影响。团队意识、合作精神的倡导无不反映了个体的局限性。正如瑞士心理学家荣格所言，"我"需要"我们"才能够做到真正的"我"。英国的查尔斯·汉迪在《饥饿的灵魂》一书中写道："但我们实在已经无法毫不顾及他人，而自由自在地生活；也无法离群索居，完全与人脱离，因为越是专注于自己拿手的事，就越需要他人的协助，自给自足是无益的梦想。"[②] 汉迪无非是说，个体发展需要他人的协助，我们不可避免地要与他人休戚相关，尽管有的时候我们并不希望如此。澳大利亚哲学家彼得·辛格在论述个体与他人的关系时认为，个体如果完全只关心与自己相关的事情，或者想要彻底的自给自足，实际上就等于穷其一生写自己的自传，除了写自传以外，生命便再无可写之处。这些看法无不论证了社会与他人对个体发展的影响。

2. 社会的发展依靠个体的推动

个体是社会中的个体，社会的发展依靠个体的共同推动。这里的个体绝非完全独立的原子式个体。社会的发展并不能理想化地期望通过每个独立个体的最大化发展实现。原子式的个体以自我为先决条件，专注于追求自我价值与自我认同，而置集体于不顾。这样的个体根本无法承担起推动社会发展的重任，专注于自我，排他地追求个人利益的过程中会阻碍社会最大化发展。本研究中所指的个体是从属于某个具体集体且具有一定集体

---

① 参见俞可平《社群主义》，东方出版社2015年版，第62页。

② ［英］查尔斯·汉迪：《饥饿的灵魂个人与组织的希望与追寻》，赵永芬译，中国人民大学出版社2006年版，第24页。

意识的个体，只有这样的个体才能够促进社会的发展。"迪克汉姆确信：倘若没有集体意识，就不会有社会，也不可能有社会生活。"① 有集体意识的个体会在追求个人目标的同时，时刻地关注自己所从属集体的共同发展目标。他们不会为了个体的发展而破坏集体的公共秩序与公共环境。集体一员的身份意识与强烈的道德感会不断提醒个体在与他人协作的过程中为每位集体成员创造更好的生活共同体。个体的发展与社会的发展实际上是浑然一体的。我们来到这个世界，就不可避免地要归属于各类群体或集体，如家庭、社区、国家等。不管我们自己是否愿意，我们对自己所归属的团体都有一定的义务。我们不仅无法摆脱它们，相反，我们还需要它们的帮助来完成自我发展。只有关注社会的公共目标，发展社会的公共利益，社会利益才能最大化，个体才能够从中获取最大化的发展。"集体意识"这一共享的道德规范和行为准则是对个体自私自利行为的约束，也是对个体关注公共领域、追求公共利益行为的倡导。

生活于社会中的个体，不能将关注的焦点仅仅集中于自我实现和自我利益的获得。而应该具备一定的公共视野和集体精神，从禁锢自我的区域中抽离出来，转向集体的共同生活和共同目标。人与社会以及人与他者的休戚相关的相互关联性，论证了集体意识以及集体意识教育的必要性。

二 集体意识：当代德育的应然目标②

（一）共同目标与身份意识：集体意识教育的教育目标

在当前我国中小学的德育实践中，"集体意识"及相关概念逐渐被边缘化。耐人寻味的是，"培养团结互助的良好品质""形成合作意识""合作意识教育"等词汇如雨后春笋般频频出现在政策文本和教学用语中③。

---

① ［英］保罗·霍普：《个人主义时代之共同体重建》，沈毅译，浙江大学出版社 2010 年版，第 27 页。
② 辛治洋：《从"合作意识"到"集体意识"：当代德育目标的应然转变》，《教育研究与实验》2017 年第 6 期。
③ 《基础教育课程改革纲要》提出"培养学生……交流与合作的能力"；《品德与生活》（2011 年版）提出"关心他人，友爱同伴，乐于分享与合作""获得合作、协商、对话、分享、尊重的思想方式和行为方式"；《品德与社会》（2011 年版）提出"养成……热爱集体、团结合作、有责任心的品质""与他人平等地交流与合作，积极参与集体生活"。

在这种背景下，重提集体意识教育，首先要厘清集体意识教育的价值逻辑和教育目标。

对于人与人的关系，第一种人是人我不分的，将他人视为工具。人可以根据喜恶随意地欺骗、挪用、舍弃和杀戮，这种想法可被称为个人主义。第二种人不公开却先在地承认每个人都是自私的，不过，为了避免自私带来的恶果，他们期待每个人看重别人的私利，包装和宣传"毫不利己、专门利人"的道德榜样，这种想法可被称为利他主义。利他主义是利己主义的升级版，与利己主义相比，将自私的权利交给了他人以成就自身的道德。第三种人公开承认每个人都是自私的，人的自私权利是每个人自私的前提，形成以个体（不是个人）为单位的个体主义。在个体主义的理解中，集体不过是程序性存在，个体才是根本。这三种理解都强调人的单子式存在价值，认为每个人在本质上都是自足的，唯一的区别是前两者的界限在人我，第三者在人人。第四种人认为，人的生活可以分为物质生活和精神生活，在技术发达的今天，物质生活或许可以自足，但精神生活却一直以共在为前提。或者说，共在先于存在，共在是存在的条件。[①]第四种理解直接将每个人与一切人相关联，在共在理念下理解共存的内涵。

比如，在长跑比赛中，上述四种理解就有区别。第一种人默认只有自己才能是优胜者，其他人存在的价值是烘托"我"的胜出。所以，赢了就欢天喜地，输了就哭闹耍赖。第二种人也默认每个人都想着自己胜出，但在"友谊第一、比赛第二"的宣传教育下，每个人都隐藏着自己的求胜欲望。胜出者一定要将胜利归因于失败者的谦让。第三种人首先承认每个人都想自己胜出，且制定一种规则，保证胜出者凭借个人能力而非其他因素胜利。在第四种理解中，第一不仅仅是胜出者的胜利，也是所有人的"更快"的实现。对于胜出者而言，他不仅可以沉浸在自己的喜悦中，还应该感激其他的参与者——并非感激对方的谦让，而是感激对方的参与。因为正是所有人对"更快"的追求和共同参与赋予了胜利价值，也因为所有人对规则的遵守才使得胜利成为可能。对于其他参与者而言，参与不仅仅为了自己取得第一，也包含对"更快"的向往和追求，对共同的规

---

① 参见赵汀阳《第一哲学的支点》，生活·读书·新知三联书店2013年版，第251页。

则的遵守。

第四种理解就是集体意识。拥有集体意识的人在思维方式上有两个显著特征。

首先，有共同目标而非只有个人目标。

我们可以将人的行为目标划分为三类。第一类是排他的独享性目标，我获得即意味着你的失去。第二类是互惠的分享性目标，我与你共同实现各自目标，包括相同（并非共同）目标的直接互惠和不同目标的间接互惠。第三类是共同的共享性目标，只有大家共同拥有才能实现每个人的拥有。三类目标往往在同一事件中出现。比如在马路上行车，在某一固定时刻，马路的某块地段为某辆车所独占，某车在拥堵时见缝插针，就是排他性目标的实现过程。两车相遇时一方以低速避让对方是一种具有相同目标的互惠行为，都是为了方便快速地达到各自的目的地。靠右行驶就类似于制度性的目标分享，因为它在最大程度上保证了各行其便。实现马路通畅是共享性目标，因为它既是每位驾驶员所需要的，也是超越驾驶员私利的公共理念。虽然它的存在不取决于某位驾驶员是否遵守，但每位驾驶员的遵守又是它顺利实现的条件。

共享性目标即为共同目标，独享性目标即个人目标。共享性目标和独享性目标是从个体角度提出来的，共同目标和个人目标是从集体角度提出来的。共享与独享及个人与共同是一体之两面，是集体意识的基本特征之一。如果追求互惠性目标，则陷入了"合作"意识；如果追求排他性目标，则陷入了"利己"或"利他"意识。但在一定程度上，共享性目标并不排斥且能包容互惠性目标，也能统整部分排他性目标。比如，基于为班级选出最理想的代表的共享性目标，可以包容选出代表以更好地为我服务的互惠性目标，也可以统整"我"争取成为理想的代表的排他性目标。可见，共同目标与其他目标的关系并非水火不容。与个人目标不同，共同目标既是每个人的目标，也是所有人的目标。这一点在道德领域与马克思"每个人的自由发展是一切人的自由发展的条件"的历史唯物主义命题相呼应。

其次，有"身份"意识而非只有"身份证"意识。

"身份"和"身份证"是比喻。"身份证"强调消极自由。以赛亚·伯林说："若无人干涉我的活动，则通常说我是自由的。"有"身份证"的人，对消极自由的演绎已经超出了伯林的"免于被干预"，而只是强调：该我享受的，除非我主动放弃，否则都得是我的（甚至我放弃你都得为我留着）；该我承受的，除非引起公愤，否则我都可以不承受。有"身份证"的人完全凭着自己的喜好做事，如果突发奇想想做卫生，哪怕本该别人值日，也会越俎代庖；如果突然想去看电影，哪怕本该做值日，也会偷着溜走或找个借口请假。在有"身份证"的人看来，只要没有开除我的可能，我就可以一直随心所欲下去。甚至，当你还没开除我的时候，我已经带着"身份证"远走高飞。对于有"身份证"的人而言，他不隶属于任何群体，但他可以进入任何群体，他不需要为这个群体负责，但群体得为他负责。

没有特定的集体就没有特定的身份，所以，集体立场是有"身份"的人的基本立场。有"身份"的人一直处于积极主动的状态，能在不同的时间与场合扮演不同的角色，能因为时空变化带来集体"身份"转换。"个人的出发点总是他们自己，不过当然是处于既有的历史条件和关系范围之内的自己。"① 在集体中有"身份"的人在实现自己最大价值的同时也实现了集体最大的价值，思考问题的出发点首先是集体行动的便利与每个人价值的实现，而不是我该取舍多少。所以，有"身份"的人关注的是集体中每个人的尊严和价值，为了尊严和价值有"身份"的人制定或遵守规则，依据规则做好自己的分内之事。

有"身份"的人似乎经常在谦让，但这种谦让不能被简单地理解为对个人利益的放弃，而应理解为对集体中每个人的身份和自由的尊重。正如孔子所言："君子无所争。必也射乎！揖让而升，下而饮，其争也君子！"② 所以，有"身份"的人在竞争中，不担心竞争对手强大，因为对手的强大提升了自身以及竞争的价值，也赋予了输赢双方尊严；而有"身份证"的人在竞争中，时常在想着剥夺对方的"身份证"，用对方的缺点来凸显自己的水平。从这个意义上说，很多球迷不能被称为球迷（因为他们只是某球队的"粉丝"），每次比赛他们欣赏的不是那射门的精彩、那配合的巧妙，而是着急对手为什么还没有被罚下场，想着对手能不能自摆乌龙。对于有"身份证"的人来说，每次分配与竞争都是一次煎

---

① 《马克思恩格斯文集》（第一卷），人民出版社2009年版，第571页。
② 杨伯峻：《论语译注》，中华书局2012年版，第34页。

熬，总想着自己的胜出和对手的放弃；而对于有"身份"的人来说，每次分配与竞争都是一次享受，享受着遵守游戏规则时的游刃有余和做人的尊严。从这个意义上说，有"身份证"的人与有"身份"的人的差别是他主与自主的差别，是虚假的集体意识与真实的集体意识的差别。有"身份证"的人考虑的永远是自己、属于自己的东西并严防自己付出，眼中没有其他人，没有群体和集体概念；而有"身份"的人考虑的是共存共荣、存在的便利、付出与享受的尊严和价值。

在上述识别特征中，共同目标立足于个体的集体识别，身份意识立足于集体的个体识别，两方面相辅相成，构成了集体意识的基本内涵。

（二）"合作意识教育"与"集体意识教育"的区别

通过上述分析，我们不难看出，无论是具体路径，还是教育目标，合作意识教育在逻辑和事实上都与集体意识教育背道而驰。

1. 合作意识教育的具体路径与集体意识教育貌合神离

既然是合作，那就存在着不同的合作者。合作者的不同绝不仅仅是因为躯体不同，而是因为我们假设了不同躯体蕴藏着不同的收益和投入计算。在一个群体当中，合作不过是博弈的产物。博弈产生多套行动方案，合作不过是其中的一种，且往往并非个体理性会选择的一种。博弈中的个体是否愿意与他人、集体合作，各种选择可列举如下。

第一种是，我可以独立完成，不需要与人合作。如独立上下学，独立完成作业。

第二种是，我可以独立完成，但如果合作：（1）将能降低合作中每位参与者的成本。如农村偏远地区的每个家庭都需要接送孩子去学校，如果几个家庭联合起来轮流接送，将能有效降低接送成本。（2）将能提升完成任务的品质。如我可以独立跑完全程，但如果与别人一起跑相互激励，将缩短跑完全程的时间，提升跑步的愉悦体验。

第三种是，我无法独立完成，需要借助别人的力量。这里又分为几种情况：（1）我无法完成，需要别人的帮助才能完成。如我不会做题，请教同学解题的方法。（2）我无法独立完成，只有几人分担才能完成。如一个人请家教成本高昂，但几个人一起请则降低每个人的成本。（3）我无法独立完成，只有几人合伙才能完成。如一人害怕走夜路，但几个人在一起就能克服恐惧了。

即便具备了认知前提，上述三类情况只有第二和第三种才可能产生合作意向，且这种意向仅仅出于收益的考虑。此外，合作方还得考虑个人的收益是否等于、最好能超过、至少不低于个人的投入，还得保证这种收支比等于、最好能超过、至少不低于其他合作方的收支比。最后，为了保证他人的合作意愿，合作方还得确保其他合作方与自己一样，在这两类收支比的算计上满意。

既然是博弈，教育只可能在以下范围内发生：（1）提供或引导学生丰富博弈双方的各类信息、辨明各种信息的真伪。如同桌除了提高学科成绩的需要外，是否还有获得同伴认可的需要，其需要是否急迫，其需要是否可以被取代，我观察到的、其表达的需要是否真实，其是否在刻意隐藏什么。（2）提供或引导学生的博弈策略。如，该放弃自己的什么利益，争取的利益的价值排名，如何确保对方的合作意愿。（3）进行制度设计，确保博弈双方的合作关系不止一次发生，从而防止隐瞒信息、刻意欺骗、一次性投机、"搭便车"等各种不利于维持合作关系的现象出现。

然而，上述合作意识教育充其量只能算作"技术培训"和"制度设计"，不含有任何道德向善的内涵，这与集体意识教育的具体路径貌合神离。说"貌合"，是因为两者的过程在形式上是一致的，都是不同的学习主体在一起通过互动完成一定的目标。说"神离"是因为集体意识教育从一开始就是超越某个具体的个人的，但最终又能在具体的个体上得以体现；但合作意识教育却首先进行个人需要的分析，并随着个人需要的变化以合力的形式影响某个时期内一群人的行动指向。

2. 合作意识的教育目标与集体意识的教育目标背道而驰

合作意识的教育目标是最大限度地满足参与者的个人利益。这就如同当交通工具种类多了后，货车、轿车、自行车、行人混行，势必带来交通安全和拥堵的问题。在这种情况下，交通部门将道路划定为超车道、普通车道、非机动车道和人行道等。合作良好的交通秩序应该是各行其道，但随着一轮又一轮的机动车道扩建，机动车道往往会侵占非机动车道，更别说人行道的支离和分解了。与此同时，普通行人走上非机动车道、非机动车占据机动车道的事情也常有发生。上述参与者各有各的利益诉求，制度设计能做的就是保证每个参与者的利益最大化（即便需要让渡自身利益),一旦制度设计缺乏有效监督,就会继续发生人车混行的局面。所以,每位交通参与者只盯着自身利益,遵守交通规则是为了维护自身利益(如绝大多数的交通安全教育都只是展示违反交通规则所带来的"车毁人亡"的结果,都将遵守交通秩序的目的归结为保全自身),违背交通规则也是因为可以更好更多更快地赢得利益。这就是我们所描述的合作及其背后的个人利益目标原理。在合作关系中,每个人都基于自身利益而投入和努力,同时为了诱惑对方在合作中尽量满足自身的利益需要而刻意伪装自身的合作心态和状态。在合作中,如果制度公平且有序运转,那么每位参与者都是他人成就个人利益的工具。反之,每个人都是他人的敌人,都是实现自身利益的阻力,需要被转移、妥协甚至消灭。

所以,道德教育如果不是以集体意识而是以合作意识为目标,目的就是教会学生快速准确辨别、谋求和保护个人利益。如举办一次全校运动会时,校方一般会在文件中表明通过校运会"培养学生集体主义和荣誉感等品质"的教育目的,我们也能发现在校运会中班级师生能显现得合作紧密和更为团结。然而,这种合作紧密和更为团结的状态只是合作意识的发展,而非集体意识的增强。在对待其他班级的态度上,总是希望其他班级的选手更慢更低更弱,甚至希望对方违规乃至取消资格,更为极端的是会去制造事端使对手失去竞赛机会。而作为班级组织者的教师,也可能去影响和改变竞赛项目、竞赛规则、项目评委,使竞赛结果更利于本班。本班同学里,更多的孩子愿意充当竞赛选手而非啦啦队和服务队成员,教师更喜欢有机会争取到名次的同学。调研者对老师的这种态度进行了批评:"还有老师在中间和运动员一起跑的现象,老师这样的行为是有很多积极鼓励的作用,可是为什么老师只在第一名的身边跟跑,后几名根本就没人给她们加油,……老师和同学在关键时刻的加油鼓劲对运动员的再次爆发帮助是很大的,从一次次快到终点时,很多学生在本班的呼喊下后来居上就能看出来。"这位调研者首先对老师只关注第一名进行了批评,但从"很多学生在本班的呼喊下后来居上"不难发现,他们的区别在于关注多少选手,但都希望关注能拿名次的选手。至于"老师在中间和运动员一起跑"是否违规,对其他班级的选手是否公平,都被忽略不计。大多数参与者能赢就参与,否则就退赛,这也是为什么运动会时大多数同学无所事事、一些项目缺少选手的原因。这并不意味着运动会组织者对这种现象熟视无睹，可在合作意识教育的基本思维框架中，组织者权衡个人利益无法有效解释和解决此类现象。

综上，合作意识的教育目标是使参与者能从利益最大化的角度出发，平衡自身的个人利益与其他参与者的个人利益，在双赢的整体氛围中保证个人利益的最大化，从而避免"囚徒困境"、两败俱伤。而集体意识教育试图使受教育者明白，一个人除了属于每个人的利益尤其是物质利益追求外，还有一种超越个人、超越利益的特殊需求。这种需求不排除其他参与者，恰恰相反的是，参与者越多，越能增大每个人的权益。集体意识教育不排斥对个人利益的关注，但更强调每个人的思想和行为与其在集体中的身份存在相配。也就是说，合作意识教育强调的是妥善处理好每个人与每个人的关系，而集体意识教育看重的是一个即一切（每个人的自由发展是一切人的自由发展的条件）的关系。

（三）合作意识教育正在侵蚀集体意识教育的土壤

"合作意识"并非"集体意识"，合作意识教育想让学生"乐于合作""团结互助"，学生有着旁观者（评论者）和参与者（体验者）的区别。教材中的故事一般有美好的结局，而学生参加的活动却往往需要直面诸多问题。但就培养合作意识这一目标来说，教材与活动并没什么实质性区别。鉴于各基础教育学校的活动千差万别，但使用的学科教材却大致相同，下面就以小学学科教材《语文》（人教版）为例[①]，梳理出以培养合作意识为主题的课文20余篇。这20余篇课文按照其内容又可以分为两类。

第一类课文试图表明，个人的力量是有限的，只有基于合作意识的协调和协力，个人才能得以保存和实现自己的最大利益。相反，任何人对整体利益的无视和伤害最终也会伤害自身的利益。第二册的《识字五朗诵》认为，人多计谋广、心齐力量大（泰山移），能够实现个人（一花独放）无法实现的成功（春满园）。人的思想和力量的集聚，能够实现自我保全

---

① 当然，任何一个文本都可以做多重解读。比如《狼牙山五壮士》也可以做爱国主义主题的解读，《从现在开始》也可以做民主选举和团队管理的解读。这里主要是从群体关系的角度进行解读，不涉及也不排除其他解读的可能。

和扩张。又有课文将合作产生的利益最大化区分为三种情境。第一种情境是所有的合作者没有区别，只需要做举手之劳的事，如第八册《搭石》中的人们把"搭石"和"背老人"看成理所当然的事，从而"联结着乡亲们美好的情感"。也有一类合作虽然没有合作者的特质之分，却有着合作者的先后之别。如第五册《一次成功的实验》的三个学生并无个体差异，也没高低贵贱之分，但只有合作才能共赢。合作要求合作者有先后次序，不能争先恐后或相互谦让。然而，第二册《看电视》描绘了所有家庭成员争着放弃自己最喜欢的电视节目的行为。第二种情境中合作者有着不同的特质和角色。正如第五册《矛和盾的结合》所揭示的——矛和盾都有着对方无法取代的特质，但"谁善于把别人的长处集于一身，谁就会是胜利者"。也如第九册《狼牙山五壮士》中班长、副班长、战士、小战士等不同身份和能力的人所表现出来的不同担当和作为。更如第六册《检阅》中让队伍容纳了"靠拄拐走路"的"这个小伙子"的"这些小伙子"。第三种情境是如果一个群体内的人只懂得享受或索取而缺少奉献的话，其对集体利益的无视和伤害最终也会伤害自身的利益。第二册《美丽的小路》表明，只有大家共同打扫和维护，鸭先生屋前的小路才会给每个人带来便利和美观；第六册《一个小村庄的故事》也表明，如果村庄的几十户人家只知道提斧上山砍树，最终咆哮的山洪将会把斧头、靠斧头得到的一切和整个村庄化为乌有。课文中没有出现但在少年儿童身上经常发生的案例是个别同学的"搭便车"行为，其行为在破坏整个班级的教学秩序，但却享受着别人维护班级秩序带来的益处。

　　第二类课文试图让学生洞察群体内人与人之间的团结互助关系。该关系存在于四种情境之中。第一种情境是每个人的生存方式、价值能力等都有其独特价值，都不应该被别人忽视、取代和占有。如第三册的《从现在开始》狮子让使每个动物按"自己习惯的方式过日子"的猴子当上了"万兽之王"，第二册的《棉花姑娘》让大家认识到不同的动物拥有各自的不可取代的能力，第二册的《小壁虎借尾巴》所反映的不同动物的尾巴都有不同的作用。相反，第五册的《字典公公家里的争吵》和《狮子和鹿》、第六册的《陶罐和铁罐》、第七册的《尺有所短 寸有所长》让大家认识到"不要把个人作用片面强调"，更不应该因为自己的作用和成绩而奚落和瞧不起别人。第二种情境呈现"人人为我，我为人人"的美好意境。第五册《爬天都峰》的"一老一小真有意思,都会从别人身上汲取力量",第十册的《自己的花是让别人看的》呈现了德国人"在屋子里的时候,自己的花是让别人看的;走在街上的时候,自己又看别人的花"的耐人寻味的境界。至于为什么帮助别人,有四篇课文从不同角度给出了答案:第二册《胖乎乎的小手》的答案是别人"喜欢"被帮助;第八册《将心比心》的答案是我也希望得到别人的"宽容与理解"①;第六册《她是我的朋友》的答案是朋友之间的付出不需要理由,只是因为"她是我的朋友";第六册《妈妈的账单》的答案是家庭成员之间的付出不应该索取报酬。第三种情境指导学生如何帮助别人和回报别人。第二册《小伙伴》认为,除了担心、责备、分析之外,还有一种帮助是分享;第六册《可贵的沉默》认为,有一种回报父母的方式是在不被父母察觉的前提下了解、祝贺父母的生日。第四种情境呈现了战争年代牺牲自己、保全别人的故事,如第二册的《王二小》、第八册的《黄继光》、第九册的《狼牙山五壮士》、第十册的《金色的鱼钩》等。课文中没有出现,但在少年儿童身上经常发生的案例是一个群体(班级)内的竞争性资源,如有限的三好学生指标、班干部指标、参加外出比赛的机会等,该不该争取、如何争取的问题。

上述课文通过寓言、诗歌、童话、记事等多种文学手法,向学生传递着关于团结合作的基本意识:每个人的力量是有限的,所以我们要团结和合作;每个人又是具有独特存在价值的,所以我们要相互尊重并学会帮助对方。在这样的课文主旨中,合作关系就是人与人之间的最佳关系,合作意识自然也就成了德育的核心目标。

(四)集体意识:当代德育目标的应然选择

1. 合作意识教育的思维困境与现实尴尬

应该说,合作意识教育有着最善良的出发点,它在将人与人的关系假定为单子式的对立关系的基础上,希望单子之间开展紧密合作,共同创造出 1+1>2 的效果。可问题是,如果此 1 与彼 1 是根本对立的,怎么会去

---

① 《语文》课文没有涉及但在少年儿童周围经常发生的、与此类似的情境还有"我需要原谅别人的错误,如同我希望别人宽恕我的错误一样"。

"+"呢？合作意识教育在根本上是一种政治哲学的"冲突—合作"的思路，合作内在地蕴含着冲突，无冲突也就无所谓合作，这是政治哲学的一对基本概念话语。在柏拉图写的《普罗泰戈拉篇》中，智者普罗泰戈拉通过一个故事描述了人类被创造之初由于缺乏政治技艺而互相伤害的情景："为了寻求自保，他们（人类）聚集到城堡里来，但由于缺乏政治技艺，他们住在一起后又彼此为害，重陷分散和被吞食的状态。"① 这个故事也可被看作人类政治发生的寓言：人与人之间的原初状态是冲突，类似于野兽之间的争夺，遵循丛林法则；当人们开始意识到普遍的冲突并不是获得各自利益的明智方式时，合作产生了。在人的生存维度上，利益最大化是最根本的诉求，政治哲学试图寻找最佳的策略化解冲突所带来的利益互损。经过明智的考量，合作成为人的普遍的选择。由此可见，合作在根本上是一种"冲突—合作"的生存策略。"合作意识教育"内在地沿袭了政治哲学处理生存利益冲突的思路，尽管表面上它描绘了一幅人与人之间团结互助的图画。只要以个人利益为基点考量现实生活，冲突与困境在逻辑上便无法避免。"合作意识"的教育避开个人利益之间的冲突，强调团结合作所带来的良好结果，并试图利用这些良好结果冲淡利益冲突。合作意识教育在其逻辑思路中提醒人们冲突的先在地位：冲突就像"达摩克利斯之剑"，悬挂在每一个寻求合作的人的头顶中。

如果无视上述思维困境，教育领域就会形成一种奇怪的现象：教育工作者无法解释清楚为什么要合作，但却时刻强调学生要"合作学习"和"学会合作"；学生无法理解"我为什么要合作"，但却处处因逼迫、面子或其他利益需求而去"假合作"。教育工作者单方面强调合作的重要性却忽视了合作的前提使教育中的学生合作成为博弈和二次博弈（在老师那里争取好印象）的结果。合作基于博弈，但教育却在教大家放弃博弈。长此以往，这不仅导致教育公信力下降，也容易使受教育者人格分裂，造就一代"精致的利己主义者"。精致的利己主义者的行动逻辑既不是个体的，也不是集体的，而是他一个人的。有了这种思维逻辑，必然使人物化、异化、外化、表演。教育工作者往往把学生的自私归因为独生子女的身份，殊不知合作

---

① ［古希腊］柏拉图：《柏拉图全集》（第1卷），王晓朝译，人民出版社2002年版，第443页。

意识教育就在造就更精明的自私人。

2. 集体意识教育是与中国特色社会主义相契合的思想道德建设

集体意识教育秉持的是人与人之间是一种共在关系、人们在共在关系中寻求美好生活的伦理学思路。时至今日，人类固然未曾摆脱政治哲学所揭示的"冲突—合作"局面，然而，人类已经可以在"人间"的生活中超越冲突与合作的思路，把生活过成共同追求美好生活的伦理学样态。这在一定程度上归功于康德"人是目的"的命题，这一命题揭示了人类"由文化和历史地积淀而成"的"具有普遍必然性的文化心理结构"。① 当我们把每个人的人性当作目的而非手段，个人利益仅仅作为实现人性目的的手段而保留工具价值，利益冲突自然丧失了它在人类生活中的中心地位，"冲突—合作"的生存处境也就在根本思路的转变中被超越了。

国民思想道德建设与共同体的制度建设息息相关。用伦理学的眼光观照当今中国，我们正在共同致力于实现"两个一百年"的宏伟目标，共同致力于实现中华民族的伟大复兴。习近平同志指出，实现中华民族伟大复兴的"中国梦是国家情怀、民族情怀、人民情怀相统一的梦"。中国梦最大的特点"就是把国家、民族和个人作为一个命运共同体"。②在中国这个巨大的命运共同体中，国民思想道德建设只有超越"冲突—合作"的政治哲学思维方式，回归到集体意识教育的伦理学主张，才能实现中国精神的弘扬和中国力量的凝聚。

三　集体意识教育是个系统工程

开展集体意识教育，并不需要专门的课程，而是需要教育者在平常的教育中有着集体意识的引导、指导和疏导。具体来说，在单科课程中，教育者需要开展集体意识的引导活动。在引导活动中，教育者和受教育者因为置身事外，往往能排除个人利益和个别情绪的干扰，在一般情境下做出较为客观的理性判断。在综合课程中，教育者需要开展集体意识的指导活

---

① 李泽厚：《批判哲学的批判：康德述评》，生活·读书·新知三联书店2007年版，第312页。

② 参见《习近平总书记系列重要讲话读本》，人民出版社2016年版，第33页。

动。指导活动牵涉从人的使命与担当、事务的性质与功能的角度阐发原理，从规避伤害与阻碍发展的角度阐发理由，从行动的步骤和方法等角度分析行为。在活动课程中，教育者需要开展集体意识的疏导活动。疏导牵涉对尊严的维护、对兴趣的引导等方面，既使儿童认识到事情的性质，同时又尊重儿童的自由。①

开展集体意识教育，需要教育者乃至教育管理者避免人为制造竞争环境和竞争性资源。虽然我们无法否认竞争的客观存在，但当前的教育工作者往往通过限制资源的供给（如"三好学生的指标有限"），或增设竞争性资源和机会（如"谁坐得端正谁就有发言机会"）来开展管理工作，从而影响了受教育者对社会的认识的客观性。即便面对不可避免的竞争性资源，教育工作者也应该从共享性、分享性和独享性等方面分析资源的多重性质，引导学生用共同目标统领个体目标、用"身份"意识统领"身份证"意识，实现德育的时代使命。

也就是说，集体意识教育是个系统工程，需要我们把与之相关的各种因素整合统一起来，创建一个良性的教育背景系统。只有把各种因素凝聚成强大的合力，教育者才能促进集体意识教育顺利实施，并且使实施成效最大化。这些因素不仅包括社会背景的因素，也包括教育本身涉及的因素。集体意识教育不仅需要社会中政治、经济、文化的平衡协调，也需要学校、家庭、老师的共同关注和配合。而从学校教育实际出发，教育工作者至少需要在以下六个方面做出努力。

1. 准确把握少年儿童集体意识的现状。每个儿童都是不同的个体，其集体意识水平各不相同。教育工作者要善于以具体个案作为研究对象，这样才能使其集体意识水平以更真实、形象的面貌呈现在大众眼前，也能使集体意识教育避免落入"假、大、空"的虚妄之中。研究者要善于发现每个儿童在集体意识的概念、集体与个人之间的关系、个体在集体中的角色扮演以及集体中的规章制度上的不同意识水平，也要善于总结少年儿童整体的集体意识状态——时有时无，断断续续，以片段化的情景出现；半途而废，浅尝辄止，以停留在表面的状态呈现；言行不一，口是心非，说辞与行动相矛盾；兴趣为主，情绪左右，呈现出以自身利益为主的功利

---

① 参见辛治洋《学校德育存在方式探寻》，《中国德育》2015 年第 1 期。

性。少年儿童集体意识的状况是多方力量共同作用的结果，班主任肩负着集体意识教育的主要职责。

2. 在品德课程中加强集体意识教育。一方面，品德课程中的班级生活、秩序安全和环境教育等课程蕴含着丰富的集体意识教育内容。在对学生真实集体生活中的具体语境和具体案例的分析与讨论中，教师培养学生的集体认同感、集体荣誉感和集体责任感，帮助他们融入集体生活。通过基于集体立场的秩序安全教育和环境教育，学生获得的不仅仅是相关方面的知识和行为指导，更是在潜移默化之中接受、认同并形成的正确的集体意识。但实际中，集体立场的缺席也"屡见不鲜"。教师常常将学生划分为一个个彼此分离的单独个体，以个体立场挤占集体立场，以单独的个体作为教育的立足点，摆事实、讲道理的过程也以学生的个人感受为基点。教师又或者试图以合作意识遮蔽集体意识教育，以他人和整体的利益作为教育的立足点，将收益作为思想、行动的判断标准。另外，品德课程教师身份的特殊性使其对集体意识教育力不从心，班级氛围的差异影响着集体意识教育的时机和效果。面对这些问题，一方面，教师要激发和引导学生实现对现有真实集体的超越，帮助他们实现自我集体的扩展。另一方面，教师要立足于集体的立场发挥品德课程的指导功能，引导学生过更道德的生活。

3. 注意集体活动中的集体意识教育。集体活动中的集体意识教育有具体的情境，"集体"也有具体且多变的范围。集体活动中，集体意识教育往往很难成为活动设计时考虑的教育目标，具体的"集体"范围也常常限制教育者对集体意识教育的理解与传递。活动设计者本身对集体意识教育的理解是模糊的，将"分享、共享、合作"视为集体意识教育的内容，混淆了集体意识的公义本质，也影响着活动组织者对集体意识的理解。在以课堂教学为主的学校生活中，集体活动往往是"为了开展而开展"的活动，对活动形式的限制束缚了活动中的教师和学生，让教育者没有时间、没有精力去解读活动中的集体意识教育，从而使一些有意义的集体活动沦为形式上的表演。在具体的行动上，教育者的教育意识低落，抓不住集体意识教育的机会；教育者的思维立场偏向于个体意识教育，集体意识教育欠缺；集体意识教育能让个体正确看待自己与集体的关系，面对挫折，消极的态度往往让不可选择的集体成为被抱怨的对象。虽然集体意识教育在实施过程中面临很多问题，但集体意识教育并非不可为的。在教育理念和学校条件允许的情况下，教育工作者依旧可以通过自身努力，估计活动各阶段可能出现的问题，对集体活动进行设计，为活动各环节做好充分准备，从而在活动中有效地实施集体意识教育。

4. 关注集体组织中的集体意识教育。班级是学校教育教学的基本单位，也是学生日常生活中最基础的集体组织，理应成为集体意识教育的重要载体。班委会作为班级生活的必要组织，其本身所具有的公共性与利他性使其成为班级生活中重要的集体意识教育资源。一方面，集体意识是班委会设置的应然价值追求；另一方面，班委会能够承载集体意识教育的目的。班委会之于集体意识教育的价值不仅体现在班委会的角色上，还体现于班委会的建设过程中。但是在实际的班级生活中，班委会所具有的集体意识教育价值尚未得到有效开发。班委会的角色未能促进学生公共精神与集体归属感的形成，班委会的建设也没能成为教师进行集体意识教育的契机。班委会在班级中的存在非但没能促进学生集体意识的发展，反而常常加剧了学生个人意识的膨胀。这一现象的产生是班级生活中管理主义思想根深蒂固、教师集体意识教育观念薄弱与集体意识教育能力不足等多种因素综合作用的结果。为了保障班委会对集体意识教育的价值的充分发挥，教师需要还原与强化班委会代表班集体的应然角色，并抓住班委会建设的契机，在班委会建设的各个环节进行集体意识的引导。

5. 强化奖励中的集体意识教育。奖励作为教育教学的激励手段，逐渐成为学校教育中的重要组成部分，也成了集体意识教育的重要手段。但是利用奖励进行集体意识教育的现实情况却不尽人意。教师往往把奖励当作工作任务、控制学生的权杖以及营造气氛的工具而非集体意识教育的机会；教师错将奖励所具有的集体意识意蕴理解为平均、合作与安慰，曲解了集体意识的原意；受个体思维主导的教师在奖励的实施过程中，使学生为了得奖而争奖、忘却了自己在集体中的身份。要还原奖励的集体意识意蕴，需要教师利用具体的奖励情境对学生集体、学生个体以及学生间的活动进行教育引导；需要教师引导学生认清奖励的内涵及奖励与集体的关联，在个体面前把握学生不同的奖励心态进行有针对性的引导，树立科学的榜样引导学生间的自我教育。

6. 增强批评中的集体意识教育。批评作为教师评价、引导学生行为的教育手段之一，越来越受到教育研究者和实践者的关注与重视。批评教育和集体意识教育是密不可分的。一方面，教师可以通过批评教育引导学生对集体产生感情和向心力；另一方面，批评作为教师评价学生的手段之一，能够发挥培养学生集体意识、树立学生正确的人生观与价值观的引导作用。但在现实中，集体中的他人与被批评者对立，批评者未能很好地阐释个体与集体的关系，将批评的矛头指向个人的态度而未进行集体视角下的升华，使批评成为教师个人主观判断的传递途径，集体意识教育的意义被忽视。为了能让批评更好地促进集体意识教育，教师首先应该区分集体意识教育与一般的班级教育，在批评中帮助学生树立集体的共同目标、形成集体身份感。

第二章 少年儿童集体意识的现实考察

　　了解学生集体意识现状是集体意识教育行之有效的前提。如同德国哲学家莱布尼茨所认为的"世界上没有两片完全相同的树叶",不同的学生个体对集体意识也有着不尽相同的看法,其集体意识表现也有差异,剖析不同学生个体的集体意识境况能够使得集体意识教育更具针对性和实效性。

一　研究对象和资料收集

（一）研究对象

　　选择安徽师范大学附属小学四年级某班作为观察对象是因为实验证明我国儿童约从 7 岁起出现集体意识,约在 9 岁左右其划分"为集体"和"为个人"的行为动机能力会发生重大变化,而四年级学生的年龄大多在 10 岁左右。落实到具体研究对象的选择上,经历了如下过程：在选定研究对象前,笔者对该班进行过一段时间的随堂观察,以便于对班级成员有大概的了解,利于具体观察对象的选取,然后专门向该班班主任就学生情况进行了咨询,在征求其意见的基础上从该班选取了两位研究对象。分别为班干部小铮——纪律委员,普通学生小文——处于班级边缘。选择小铮是因为他在集体中担任纪律委员,这一角色所需承担的职责与集体的规章制度密不可分。作为这一角色的扮演者,小铮同学集体意识状况如何对集体而言意义非常。小文是班级里典型的差生和被排斥者,她的"差"可以说体现在方方面面,如学习成绩、待人接物。作为班级中一个几乎不受欢迎的学生,小文对自己的集体有着怎样的看法？她会如何处理与集体相关的事务？其集体意识水平如何？可以说，这些疑惑是笔者将小文选为研究对象的缘由。在此，就两位学生的基本情况做一个简要介绍。

先看小铮的简介。小铮今年10岁，是家里的独生子，土生土长的本市人。父亲高中毕业，早年当过兵，现在某建筑公司担任总工程师一职。母亲上过大学、有过工作，自小铮出生后辞职在家做全职主妇。小铮的家庭氛围属于民主型，用他自己的话来说："父母都很讲道理，有什么事情都是大家一起商量的。"在班级里，小学四年中小铮曾荣获过较多荣誉，如："三好学生""阅读之星"；曾代表班级参加经典诵读、演讲比赛等活动；在班里担任过班长、组长、纪律委员等职。老师对其的评价是"成绩好，很乖巧，很让人省心"，同学对其的印象多为"学习态度端正""团结友爱""挺不错的"等赞美之语，也有同学说"跟他接触不多，没有什么特别的印象"，还有学生说小铮"比较沉默，不太爱说话"。

再看小文的简介。小文也是10岁，性别为女。小文也是生于斯长于斯的本地人，但小文的家庭状况与小铮大为不同。在小文两个月大的时候，父母就离异了并分别再婚，小文从小就与爷爷奶奶生活。按照班主任的说法，其爷爷奶奶认为小文从小父母就不在身边，缺少父母的关爱，是个可怜的孩子，因此对其非常疼爱甚至到了溺爱的程度。在班级里，小文没有担任任何班干部职务，她承担的职责主要是擦黑板；在学习上，学习成绩非常差，倒数第一是家常便饭。班主任认为小文的种种表现与其家庭教育有很大的关系，因为其抚育者的教养方式导致小文在学习习惯和生活习惯上有很多问题，该班主任在形容小文的行为时用了"低龄化"一词；该班语文老师是本市某名班主任工作室的主持人，一度对小文非常关注，经过努力尝试后她说其对小文的希望就是"以后不要被人欺负，能有一口饭吃就行"；小文的同学对其负面性的印象较多，"学习成绩烂得要命""喜欢撒谎、打人""天天被老师骂"。小文是笔者在该班调研时的同桌，在初进这个班级时，至少有三位同学用命令的口吻说"不要跟她一起坐"，原因是"小文很讨厌"，在没有得到想要的结果后，这几位学生采用对笔者也不理睬甚至用"你个脑残"这样的话语来回应。有位学生给笔者看了他写的一首诗，说是专门写小文的："人高马大脖子粗，长得好像大丈夫。要问智商怎么样，整个一头大笨猪。"也有学生说："小文还好吧，就是有时候有点烦人。"

在笔者对两位学生进行的多次访谈中，小铮表现得很配合，即便他当时有事也会先告诉笔者："老师，我现在有事，我们××时间再说好吗？"忙完后会立刻过来说："老师，我好了。"而小文在很多时候会沉溺于自己的事情，如与同学打闹、看课外书，但是每当笔者试图与其他的学生进行交谈时，她总会大叫："老师，快过来，你不是要采访我的嘛！"

选取两位差异较大的学生作为研究对象的目的并不在于将两者进行比较或是评价其优劣，而是想通过提供真实案例的方式展现学生个体集体意识的现实状态，以期教育工作者能从中得到开展集体意识教育的启发。

（二）资料收集

在资料的搜集方式上，本研究采用的是观察法和访谈法。通过前者来观察研究对象在日常学习活动中及特定班级活动（如运动会）中集体意识的体现，来了解两位学生集体意识的现状。采用后一种方法是通过对研究对象本人以及其他集体成员如班主任的访谈，有目的、有计划地获得研究对象对集体意识的看法及其他班级成员对研究对象的相关看法。个体集体意识的构成包含诸多内容，本研究将从集体概念的认知、集体与个人之间关系的理解、自身角色的诠释及集体制度的遵守等四个维度进行集体意识的观察和测量。这四个方面是集体意识两个关键表征——共同目标和身份意识——的具体内容，细致的划分能够使研究更加全面、深入。

1. 集体概念的认知。以外在的行为表现判断个体集体意识的有无固然是一种直接的方式，但这种方式未必可靠。认识是行为的先导，理学大师朱熹认为"论先后，知为先；论轻重，行为重"，明代教育家王守仁也曾说："知者行之始，行者知之成。"集体意识于学生而言既是高尚的道德品质也是必备的生存技能，在形成这种意识之前，他们必须要明白什么是集体意识，它具体包含哪些内容，为何要具有这种意识，它的作用是什么。完全彻底的掌握这一概念并明确其意义，才能做到"对号入座"，知晓怎样的行为符合集体意识，什么样的行为是违背集体意识的。可见，将对"集体意识"这一概念的认知纳入对个体集体意识的考察体系中很有必要。

2. 集体与个人之间关系的理解。共同目标与身份意识的实质都是对集体与个人之间关系的正确理解。共同的目标是基于整个集体利益的目标，它是集体前进的方向，是成员行为的准绳，是将大家凝聚在一起的永动机。集体中的每一项活动，无论规模大小，时间远近，都会有一个明确的目标，该目标的达成依赖于全体成员的通力协作，依赖于每位成员对共同目标的一致追求。身份意识意为个体能以自身在集体中所处的位置、所扮演的角色作为其行动的出发点。有身份的人关注的是集体中每个人的尊严和价值，为了尊严和价值，他制定或遵守规则，依据规则做自己的分内之事，承担分内职责。

3. 自身角色的诠释。在集体之中，每个个体都被赋予相应的身份，无论是领导者还是普通群众，"集体中的一员"是大家共有的身份。能否正确定位自己的身份，能否保证自己的言行符合自身的身份是判断集体意识有无及程度的重要标准。有集体意识的成员能正确认识到自己的身份地位，这样的认识能使其行为有据可依，知道怎样的表现才与集体所赋予的身份一致，会积极、主动的履行集体所交代的任务，完成自己的使命；没有集体意识的成员则对自己的身份充满疑惑甚至毫不在意，他只会做一块"哪里需要往哪里搬"的砖头，消极、被动地等待集体的安排并割裂自己的所作所为与集体之间的联系。有身份感的成员能够使集体处于有序、稳定的状态之中，为共同目标的实现贡献力量；无身份感的成员则会扰乱集体的运转秩序，阻碍共同目标的完成。

4. 集体制度的遵守。制度是形成集体的外在保障，以成文的或约定俗成的面目呈现，它的存在是共同目标和身份意识的一致要求。共同目标的达成是经历过程的结果，在这一过程中，需要仪式、规则、纪律等制度形式保证其正常、有序地推进。如果没有这些强制性的措施，个体的行为将会失去束缚，变得自由散漫，而这不仅会影响到目标的完成，也会损害集体的外在形象和精神风貌。有身份意识的个体不会将以上的外在保障看作对自身自由的禁锢，用憎恶的眼光审视其存在的必要性，而是会将它们看作衡量自身行为的标尺，用以规范自己的言行。有身份意识的成员不仅仅是自身敬畏制度、遵守制度，还会在其他成员行为有失或破坏制度时挺身而出，对不当行为予以纠正或维护制度的合理性。

表1　　　　　　　　少年儿童集体意识观测维度表

测量维度 关键表征	集体概念的认知	集体与个人之间关系的理解	自身角色的诠释	集体制度的遵守
共同目标	集体的存在是为了实现所有集体成员自由而充分的发展，这种发展是大家共同享有的，不具有排他性。	集体利益与个人利益之间保持一致性，集体利益通过每个个体利益的实现而实现。	集体共同目标的实现需要每位成员都诠释好自己的角色。	集体的规章制度是实现共同目标的外部保障，共同目标的实现需要集体采用一定的强制性措施。
身份意识	集体由个体组成，每个个体都是集体的主人，不允许"搭便车"思想的存在。	处理事情时，个体成员能够以集体的立场为逻辑思考的出发点。	集体中的每位成员都扮演着一定的角色，占据特定的岗位，集体的稳健运作需要其成员的尽职尽责。	集体中的制度是由集体成员共同制定的，需要身份意识发挥其效用才能实现。

二　小铮、小文集体概念的认知

(一) 小铮和小文的概念认知

关于个体品德结构的构成要素，目前学界大致分为道德认识、道德行为、道德情感的"三因素说"和道德认识、道德行为、道德情感和道德意志的"四因素说"。古人云，知之深、爱之切、行之坚，孔子也认为"知"是"行"的前提条件："盖有不知而作者，我无是也。"可见，不管品德是由几个要素所构成，道德认识即对客观存在的道德关系以及处理这种关系的原则和规范的认识，包括道德概念的形成、道德判断能力的提高和道德感情的陶冶，① 道德"是人们对社会道德要求规范的认识反映，

---

① 参见陈会昌、庞丽娟等《中国学前教育百科全书》（心理发展卷），沈阳出版社1994年版，第401页。

是道德认识的基础"。① 学生对道德概念的掌握直接影响着其道德发展水平。正确的掌握道德概念能使学生把握好道德关系的本质，理解道德原则和道德规范，从而使个体能做出符合社会要求的道德行为，进而内化为个体自身的道德情感和道德意志。

以下内容为对研究对象的访谈实录。

对小铮的访谈

问：你认为什么是集体？

小铮：大家在一起，团结、互相帮助就是集体。

问：那什么是集体意识呢？

小铮：集体意识就是团结友爱，互相帮助。而且如果有人做了好的事情或者给班级抹黑的事情，大家会有感到荣耀或者丢脸的意识。

对小文的访谈

问：你认为什么是集体？

小文：集体就是团结，大家的想法都一样。

问：那你认为什么是集体意识呢？

小文：嗯……不清楚。

(二) 对两人概念认知的分析

"集体"是事实概念，"集体意识"为道德概念。道德概念与事实概念不同，首先，事实概念不会随时间、地点的改变而发生变化，具有绝对的真理性；而道德概念则会因为时代、文化背景的不同发生较大改变，所以道德概念要求主体不仅能够记住概念，还要求主体能够进行理解和解释。其次，事实概念不包含价值倾向，是中性的，"而道德概念一旦形成，就包含了态度、情感、意志等非认知成分"。② 这就要求在对道德概念进行解释时，不仅能记住其在书本中所阐释的意义，更要能结合自己的切身体悟加以阐释，否则只能是僵硬、机械的死背硬记，难以被主体内化，更遑论对主体道德实践的正确指导。对集体意识的最佳解析应结合主

---

① 庄建东：《儿童对道德概念的理解》，《青少年研究》1997年第8期。
② 黄富峰、陈建兵：《论道德概念》，《山东社会科学》2005年第11期。

体自身的经历与感悟，融合自身对该概念的态度和价值判断。

两位学生的答案可做如下解析。首先，两位学生的答案表现出一定的集体意识理念。在对"集体"的解释中，两人都使用了"大家"一词，在现代汉语意思中这一名词代表一定范围内的所有人，是众人、大伙儿的意思。在日常生活中，该词的使用表明一种态度、一种情感，即"我们是一伙儿的，我们是有关联的"，代表对他人身份的认同。集体有一定的范围界限，集体中的成员具有相似性，如学校中的教师集体、班集体中的学生成员，回答中使用这一词语表现出对集体界限的认知，其他如"团结""互助""荣耀和丢脸"也是具有集体意识的必要条件。这些词语的使用表明两位学生具备一定程度的集体意识。其次，对概念的理解存在误区。在回答什么是集体时，W认为集体是"大家的想法都一样"，这种看法是对集体真实含义的误解。良好的集体需要成员在多方面保持一致性，如共同的奋斗目标，共同的价值倾向，但这并不表示集体对个体完全的压制，不容许个体有不同的想法甚至这个想法与大多数成员的想法背道而驰。集体要求成员个体将集体的利益放在首位的同时也提倡对个体个性发展的重视，马克思和克鲁普斯卡娅都曾表述过集体对发展个体才能、个性之重要性的观点。集体容许个体有不同的想法，个体更可以表达这种不同的想法，两者的碰撞具有重要意义，它既能使集体反思自身的影响力和不足之处，也能使个体了解自己与集体的差别，既能刺激成员个体思维活跃，又能带动集体氛围。提倡并包容不同的意见和想法才能促进集体和个体的发展，也是集体应具有的品质。最后，W对集体意识的概念表示完全的不了解。这样的回答有两种潜在的可能性：第一，"不清楚"意为不知道，表示完全没有听说过这个事物；第二，"不清楚"说明对这个事物没有多少了解。对于前者，笔者向该班其他的学生做过调查，结果证实老师说过这个概念的意思并且经常在如做眼保健操、学生发生矛盾的场合使用，很多学生甚至能够讲出老师当时具体说了哪些内容。身处同样的班级，拥有同样的教师，W对这个概念闻所未闻的可能性较低也就证明第二种可能性的存在度较高。知之甚少意味对该事物的关注度低，认为该事物与自身关系不大，是一种漠不关心的态度。W对"集体意识"的回答说明她对这个概念的漠视，原因在于她认为"集体意识"这个概念并不重要或者这个概念与自身无关。作为一种道德概念，集体意识的背后是社会对个体的道德要求和期许，对概念的模糊认知将会导致主体道德行为有所偏差。

(三) 小结

如同上文"集体意识"部分所述，集体意识的两个关键表征是共同目标和身份意识，两个表征涵盖了集体意识的诸多内容。判断个体对相关概念的认知是否符合集体意识的要求需与这两个特征所包含的内容相对照，如具有集体荣誉感、归属感和认同感，恪守岗位，关爱他人。具有集体意识的个体不仅能够了解集体及集体意识的重要性，还能够明白其中的道理何在。通过对自己及他人言语和行为的判断，他们亦能对概念有着更加全面、深刻的理解。集体意识较弱的个体对概念的把握也不会准确、深入，甚至会出现完全不正确的状况。由于缺少对集体意识的关注，他们平时对班级和他人的观察也很少是出于集体的立场，这不利于集体意识概念的强化。从两位研究对象的描述与上文的分析中可以看出，他们对集体及集体意识的概念存在认识偏差、理解表面化的问题。

从心理学的角度而言，小学儿童（7、8岁到11、12岁）的记忆以具体形象记忆为主，抽象记忆为辅；在思维的发展上处于以具体形象思维为主到以抽象逻辑思维为主的转化过程中；理解上主要属于直接理解阶段；在注意的发展上，有意注意开始发展，而无意注意仍起着重要作用。对抽象材料的注意逐步发展，而直观、具体的事物在引起注意上仍占据着重要地位。此外，这一时期，儿童的注意带有情绪色彩。[1] 研究对象所属年龄阶段的身心特点决定了以直接询问概念的方式未必能获取可靠的研究结论，基于此，笔者列出下表中的问题，通过研究对象对相关概念具体表现的理解，从侧面了解两位学生对概念的掌握情况。

研究对象的答案验证了以上结论即在对概念的认知上，两人存有一定的问题。从下表中可以看出，两人都认为集体的存在很重要，但对其为何重要却要么不能说出理由，要么表现出片面的认知。两人对其他集体成员集体意识有无的判断涉及他们能否为集体考量，行为举止是否符合自己在

---

[1] 参见朱智贤《儿童心理学》，人民教育出版社2003年版，第325—397页。

表2　　　　　　　　　少年儿童集体概念的认知观测表

问题	小铮的回答	小铮的回答是否符合集体意识的要求	小文的回答	小文的回答是否符合集体意识的要求
集体对你而言是否重要，请说明理由。	重要，原因不知道。	对集体的意义不了解，不符合集体意识的要求。	重要啊，如果没有集体，哪儿来的老师和朋友。	对集体意义的解读过于浅显且片面，不符合集体意识的要求。
你自己是否具有集体意识，请说明理由。	算有吧，运动会的时候我想得第一，为班级加分。平时也为班级做了一些事情，但一时想不起来。	能为集体着想，做出符合自己身份的行为，较为符合集体意识的要求。	有一点吧，我团结友爱，帮助同学，经常帮老师跑腿。	能和其他集体成员友好相处，做出符合自己身份的行为，较为符合集体意识的要求。
你认为班级里哪些人具有集体意识，请说明理由。	小正和小哲。比如这次练习排方阵的时候，他们经常提醒别人，不想自己班走的不好。还有小锐，他上次运动会的时候没有进决赛很伤心，觉得没有给班级争光。	从他人是否为集体共同目标的实现努力，是否为集体做出贡献进行判断，符合集体意识的要求。	小甜，小汶，冰冰，小薏。小汶是我们的班长，跟同学说话的时候心平气和的，不凶，上课的时候老师没来的话她就管理纪律，喉咙不舒服还在让同学们不要讲话，老师和同学都喜欢她；小甜做过班长；小薏上课发言很积极，很遵守纪律；老师非常喜欢冰冰，冰冰也尽忠职守。	能从他人是否与集体成员友好相处、是否履行自身岗位职责及是否做出符合自身身份的行为进行评判，较为符合集体意识的要求。
你认为班级里哪些人没有集体意识，请说明理由。	周某某没有，她在运动会的时候不参加比赛，啥也不干就知道吃零食，别人说她她也不理。	从他人是否为集体共同目标的实现做出贡献，行为是否符合自身身份作出判断，符合集体意识的要求。	卫生角没人管，组长应该管下但他经常出去玩，需要人提醒。他这样就是没有集体意识。	能从身份意识的角度进行评判，符合集体意识的要求。

集体中的身份。但他们的理解仅基于主体行为给集体带去的后果，而没有涉及主体行为的动机。在四个测量集体意识概念认知水平的问题中，两位同学的回答能够达到完全符合集体意识要求标准的较少，充分说明其在集体意识概念认知方面需要加强。

三　小铮、小文的集体与个人之间关系理解

正确认识和处理集体与个人之间的关系是探讨集体意识无法绕开的话题。集体意识的内涵之一是要求集体成员具有共同的目标，共同的目标要求集体成员能从集体立场而非个人立场考虑问题。同时，共同目标对个人目标做限制性的容纳。限制性意味着有条件的自由，集体允许成员个人的发展并承担起使个人得到发展的责任，这是集体的功能之一。

"活动是主体与客观世界相互作用的过程，包括游戏、学习、劳动、社会交往等，人通过活动建构、改造客观世界，又通过活动改造、完善人自身。因此，活动成为人发展的基础。"① 下面依次从"三好学生"选举、春游活动和运动会中的表现来进行描述和剖析两位学生对集体与个人关系的理解。

（一）"三好学生"选举中的小铮和小文

立场不同，出发点就不同。对大部分学生而言，"三好学生"就是好学生的组织认定。很多学生家长也对此十分重视，班里的大队委说她的妈妈希望她这次能选上，这样她在下一学期就能集中精力好好学习。该班的"三好学生"选举大体包括以下步骤：选举前，有意愿的学生需要填写申请书提交给班主任——在班会课上由每位候选人在规定时间内自由陈述——全部人选陈述完毕后由全体学生举手进行表决——票数靠前的前五位即为本班报送给学校的"三好学生"。

在选举前后，笔者分别对小铮和小文进行了访谈，主要问题是了解他们自身有没有当"三好学生"的意愿以及在他们的眼里什么样的学生才符合"三好学生"的要求。

---

① 柳斌：《中国教师新百科》（小学教育卷），中国大百科全书出版社2002年版，第87页。

1. 对小铮的描述与分析

在选举前,笔者对小铮的当选意愿进行了了解。

问:你想当"三好学生"吗?

小铮:想,但是这次不行了。

问:为什么这次不行了?

小铮:因为太忙了,申请书写的太晚了。

问:忙什么呢?这件事老师不是提前好几天说的吗?

小铮:作业比较多,还要看书,所以晚了。

问:那你为什么想做"三好学生"呢?

小铮:因为这可以给以后其他的评选增加优势啊,而且这也是一种荣耀。

问:那你认为什么样的学生才能当"三好学生"呢?

小铮:学习成绩中等以上,体育应该要好,品德优秀,而且品德最重要。

问:你会选什么样的同学呢?

小铮:符合标准的。

问:那你认为你符合这些标准吗?

小铮:差不多吧。

在选举过程中,小铮一边写作业一边听老师讲话。放学铃声响起时,选举还未结束,仍有候选人在发言,小铮已开始收拾起书包。选举后隔了一天,笔者询问小铮选了哪几位同学,他给出了五个姓名,但期间表示自己记的不是很清楚。

对小铮的描述可从集体意识的角度进行分析。

第一,参与意识。在集体中,参与是指主体对集体事件的关心及切实加入,如发表对某一集体政策的意见,积极参加集体组织的某项活动。参与意识是判断集体意识有无和强弱的一项重要指标。拥有集体意识的个体不仅会表现出对集体事物的关注、积极参与还能够以主人翁的态度主动地发挥自身的能动性,使集体的事物得到更完美的处理。在"三好学生"选举这一事件中,从是否成为候选人的角度来说,小铮表现出较低的参与意识，尽管在老师和同学的评价中他有成为候选人的资格，事实上他也有过当选的经历，他本人也表示想参加这个活动。然而想和做是两回事，没有付诸行动的想法构不成参与行为。小铮未参选的理由是自己很忙，忙的原因是作业多、要看书以至于申请书写晚了。写作业、看书和写申请书都是小铮在一定时间内需要完成的事件，完成事件的顺序代表事件在主体思维中的重要程度。从小铮的行为中可以看出，写作业和看书的重要性高于写申请书。也就是说，参加这个活动对于小铮来说没有日常的学习活动重要。写作业和看书并非小铮一个人需要完成的任务，对于参加这次选举的其他十四位同学也是一样的。申请书的内容在选举环节会以候选人演讲的形式呈现，篇幅并不长，大致为一百五十个汉字，内容多为认为自己能获选的原因以及自己选上或落选后会如何表现。况且，这件事情班主任老师提前一个星期的时间向学生告知。可见小铮对这件事情并没有投入应有的热情和精力。在选举的过程中，小铮并没有表现出对该活动的全程关注，他在写作业。小铮在本该将注意力放在选举的时间做与选举无关的事情，证明其参与该项活动的意识不强。在集体活动还未结束时，他的反应是收拾自己的书包，而不是积极地全身心地投入到集体活动中去。在日常生活中，活动还未结束就做出这种举动要么是希望这个活动快些完成，要么是认为该活动很无聊与自己无关，要么是有急事需要赶时间。该小学统一放学时间，班主任组织学生排好路队后将不坐校车的学生一起带到操场由家长接回，小铮并没有向班主任做出需要提前放学的表示。可知，在小铮的心里这个活动与其自身关系并不密切。对活动的关注程度和参与意识还体现在参加者对活动的记忆层面，切身的参与和高度的关注会让主体对活动印象深刻。但时隔仅仅一天，当笔者询问小铮自己选了哪几位同学时，他的回答显现出迟疑不决，有敷衍了事之嫌。

　　第二，参选动机。人所谓动机，是指引发并维持活动的倾向。动机由需要和诱因共同组成，需要是指人体组织系统中的一种缺乏、不平衡状态；诱因是指能够激发起有机体定向行为并能够满足某种需要的外部条件或刺激物。[①] 在小铮的意识里各种各样的评选要有类似于"三好学生"的称号作为加分项目，越多的荣誉能在各类评选中获得优势，获取"三好

---

① 参见陈琦、刘儒德《当代教育心理学》，北京师范大学出版社2007年版，第212页。

学生"的称号成为他参选的需要,也就成为他参加该项评选活动的内在动机;当选"三好学生"对于学生而言是一项荣誉,是对自身是否优异的重要评价。在学校中,一些评优评先活动需要学生提供各种材料,包括获奖证书、荣誉证书、荣誉称号等。这些硬性条件成为小铮想参加"三好学生"评选活动的诱因,也就是外部动机。自身的需要与外部刺激物的相互作用构成小铮参加评选的动机。但无论是内部需要的激发还是外界刺激物的吸引,小铮想参加这个活动的动机都是基于其个体自身的需求而非考虑到集体的需要。作为一项评选活动,"三好学生"选举是集体性事务,包含若干集体因素。作为教育活动的一种,"三好学生"评选的主要目标不在于选出量上的"三好学生"完成学校交给班级的任务,而是在告诉集体成员什么样的学生才具备"三好学生"的资格,从而激励未获选的学生对照获选同学日常的行为发现自身与其之间的差距并加以提升,使得这个活动可以促进整个集体的进步;对于想入选的学生,如果出发点仅仅只是出于自身想拥有这个荣誉称号的资格,则是个人意识的体现。集体意识要求候选人能从集体的角度出发,拥有为集体着想的思维,明白参与活动的共同目标,进而充分发挥其集体意识。对于没有递交申请书充当评选人员的学生,不应当抱有"事不关己高高挂起"的心态,而应积极参与,明确自己在其中所承担的角色,认识到作为评选者的重要性在于能够以公正无私的态度投出自己的选票,选取最能代表本集体风采的学生,既体现集体的水平也能为大家树立真正的学习榜样。总而言之,在该活动中无论个体是参选者还是评选者都不能仅从个人的角度考虑参加与否。

2. 对小文的描述与分析

选举前,笔者对小文也进行了相关的访谈。

>问:你认为什么样的学生才能做"三好学生"?
>小文:学习好,体育好,品德好的,老师说过的。
>问:你会选什么样的同学做"三好学生"呢?
>小文:会选我自己喜欢的人当。
>问:那你自己想当"三好学生"吗?
>小文:想。因为那样别人就会敬佩我。

在选举过程中，小文不时翻看她借阅的课外书。隔天笔者也询问了小文选了哪些同学，她很流畅地说出那些同学的名字，并且对自己所选的人中有两位获选表现出兴奋的样子。

对小文的回答可作如下分析。

第一，选择标准。所谓"三好学生"，指在学习、体育和品德三方面表现优异的学生。理论上，选"三好学生"的目的是为大家提供学习的榜样从而促进整个集体的进步。要达到这个目的需要具备选举权利的集体成员能从集体的立场出发选出符合目标的"三好学生"人选，尽管这里的权利在形式上体现为举手，但这个简单动作的背后代表集体对个体的信任和赋予个体的责任。显然，在老师的教导下小文明白"三好学生"的含义但是她依然没有以此作为选举依据，而是"会选我自己喜欢的人"，在得知被选上的人中有自己所选的之后表现出欢快的情绪。可见，小文对"三好学生"在概念上有明确的认知，但在行动上却违背了这种认知。也许她喜欢的同学符合"三好学生"的标准但小文的行为仍旧违背了集体的要求，是一种出于情感而非理性的个人意识体现。如果在评选中，人人或大部分人都从自身的喜恶来进行评选，那么选举的本意就会丧失，被选上的学生只能反映出在集体中的人际关系状况而不具备学习榜样的素质，于集体无益。在能否记住自己所选之人的方面，小文比小铮表现得要好，但这并不意味她的参与性高于小铮，这一点可从两人在课堂上都在做与选举无关的事情上加以理解，她之所以能对自己的选择记忆犹新与其选择标准不无关系。

第二，参选动机。与小铮参与该项活动的动机相同，小文想成为"三好学生"也是出于自身需要的原因，即"别人会敬佩我"。能得到别人的敬佩，总是被敬佩者身上有敬佩者主体自身所欠缺的东西，前者会得到后者的礼貌对待和诚服，小文使用该词有提升自己在同学心目中地位的意味。如在对小文的介绍中所说，她在集体中处于边缘位置，很多同学用非常直接的方式表达他们对小文的厌恶，如用带有侮辱性质的语言跟她说话、用蔑视的眼神与她对视甚至有男生向她举起拳头。小文本人也明白同学对自己的态度，也在尽力改善这些问题，但收效甚微。在小文的意识里，获得"三好学生"这个并非人人都能得到的荣誉称号被视为获取别人尊重，提升自身地位的有力工具。但是，这样的称号是得到他人敬佩的必要条件吗？举行"三好学生"选举活动的意义就在于选出让其余学生敬佩的对象吗？答案显然是否定的。对于学生而言，"三好学生"的头衔固然能受到同学的青睐，但这样的青睐难以维系。在学生的眼中，"三好学生"称号的有无并不是主体是否遭遇排挤的理由，要想改善自身的现状关键在于明白自己处于现状的原因再加以改善才是正解。"三好学生"称号是一份荣耀，但这份荣耀凝聚着获得者在学习生活中的努力，代表着集体成员的认可。小文的参选虽以个体立场为出发点，但也表明其想要获得其他成员认可的意愿，而这种想融入集体的态度反映出集体意识的要求。

（二）春游活动中的小铮和小文

春游是该校一年中重大的活动之一，学校每年会按照不同的年级来安排春游的地点，四年级的地点是本市的一处湿地公园。在调研中，笔者发现学生对春游的态度不尽相同，喜欢的同学认为春游中有好玩的，可以和全班人一起而不是像平时一样就自己一个人。不喜欢的人认为春游很无聊，没意思，就是看看动物植物，出去玩还要带吃的，而自己没钱买自己喜欢吃的东西。从大家的回答中可以看出，大部分学生都是从春游给自己带来的感受为出发点来考量这个活动的价值。

很多学生反映这次春游很无趣，有一位平时学习成绩很好很乖巧的学生抱怨说："别的地方发生交通事故跟我们有什么关系啊，为什么不让我们出去（指去市外）玩？"有的学生说："那个湿地公园我早就去过了，真没劲。"许是学校觉察到了学生的心理，在春游结束后，整个四年级在湿地公园门口的一个圆形广场上举办了班级间的拔河比赛，而这场拔河比赛在该班引发出不小的轰动。拔河比赛的赛制是年级组内抽签进行两两比拼，每班共有两次机会。第一次该班输掉了比赛，使得学生们的情绪有很大波动，认为比赛失利原因并不在自己班级而是因为比赛本身很不公正，因为比赛场地并不平整，他们班处在地势高的那一边而对手处在有利的地势。很多学生甚至气愤得掉了眼泪，不断找班主任评理，还有学生要求重新比赛；有学生认为是绳子不好的原因；还有学生说是对手班级违规因为他们的参赛人数多于规定人数，而自己第一次没发挥好、戴的手套太滑等。第二次比赛该班成为赢家，学生们都很高兴，甚至认为这证明了第一次输的原因就是因为比赛场地；也有同学说这是语文老师激励的结果，因为如果这次赢了就取消下午的语文考试；还有学生认为是摆的阵型好，有经验了和不想让为自己加油助威的人失望才能赢；部分同学认为是为了证明第一次输不是自身的原因憋着一口气才能赢等。

在春游活动中，笔者就春游感受以及拔河比赛失败原因等问题对小铮和小文进行了简单的询问。

1. 对小铮的描述与分析："去自己喜欢的地方""愿赌服输"

  问：你喜欢春游吗？
  小铮：喜欢。
  问：为什么呢？
  小铮：因为可以去自己喜欢的地方。
  问：那这次去的地方你喜欢吗？
  小铮：（笑笑）还好。

本研究的春游是由学校组织的集体性活动，春游的时间和地点都由学校决定。小铮的回答折射出一种"只要是学校安排的我都喜欢"的意味，从这个角度上说小铮是一个主动、乐于服从集体安排具有集体意识的学生。尽管周围有很多同学对这次春游的地点表示不满，但在小铮的眼中依旧是"还好"，表现出对集体决定的接受。任何语言表达式（如命题、谓词、名词等）都是一种"符号"，但是与一般符号不同的是，表达式是"有意义的"符号。胡塞尔认为表达式具有意义的原因在于在运用语言表达式（如言谈、交流、阅读、写作等）时，我们赋予表达式以意义。胡塞尔将赋予意义功能的行为称为"意向性行为"，将意义本身称为"理想对象"，意义是意向性行为的属或本质，意向性行为指向个别对象，意义可在意向性行为中被个别化。① "自己"一词的本意是自身、本身，与别人、大伙相对。"喜欢"一词作为对事物态度的表达，体现个人的生活经验，带有强烈的情感色彩。在小铮的回答中使用"自己"一词，表明一

---

① 参见吴增定《意义与意向性——胡塞尔的意义学说研究》，《哲学研究》1999 年第 4 期。

种"只要自己喜欢就好,别人的喜好不在我的考虑范围之内"的倾向。个人某种意识的体现不仅体现在行为上,语言也具有这种功能。如某次上课时,老师没有及时赶到,班里秩序很不好,一位学生面无表情地说:"每次老师没来,他们就这样闹腾。"这里"他们"一词表现出与"我"的对立,即他们是他们我是我,他们的行为与我无关。我与他们不同,表明一种将自身与他人相割裂的态度,是无集体意识的反映。春游地点是学校领导集体的决策,出游人员是整个学校集体,因此这是一件属于"大家"的活动。尽管小铮在春游地点的问题上表现出与集体保持一致的倾向,但在他的意识中这是一件由个人喜好而与大家无关的事情,表现出与使用"他们"一词相同的个人意识倾向。

事后,笔者对小铮进行了询问,内容主要是针对这次比赛失利和获胜的缘由。

问:你觉得你们这次比赛第一次输了第二次赢了是什么原因呢?

小铮:第一次输是因为大家的节奏不对,不一致。第二次赢是因为大家吸取了第一次的教训,把握好了节奏。

问:有同学说是因为地势的原因我们班第一次才会输的,你怎么看?

小铮:我觉得不是吧,愿赌服输嘛。

与大多数同学带有强烈情绪色彩的判断标准不同,小铮的回答表现出冷静、理智的一面。"愿赌服输"的直面意思是"既然自愿参加赌博,赌输的后果就要心悦诚服地承担责任"。"赌"代表结局的不可控性,意味着风险和失败的存在;"愿赌"代表"赌"的行为者对"赌"中所蕴含的规则及内容的知晓和接受;"服输"则表示对结果发自内心的承担,这是一种对所有参与者与"赌"本身尊重和遵守的精神,只有这样,这个并非为个人而存在的竞赛项目才能继续进行。如果赢了就"服",输了就"不服",那不仅是对选择主体即自身的背叛,也是只计较利益得失的私心之举。春游中设置这个游戏的目的并不在于赛出冠亚季军,而是组织者为学生举行的娱乐性活动,让学生感受到快乐、阳光的气息。赢家没有奖励,输的班级也不会受到惩罚。这个游戏在从学校出发到春游地点前就已经通知到各个班级，当时该班的同学也都开心不已，对参赛者的甄选表现出极大的热情，也就是说学生的热情符合"愿赌"的条件。在真正的比赛中，学生输了一次比赛，但却没有做到"服输"的要求而是表现出强烈的对立——不服。不服表现在学生输掉比赛后的气愤、哭泣、大声争辩，表现在对失败原因的解释。在第二次赢了之后，学生一扫颓废之气，变得兴高采烈，没有埋怨和质疑。两次比赛后截然不同的表现，反映出学生重视比赛输赢结果的个人意识。绳子、手套是客观条件，无法避免且这些条件作用于比赛双方，因而无法成为输赢的理由；从表面上看，双方所在场地并无显著差异。假设确实存在地势高低不平的状况，那么这也是导致第二次比赛中对手班级失利的缘由，这种结果对他们来说也不公平。集体意识以具体组织形式为载体但其辐射范围并不局限于任一载体，集体意识的这一内涵要求集体成员能从大集体的视野出发，避免陷入小团体意识当中，从这个角度对学生的第二次表现进行分析可发现他们展现出的正是一种团体意识：尽管他们赢了，他们并没有将在第一次失败中的体验移情至处境相似的对手身上而是沉溺在胜利的喜悦之中。小铮对两次比赛原因的解释都是从主观因素出发。拔河比赛本是一项考验团队协作能力的项目，输赢的关键在于集体自身，显然，小铮对此有着清晰的认识，这一点可以在他的解释中反复出现"大家"一词的角度看出。这样的解释符合集体意识的要求。对多位同学给出的因为地势才导致输掉比赛的理由，小铮用"愿赌服输"一词进行了否认，认为大家应为自己的选择承担相应的责任，这正是具有集体意识的思维方式。

2. 对小文的描述与分析："有好吃的好玩的""我不是故意摔倒的"

笔者分别在春游前和拔河后对小文进行了相关问题的询问。

  问：你喜欢春游吗？
  小文：喜欢啊。
  问：为什么呢？
  小文：因为有好吃的好玩的啊。

与小铮对春游的考量基于春游地点不同，小文对春游的喜爱源于春游的内容。尽管两人的出发点看似有异但实质上都是以个人喜好为标准，以个人生活经验为导向的个人意识体现。诸如上文所述，春游能给出游者带来诸多好处，吃和玩也包含在其中，但绝非是其主要作用。吃和玩既不是春游的主要内容也不是被赋予这一功能的唯一和最佳媒介，小文的回答表明她对吃和玩的热爱并从这一角度出发来对春游做出理解。这种理解并没有错但却浮于表面，忽视了春游本身所具有的深层意义。对于学校而言，每一项活动的组织都应该包含着深刻的教育意蕴。对于春游活动而言，不仅要将其作为自然教育和审美教育的良好契机，也应该当作是集体意识教育的重要阵地。春游活动的举办并非易事，它的成功进行需要学校的组织、司机的配合、教师的看护、学生对集体形象的维护等共同努力。小文的回答显现出对这一方面认知的浅薄，缺乏相应的感知。

小文的外形看上去要比同龄人苗壮，才10岁身高已近1.6米，这也是她被班主任选中成为拔河队伍一员的原因。可是在第一次比赛当中，她摔了两跤，很多同学认为这是他们失败的原因，一些同学在第一次比赛结束时一边指着她一边气愤地说："都是你，害我们输了。"就连该班的数学老师兼副班主任也说是小文的原因："一点没用力，还摔倒，也不知道是不是故意的。"小文刚被指责时一直默默无语，后来边哭边说："我不是故意摔倒的，我用了力。"事后，面对笔者询问输赢的原因，她表示不想谈论，然后陷入沉默。

拔河比赛是一项集体性活动，对参赛人员之间的默契有着很高的要求，需要协作精神的充分发挥。协作是与集体意识相匹配的处事方式，它的基点在于使整个集体及集体成员获益而非计较个人利益得失，要求协作者之间的彼此信赖和精神层面的高度一致。这需要参赛者必须认识到只有大家的团结一致才能获得理想的效果，一个人的表现会影响整体的发挥。在获知将要举行该项活动后的第一时间里，该班的班主任和副班主任就开始认真地挑选参赛人员，期间体育老师也进行了相关指导。老师们的举动表明参赛者的选择并非盲目、随意，而是经过一定的考量，这种考量的背后是整个集体对参赛者的信任和委托，具有集体意识的参赛者应对此有所领悟。因此，在比赛中，参赛者应调整好自己，进入比赛状态，为集体的荣誉而战。"天有不测风云"说明事物的不可控性，比赛不是数学题，有着严谨的步骤和绝对的结果，在比赛中出现失误的状况连世界上最高级的运动员也无法避免，这个道理可为小文第一次摔倒做出合情合理的辩护。

第二次的失误就难以被原谅，说明小文在第一次摔倒后并没能及时意识到问题的严重性并加以修正，这是对集体不负责任的行为。对输赢原因问题的探究上，笔者询问了二十多位学生，约是该班总人数的二分之一，除了小文每位学生都陈述出自己的见解。小文平时在班上并不是一个腼腆内向的学生，对于笔者的询问也从未以沉默回应，因此小文沉默的背后并非没有意义。如前文所述，小文对笔者的提问从未表示过明显的抗拒，对笔者本人也一直表现出友好的态度，因而她的沉默不是源于提问者。从问题输赢的原因来说，作为一件光荣的事情赢没有造成沉默的理由，这就意味着小文不想谈论的是关于第一次输的原因。尽管学生们的回答并不一致，但有若干位学生包括副班主任确实将矛头指向了小文并引起小文情绪的不稳定并为自己辩解，从回校后笔者的询问来看她的解释并没有得到同学们的接受，老师和同学也没有再过问这件事情。这样一来，小文的沉默既可被看作是对自身遭遇不公正待遇的反抗也可理解为对同学们看法的认可。从集体意识的角度可做如下解读：我因为遭受了不公平的对待而觉得委屈，可是过后没有人表现出对冤枉我的歉意，我便以沉默相待，不愿意主动为此事或者因为自己的委屈和大家进行交流；这是一次集体性活动，虽然我不是故意的，但因为我的原因确实给大家造成了影响，对同学的指责我无法驳斥只好以沉默相待。前一种解读表现出小文对集体和集体成员的不信任以及与集体的沟通方式存在问题，显示出小文集体归属感的缺乏，后一种解读则是小文对自身责任的承担，具有集体意识的意味。

（三）运动会中的小铮和小文

运动会的历史可追溯至古希腊，最初是以各种游乐和竞技活动的形式出现在进行祭典和庆贺收获的场合，后来出于平息国内的战争、渴望和平的目的，专门设置了特定的日期举办运动会并在后来得以在世界范围内传播，其中最具有影响力的莫过于众所熟知的奥运会。对学生而言，最熟悉也最具有直接性的是学校运动会。《学校体育学》等教材中认为学校校内运动会是指组织学生按照一定的形式积极主动参与各类竞赛项目并能实现一定教育目的的教育过程。[①] 作为德育载体必须同时满足两个基本条件：

[①] 参见潘绍伟、于可红《学校体育学》，高等教育出版社2008年版，第113页。

"必须承载德育的目的、任务、原则、内容等信息,并能为德育工作者所操作;必须是联系教育主体和教育客体的一种形式,主客体可借助这种形式发生互动。"① 运动会中包含诸多德育素材,如学生面对输与赢的态度、对公平竞争的体味、助人为乐的思想等;运动会是一种实践活动,是践行和检验各种道德品质的重要平台,是师生协作完成的活动。可见,运动会是实施德育重要且有效的载体。集体意识教育是小学德育的主要内容之一,运动会蕴含着丰富的集体意识内容,如运动会前学生对运动会的积极性与参与性;班级口号和横幅的设计;新闻稿的撰写及对待运动员的态度等。运动会不仅是进行集体意识教育的重要阵地,也是反馈学生集体意识水平的主要路径之一。

在该学校,运动会是全校的一大盛事,班主任大约提前一个月的时间在班里做出通知并进行相关准备。该班上一届运动会成绩为年级第一,实力很强。小铮和小文分别参加了其中的200米赛跑和实心球,这也是他们以往参加过的项目。挑选跳远运动员时发生了一点小意外,这一项目参赛人数限制在每班四人,但该班有五人报名,老师的说法是大家都先练习,等她有时间再进行比赛并依照比赛成绩选人。在一节体育课上,五人之一的小慧在与笔者交谈时说她不想参加跳远了,想选赛跑,因为她对赛跑很感兴趣,想看看自己能不能获得名次为班级加分,但是班主任没有同意,认为她参加跳远会取得更好的成绩。笔者询问小慧对老师的决定有什么看法,她想了想说这样也挺好的。笔者将这件事情告诉小铮和小文,了解了他们的看法。

1. 对小铮的描述与分析

问:你觉得学校举办运动会的目的是什么?你们班参加运动会的目的是什么?你自己参加运动会的目的是什么?

小铮:学校是为了让大家强身健体,展现自我;我们班参加是为了展现我们班的实力;我参加既是为了展现自己也是为了给我们班争光。

---

① 参见刘力、闵杰、张耀灿《高校思想政治教育载体研究》,辽宁大学出版社2008年版,第94页。

问：你喜欢参加运动会吗？

小铮：还好，喜欢吧。

问：为什么呢？喜欢的原因是什么？

小铮：不清楚，不知道。

问：比如说是不是因为喜欢体育？

小铮：是的。

问：运动会对你来说有什么样的意义？你怎么看待比赛？

小铮：运动会能展现自己的体能。比赛就是验证速度。

问：你最喜欢哪个项目？为什么？

小铮：最喜欢赛跑，200米和400米。最讨厌接力赛。原因我也说不好。

问：你比赛的时候希望老师和同学为你做些什么吗？

小铮：什么都不需要，加不加油的都无所谓。

从举办和参加运动会的原因上看，小铮的回答体现出运动会对运动精神的侧重。运动会除了增强师生强身健体意识的功能外，也是展现个人运动风采的舞台。运动会与个人的关系不仅体现在展示个人能力的方面，运动会也是激发个体发掘自身潜能的契机。竞争性和激励性是中学生运动会的特点，"竞争是作为运动员的中学生同其他同学的竞争，也是作为班集体同另外班集体的竞争，更是中学生同自我的竞争：即不断超越自我，实现自我的过程"。[①] 从集体意识的立场而言，运动会是一种集体性活动，和其他学校活动一样，它的组织、进行和完成都需要学校各方面的协作，渗透着丰厚的集体意识思想。无论是学校举办运动会，还是班级、个人参加运动会都与集体意识息息相关，不可分割。

基于以上分析可知，小铮对运动会的理解以及他对运动会喜爱的缘由、对运动会和比赛意义的解释都在强调运动会的健身功能和对个体的影响，但这样的理解既不够全面也不深入并且带有强烈的个人意识和小团体意识。小铮所表现出的个人意识可从其喜欢的运动项目上进行分析。小铮喜欢的

---

① 高玲：《中学生体育运动会的德育功能研究》，硕士学位论文，华中师范大学，2013年，第15页。

项目是如 200 米、400 米类的赛跑运动,这类比赛是以个人为单位的运动项目,成绩如何取决于个人速度的快慢,展示的是运动员个人的能力。接力赛也是一种田径运动项目,与 200 米、400 米不同,接力赛的名次排序虽然也倚仗速度,但它依靠的是所有参加接力赛的班级人员,这意味着单个人的速度固然重要,但在这项运动中起决定作用的是整个参赛集体。小铮没有清楚地表明他不喜欢接力赛的原因,不过从他对运动会、比赛所具有的意义的理解——展现自己的体能、验证速度以及他的惯用语"我就是喜欢竞争",以及 200 米、400 米与接力赛之间的结果差异来看,对这种以集体形式进行的活动或者对这种形式所带来的比赛结果的不满可能是导致小铮不喜欢后一个项目的原因。集体意识强调集体的力量,重视集体成员的团结协作,如若小铮是因为人数原因而不喜欢 400 米这一项目则是对上述集体意识内涵的背离。

"人"的构成有三个层面:生物学层面,心理学层面和社会学层面。① 运动会可以锻炼和发展个体的身体器官,展示和磨砺个人的勇气和意志,也是提升个体社交能力的有效渠道。社交能力既是个体社会化的必然要求,也是个体与集体成员进行沟通的必要手段,对个体的集体意识有着重要意义。运动会提供了个体与集体成员沟通交流的平台,在这个平台上,集体成员之间可以通过观看比赛、充当啦啦队、撰写新闻稿等方式促进彼此之间的了解,建立更深的友谊从而使整个集体变得更加团结,提升集体的凝聚力。小铮对老师和同学在其比赛时是否需要对其有所作为的无所谓态度可以从四个层面进行理解:比赛是我一个人的事情,与老师和同学无关;老师和同学的加油助威对我的比赛进行没有任何影响;运动员比赛时,老师和同学的作用只限于加油助威;实际上我希望老师和同学能够给我加油,但以往的经验告诉我,他们不能满足我的愿望,"无所谓"是对"有所谓"的掩饰。这四种解释都表现出小铮与老师、同学之间交流的抗拒,都是其将比赛看作是个人事情的表征。然而,运动会需要集体及其成员之间的互动,积极的交流互动才能增强集体成员对集体的归属感,才能营造生机勃勃、充满活力的集体氛围,提升集体凝聚力。

谈到发生在小慧身上的事情时,小铮表示最好的处理办法应该是让小

---

① 参见杨文轩《体育原理》,高等教育出版社 2004 年版,第 39 页。

慧和已经参加赛跑项目的同学进行比赛，看看成绩如何，好的话就参加赛跑，不然就继续参加跳远，他认为小慧应该坚持自己的想法。如果换做自己就会坚持尝试赛跑。班主任老师认为小慧参加跳远这一她已具备相关经验的项目能够增加获取名次的把握，因而没有给予小慧尝试赛跑的机会，小慧的做法是向班主任妥协。小铮的态度表明既不同意班主任的做法也否认小慧的选择。从解决方式上说，小铮认为应该给小慧赛跑的机会，让其与其他参赛者赛跑根据成绩决定小慧是否应该参加赛跑，这是一种既民主又公正的做法，既能给小慧个人证实自身的机会也能给集体带来最佳选择。集体意识倡导集体氛围的民主，处事方法的公平、公正。民主、公正也是良好集体风气的组成部分，是增强集体成员集体归属感和认同感、培养集体成员责任感的潜在方法，是一种无声的集体意识教育力量。小铮的看法带有民主、公正的色彩，但是这两者并不是以集体为出发点进行思考的结果，是基于"应该坚持自己的想法"的立场。小慧事件的实质是如何理解集体利益与个人利益之间的关系，是最大把握的为集体获取好成绩还是尽量满足个体发掘自身潜能的需求，这是对个体集体意识水平的重大考验。集体意识要求集体成员能从集体的立场思考问题，做出利于集体的决定；集体意识亦要求集体能够满足成员的正当需求，促进个体的发展。作为一种集体活动，运动会既是衡量学生集体意识水平的手段也是学生发挥自身能动性的场所，在运动会上，学生可以尽情地展示自己的才华，表现自己的个性。小慧事件的起因源于小慧对发掘自身潜力的渴望、想通过实践证明自身是否具备赛跑潜力的想法。无论是出于集体意识内涵的要求抑或实践对个体发展的重要性，小慧都有正当的理由被给予这次机会。小铮对该事件的态度，从处置方式的角度符合集体意识的需求，但其思维方式却带有明显的个人主义烙印。在运动会中尽力为班级取得好成绩是整个集体的共同目标，实践自己的兴趣爱好、辨别自身的赛跑能力是小慧也是小铮的个人目标，两者并非水火不容的关系，小铮的解决方式能使集体和个体都可以实现各自的目标且能互相包容，但其提出这种办法的基点却并不符合集体意识的逻辑思维。

2. 对小文的描述与分析

问：你觉得学校举办运动会的目的是什么？你们班参加运动会的

目的是什么？你自己参加运动会的目的是什么？

小文：学校是为了让孩子喜欢上运动；我们班是为了争光；我自己是为了好玩，因为运动会很有趣，可以运动。

问：你想参加运动会吗？为什么？

小文：想，因为可以锻炼身体，为班级争光，是一种荣耀。也想为自己争光，不会丢脸。

问：你喜欢运动会吗？为什么？

小文：喜欢。因为好玩，还可以锻炼身体，为集体争光。

问：你比赛的时候希望老师和同学怎么做？

小文：只要他们给我留点水就好，平时他们就知道死吃。

与小铮对举办运动会的看法相似，小文对此问题的解释也没有联系到集体的层面。"让孩子喜欢上运动、争光、好玩、有趣、可以运动"这些理由都侧重于运动会给个人或者个别集体带来的影响，都局限于运动会表面上的功用而没有进行深入的理解。在小铮的认知中，自己参加运动会的目的除了展现自己外还包括为班级争光，这体现出小铮能够在实现自身目标的同时能考虑到为集体荣誉做出贡献。而在小文的回答中则没有体现出具有集体意识的痕迹。对于四年级的学生来说，他们已是运动会的"老人儿"，对运动会的了解较之低年级的弟弟妹妹们较为深厚，在举办运动会的原因和参加运动会的动机上，他们应具有更高水平、更加深刻的理解，而这种理解是"喜欢上运动、争光或者有趣"无法体现的。小学举办运动会的目的按序包括：营造和谐校园文化，培养学生对体育的兴趣，促进学生身体健康，培养学生集体荣誉感，学校体育工作的评价与检测，促进体育教学，选拔体育苗子，发展学校竞技体育。前四个目的不仅是小学举办运动会的主要目的，在初中和高中亦是如此。[①]小文的回答虽然与"培养学生对体育的兴趣和促进学生身体健康"两个目的相契合，但不完整。"喜欢上运动""可以运动"不是运动会的主要功能：前者的实现可通过多种渠道，如平时的体育课、奥运会、周围运动爱好者的带动；后者

[①] 参见翟延露《江苏省中小学学校运动会现状、问题与改革——基于49所中小学学校运动会规程的分析》，硕士学位论文，扬州大学，2014年，第10页。

关系到运动场地的问题，而它的实现并不局限于运动会所用的场地，教室、走廊、广播体操等可以进行相关操作。由于自身的认知及所属集体限制，小文对学校集体举办运动会的无集体意识回答尚可理解，那么在对自身参加运动会目的的解释上，对作为具有运动员身份的小文来说，她的回答无疑与集体意识不符。成为运动员需具备一定的资格，这种资格既来源于集体成员对其在某一具体运动项目上所表现出的能力的认可，也表现在集体成员对其作为整个集体运动会代表的认可。在双重认可的背后蕴含着集体对运动员的期望，意味着运动员担负着为集体争取荣誉的责任。运动员身份本身就包含着集体意识要素，具有集体意识的个体应能敏锐地捕捉到这样的内在联系。

目的、动机、兴趣是三个不同的概念，但都能够对个体的行为造成影响。动机和兴趣是行为的原因，是个体实施某一具体行为的出发点，能促使个体的内在思维转化成实践活动；目的是行为的结果，是个体行动的方向，指引着个体的实践过程；兴趣是个体对某一具体事物表现出积极情绪体验的心理倾向，是个体评价事物好坏的尺度之一。兴趣其实就是动机的一种，其差别只是兴趣所推动的活动方向比较专注，对象比较具体而已。[①] 通过对运动会举办的目的、参加运动会的原因及对运动会的情感倾向的提问，笔者试图了解小文对运动会与集体之间关系的认识，从中提取有关其集体意识水平的要素。分析小文对举办运动会目的的理解可以看出小文的集体意识不容乐观。在参加运动会的动机上，小文的回答是"可以锻炼身体，为班级争光，是一种荣耀。也想为自己争光，不会丢脸"。这里她的动机既考虑到了个人需要也涉及集体需求。对集体而言，小文的出发点是"为班级争光，是一种荣耀"；对个人而言，"为自己争光，不会丢脸"是其参加运动会的动机之一。从字面上看，小文的作答并不够清晰明白，可从两个方面进行理解：参加运动会，成为一名运动员本身是一种荣耀，能给自己增添光彩；参加运动会，在实心球项目的比赛中取得名次对于小文来说很有把握，参加运动会的结果既能为班级争光也使自己不会丢脸。这两种理解都可能是小文的原有之义。第一种理解来源于对运动员身份的认知。不是每一个集体成员都有成为运动员的资格，能代表班

---

① 参见陈琦、刘儒德《当代教育心理学》，北京师范大学出版社2007年版，第211页。

级参加运动会是集体对自己的肯定，是一件值得骄傲的事情。第二种理解来源于运动会本身。在向某位同学采访其对小文的印象时，他指出小文的诸多缺点但提到"她的实心球不错，以前参加运动会的时候成绩还好"。小文在该班并不受欢迎，被老师和同学所不喜，甚至会遭到同学故意的针对。小文自己也觉察到这一点便有意识地去改变同学对自己的态度，参加运动会就是其中的一种方式。两种理解都能显现出小文的集体意识，前者是对集体接纳和认可自己的积极反应，后者是对改善自己与成员关系及提升自己在集体中地位的不断努力，这些正是具有集体归属感和集体责任感的体现。

具有集体意识的成员会将自己的一言一行与集体紧密相连。运动会的成功举办，个人荣誉的获得都与集体密不可分，运动员更应有这样的意识。相比小铮而言，小文在比赛时对老师和同学具有一定的期望，即希望老师和同学在其比赛时能给自己留点水，不要像平时那样只顾自己吃。学校运动会上食物和饮水都放在班级特定的场地上，在运动会中，班主任对饮水的管理较为严格，由家长志愿者或不参加比赛的学生保管，禁止非运动员拿取。在往届运动会上，小文或许有过参加比赛后却没有得到水分补充的经历，才会使她提出这样的希冀。心理学家马斯洛认为人有七种基本需求，分别为：生理需求，安全需求，归属与爱的需求，尊重的需求，求知与理解的需求，美的需求和自我实现的需求。前四种为缺失需求，是人类生存所必需的。[①] 集体对个人的作用不仅体现在物质上的满足，更重要的是精神上的支撑。运动员比赛时，来自老师和伙伴的加油鼓励不仅能营造出紧张热烈的比赛气氛还能为运动员提供前进的动力，老师和同学的关注也能发现运动员比赛中的亮点和不足，为以后的改善做准备。在运动会中，老师和未参加比赛的学生并不是无关紧要的局外人，他们在其中扮演着特定的角色，为运动员和整个集体贡献力量。作为集体中的一员，不仅要关注自己能为集体做什么，还需要对他人的作用和角色有所了解，因为集体由"大家"构成，也属于"大家"。小文的回答既暗示着她对其他集体成员角色的忽视，也显示出她对集体的低需要度，而后者属于集体归属感的范畴。

---

① 参见陈琦、刘儒德《当代教育心理学》，北京师范大学出版社2007年版，第219页。

论及小慧的事件时，在老师的处理方法上，小文和小铮有着相同的看法。在她看来，她认为每个人都应该有机会尝试自己喜欢的项目，多几次经验，赛跑说不定也能取得好成绩，不能勉强别人做自己不喜欢的。如果这件事发生在自己身上会坚持自己的选择。小文没有提出解决方案只是解释自己不同意老师做法的理由。获取运动员的资格不仅要看个人的能力，还需获得集体的认可。在成为正式运动员之前，学生有权尝试自己喜欢的项目，判断自己在该项目上的运动水平，集体应该支持成员的选择，挖掘其潜力，而不应剥夺这样的机会。集体与其成员互相依靠，荣辱与共。在个体目标不违背集体利益的情况下，尊重并尽力地给予帮助是良好集体应履行的义务。同样地，牢记自己做出的选择都会与集体的利益发生联系也是集体成员要尽到的责任。运动会是关系到整个集体荣誉和利益的事件，运动员的选举需要慎重对待；运动会是展示个体运动天赋的赛场、激发运动潜能的平台，参赛项目的挑选应考虑个体的兴趣爱好。集体和个体在运动会上的目标并不矛盾，互相包容。小文给出的理由是对个体正当利益的维护和诉求，自然且合理。但同时，小文对其中集体因素的忽视也说明其集体意识不够坚实。

（四）小结

从共同目标的角度来说，具有集体意识的个体在认识和处理集体与个人的关系上会以集体的利益为重，在行动之前会先考虑自己的举动将为集体带去怎样的后果，从而实现集体与个人的双重实现。如课堂上进行小组讨论时，有集体意识的小组成员会将如何使小组按时按质地完成老师布置的任务这个共同目标放在首要位置，而集体意识不强的小组成员琢磨的却是如何快速地发表自己的见解并取得其他人的认同。从身份意识的角度而言，有集体意识的个体在理解集体与个体的关系时，会有"我是集体中的一员，我要为集体负责"这样的逻辑思维，而缺乏身份意识的个体甚至意识不到自身的行为与集体之间的关系。同样以小组讨论为例，有身份意识的小组成员会积极思考，为小组的讨论结果贡献力量。身份感较弱的小组成员则不会看重小组的讨论成果，对讨论抱有无所谓的态度甚至认为这与自己毫无关联。在理解集体与个人的关系上，评价个体集体意识的有无及强弱主要是通过个体行动的出发点是否立足于集体。

通过分析，可将小铮与小文在认识和处理集体与个人关系方面所表现出的集体意识进行如下归纳：小铮和小文在"三好学生"选举、春游、运动会三种集体性活动中的认知和行为表现出他们具有一定程度的集体意识，即能够以集体的立场为思考问题的出发点。如小铮对待拔河比赛输赢的态度，对小慧事件所提出的处理办法；小文参与运动会的动机。但综合而言，两人并没有养成良好的集体思维习惯，以个人利益为出发点的逻辑思维经常出现。如在三项活动中，两人的参与动机体现出明显的功利性，都是以获取个人荣誉、个人的好恶为参加理由；发生在小慧身上的事情，两人对老师的做法持反对态度的原因都是不能剥夺个人尝试的机会。总体来说，在两人理解集体与个人的关系观中所呈现出的集体意识具有随机性、不稳定性，个人意识有时占据上风。除在上文中推导出结论的案例外，还有以下例证可作为论据。如下表所示。

表3　　　　少年儿童集体与个人之间关系理解的观测表

小铮的事件	小铮的表现	小铮的表现是否符合集体意识的要求	小文的事件	小文的表现	小文的表现是否符合集体意识的要求
语文课小组讨论	作为组长，积极参与，维护讨论规则，尊重成员的发言权，但展示讨论成果时，极少主动举手带领组员参与。	讨论时其行为展现出其身份意识，发言时的表现则为失职，也不利于集体学习氛围的形成，因而不太符合集体意识的要求。	语文课小组讨论	抢着发言，重复说无助于讨论的话语，被其他组员指责后不等讨论结束便怒气冲冲地回到自己的座位。	其举止不符合自身组员这一身份，亦不利于小组讨论目标的实现，不符合集体意识的要求。

续表

小铮的事件	小铮的表现	小铮的表现是否符合集体意识的要求	小文的事件	小文的表现	小文的表现是否符合集体意识的要求
运动会征集啦啦队口号	不参加，我又不是啦啦队的，只要做好自己的本分就行了。	其解释与自身为集体成员这一身份不符，不利于集体目标的实现，因此不符合集体意识的要求。	拿班牌	觉得好玩，主动提出拿班牌，但第二天就放弃，说是因为太重了，不想拿。	从自身的喜好而非集体利益出发，不符合集体意识的要求。
班主任施行卫生区域责任制，各人负责各人座位周围卫生区域	认为老师的做法是对的，每个人都得管卫生。如果垃圾在别人的卫生区域，只会提醒，自己不会去捡。	"每个人都得管卫生"符合身份意识的诉求，但对待他人卫生区域的态度不利于集体整洁环境的营造，因而不太符合集体意识的要求。	班主任施行卫生区域责任制，各人负责各人座位周围卫生区域	老师的做法不对，不是我扔的，是别人故意扔的怎么办，这应该是值日生的事情。自己扔的才捡，别人扔的就不管。	其看法与身份意识的诉求不符，亦不利于集体良好卫生环境的营造，不符合集体意识的要求。
语文"智力大冲关"活动	较为积极，自己会主动回答问题，得到分数非常高兴；但当其他组员为所属组别加分时没有明显反应。	主动参与有利于活动目标的达成，对待他人的态度则与自身身份不符，因而不太符合集体意识的要求。	语文"智力大冲关"活动	较为积极，自己不主动，但所属组别加分会很兴奋，表现明显，问她为什么，她说虽然不是我答的，但我们是一组的。如果有人出现失误，说那人太不争气了，给我们组丢脸。	积极参与并关注活动进程符合身份意识的需要，但对待加分与否的态度与共同目标和身份意识相违背，因此不符合集体意识的要求。

续表

小铮的事件	小铮的表现	小铮的表现是否符合集体意识的要求	小文的事件	小文的表现	小文的表现是否符合集体意识的要求
假设学校举行绘画比赛，班里要推举人选参加，好朋友小锐很想参加，想请你投他一票，但是他的绘画水平不高	拒绝，因为他绘画不好，不能让他给我们班丢脸。	从集体利益的角度出发，符合自己的身份和集体的共同目标，因此符合集体意识的要求。	假设学校举行绘画比赛，班里要推举人选参加，好朋友小锐很想参加，想请你投他一票，但是他的绘画水平不高	推荐，因为可以试试，人应该有尝试的机会。	未从集体立场出发，与身份意识相违背，不利于集体共同目标的实现，不符合集体意识的要求。
老师直接宣布"阅读之星"人选	老师的做法不公平，这件事应该由大家投票选举决定。	展现其主人翁意识，符合自身身份，大家投票利于集体目标的实现，符合集体意识的要求。	班级因眼保健操不合格未能获得"小红旗"，老师要求学做眼保健操	摇头，不情愿，说好无聊啊。	从个人喜好出发，忘记自身身份和集体目标，不符合集体意识的要求。

　　从上表可知，两位学生在大多数情况下，并没有基于集体意识的立场理解集体与个人关系。六项活动当中，只有小铮在"假设学校举行绘画比赛，班里要推举人选参加，好朋友小锐很想参加，想请你投他一票""老师直接宣布'阅读之星'人选"中的表现符合集体意识的要求，其余四项活动中都没有完全做到将集体目标作为衡量利弊的起点。甚至在"运动会征集啦啦队口号"事项中，其表现完全违反集体意识的要求，认为征集运动会口号这件事情与自己完全不相干，自己的本分就是要做好运动员。这不仅是典型的"各人自扫门前雪，莫管他人瓦上霜"的个人意

识心态，亦是对身份意识的违背，除去运动员的身份之外，小铮最基本、也是最重要的身份是集体中的一员，其任务不仅仅是在比赛时为集体赢得好成绩，更需在集体需要帮助时发挥自身力量。相较之下，小文在理解集体与个人关系时，表现出较强的个人意识。在"语文课小组讨论""拿班牌""假设学校举行绘画比赛，班里要推举人选参加，好朋友小锐很想参加，想请你投他一票""班级因眼保健操不合格未能获得'小红旗'，老师要求学做眼保健操"四项事件中，小文都将自己的想法放在首要位置，对集体的利益和他人的感受关注甚少。这样的逻辑思维所引领出的行为只会与集体意识相对立。在余下两项活动中，小文虽然在一定程度上呈现出符合集体意识要求的言行，但仍旧以自己的情绪体验为主，集体身份意识极弱。

四　小铮、小文自身角色的诠释

在集体中，每个个体都扮演着固定的角色，履行相应的职责。正确认识自己在集体中的位置，能促进个体的身心健康并发挥自己的作用，为集体的正常运作和发展及集体和谐氛围的形成贡献力量。这一部分的主要目的在于了解小铮和小文对"我担任什么样的职务""我对这个职务的态度""我有没有扮演好这个角色"三个问题的理解与看法，分析其集体意识状况。"划分我国小学班级中学生角色的因素主要有：性别、成绩、班级组织中的职务以及在学生群众中的人际地位"。[1] 本研究的角色主要指后两种。成绩是学生认知水平的主要反映方面，成绩的好坏决定了其在班级中的地位。有学者认为，"学习成绩统摄着一切层面的微观社会环境，同时影响着学生在同辈群体中的实际地位"。[2]

1. 对小铮的描述。在学习成绩上，班主任老师对小铮的评价是：不算特别优秀，中等偏上。同学的评价是：学习成绩还不错或者还好。"三好学生"的"三好"之一是学习好，小铮曾经获得过这一荣誉称号。可见，小

---

[1] 曾百卉：《班干部角色对小学生沟通技能的影响问题研究》，硕士学位论文，辽宁师范大学，2012年，第11页。

[2] 同上。

铮不属于班级中成绩拔尖的学生,可用"尚可"形容。在调研中,笔者经常看到他与同学讨论学习问题,还为其他同学讲解他们不明白的地方。

2. 对小文的描述。小文一直是各科老师头疼的对象,经常在放学后被老师留下来完成学习任务。班主任老师说小文基本包揽班级的倒数第一名。同学的形容词是"学习成绩很差,很烂"。有一次,某科老师讲解试卷时说:"这次我们班最低分是60分,至于是谁我就不说了。"讲台下的学生立即大声说:"是小文,肯定是她。"平时,小文经常向同学请教学习问题,尤其是在其作业本发下来之后。

(一) 集体职务上的角色

小学班级"职务可分为两大类:干部和群众"。① 职务不同,职责亦不同,对角色的认知和集体意识的影响也有差别。

1. 对小铮的描述与分析

在班级内,小铮担任过以下班干部:班长、小组长、纪律委员。四年级下半学期班干部换届选举前,笔者就班干部选举一事对小铮进行了访谈。

> 问:你认为当班干部需要具备什么样的条件?
> 小铮:学习成绩至少中上等,能管住自己也能管住别人。
> 问:你想做班干部吗?原因是什么?
> 小铮:想,为大家服务。
> 问:你最想担任什么职位?
> 小铮:纪律委员。

从集体的角度说,班干部组织维系着整个集体的正常运作,班干部在整个集体中具有重要作用。"班主任只有充分发挥班干部的作用才能管理好班级,班主任、班干部及学生三者之间的关系如同伞柄、伞骨和伞布,一个再好的伞柄如果没有伞骨的支撑无论如何也撑不起一片天空的。"②

---

① 刘云杉、吴康宁等:《小学班级中学生角色因素的相关性分析》,《教育理论与实践》1995年第3期。

② 朱光华:《通过班干部管理班级的体会》,《中国基础教育》2006年第6期。

这个比喻形象地说明了班干部在班集体中的价值和地位。鉴于班干部角色的作用，班干部的选拔不可随意对待，需具有一定的标准，这种标准包含深刻的集体意义，不论是普通学生还是参选者都需要从集体的角度出发理解选举标准并以此为选举依据。对于班干部的选拔标准，并没有统一的说法。教育家夸美纽斯对此的界定是：选年龄最大、才能出众或特别勤勉的学生担任或由已经读过本年级，并已知道学习什么内容的人担任，以便能更容易地帮助班主任教师。①梳理我国学者的相关研究，班干部大体应具有以下品质：责任感、耐心、以身作则、威信、学习力、心理力、领导力、沟通力、创新精神等。选拔标准由品质、能力、素质等多元标准代替了以学习成绩为主的旧习。②小铮认为班干部应符合"学习成绩至少中上等，能管住自己也能管住别人"的条件，对比以上学者对班干部的选拔标准，他的认识不够全面；根据集体意识的内涵，他的认识未能与集体发生密切联系。学习成绩好，至少不差是班干部必须具备的素质，尽管以学习成绩作为评判是否具有班干部资格的这一传统受到学界和大众的诸多批判，但无论是从小学班干部选举的现实情况还是理论上班干部应起的作用来看，学习成绩都应纳入到班干部选举的标准中。在提到班干部作用时，经常会使用到"管"字。由于班级制度设计和学生自觉意识的缺乏，班干部的角色带有"管"的性质。在小学，很多学生想当班干部的原因就在于班干部"能管人"。"管"字有一种强制的色彩，是一种硬性的管理手段，"管"是一个互动过程，该词需在有管理者和被管理者的情境中方能使用，如此一来就需要厘清以下问题：谁是管理者，谁是被管理者，划分两者的依据是什么，管理的内容又是什么？追本溯源的问题是：在集体中，需不需要"管"这种方式，有没有符合集体意识的概念和方式来置换"管"？联系到班干部身上，如果班干部用"管"的理念履行自己的职责很可能会发生令大众担忧的问题——权力异化：我是班干部，就有管理全班同学的权力。除了班主任，这个班里我最大，其余的同学都要听我的，不然就要受到我的惩罚。在社会上引起巨大反响的火星小学事件正是

---

① 参见顾明远《中外教育思想概览》（下），广东教育出版社2009年版，第1322页。
② 参见蒋萍《小学生班干部制度研究》，硕士学位论文，南京师范大学，2012年，第6页。

这种思想的产物。叶澜教授也曾指出目前我国班干部制度运行过程中还是存在着公民权利责任意识、主体意识、服务意识缺失等问题,将班干部的职能定位在管理上面就是其中的重要表现。① 可见,"管"的想法和运用在班集体中不符合集体意识的要求。结合班干部应具备的素质和集体意识的体现,作为班干部应该具有的是服务意识,即"班干部是做事的,做不需要班级所有同学做、做需要有人带领着做、做需要有人分配着做的工作。在做事的过程中,需要接触到人,因为这些事情就是每个人的,但却不是'管'人。恰恰相反,班干部的良好履职需要班级每位同学的支持与配合,这才是真正的'服务意识'"。② 只有具备这种服务意识的学生才有当选班干部的资格,这样的班干部不仅能在集体中树立自身威信,也能带动集体的进步。班干部选拔的标准应契合集体的需求,小铮对班干部选拔标准的认识与集体意识的内涵貌合神离。此外,意识具有能动性、对实践有指导作用,小铮对班干部的认识会影响其作为班干部的行为。

  换届前,小铮就是班里的纪律委员,令人感到不解的是,小铮自身对其却表现出困惑:"我不知道自己是不是班干部,老师没说。"笔者追问他怎么不去找老师问清楚,他没回答;笔者告诉他老师的说法,他的回答是"哦,那我知道了"。作为集体成员,尤其是担任一定职位的集体成员,需要做到对自身角色的准确定位,否则不仅会影响集体的运转秩序,也会影响其他成员的角色认知。小铮对自己身份不确定的原因来自"老师没告诉",对这个原因可作如下分析:首先,班干部是班集体中的组织系统,具有相当的明确性;对学生而言,能成为班干部是一件值得骄傲的事情。这两点应是小铮能够明晰自身身份的要素和动力。或许该班的选举制度或班干部制度存在一定的问题导致了小铮的困惑,但作为对集体具有重要作用的纪律委员,小铮应该具有积极主动确认自身身份的意识,而不是被动地等着老师告知。其次,班干部是由全体学生通过民主选举的方式选出来的,是全体学生所做出的决定,班主任在其中有一定的影响作用但并非其个人意愿的结果。在选举结束后,个体就应得知自己的确切身份并

---

① 参见叶澜《"新基础教育"论——关于当代中国学校变革的探究与认识》,教育科学出版社2006年版,第302—304页。
② 辛治洋:《从工作到教育:辨明有关班干部的三个认识问题》,《班主任》2016年第5期。

开始履行自身的职能直到该职能被终止。班主任和若干被访者在访谈中都告知笔者小铮就是班级里的纪律委员，旁观者尚能区分出小铮在集体中的角色，作为当事人的自己却在这个问题上态度不明、消极被动，其集体意识状况可见一斑。班主任对小铮的印象之一是"不够主动"，这种印象在对待自身角色一事上有着显著表现。作为一名班干部，主动性是不可或缺的条件，它既能促进集体事务的高效完成，也能更好地展现自身的集体意识，有助于巩固和提升自己在集体中的形象。小铮的不主动反映出他对自身身份的不重视，这种不重视是对自己在集体中的地位和班干部角色本身的双重否定，是一种无所谓的态度。主动性的严重缺失映射出小铮不完全具备担任班干部的资格。

一般而言，作为纪律委员的职责主要是维护集体的纪律和秩序，具体来说包括：任课教师不在时，禁止学生做出违反课堂纪律的行为；课下提醒同学不能在教室或走廊大声喧哗、跑闹；协助老师和其他班干部做好集会时的纪律工作；注意同学日常行为，及时制止违纪行为；让其余学生了解到遵守纪律的重要性，进行《小学生守则》《小学生日常行为规范》和校规校纪、班规班纪的宣传。班干部在班级中有五大作用：榜样作用、组织作用、桥梁作用、检查监督作用和宣传作用。① 除具体职责外，纪律委员也要起到班干部的一般性作用。对于小铮履行自身职责的实际情况，笔者分别对班主任和部分学生进行了访谈。对此班主任的形容是：责任感不强，办事能力一般，但态度很端正。其他同学的印象为：当班干部没起什么作用，不如当小组长的时候；平时也管纪律，但管的不多，眼保健操管得比较多；作为班干部应该合格吧，比较负责的人；上课老师没来的时候有时候管纪律，有时候不管，课下不管，因为管也没什么用；不大负责任，轮到自己做值日的时候经常不做就走掉；检查眼保健操的时候睁一只眼闭一只眼，有人做得不好也不说；眼保健操上比较称职；有的时候跟同学有小矛盾的时候，会在管纪律和眼保健操的时候找人茬。

对比以上纪律委员的职责要求和班干部的作用，结合老师和同学的评价可知，小铮的行为并没有诠释好纪律委员的角色。在给出小铮履行班干

---

① 参见谌启标、王晞《班级管理与班主任工作》，福建教育出版社2007年版，第127—129页。

部职责的评语时班主任肯定了其做事态度，但认为其责任感和能力方面有所欠缺，作为成年人和学生的指导者，班主任的评价具有公正性。与小铮相处、交流最多的是同班同学，作为班干部履行职责的直接对象，同学们的感觉、评述具有很大的参考价值。从上文学生的描述中可见，小铮在践行纪律委员职责时具有很大的随意性，不能以身作则甚至滥用职权。身为集体中的领导阶层，应时时事事表现出对集体的注意和关心，捕捉集体及其他成员需要自己的时刻，才是对自身角色的最佳体现。时而发挥自己的作用，时而游离在自己身份之外的状态是对集体意识中角色要求的背弃。作为一名学生，小铮要承担值日的责任；作为纪律委员，班主任还指定小铮为眼保健操监督员，意在督促学生做好眼保健操。根据同学的叙述，小铮在履行两个职务上都有问题。"班干部"中的"干部"之名不是特权的指称，不意味着高人一等、与众不同。相反，担任班干部的学生应更具自觉意识，明白自己肩负的榜样示范作用，因而应比普通同学更快更好地完成集体所指定的任务。值日是集体的日常工作，保证教室的卫生整洁既是集体成员对学习环境的要求也关系到集体对外的形象。值日是每个集体成员都需完成的工作，对普通学生和班干部作相同的要求，身为纪律委员却逃避这种职责不仅是对自身身份的亵渎也是对其他同学的不尊重。与很多学校一样，该校设有流动红旗评比活动，学校安排老师和学生专门对各个班级进行评估，眼保健操和教室卫生就包括在检查内容当中。在关系到集体荣誉和利益的事件上，小铮居然"睁一只眼闭一只眼"，对不好好做操的行为熟视无睹。在集体中，领导者具有一定的权力，集体赋予的这种权力是为了更好地为集体及成员服务而不应成为满足个人私欲的工具。小铮利用自己的身份给与其有过矛盾的同学"麻烦"，故意找人家的茬是被集体所不允许的行为，这种行为不仅是对同学的不公正对待，也是对自身威信的损害和身份的侮辱，是集体意识极度匮乏的表征。

2. 对小文的描述与分析

小文对班干部选举的理解如下。

问：你认为班干部选举跟你有没有关系？为什么？
小文：有关系。因为我不希望人家管我，除非我做错了。
问：你认为什么样的人能做班干部？

小文：能先管好自己的，成绩要好，能帮我解题的。
问：你想做班干部吗？为什么？
小文：想，可以管人，也能帮助人。
问：你想做什么班干部？为什么？
小文：劳动委员，因为喜欢劳动。

鉴于班干部在集体中的重要地位，班干部选举不容忽视。作为手握选票的选举者应具有这样的意识："我选班干部意味着什么？无论是参选还是选举，都意味着是在为班级选择最合适的人选。所以，对于选举的所有同学来说，选举不仅意味着对班级的责任，也意味着对流程和结果的认同。"[①] 小文意识到班干部选举与自己之间存在相应的关系，但小文之所以认为班干部选举与自己有关并不是出于职责的履行或对集体的关心，而是基于个人利益的考量。在小文看来，班干部的存在就是为了"管"人。正是出于这种想法，小文希望选出的班干部能做到不管她或至少仅在她需要管的时候才出现。班干部选举在小文的意识中并不是属于集体的事情而是关系到自身利益的选择，选出的班干部是否符合自己的心意是小文理解该事件与自身关联的出发点。对于选拔班干部的标准，小文和小铮一样使用到"管"字、认为好的学习成绩是必备条件。班干部的职责是"服务"而不是"管人"，同样地，普通学生也不应当怀有"被管"的思想。"对于中小学生而言，做最优秀的自己是每位同学的基本职责""普通同学也不应该等着被人'管'。没有班级和班干部之前，我们需要做一名好孩子、好学生、好公民，有了班级和班干部，并不等于普通同学被剥夺了做一名好孩子、好学生、好公民的责任，人人都应该是做'好'的先锋，不应等着别人的'模范'与'带头'。"[②] 只有这样，与集体意识相违的"管"的意识才会消失。小铮将学习成绩好作为选拔标准之一是出于班干部应在各方面起到表率作用的需要，小文将成绩作为当选条件的原因在于自身的需要。在学习成绩地位的描述中，已对小文的相关情况做出介绍。

---

① 辛治洋：《从工作到教育：辨明有关班干部的三个认识问题》，《班主任》2016年第5期。

② 同上。

作为一个各科成绩都不好、经常被留堂的学生，向同学请教学习问题对于小文而言是家常便饭。出于自身的实际情况，小文所认为的班干部选拔标准不仅是学习成绩好还要能为她解决学习问题。为同学服务，帮助同学本就属于班干部的职责范围之内，尤其是对学习成绩不好的学生，积极主动的帮助不仅能使受助者得到益处也能为整个集体的成绩及团结友爱的集体氛围带来好处。小文对班干部的职能有一定的认知并以此作为选拔班干部的标准，但这种认知只考虑到个人而非集体的利益。小文想做班干部的理由同样与"管"有关，这是渴求权力的产物，是对班干部角色的曲解。一个将自己定位在"管人"的班干部容易有权力意识，会将自己凌驾于其他集体成员之上，总想找到"管"的对象以彰显自身的"特权"。现在的学生拥有很强的自主意识和民主意识，"管人"的行为容易招致被管者的抵触，甚至引发矛盾，这对集体的团结和班干部本身都会造成负面影响。帮助同学是集体的要求，它不但能解决受助者的问题，也能体现出提供者的好意、积极性，这理应是班干部需具备的素质。

班干部的形象并不局限于帮助别人这类正面形象，作为合格的班干部还需塑造出无谓得罪人、公正无私等"红脸"形象。小学生难免有犯错的时候，如随便拿人东西、打架、考试抄袭、损害公物，这些事件在笔者的调研中时有发生，这时就需要班干部拿出负责任的态度、摆出公正的架势进行处理。只有这样，集体才能形成良好的风气。小文想成为班干部的理由亦与集体意识的要求不一致。班干部是由多名学生组成的小集体，不同的职位有不同的功能，但为整个集体服务是一致的责任和目标。小文想担任班干部中的劳动委员一职是基于对劳动的喜欢，这个理由既是对自身喜好的反馈也是对劳动委员认知的偏差。劳动委员的主要职责是维护集体物理环境的干净卫生，除此之外还应与其他班干部一样，具有模范带头、组织沟通、宣传引导等作用。"喜欢劳动"并非成为劳动委员才能够实践，平时的值日、日常的学习生活都可以实现。作为班干部，服务意识和主体意识的具备更有价值。可见，小文对劳动委员角色认知的偏差、以个人喜好衡量班干部的价值都是对集体意识的背弃。

班里设置了诸多的小岗位，如多媒体设备管理者、图书管理员。小文有一个固定的岗位是擦黑板，这个岗位的职责在于保持黑板的清洁，方便教师上课。一个具有集体意识的成员应该重视自己的责任，认真对待集体交付自己的任务。擦黑板并不需要多大的能力，但是一周三十节课的工作量需要个人的重视才能按时按质完成，考验的是个人的耐心和对集体的贡献力。对于小文在该岗位上的表现情况，被访问的同学具有一致的看法：擦黑板的时候总是不记得，要人提醒。班主任对小文责任感的印象是：什么都不能坚持，不让她做的时候她又想做，让她做的时候吧又不能持之以恒。虽然擦黑板只是一个看似不起眼的体力活，但集体之中无小事。小文并没有很好地履行自己的职责，经常需要别人的提醒即反映出她对这项工作的不耐心和忽视。班主任的说法表明小文有承担集体工作的意愿，但其实际表现说明她的意愿并非出于自身的集体意识，而只是满足自己的需要。"三分钟热度"不仅会妨碍集体任务的完成也会导致其他成员对自身的不信任，所谓"一屋不扫，何以扫天下"就是集体对小文角色扮演印象的最好表达。

（二）学生群众中的人际地位

人际关系是指人与人之间在交往过程中所形成的比较稳定的心理关系。班集体中人际关系的和谐、融洽、团结友爱，是集体成员经常产生的情绪体验，也是激发集体成员积极、乐观、热爱生活的直接因素。"班集体中的人际关系主要有两种：师生关系和同学关系。"[①] 本研究着重描述、分析两位学生在同学人际关系中所表现出的集体意识。

1. 对小铮的描述与分析

> 问：你觉得你是一个对同学团结友爱、会主动帮助、关心别人的人吗？会不会对同学区别对待？
>
> 小铮：是啊，有一些小事会主动帮，一时想不起什么例子，都是鸡毛蒜皮的小事。不会分人。
>
> 问：如果有一天你跟你最好的朋友说话，他不理你，还说你烦死了、走开，你会怎么办？
>
> 小铮：让他自己冷静，问问别人怎么回事，还是会主动跟他说话，再不行就算了，如果一直问怕他会更加不友好。

---

① 赵玉如：《基础教育新概念：集体教育》，教育科学出版社 1999 年版，第 41 页。

问：遇到不开心的事情你会跟谁说？为什么？

小铮：跟妈妈或者小正说，他们是我最好的朋友。

问：你喜欢你的班级吗？为什么？如果现在让你离开这个班级，你愿意吗？

小铮：喜欢，因为我和大家相处很长时间，有感情。不愿意，相处了很长时间，不舍得。

问：你觉得班里少了你会怎么样？

小铮：没事，反正人数够，有没有我都一样。

从以上对话中可知，小铮觉得自己在和同学的相处中行为符合集体意识的要求，能够主动关心、帮助别人，对同学一视同仁。在假设好朋友突然对自己态度不友好的情形下，不是只顾及自己的感受负气走人，能做到主动询问引发事情的缘由。对于这个集体，小铮有着深厚的感情，主要是难以割舍与自己朝夕相处了很多年的同学。可见，在小铮看来，他认为自己是一个具有集体意识的学生。但对于自己在集体中的地位，小铮的回答反映出"我爱这个集体，但集体不需要我"的想法，这种想法体现出小铮集体归属感的缺乏。

查尔斯·库利提出了"镜中我"的概念，即"他人对我是明镜，其中反映我自身"。[①] 在人际交往中他人的反应能使人们对自身有更客观的认识。为了更好地了解小铮在人际关系上的表现，笔者对该班班主任和学生进行了咨询，以下内容为班主任和部分学生对小铮印象的访谈摘要。

班主任：能和大家和睦相处，人缘好。

小轩：有时候有点小毛病，会发脾气。

浩天：乐于助人，对人时好时坏，有点小气，借东西有时候不借。反正没帮过自己，对别人怎么样没注意。

小逸：乐观的人，对死党和关系一般的同学区别对待，挺喜欢和同学交流的，比如航模。

小悦：自己和他接触比较少，印象中有点默默无言，团结同学上

---

① 石俊杰：《理论社会心理学》，河北大学出版社1998年版，第300页。

面一般吧,他一般不大和人交流,挺大方的,借东西一般都借。

冰冰:最近没有原来那么对人热情,原来对他印象挺好的。

思怡(小铮同桌):有时沉默有时开朗,很大方,不斤斤计较,偶尔会吵架。

　　班主任对小铮的形容表明小铮在与同学的交往中基本没有问题,是一名极具集体意识的学生。同学们对小铮的印象并不一致,有的好有的不好,从中可知,小铮并没有得到全体同学的喜爱,在人际交往中有一定的问题。由于年龄因素,学生择友多以兴趣爱好、学习成绩为标准,对所有的同学具有相同的态度显然不现实。集体意识要求集体成员具有融洽的人际关系,和谐的集体氛围,当他人遇到问题时应能提供力所能及的帮助而非以关系好坏为依据。在是否对同学区分对待的问题上,小铮给同学的留下的印象显然与其自身的叙述不同。

　　春游前,老师让学生自由分组以便进行午餐,小铮退出了刚开始加入的组,理由是和组员小涵有仇,有仇的原因是小涵说话太难听,后来小涵主动找小铮和解,小铮又加入到先前的组织。运动会中,小婷比赛失利悲伤哭泣,旁边的小铮看到了什么也没说继续和伙伴玩耍。这两件事发生在笔者调研期间,给笔者留下了深刻的印象。前者可以看出在相处中遇到问题时小铮选择的是逃避而不是主动地去解决问题,同学的言行中存在不当之处,作为有集体意识的个体应该指出不妥之处,帮助他人改善自己,这样不仅能解决两人之间的矛盾还能使集体更加和谐。小铮在退出小涵所在的组别后又马上加入了另外一个组,待小涵将两人之间的问题解决后,小铮又回到原来的组,这样的反反复复会给组集体的形成带去阻碍,也会给人留下摇摆不定、不负责任的印象,对集体和个人来说都是有害行为。有集体意识的学生会对集体成员主动表示出关心的态度,在他人伤心难过的时候会给予慰藉,彼此之间的关爱会使集体成员具有归属感,使整个集体更富凝聚力。小婷在实心球比赛中没有获得名次,回到班级所在地后便哭泣起来,彼时班主任和大部分同学都不在小婷身边,刚参加完赛跑比赛的小铮在旁边和好友说笑。小铮注意到了正在哭泣的小婷,看了小婷两眼后又继续他的动作,没有对小婷做出慰问的表示。小铮的表现反映出他对小婷行为的淡漠,淡漠是一种消极的情绪体验,表达个体对事物视而不见的态度。在人际关系中，淡漠会使人感到被冷落和疏离，会伤害客体的感情和自尊，对相关者造成消极影响。这里，淡漠的原因有两种可能：第一，我和小婷平时关系一般，她哭泣用不着我去干涉；第二，比赛胜负是正常的事情，没取得好名次用不着哭泣，哭了也没用。对这两种可能可作以下分析：无论平时关系怎样，两人同属一个集体是不争的事实，对同学伸出关怀之手是集体意识的要求。作为参赛者，比赛失利之后心情沮丧消极更需要集体成员的帮助和支持，及时的安抚能使得哭泣者感受到集体的温暖，增加其集体归属感。同为运动员，同样在为集体的荣誉奋斗，对于小婷的心情小铮应能感同身受而不应袖手旁观，淡然视之绝非具备集体意识者应有的态度。

2. 对小文的描述与分析

问：你觉得你对同学做到团结友爱了吗？你会主动帮助别人还是别人找你才会帮忙？会不会对同学区别对待？

小文：做到了吧，主动啊，主动借铅笔给小正。不分人，一样对待。

问：如果有一天你跟你最好的朋友说话，她不理你，还说你烦死了、走开，你会怎么办？

小文：会一直问她为什么不理我。

问：遇到不开心的事情你会跟谁说？为什么？

小文：跟自己说，跟谁说都没用。

问：你觉得班里少了你会怎么样？

小文：应该会很好，有人说我是拖累。

问：你觉得老师和同学对你怎么样？

小文：还行。

问：如果现在让你离开这个班级，你愿意吗？

小文：不愿意离开这个班级，因为待了四年了。

问：欺负你的同学你有没有觉得他们不好？

小文：他们又不是故意的，不在乎也不伤心，我有时候跟别人处不好关系。有些是我自己的问题，比如他们总说我胖。但有时候他们有点过分，不能说我是脑残、母猪。

从小文的叙述中，可以得到以下信息：第一，小文认为自己在人际交往中能做到团结友爱、互相帮助，对班级具有的感情以及对待给自己带来伤害的同学的态度都表现出小文具有一定的集体意识；第二，小文缺乏一定的人际交往能力，在对待好朋友冷落自己的假设情境中表现出感性化的处理方式，只追究自己受冷遇的原因而没有顾及好朋友的感受，在这一点上小铮的处理方式较为理性；第三，小文能意识到同学对自己不友好的态度并给出客观的评价，认识到自身在人际交往中存有问题；第四，对于自己在班级中的位置，小文的答案表达出消极的情绪，认为自己不在反而能使集体更好，这样的想法来自于同学对她的评价。对同学敌意的"不在乎不伤心"都显示出小文薄弱的集体归属感。

对小文在人际关系上的表现，笔者亦在班主任和学生中搜集了相关信息，以下为部分访谈内容。

班主任：各方面的生活习惯跟不上别人，不会与人相处，低龄化的行为加上学习成绩不好使得部分同学用有色眼镜看她。身上缺乏闪光点，很多让人无语的事，撒谎、爱哭、打扰别人上课。

小轩：最近她的态度变好了，对她的感觉也变好了，不像原来对同学有那么多的敌意，她认为班里的同学不关心她，主要是因为她学习成绩不好，很多男生欺负她。我认为小文还好，对同学还不错，很大方，借东西都借。喜欢打小报告，目的是向老师找存在感。

小悦：喜欢多管闲事，莫名其妙的，爱打小报告，喜欢烦别人，不守承诺。

冰冰：有的时候很烦人，总是问我题目，怎么教都教不会，学习不用功，该被老师骂。

浩天：坏，成绩坏，对我也不好，不合她心意的就喜欢打小报告，自己自私还说别人自私。

小锐：一年级与小文同桌的时候小文曾欺负自己，现在还在记仇，借鉴电视剧里的台词：我不是讨厌她，我对她是深深的鄙视。

班主任和同学的评价反映小文在人际交往中存在着诸多问题，虽然有个别同学能对小文的处境表示理解和同情，但整体来看，评价以负面性居多。撒谎、爱哭、捣乱、打小报告、欺负人、自私在学生的人际交往中都是被排斥的行为，容易招致他人的反感和厌弃，尤其是打小报告，更是伤害同学感情的利器。按照班主任的说法，导致小文不受欢迎的原因在于其"低龄化的行为和极差的学习成绩"；按照同学的说法，小文的行为是给予同学敌意的回击。老师和同学的印象表明小文缺乏正确的沟通技巧、在与人交往中不能做到为他人着想，显现出集体意识的欠缺。

运动会时，小泽带了望远镜并将其交给小文保管，同学玲玲也对望远镜产生了好奇并想用其观看比赛，小文不同意却将望远镜给了另外一个同学阿伦，结果三人之间起了争执，在争夺过程中，望远镜遭到了损坏。小泽对此十分生气并表明要追究责任，小文急忙分辩说是玲玲的错并以阿伦为证人，期间还大声与玲玲对质。这件事情表现出小文的角色担当严重不足：第一，同学将自己的物品交由小文保管是对小文的信任，未经物品持有者的许可就将物品转交他人使用是对这份信任的辜负；第二，小文对同学的区别对待。玲玲和阿伦都想使用望远镜，小文对两人却有截然相反的态度表明其公正性的欠缺；第三，小文没有保管好望远镜致使其受到损害理应承担一定的责任，但她却联合阿伦将责任全盘推卸到玲玲的身上，表明其责任感不足；第四，在四人理论期间，小文一直在大声辩解且手脚并用引得很多学生和家长侧目，这种行为是对集体公共形象的破坏。

（三）小结

"角色"原指戏剧中演员所扮演的人物。在社会学中，"社会角色是处于一定社会地位的个体，依据社会的客观期望，借助自己的主观能力适应社会环境所表现出来的行为模式"。[①] "角色"一词包含两个主要成分——"社会的客观期望和个体的主观表演"。[②] 依据对角色的定义和剖析，集体要求集体成员能借助自己的主观能力表现出符合集体客观要求的言行举止。在集体中，个体是集体中的成员，根据集体的实际需要扮演不

[①] 周晓虹：《现代社会心理学》，上海人民出版社1997年版，第361页。
[②] 暴侠：《初中学生自我角色意识与角色定位教育的质的研究》，硕士学位论文，河北师范大学，2005年，第10页。

同的角色，如班集体中的班干部，小岗位的责任人。角色不同，所需诠释的内容就不同，如何认识和扮演自身的角色也是评价个体集体意识发展水平的标准之一。对自身集体角色的准确定位及全心演绎不仅是具有身份意识的体现也是实现集体共同目标的必然需求。只有每个成员都在自己的岗位上履行应尽的职责，使整个集体的运行井井有条，共同目标才能圆满达成，否则很可能会陷入"一着不慎，满盘皆输"的境地。以班级进行卫生大扫除这一活动为例，春游后教室中有许多垃圾残留，保持教室的干净整洁是整个集体的目标。此时，有身份意识的学生会积极投入到清扫工作中去，扮演好自己最本质的角色——集体成员，为实现共同目标贡献力量。一些身份感弱的学生则会将集体目标漠然置之，在他人留在教室里努力完成任务的时候他们却站在走廊上说说笑笑、打打闹闹，完全忘记自己的身份和责任。通过上文及分析可知，在自身集体角色诠释上，小铮和小文都未能承担好集体所赋予的角色期望。在下表所列举的事件中，小铮和小文的表现也反映出两人在扮演集体角色方面集体意识的缺失。

表4　　　　　　　　　少年儿童自身角色诠释的观测表

小铮的事件	小铮的表现	小铮的表现是否符合集体意识的要求	小文的事件	小文的表现	小文的表现是否符合集体意识的要求
巡视眼保健操时，多次经过地上的一张纸	熟视无睹，直接跨过。	其举止不符合自身身份，不利于集体卫生环境的整洁，不符合集体意识的要求。	少先队活动中老师请大家畅谈四年来对集体的感受及憧憬	不要在班里当落后的，要有进步，不给班里拖后腿。	其对自己的期望符合自身身份，有利于集体在学习成绩上共同目标的实现，符合集体意识的要求。
作业、预习课文	积极主动订正作业，按要求预习课文。	符合自己在学习成绩中的身份，有利于集体在学习上共同目标的实现，符合集体意识的要求。	语文课记笔记	错别字多，丢三落四，很随意。	与自己身为集体一员的身份不符，不利于集体在学习氛围上共同目标的实现，不符合集体意识的要求。

续表

小铮的事件	小铮的表现	小铮的表现是否符合集体意识的要求	小文的事件	小文的表现	小文的表现是否符合集体意识的要求
同学向其讨要零食	将零食紧紧抱在怀里，不愿与同学分享。	其举止不符合自身身份，不利于集体中良好人际关系的形成，因而不符合集体意识的要求。	同学向其讨要零食	迟疑不决，最终给了一点点。	其举止不符合自身身份，不利于集体中良好人际关系的形成，不符合集体意识的要求。
春游后进行班级大扫除	站在走廊上与人讲话。	置集体事务于不顾，不符合自身身份，不利于集体大扫除目标的实现，不符合集体意识的要求。	春游后进行班级大扫除	在走廊上与人玩游戏。	置集体事务于不顾，不符合自身身份，不利于集体大扫除目标的实现，不符合集体意识的要求。
课间时间	在教室看书或在走廊与同学轻声交谈。	符合自身身份，维护集体形象，符合集体意识的要求。	课间时间	在教室或走廊与同学打闹。	不符合自身身份，其行为有损集体形象，因而不符合集体意识的要求。
班级因患病休学的同学回校上课	反应冷淡，没有对那位同学表示关心和欢迎。	不符合自身在集体人际关系中的身份，不利于集体友好氛围的形成，不符合集体意识的要求。	阅读公共书籍	强行夺取他人未看完的书籍。	不符合自身在集体人际关系中的身份，不利于集体友好氛围的形成，不符合集体意识的要求。

在以上六项事件中，"少先队活动畅谈四年来对集体的感受及憧憬""作业、预习课文"两项都是对学习成绩角色的反馈。小铮对学习的认真态度、小文对自身的愿景都体现出两人在该方面所具有的集体意识。但小铮在"巡视眼保健操时，多次经过地上的一张纸"和"春游后进行班级

大扫除"事件中表现出缺乏主动维护集体卫生环境的意识,而这是作为集体中的一员应尽的基本义务。"同学向其讨要零食""班级因患病休学的同学回校上课"两个事件则体现出他分享意识和关爱意识的不足;小文对待语文笔记的态度与其在"少先队活动畅谈四年来对集体的感受及憧憬"活动中对自己的发展期望南辕北辙,这充分说明她在扮演学习成绩角色上态度的摇摆不定。在"同学向其讨要零食""春游后进行班级大扫除""课间时间""阅读公共书籍"四件事情上,小文的行为背后所体现出的本质是不关心集体事务、不能维护集体形象、不懂得分享并与他人友好相处,都不符合共同目标及身份意识的要求。以上种种皆说明两人在扮演集体角色中所反映出的集体意识欠缺。

五 小铮、小文集体制度的遵守

一个好的班集体必定是协调的、团结一致的、行为符合规范的。要做到这一点,大家就必须共同遵守办事和行动的准则,又必须有各种约束的规定,这就是制度。① 本部分将从两位学生对集体活动中仪式、规则和纪律的认知及遵守情况分析他们的集体意识现状。

(一) 两人对待活动仪式的态度

仪式作为"人类在发展过程中逐渐形成的一个特殊的行为体系,是指在特定的场合举行的、具有专门程序的、规范化的活动,通常被界定为象征性、表演性、由文化传统所规定的一整套行为方式和程序,它注重程式和规范,并通过集体行动来维持群体间的依附感和群体团结意识"。②

学校生活中存在诸多仪式,如升国旗仪式、上课仪式、开学典礼仪式、少先队入队仪式等,本研究以运动会开幕仪式作为了解两位学生相关行为的切入点。运动会是该校一年一度的常规活动,2015年恰逢中国人

---

① 参见赵海霞《班集体建设智慧与策略》,东北师范大学出版社2010年版,第245页。
② 李红真:《论学校常规活动仪式的育人功能——基于文化视角的认知与探索》,硕士学位论文,河南大学,2009年,第16页。

民反法西斯战争胜利70周年,国家举行了隆重的阅兵仪式,该校也在运动会中加入了走方阵和广播操比赛环节。在运动会开始前,每个班级都在紧锣密鼓地进行排练。走完方阵后,进行了运动会开幕仪式,学校领导、裁判员代表、运动员代表分别讲话。针对排练和开幕式,研究者对两位学生的看法进行了了解。

1. 对小铮的描述与分析

  问:这两个星期每天都要排练走方阵和练习广播体操,你对此有什么想法吗?
  小铮:排练有点无聊,一直走、绕圈、站着,老师总是在重复,有点假。但这些也是有必要的,因为可以更好地去表演,运动会嘛,要隆重点。
  问:运动会的开幕式呢?你怎么看。
  小铮:很无聊啊,校长讲的话好多班主任都讲过,宣布开始的老师没必要换啊,直接让上一个老师讲就好了,领导讲话没什么必要。
  问:你们走完方阵之后,你有没有观看别的班级的表现啊?
  小铮:没有,和别人聊游戏呢。有两个班的看了下,因为他们的音乐很特别。
  问:为什么不看呢?
  小铮:看不看有什么关系啊,又不是我们班的。

  走方阵是运动会开幕式的一部分,包含在仪式程序之内。运动会不仅是展现运动员运动水平的竞技场,也是展示整个学校集体精神风貌的大舞台。就排练本身而言,简单重复的动作对生性活泼好动的学生来说确实有些枯燥无味,但排练是为了使大家的动作更精准,步调更协调,能使仪式更完美的呈现。小铮从运动会的需要出发认可了排练的必要性,这种必要性基于运动会需要表演和隆重,那也确是运动会需要展现的一面。但作为有集体意识的个体不能仅仅注意到仪式的外在形式,还应领会到仪式的内在意义。仪式是一种文化,承载着德育功能:道德是学校生活仪式背后所蕴含的深层意义所在,"学校生活中仪式的真正功能就在于为道德教育目标服务",并且"将塑造学生对尊卑、权力的认识,进而影响他们对道德的理解和判断"。① 从集体的角度来看，仪式具有深刻的集体意蕴。第一，仪式的完成需要整个集体的协力合作，互相配合；第二，仪式中不同的集体成员扮演不同的角色，是集体地位的表征和成员关系的体现；第三，无论在个体的意识中是否认可仪式的举行，都需要个体以负责的态度对待；第四，仪式有固定的程序，要求全体成员各方面的一致性，有助于集体认同感和归属感的形成和发展。与走方阵的排练相同，学校领导的讲话也是仪式的组成要素，对于仪式来说必不可少。显然，小铮对仪式的看法仅局限于其表面的形式或具体内容，而没有与集体发生联系。

走方阵是每个班级都需参加的环节，每个班级的表演都是仪式的组成部分。所谓"台上一分钟，台下十年功"，每个班的展示虽然仅有短短两分钟的时间，但却是近半个月来辛勤劳动的结果。小铮在自己所在班级完成任务后就摆出"事不关己高高挂起"的态度与人聊天，这是对仪式以及仪式背后集体意识的轻视；和别人聊天意味着不关注正在发生的事情，而正在发生的事是其他班级对运动会开幕式的努力和付出，这种忽视是对他人的不尊重。对"两个班"的关注是由于"特别音乐"所引起的兴趣，而不是出于表演本身的意义；"不是我们班"的表演看不看都没有关系，更谈不上对表演的评价。这种仅关注与"我"有关事物的态度是典型的小团体意识；运动会是学校活动，不仅学校领导、老师、学生的出席，场内还有很多家长志愿者、场外也有不少家长在观看。在这种场合下，作为集体的一员应具有强烈的身份感和使命感，使自己的行为符合仪式的规范以维护集体的形象而不是私下做小动作来满足个人需要。

2. 对小文的描述与分析

问：这两个星期每天都要排练走方阵和练习广播体操，你对此有什么想法？

小文：我觉得这些有必要啊，也没觉得烦，因为可以锻炼身体呀。

问：运动会的开幕式呢？你怎么看。

小文：领导讲话还是有点必要的，是为了让我们更好地比赛。

---

① 倪辉：《对学校生活中仪式的道德审视》，《江苏教育研究》2008年第3期。

问：那你有没有认真听他们讲话？是不是从头听到尾？

小文：没有认真听，也没有听完。我觉得有点烦，我当时好累，没有耐心了。

问：你们走完方阵之后，你有没有观看别的班级的表现啊？

小文：没有，在和别人说话。

问：为什么不看？

小文：下午还有半天课呢。好累啊，想休息一会儿。

小铮之所以认为开幕式前的排练有必要是出于运动会的氛围，小文则认为排练本身能锻炼身体所以才有存在的必要性。从体育功能的角度来看，走方阵和广播操需要在室外伸展四肢，有益于身体健康。除了具有实用性，走方阵和广播操是运动会开幕的固有程序，在短短几分钟内顺利、完美地展示集体精神风貌是集体成员的共同目标，而要实现这种效果则需要集体成员的通力协作，在平常的训练中认真对待。近半个月的训练不仅能使正式表演时呈现出令人满意的画面，也能将成员聚集在一起从事同一活动，对集体成员之间默契的提升、凝聚力的促进都有好处。仅从功利的角度理解排练的作用是个人意识的特征。

与小铮不同的是，小文没有从领导讲话的具体内容来判断该环节是否必要，而是以讲话的作用——"让我们更好地比赛"作为判断依据，并从自己的感受出发判定要不要认真听、听完整。领导讲话的内容包括举办运动会的意义，运动会中需注意的事项以及对运动会的期许，这对学生了解运动会、在运动会中的行为有一定程度的影响。作为仪式的一部分，领导讲话具有象征意义；就集体而言，领导讲话也是在对学生进行集体意识教育。集体中，每个成员扮演不同的角色。开幕式中，是表演者还是观众；是发言人还是聆听者都由个体在集体中的地位和身份所决定。在学校集体中，只有领导者和裁判代表及运动员代表才具备在运动会开幕式上发言的资格，其余的老师和学生都是观众，都应履行好观众的职责，就是认真倾听，这种倾听不仅是对自身身份的匹配也是对集体角色分配的认同。因为自身感觉到"累""没有耐心""烦"就拒绝完成本职工作是对自身身份的侮辱和对集体分工的不满。

因为自己感觉到累，想要休息，小文也没有观看其他班级在开幕式上的表演。由于集体对顺利完成汇报表演的期盼，在本班完成表演前，个体感到紧张是正常现象。表演后，害怕失误的压力也随之消失，个体应该感到轻松。观看表演不同于自身表演，并不需要花费个体过多的精力和体力；表演于上午结束，与下午的课程有一定的时间差，学校中午安排了固定的休息时间。因而，从理论上说，小文不应该感觉到太累以至于无力观看表演。与小铮做出的举动一样，小文在表演后也选择了聊天作为其"休息"的方式而非观看其他班的表现。这样的行为是漠视集体的存在，将自身利益置于首位的个人意识体现。

（二）两人对待活动规则的态度

"规则是指建立在正当性价值理念基础之上的、随着历史而不断发展的具有不同特点的规范体系，从纵向来看包括了习惯、习俗、传统、宗教、道德、法律、制度，从横向来看包括了适应于人类社会的各类行为规范。"[①] 学校有很多规则，如上学放学有固定的时间，上课回答问题要举手，升旗仪式要穿校服，《小学生守则》和《小学生日常行为规范》集中体现了小学生应遵守的行为准则。规则对集体而言有着重要的意义，规则的制定需要集体成员的参与和认可才能形成，规则的作用需要集体成员的依从才能发挥。对规则的认知及遵守情况是是否具有集体意识的重要表征。

"三好学生"选举中，为了保证选举的公正，班主任要求每位学生在举手投票时都要将头低下，不要去看别人是否举手，也不要和人讨论。运动会之前，班主任制定了一些规则，包括：上厕所要打报告，不准携带电子产品、水果和零食，可以聊天，必须遵守运动会秩序，不准跟在运动员后面助威呐喊，注意卫生，不要自己拍照，不准带玩具，可以带望远镜和课外书。本部分将以两位学生在"三好学生"选举和运动会两项活动中对规则的遵守状态作为分析其集体意识现状的凭据。

1. 对小铮的描述与分析

小铮在"三好学生"选举过程中被老师直接点名批评，因为他一会儿将手举起一会儿又放下，还抬头看别人的选举结果。作为社会学的概

---

① 苟艳：《大学生规则意识培育研究》，硕士学位论文，四川师范大学，2014年，第4页。

念,规则的构成"分为内外两部分,其外部构成表现为不同的系列制度或章程,是来自官方的规定,具有一定的强制性,带有法定色彩,属于功利范畴;另一方面,其内部构成因其构成方式,或被大家所共同接受或是沿袭传统习惯的约定俗成,具有一定的规律性和共通性,带有时代和文化的色彩,属于认识范畴"。① 班主任之所以做出这样的规定是为了选举公平,"三好学生"选举是集体性活动,是选出代表集体形象的事务,需要全体成员的参与和认真对待。规则的制定既能保证选举的顺利进行,也能达到选举公平的效果,公平是集体成员认可选举结果的前提,是集体的本质要求,体现出规则的内在属性。该班有 54 名学生,"三好学生"候选人有 14 人,最终根据票数选出 4 名"三好学生"。要完成选举的任务且保证选举的质量对集体而言是一个不小的挑战,只有全体成员的一致配合,做出符合规则的行为才能使这项工作高效高质的完成。维护规则才会有秩序,才会制造出严肃的氛围,才会获得令人满意的效果。小铮在选举中的行为是对规则的破坏,这种破坏不仅影响到计票工作的进行,还关系到选举过程的公正性。

待班主任交待完运动会中应注意的事项后,笔者询问了小铮的看法。小铮认为班主任的做法有必要,设立规矩是为了使大家处于安全状态,守秩序才能不乱套。从认识的角度来看,小铮认可规则存在的必要性,但就小铮在运动会中的表现而言他的行为并不符合他对规则的认知。在自己班级同学参加田径比赛时,小铮站在跑道旁边观看、为冲刺的同学助威呐喊,尽管有裁判老师在不断地警示"往后退,不要占道"。在完成自己参加的 200 米比赛后,小铮并没有依从老师的要求扮演好观众的职责,安安稳稳地留在自己班级所在的场地,而是跟同学说笑,在操场旁边玩起你追我赶的游戏。为自己所在班级的同学加油打气体现出小铮对集体成员的关注,具有集体意识色彩。但这样的关心以违反规则为代价,又是对集体意识的背弃,且仅对自己班级的参赛者表现出这样的情绪并没有超越团体意识的局限性。完成自身的比赛后就抛弃运动员的身份亦不履行观众的职责,而是在操场上嬉戏打闹将老师的嘱咐抛在脑后,是对规则的无视。

---

① 梁晓:《"有痕"的规则与"无痕"的传递——小学课堂规则人文传递的叙事研究》,硕士学位论文,华东师范大学,2008 年,第 19 页。

2. 对小文的描述与分析

"三好学生"选举中,小文对规则的违反体现在她会跟别人讨论选谁或不选谁。对规则的遵守是个体责任感的表征,而这种身份意识来源于个体的身份意识。在集体中,每位成员都有属于自己的身份和地位,身份本身就是一种外在规范对主体具有约束作用。用不当的言语或行为对抗规则就是对自身身份的践踏,甚至会导致身份的丢失。在"三好学生"选举中,集体赋予集体成员选举的资格,遵循规则行使这种权利是个体责任感的体现。不与他人商讨,根据候选人的竞选演说及其日常表现做出具有独立性和客观性的决定,才是既符合规则原意又与主体身份相匹配的行为。显然,小文没有做到这一点。

对于运动会中的规则,小文也认为很有必要,"这些规则对我们有好处,怕我们乱跑,走丢了就不好了。满地都是垃圾也不好,很难看"。可与小铮一样,小文在运动会中也表现出言行脱节的现象。她会在裁判禁止站立的地方为同班同学加油鼓劲,没有本班同学参与的比赛则不会做出相同举动;自己参加过实心球比赛后,小文就与小铮及其他几位同学在操场无比赛的空地上玩游戏。规则是人类社会生活的产物,学校和班级的大多数规则都是由班主任制定,学生主体对规则的服从多为外部条件压制的结果。没有班主任的制约,也没有其他权威人士的告诫,运动会的相关规则就成为了"如烟往事",被小文抛诸脑后。

(三) 两人对待课堂纪律的态度

生活中存在很多纪律,本研究以课堂纪律为例,阐述两人对待纪律的态度。"课堂纪律是指为了维持正常的教学秩序,协调学生行为,不干扰教师上课,保证课堂目标的实现制定的要求学生共同遵守的课堂行为规范。"[①]

1. 对小铮的描述与分析

问:你觉得纪律有什么意义?

[①] 马俊青:《城乡结合部小学课堂纪律问题研究——以淄博高新区某小学为例》,硕士学位论文,山东师范大学,2014年,第6页。

小铮：没有纪律就乱套了，谁都管不了了。

问：为什么要守纪律？你守纪律吗？

小铮：老师说要守。有时候守有时候不，自习时可能会讲话，只有这个时候。

问：上课老师不在，课堂纪律很乱，你会怎么做？

小铮：叫纪律委员管纪律，自己不会管，因为自己不是纪律委员了，做好自己就行。

问：同桌或者你旁边的人不认真听讲，你会怎么做？

小铮：会管同桌，因为她在旁边，方便。别人的话不会管，怕被老师看到说我。

"纪律是建立班集体和巩固班集体的根本保证。班集体有了严明的纪律，就能使班集体中每个成员的思想、学习、生活既有约束，又有自由。班集体就会出现既有统一意志，又有个人心情舒畅的生动活泼的局面。"[①] 没有纪律，课堂就会陷入无序状态，教育的效果就难以实现，纪律的存在就是为了防止这一局面的发生。在小学教学中，"管"一词经常与纪律联系在一起，老师需要管纪律，班干部需要管纪律。纪律是行为的依据，有相应的纪律才能使得课堂的管理有章可循。但从性质的角度来说，"管"字带有被动性，即因为别人管，我才要守纪律，具有不情愿的意味。皮亚杰认为随着认知能力的发展，儿童道德认知发展也经历了一个从他律到自律的过程，他将这个过程根据年龄分为无律、他律和自律三个阶段，小学四年级属于自律阶段，在这一阶段，个体对道德的判断尽管还不成熟，但已不再绝对地服从权威。[②] 从对纪律的认知上而言，小铮既没有认识到纪律对于集体的重要性也没有将其内化为自身的内在品质，仅是将其看作由权威制定的、需要个体遵从的行为规范。

从行为上来看，小铮认为除了自习时间外，自己做到了对纪律的遵守，达到了集体的相关要求。但"独善其身"并不符合集体生活的要义，

---

① 赵玉如：《基础教育新概念：集体教育》，教育科学出版社1999年版，第34页。
② 参见陈琦、刘儒德《当代教育心理学》，北京师范大学出版社2007年版，第408—409页。

在集体中，"兼济天下"才能获取共赢的局面。上课老师不在、课堂纪律很差以及老师在讲台上讲课、学生在下面讲话的情形不仅是该班经常发生的现象，在小学也屡见不鲜。身为集体中的一员，其责任感不仅体现在对自己职责的完成上，还表现为能否对他人负责。在笔者设置的情境中，小铮的行为显现出其具有一定的集体意识。首先，集体中每个成员都扮演着不同的角色，每个人都应按自己的身份行事才能使集体社会关系分明，行为有据。老师未能及时出现在课堂上，维持纪律的重任则应交予纪律委员承担，小铮的行为没有僭越自己的身份，体现出他对纪律委员的尊重和对地位意识的敏感性。老师辛勤讲课，学生理应认真听讲，反其道而行之的行为既是对老师的不尊重，也是对集体纪律风气的破坏。在老师没有注意的情况下，提醒或规劝与自己物理地位邻近的"破坏者"是每个成员应尽的义务。上课是集体活动，关系到全班同学知识的获取，也与集体的风气有关，提醒既是对他人负责也是对集体负责的态度。对于集体来说，提醒是正当的行为，是在为集体着想、维护集体的利益，因为害怕承受来自权威者的责难就逃避自身本应做出的行为，是对自身身份的亵渎，也是对集体不正之风的助长。

班主任和同班同学对小铮在纪律方面的表现评价如下。

> 班主任：基本没有问题，没有任课老师投诉这方面的。
> 小轩：讲小话比较多，中午自习的时候讲话。
> 小哲：纪律方面还好。上课偶尔会讲话，大多时候还是很能约束自己的。
> 玥玥：挺好的，有时候上课会跟同桌讲话，其余方面都还好。
> 小悦：上课偶尔会说话，被老师批评过。

从班主任和同学的评价中可知，在纪律上，小铮的整体表现良好，只是"偶尔"会违反纪律。但与小铮自身认知的不同在于，除了中午自习时外，小铮在上课时也会讲话，甚至"被老师批评过"。这说明在实际学习生活中，小铮的身份意识并不强烈，没有履行好自己的义务。"讲话"是一个双向的过程，需要至少两个人的参与。无论对象是同桌还是非同桌，小铮都是违反纪律的主体，表明小铮既没有约束好自己也没有负起对他人的责任。

2. 对小文的描述与分析

问：你觉得纪律有什么意义？

小文：没有就会吵，上不了课，老师会说我们，会乱，大家都无法无天了。

问：为什么要守纪律？你守纪律吗？

小文：不守的话会不能好好学习。自己有一点不遵守，发怒的时候，下课的时候。

问：上课老师不在，课堂纪律很乱，你会怎么做？你旁边的人（小文单独坐）不认真听讲，你会怎么做？

小文：跟别人说别吵，提醒他们不要讲话，再说就告诉老师。告诉他们上课讲话是不对的，老师在认真讲课，讲话会辜负老师的信任。

小文是从纪律的功用出发理解其意义，纪律可以使学生好好上课，不会招致老师的责骂。维持集体活动的秩序确是纪律的一大作用，但纪律对集体的重要性不限于此。著名教育家马卡连柯十分重视纪律在集体中的运用，他认为纪律对集体具有六个方面的作用：纪律对集体之所以必要，是为了使集体更好地、更迅速地达到自己的目的；纪律之所以必需，是为了每个人的发展，为了培养每个人善于克服障碍和完成困难工作的本领，为了培养善于完成伟大功绩的本领，假如生活号召完成伟大功绩的话；在每个集体中，纪律应当高于集体个别成员的利益；纪律使集体和集体的每个成员变得美好；纪律就是自由，它把个人摆在更受保护和更自由的地位，使每个人对自己的权利、道路和可能性有充分的信心；纪律不是在一个人替自己做一些轻松愉快的事情时表现出来的，而是在一个人去做更困难的、意外的、相当紧张的事情时表现出来。他之所以做这些事，是因为确信这些事情对于整个集体和对于整个苏维埃社会和国家都是必要的和有益的。[①]

完成教育内容，使学生学到知识是上课的目的，纪律的存在就是为了更好地达到这个目的。小文对纪律的理解只道出了纪律的第一个作用。

---

① 参见［苏］马卡连柯《马卡连柯教育文集》（上卷），吴式颖等译，人民教育出版社2005版，第272页。

小文认为自己在纪律方面仅有一些瑕疵，就是在发怒和下课的时候不大守纪律。严格来说，下课的行为与课间秩序有关，在此不做述评，值得注意的是小文所言"发怒"的时候就不遵守纪律的态度。发怒是个体情绪的外在表现，纪律是集体生活的必要条件，因为自身的情感体验就做出违反集体生活要求的举动属于个人意识的反应，与集体意识严重不符。

与小铮相比，小文的身份意识较为淡薄。能在他人不守纪律的情况下提出警告确实是集体的要求，但在班干部或纪律委员未缺席的场合下，向纪律委员寻求帮助才更符合集体中的社会关系，这既是集体赋予成员对领导者的监督权也是个体对班干部的尊重。如果周围有同学在老师上课时讲话，小文能做到提醒和警示，这是责任感的显现，但这种责任感的来源是对老师情绪的照顾而非对集体利益的考量。在课堂上，老师扮演着教育者和管理者的双重角色，需要消耗很大的体力和精力，作为学生，用心听课是对老师最好的回报。作为有集体意识的成员除了具有以上回馈老师的认识外，更要有将听课行为与集体联系起来的意识，毕竟学生的课堂行为不仅要对老师一人负责，更要对整个集体负责。

就小文在纪律方面的表现，笔者向班主任和部分同学进行了了解，摘录如下。

> 班主任：记不住这些，自控力差。经常有老师投诉。
> 小轩：纪律不好，上课讲话。
> 小哲：不守纪律，上课讲话。上课经常走神，老师提问经常不知道问题是什么。
> 玥玥：纪律不太好吧，上课不大认真听讲，没怎么观察这个。
> 小慧：纪律有时好有时不好。上课纪律挺好，考试的时候会说话。
> 小悦：不大遵守课堂纪律，上课不认真听讲，玩东西。

班主任和同学的反馈可证实小文在纪律的表现差强人意，而不是小文自己所称"有一点不遵守"。集体中，听课是每个成员的权利，纪律的存在是成员行使这种权利的保障。个体具有言论自由和游戏自由，但在集体中，自由并非没有限度，一味地随心所欲、率性而为是对集体学习环境的冲击，是对他人权利的无视，对个人和集体有害无益。

(四) 小结

制度是经由协商继而制定出的要求全体社会成员共同遵守的规程和准则，蕴含着某一具体组织所崇尚的信仰、所追求的价值和所认同的道德，它们是集体的精神财富。身为集体一员，仅在形式上对制度有所了解远远不够，还需要在思想上认可它、接受它，从而成为主体自觉的习惯和品质。可见，集体制度对考察个体的集体意识水平同样具有重要作用。从集体意识的两个关键表征来说，制度是实现集体共同目标的硬性条件，而对制度的遵守则需要个体身份意识的施展。有集体意识的个体会谨记自己的身份，将言行举止限定在集体规章制度所允许的范围之内，以保证共同目标的实现。无集体意识或集体意识微弱的个体则会经常挑战集体制度，妨碍共同目标的完成。如在排路队这一日常活动中，有集体意识的学生会自觉地在队伍中站好，按照队形行走、在操场上排列好，因为他们深知服从路队规则对全班同学顺利抵达操场以及班级形象的重要性。相反的，有些学生在排路队时总是表现出懒散的模样，慢慢腾腾地收拾而不顾早已准备好的同学；在去往操场的路上，他们也喜欢聚在一起说笑，使队形混乱，队伍分离。从以上分析可知，小铮和小文没有很好地做到遵守仪式、规则及纪律等保障集体生活的制度规范，他们在制度方面的行为表现仅停留在表面上的认识和服从，而没有对制度做出深刻的理解，对其中所富有的集体意识内涵之领悟非常浅薄，其行为表现也不尽符合共同目标和身份意识的期待。下表中的事件皆涉及集体的规章制度，从共同目标和身份意识的角度进行评判，可知两位学生的表现符合以上结论。

表5　　　　　　　　　少年儿童集体制度遵守的观测表

小铮的事件	小铮的表现	小铮的表现是否符合集体意识的要求	小文的事件	小文的表现	小文的表现是否符合集体意识的要求
语文课"聊吧"活动，老师不在	依旧认真地听主讲同学演说。	其行为是具有身份意识的体现，有利于"聊吧"活动的顺利完成，符合集体意识的要求。	语文课"聊吧"活动，老师不在	跟笔者说班级纪律不好，老师不在就乱了，然后玩笔。	典型的言行不一，与自己的身份不符，亦不利于"聊吧"活动的圆满完成，不符合集体意识的要求。

续表

小铮的事件	小铮的表现	小铮的表现是否符合集体意识的要求	小文的事件	小文的表现	小文的表现是否符合集体意识的要求
在阅览室看书	安静的找书，看书。	行为与自己在集体中的身份相符，不仅有助于阅读氛围的营造，也有助于维护集体形象，符合集体意识的要求。	在阅览室看书	大声翻书、摆弄桌椅，与别人说话。	行为与自己在集体中的身份不相符，无益于阅读氛围的营造，也无益于维护集体形象，不符合集体意识的要求。
排路队	不积极主动，需要老师催促。行走时，没有按照预设队形，与其他同学讲话。	举止不符合自身身份，不利于排好路队这一目标的实现，亦有损于集体形象，不符合集体意识的要求。	排路队	不积极主动，需要老师催促。行走时，没有按照预设队形，经常与其他同学打闹。	举止不符合自身身份，不利于排好路队这一目标的实现，亦有损于集体形象，不符合集体意识的要求。
上下课仪式	及时问候、拜别老师，大多数时候动作规范，偶尔会呈现散漫状况。	举止基本能做到与自己的身份相符，有利于集体制度意识目标的实现，但偶尔会出现偏差行为，因而是较为符合集体意识的要求。	上下课仪式	有时候问候、拜别老师，有时候不会，大多数时候动作不规范，甚至没有站立。	行为不符合自身身份，不利于集体制度意识的养成，较为从个人感受出发的率性行为不符合集体意识的要求。
少先队活动仪式程序	精神不够饱满，一副有气无力的样子，唱队歌时声音很小。	其表现与自身身份不符，未能理解唱队歌对少先队仪式的重要性，不利于仪式的顺利完成，不符合集体意识的要求。	少先队活动仪式程序	站起来时手里拿着笔玩，唱队歌时记错歌词。	其表现与自身身份不符，未能理解唱队歌对少先队仪式的重要性，不利于仪式的顺利完成，不符合集体意识的要求。

续表

小铮的事件	小铮的表现	小铮的表现是否符合集体意识的要求	小文的事件	小文的表现	小文的表现是否符合集体意识的要求
课堂上对师生互动的反应	消极的回应,甚至有时候不做回应。	其表现与自身身份不符,不利于集体中良好的师生互动关系的形成,不符合集体意识的要求。	体育课纪律混乱,老师发怒,对学生进行了批评教育	悄悄对笔者说自己班某某某爱打架,上课说话。	与自身的身份不符,行为不利于集体教育目标的实现,不符合集体意识的要求。

从以上表格可以看出,小铮在六项活动中,能够在"在阅览室看书"和"语文课'聊吧'活动,老师不在"事件中做到完全按照集体意识的要求行事,在"上下课仪式中"虽然在一定程度上能够做到按仪式程序动作,但他的动作不能保持一贯性,偶尔会出现散漫现象。上下课仪式是小学常见的仪式,使用频率之高确实难以让学生和老师不产生懈怠感,很多老师甚至在上课时直接跳过这一环节。但越是习以为常的东西越容易令人忘记它的重要性,上下课仪式的存在有它的合理性,即提醒学生老师来了,要迅速进入学习状态以及表达学生对老师的尊敬和感谢,这既利于教学的进行也是对老师和学生身份的区分及尊重。严格地按照仪式需要规范自身行为才是符合集体意识要求的表现,丝毫的偏差都是对仪式集体意识意蕴的违抗。在余下的集体活动中,小铮的表现都不符合集体意识的要求,其行为显示出对集体规章制度意义的轻视以及遵守上自觉性的缺乏。小文在六项事件中基本没有做到集体意识的要求,其行为严重违背了共同目标及身份意识的意蕴。如在"阅览室看书"事件中,小文的一系列动作违反了阅览室的规章制度,为大家需要安静的环境,一起看书这个共同目标设置了障碍,其只顾自己舒心的行为显露出其身份意识的缺乏。

六 小铮、小文集体意识的特征

两位学生对集体意识概念的认知、对个人与集体之间关系的理解、在集体中的角色扮演和对制度规范的认知和遵守等四个方面呈现出其集体意识的四个特征。

（一）时有时无，断断续续——呈现的片段化

小铮和小文在集体活动有时能做出带有集体意识色彩的行为，有时的行为又与集体意识背道而驰。如在分析拔河比赛输赢原因时，小铮的说法是其集体意识的证明，输是因为"大家的节奏有问题"，不是其他同学所说的地势问题或小文的原因，面对结果要"愿赌服输"；两人都能将个人参加运动会的目的与集体目的联系起来，如"展现自我、为我们班争光"，但喜欢运动会的原因却是"喜欢体育""好玩""锻炼身体"，这些理由都与集体意识无关；在自己比赛时认为老师和同学的存在可有可无或者仅是吃喝的意义，这是对其他集体成员作用的忽视和低估；小铮想做班干部的原因是"为大家服务"，但却将班干部的作用理解为"管"，前者符合集体意识的思维，后者却失去了集体意识的原意；小铮和小文都对自己的班级和同学有着深厚的感情，是集体认同感的体现。却又认为班级少了自己没有关系，甚至会更好，这又表明集体归属感的缺失；提醒上课讲话的同桌是自己的责任，周围人违反课堂纪律就与自己无关，有无之间体现出主体集体意识的不稳定和随意性。

（二）半途而废，浅尝辄止——呈现的表面化

从对两位同学的描述中可知，尽管两人能从集体意识的角度出发理解问题，但他们的理解大多徘徊在真理的门外。在对集体和集体意识概念的认知上，两位学生的解释都涉及了两个概念的蕴意，如"大家""团结""感到荣耀或丢脸的意识"。但所涉及的内容都过于表面和简单，没有触碰到概念的实质内涵，集体的构成要素、集体意识的共同目标、身份意识等是准确解释两个概念的必备要素；仪式、规则、纪律的作用都是维持集体活动的顺利进行、是活动本身的需要，如"运动会要隆重"，殊不知制度存在的必要性不仅在于其外在效用，其内在所凝结的集体因子才是关键；不是本班的表演就不看、不是本班的比赛就不关注，这是典型的排外心理，是将集体意识局限于具体班级的表现；上课不能讲话仅仅是因为要对老师表示尊重，不能辜负老师的信任，却没看到课堂并非是老师一人的独角戏，而是全体成员的舞台。两人对集体意识缺少深刻的理解，仅在外围盘旋以至于在与集体意识相遇时会有"似曾相识"的感觉却终不能与

之发生联系,敏感性神经的缺失只能造成集体意识薄弱的后果。

(三) 知行脱节,言行不一——呈现的矛盾性

"言必信,行必果"才能保证集体意识的真实性,小铮和小文的实际表现则说明两人集体意识中该属性并不浓烈。在人际关系中,两位同学都认为自己能做到对他人团结友爱、关心帮助,但在同学的印象里,两人的人际交往都存在问题,小铮是"有点小气""对死党和关系一般的同学区别对待",小文"喜欢打小报告""自私";运动会上对比赛失利后伤心哭泣的同学,小铮所给予的是视而不见;两人都认可纪律的重要性,认为没有纪律就没有管理的依据,就无法好好上课。可在实践中,两人都出现了不遵守纪律的问题,上课与人说话、玩、回答不出老师的问题就是证据。"光说不练假把式",喊口号并非难事,真正困难的是在实际行动中凸显口号,那才是集体意识的真谛。

(四) 兴趣为主,情绪左右——呈现的主观性

集体意识的对立面是个人意识,集体意识要求凡事以集体利益为重,个人意识却将个人的需要放在第一位,小铮和小文的行为中就显现出浓郁的个人色彩。在参选"三好学生"的动机上,两位学生都将该活动作为获取个人荣誉、个人利益的手段,"让别人敬佩""为其他的评选增加优势"是他们想成为"三好学生"的理由;参加春游的原因亦是如此,"可以去自己喜欢的地方""有好吃的好玩的";班干部需要具备的资质是"成绩要好,能帮我解题的",想做劳动委员是因为"喜欢劳动",不看其他班级的表演是因为"自己累,想休息",看了某两个班级的演出是由于"特殊的音乐"所引发的兴趣;高兴地时候就会遵守纪律,"发怒的时候就不守"。如果都以自身的好恶、情绪作为参加活动的动机,衡量事物价值的标准,那么集体的存在就会形同虚设,毫无意义,集体意识就会变为虚无缥缈的幻影。

七 少年儿童集体意识的养成环境

从心理学的角度而言,少年儿童正处在形成世界观、人生观、价值观

的重要阶段，具有极强的可塑性。在这一阶段，他们的思想还不成熟，意志也不够坚定，正因如此，社会、家庭、学校、各种媒介都在展示其对少年儿童的影响。不可避免的，少年儿童集体意识的形成也是多方因素作用的结果。

班主任在少年儿童的学校生活中具有不可替代的地位。中共中央国务院颁布的《关于进一步加强中小学班主任工作的意见》指出，"中小学班主任是中小学教师队伍的重要组成部分，是班级工作的组织者、班集体的建设者、中小学健康成长的引领人，是中小学思想道德教育的骨干，是沟通家长和社区的桥梁，是实施素质教育的重要力量"。有学者认为"班主任是学校中全面负责班级工作的教师，是学生班集体的教育者、组织者和指导者，同时也是班集体中的一员"。① 可见，无论是政策性文件的规定还是集体本身的需要，班主任在班集体中都扮演着重要角色，发挥着巨大作用。班主任身份的辐射范围覆盖整个班集体，直接影响个体集体意识的形成和发展，小铮和小文集体意识现状的成因也带有班主任作用的烙印。

（一）对班主任的描述和分析——基于全班学生的视角

什么是集体？什么是集体意识？班主任在笔者的访谈中做出如下界定：每个人都有集体意识，集体意识就是荣誉感，核心的凝聚力。也许是对该问题始料未及，没有做好充分的准备，作为一个班主任，作为集体的引领者，该班主任对集体及集体意识的认识显然不够深刻、全面。学生对集体和集体意识的了解大多来自于教师的解释，班主任理解的偏差直接导致学生概念理解的不准确。

眼保健操关系到集体的荣誉，每到眼保健操时间，班主任都会亲临教室，对学生的做操情况进行监督。该班班主任十分重视眼保健操，多次在班会课上强调其重要性，要求学生维护集体荣誉。但班主任曾多次在进行眼保健操的同时向学生讲解班级事务或布置作业。每次都会有专门的学生到各个班级检查做操情况，这是学校的惯例。某次，在巡视员检查后，又出现了第二批检查者，班主任很不耐烦地说："怎么又来了，刚才不是来过吗，真讨厌。"一方面强调做操关系到集体利益，一方面做出分散学生

---

① 扈中平、李方、张俊洪：《现代教育学》，高等教育出版社2005年版，第384页。

注意力的行为；一方面希望班级在眼保健操项目上获得分数，一方面又反感巡视者的检查。班主任这种前后矛盾的做法会降低学生对眼保健操的重视程度，为学生树立不好的榜样，最终会影响集体的利益。

在运动会前，班主任要求学生遵守规则，目的在于保证学生的安全和维护运动会秩序；在运动会上，遵守赛场规则是班主任理应具备的素质。很多学生在运动会举行的过程中违反了班主任和学校制定的规则，如吃零食、到处跑、乱丢垃圾、在裁判禁止的位置为参赛的同班同学充当拉拉队员等。看到这些违规行为，班主任的唯一反应是让学生将垃圾捡起，对其他相关行为视若无睹。班主任自身也参与到啦啦队中为学生加油，甚至与参加400米的学生一起赛跑，后来被裁判员制止。对违规行为不采取任何措施，放任自流，明明制定了规则却让它们"坐冷板凳"，这些都将损害班主任的权威，而班主任的权威是维护集体的凝聚力和秩序规范的重要保证。教师的权威有两个来源，一是制度上的，即国家和社会所赋予的权威；二是个人的，即需要教师个人塑造。个人权威需要教师个体在日常生活中，通过一点一滴的小事慢慢积累，显然，该班班主任错过了一个大好时机。班主任应成为班级学生的表率，自己违反运动会秩序是对班主任身份的不尊重；作为集体中地位的最高者，班主任的行为代表着整个班级，对规则的公然违抗无疑会对集体形象造成损害。

（二）对班主任的描述和分析——基于小铮的视角

如上文所提到的，作为纪律委员，小铮居然不能够确定自己的身份，直接影响其职能的发挥，影响班集体的日常工作。班干部队伍组建完毕后，班主任很多的权力便下放给他们，由他们维系班级的日常运营，但这并不代表班主任就能"无官一身轻"，关注并指导班干部的工作是班主任的职责。小铮对自身身份的疑惑也是班主任失职的体现。该班选举班干部之前，班主任曾在讲话中说道："本来一个月之前就该选班干部的，但是没办法，咱们班就选不出负责的人，选出来的都形同虚设。"选举过后，在笔者询问该班班干部情况时，班主任感叹道："唉，选不出来一个负责任的"。选举前在全班学生面前、选举后在非集体成员面前，班主任都丝毫没有掩饰自己对本班班干部的失望之意，这样的情绪将直接影响当选者的自我评价，影响他们的地位和工作的实效性。苏霍姆林斯基认为："只有当教育建立在相信孩子的基础之上时，它才会成为一种现实的力量。如果对孩子缺乏信心，不信任他，则全部教育智谋，一切教育方法和手段都将像纸牌搭小房一样会倒塌。"① 试问：不被信任的班干部如何树立自己在集体中的威信？怎会积极、认真地履行自己的职能？班干部是集体中的领头者，当发现他们存在不足时，及时地指出问题、解决问题才是具有集体意识的班主任应有的反应，一味地打击、摆出"恨铁不成钢"的模样只会适得其反。

在调研期间，小铮丢了一只手表，他说他将这件事告诉班主任，希望班主任能将手表找到，可班主任却指责小铮自己没有将手表保管好且打算置之不理。当时小铮的表情既苦恼又无奈。作为班主任，服务学生是其应尽的责任，对学生要求的漠视会伤害学生的情感，会让学生感到自己不受重视。班主任与学生的交往和互动最为频繁，潜移默化地影响着学生的思想和行为。班主任对手表事件的处理在小铮的意识中也会留下痕迹。

（三）对班主任的描述和分析——基于小文的视角

因为小文的人际关系不好，上课又爱讲话，班主任便让她一个人坐一张课桌。这样的特殊对待并不是一种荣耀，相反是凸显小文的与众不同，削弱小文的集体归属感，会更显得她与集体格格不入，不利于其集体意识的发展。小文在各方面的表现都不好，可以说是班级里的"困难户"。对于这样的问题学生，班主任不应有放弃或者"破罐子破摔"的心态，小文需要的是班主任的指导，指导她如何融入集体，如何让其他集体成员接受她，而不是对她另眼相待，将其与其他学生隔绝开来。

第一次拔河比赛失利后，很多学生甚至老师都去指责小文，认为比赛失败是小文的责任。也许是因为自己受了委屈，也许是因为地点在公共场合，小文当场大哭，而在场的班主任仅过来拍了拍小文，说了句："没事没事，别哭了。"许是当时场面比较混乱，班主任需要安抚很多学生，没有闲暇顾及小文的感受。但在稍后回到学校后，班主任所做的事情有：让学生观看电影或玩游戏、看书，自己批改作业；放学前，让学生打扫教室

---

① [苏]苏霍姆林斯基：《苏霍姆林斯基选集》（第4卷），蔡汀、王义高、祖晶译，教育科学出版社2001年版，第40页。

卫生；排路队，准备放学。整个过程中甚至在研究者接下来的观察中，班主任都没有提起拔河比赛的事情，更没有对小文进行询问或宽慰，该事件被彻底遗忘。小文是否委屈，情感上是否受到伤害，这件事对其集体意识有无影响都无从得知。

某节班主任课前，小文和佳怡发生争执，班主任讲了以下一番话："这件事不仅是小文的问题，有些同学就时刻盯着她，找她的茬，不能大度和忍让吗？小文自己是有问题，但扪心自问，你们是不是对她有偏见，另眼相看？都好好反省反省。"话毕，小杰又说小文拿了他的笔，不知是对小杰感到失望还是急着要上课的原因，班主任没有给予回应。从班主任的讲话中可知，她很清楚小文在班级中的处境，虽然在这段话中她明显地表现出对小文的维护之意，但并没有起到实质性的作用，小杰的行为可作为证明。小文在班级中的情形并不乐观，属于"问题学生"，要想改善小文的境遇，班主任要在集体中与大家进行深入的沟通和交流，短短几分钟且应景式的讲话所起到的作用十分有限。问题得不到彻底的解决，只会使类似的情景不断上演，小文也会对同学的态度习以为常，默认自己在集体中的地位。

（四）小结

班主任在开展集体意识教育活动中，应结合共同目标和身份意识两大特征对学生进行深入地教育，而不应避重就轻，浅尝辄止。如当班级里有陌生人进入时，班主任应抓住这一良好的集体意识教育机会。在陌生人面前展现本班级优良的精神风气，给人留下良好的印象是该集体此时的共同目标，而每位学生应做到认真听讲以协助共同目标的实现。当学生出现不良行为时，班主任进行纠正的切入点不应是陌生人的身份或陌生人到来的目的，而需基于集体的立场，以共同目标和身份意识规范学生的行为。否则，即便学生不会做出扰乱秩序的行为，也只是暂时性的，难以持久。只有使个体的举动与集体形象之间的关联深入学生内心，班主任的教育才是成功的，才是符合集体意识的。结合上文中可知，班主任在集体意识教育方面取得的成效并不理想，所采取的措施也有许多不符合集体意识要求的地方，下表所列举的五个事件中班主任的态度和表现也可支持以上结论。

表6　　　　　　　　　　班主任的集体意识教育观测表

事件	班主任的表现	是否符合集体意识的要求
笔者第一次进入课堂，课堂纪律很差。	站在讲台上大声说，你们看到坐在后面的那位姐姐了吧，谁要是表现得不好，就会被她记下来。	面对陌生人时，未能从学生的身份意识和展现良好的集体风貌这一共同目标的角度进行纪律教育，没有抓住进行集体意识教育的契机，不符合集体意识的要求。
放学排路队，若干学生已排好队，一些学生仍在教室收拾。	向教室里面的学生喊："快点，好了没？"一至两次后，带领排好队的学生先去往操场。	为了完成去操场的任务而排队，没有抓住机会向学生说明排路队与集体之间的关系，没有向学生说明怎样做才符合自己身为集体一员的身份。其表现不符合集体意识的要求。
班里举行元旦晚会。	多次强调大家要充分发挥自己的特长，齐心协力地将元旦晚会办好，要记住这是属于大家的事情。	能从学生在特长上所具有的身份进行引导，引导学生明白办好元旦晚会是集体的共同目标，激发学生的身份意识，符合集体意识的要求。
"国旗下讲话"后学校宣读上周"小红旗"评选情况，该班榜上无名。	认为大家应该具有集体荣誉感，集体责任心，要保证下周拿到"卫生小红旗"。	其做法意在激发学生的身份意识和集体荣誉感，并为集体设立了共同目标。但所有的教育都指向拿到"小红旗"的这一功利性目的，不符合集体意识的要求。
体育课老师将学生不守纪律之事告知班主任。	当着体育课老师的面说，如果有一个人再违反纪律，那我们全班都不要参加运动会了。	未能有效地利用集体意识教育契机使学生明白自身与集体之间的关系，开展身份意识教育和共同目标教育，而以剥夺全班学生参加运动会的资格为教育手段，不符合集体意识的要求。

在上述五个事件中，班主任仅在"班里举行元旦晚会"这一活动中所进行的教育是出于集体意识的角度。在这项活动中，她希望学生各尽所能，为集体活动献一份力量。根据身份意识的内涵，将元旦晚会办好是大家在该项集体活动中的共同目标，需要全体成员的全力协作，班主任对学生的嘱咐符合集体意识的要求。但在其他四项活动中，班主任为追求即时

性的效果，错失集体意识教育机遇，在很大程度上背离了集体意识的期待。如在"体育课老师将学生不守纪律之事告知班主任"后，班主任没有从集体的立场对学生进行批评教育，而是使用了"全班不准参加运动会"这一威胁性的言语制止学生的违纪行为。在"'国旗下讲话'后学校宣读上周'小红旗'评选情况，该班榜上无名"事件中，班主任虽从集体立场对学生提出了要求，但最终目的是为了"保证下周拿到'卫生小红旗'"，这是将集体意识作为获益手段而非教育目的的行径，是对集体意识的离弃。

第三章 品德课程中的集体意识教育

品德课程由任课教师直接向学生教授道德知识与道德观念，被称为直接的道德教育。本研究通过对品德课程中教师实施的集体意识教育的观察，进一步了解品德课程中集体意识教育的实施现状，深入分析影响因素，从而为在品德课程中开展集体意识教育提供理论参考。

一 研究对象与资料收集

（一）研究对象

在进入学校开展实践研究的最初，笔者本想将研究范围覆盖到学校品德课程实施的方方面面。但是随着研究的深入，掌握的资料越来越多，也越来越发现本研究不足以支撑起那么大的框架。本研究最终选取了该学校一、二年级的《品德与生活》课，五、六年级的《品德与社会》课作为研究对象，并对该校的一位专职品德教师进行跟踪听课。

（二）资料收集

1. 文献资料。通过查阅《义务教育品德与生活（社会）课程标准》（2011年版），以及以人教版、苏教版等版本为主的《品德与生活》《品德与社会》教材，了解品德课程中所呈现的静态的集体意识教育素材。

2. 观察资料。本研究建立在大量的课堂观察的基础上，在尽可能自然的情境下收集品德课程中集体意识教育的资料，通过观察教师在课堂教学中呈现的教学内容、教学组织形式、课堂管理和教育机制等方面来反映品德课程中的集体意识教育的存在状况，从而探究有哪些因素会影响品德课程中集体意识教育的实施？在安徽师范大学附属小学的研究期间，我们真诚地与学校中的教师交往,将研究意图和主题与被听课教师沟通交流。在刚开始听课时,老师们有些许的不自在,从他们上课时说话的语调和方式可以明显感觉到因为我们的存在而带来教学的刻意性。但是几节课之后,老师们渐渐地接受了我们,习惯了我们的存在。我们也真正走进了课堂,看见了、听到了较为真实的课堂教学场景。下面呈现的是听课记录表。

表7　　　　　　　　　　品德课程听课记录表

时间	班级	教学内容
2013年11月26日上午第三节	504	《祖国江山的保卫者》:我们的人民解放军,了解一定的国防知识
2013年12月4日下午第一节	504	复习课:复习巩固我国的34个省市自治区以及16条主要山脉
2013年12月16日上午第三节	502	《我为班级添光彩》:即便是做好班级中的一件小事也能够为班级添光彩
2013年12月24日下午第二节	504	《五十六个民族五十六朵花》第三课时:了解我国各少数民族的风土人情
2014年2月24日上午第三节	105	《我的一家人》第二课时:了解亲人的称呼并结合当地的实情相应扩充知识;请学生模仿课本内容,用一句话介绍自己的家庭成员
2014年2月24日下午第一节	604	《男生和女生》第一课时:大家填一填表格"我眼中的男生和女生",请大家读一读自己所写的内容,教师点评之前其他同学先说说
2014年2月26日下午第一节	604	《男生和女生》第二课时:男生和女生的相同以及不同之处
2014年2月26日下午第三节	504	《生活中的快乐》第一课时:感受快乐。说一说你们快乐吗,集体中的快乐来自哪里
2014年2月27日上午第三节	504	《生活中的快乐》第二课时:给予的快乐
2014年2月28日下午第三节	105	《家人的爱》第一课时:承接上节课,用一句话介绍自己;说一说家人关爱我们的故事;布置课后完成"家人对我们的爱"观察记录表

续表

时间	班级	教学内容
2014年3月3日上午第三节	105	《家人的爱》第二课时：学生汇报"家人对我们的爱"的观察记录表；另外一种爱（比如当"我"做错事时，家人的批评）
2014年3月3日下午第一节	604	《男生和女生》第三课时：每位学生准备一张纸，选择班上的某位异性同学写出他的优点，十分钟后，教师将纸收齐，阅读每张纸并点评
2014年3月3日下午第三节	201	《我生活的地方》：介绍了解当地历史文化名人
2014年3月5日下午第三节	504	《拥有好心情》第一课时：填课本上关于"快乐、烦恼"表格；人人都有烦心事，大家说一说自己的烦恼
2014年3月6日上午第三节	504	《拥有好心情》第二课时：如何走出烦恼，同学之间怎么办，家庭中如何处理
2014年3月10日下午第一节	105	《我为家人添欢乐》第二课时：请大家说一说在家里做了哪些力所能及的事情；在特别的日子（父亲节、母亲节……），"我"做了什么
2014年3月10日下午第二节	604	《男生和女生》第五课时：什么样才是好男孩、好女孩？请同学说一说自己注重什么，你是怎么看待外貌的，是否会以貌取人
2014年3月10日下午第三节	201	复习课：复习《我生活的地方》，教师引申如何做一个文明、合格的小学生
2014年3月12日下午第一节	604	《朋友之间》第一课时：什么是真正的朋友，如何看待和对待朋友的帮助
2014年3月13日上午第三节	504	《拥有好心情》第三课时：持有乐观的心态，多对生活笑一笑；父母离婚、少白头等问题该怎么面对
2014年3月17日上午第三节	105	《我和小伙伴》第一课时：讨论课本上"我和朋友"的小案例；说一说大家心中最好的小伙伴
2014年3月17日下午第二节	604	《朋友之间》第二课时：哪些行为滋润着友谊，哪些行为又侵蚀着我们的友谊
2014年3月19日下午第一节	604	《学会和谐相处》第一课时：与人交往的规则

续表

时间	班级	教学内容
2014 年 3 月 19 下午第三节	504	《尝尝苦滋味》第二课时：挫折、失败和逆境给我们的成长带来了什么
2014 年 3 月 20 日上午第三节	504	《尝尝苦滋味》第三课时：不同的态度带来不同的结果
2014 年 3 月 24 日上午第三节	105	《我和小伙伴》第三课时：如何和小伙伴相处，发生矛盾时怎么办，要学会谦让
2014 年 3 月 24 日下午第一节	604	《学会和谐相处》第二课时：与人相处发生冲突怎么办
2014 年 3 月 26 日下午第一节	604	《只有一个地球》第一课时：地球是我们唯一的家园
2014 年 3 月 26 日下午第三节	504	《尝尝苦滋味》第四课时：磨练毅力
2014 年 3 月 28 日上午第三节	603	《学会和谐相处》第二课时：与人相处发生冲突怎么办
2014 年 3 月 31 日上午第三节	105	《春天来了》第一课时：大家说一说与春天有关的故事，比如春游
2014 年 3 月 31 日下午第二节	604	《只有一个地球》第二课时：人类的生活之源——水
2014 年 4 月 3 日上午第三节	504	《吃穿住话古今》（一）第一课时：走进远古时代，群居生活，火的出现
2014 年 4 月 9 日下午第一节	604	《只有一个地球》第三课时：人口老龄化；是什么使得"地球变穷了"
2014 年 4 月 9 日下午第三节	504	《吃穿住话古今》（一）第二课时：中华食文化
2014 年 4 月 14 日上午第三节	105	《春天来了》第二课时：寻找春天，请大家说一说看见的春色
2014 年 4 月 14 日下午第二节	604	《只有一个地球》第四课时：地球变脏了

续表

时间	班级	教学内容
2014年4月16日下午第一节	604	《只有一个地球》第五课时：大家一起说一说家乡的环境，在你身边有哪些环境问题
2014年4月16日下午第三节	504	《吃穿住话古今》（二）第一课时：穿，衣料及其技术的发展，对未来衣服的想象
2014年4月21日下午第二节	604	《我能为地球做些什么》第一课时：森林给人类带来了什么？留住大自然的绿色
2014年4月23日下午第三节	504	《吃穿住话古今》（二）第三课时：住，房屋中蕴含的文化，比较东西方、中国南北方的建筑特点
2014年4月24日上午第三节	504	《火焰中的文化》第一课时：陶器，介绍唐三彩、紫砂壶
2014年4月25日上午第三节	603	《我们能为地球做些什么》第二课时：打造节水型社会，减少垃圾污染
2014年4月28日下午第二节	604	《我们能为地球做些什么》第三课时：购物的环境观，补充小知识"垃圾的降解"
2014年4月30日下午第三节	504	《火焰中的文化》第二课时：瓷器，"陶瓷之路"
2014年5月5日上午第三节	105	《我们和太阳做游戏》第一课时：组织学生去操场做影子游戏，认识奇妙的光和影
2014年5月5日下午第二节	604	《当灾害降临时》第一课时：有哪些自然灾害；介绍地震及其相关知识
2014年5月7日下午第二节	604	《当灾害降临时》第三课时：灾害的预防和预报，了解地动仪，地震前的各种征兆
2014年5月7日下午第三节	504	《火焰中的文化》第三课时：青铜及其文化
2014年5月12日上午第三节	603	《当灾害降临时》第四课时：灾害中的救助——自救与救助他人
2014年5月19日下午第二节	604	《当灾害降临时》第五课时：坚守生命，救助他人

续表

时间	班级	教学内容
2014年5月21日下午第一节	604	《战争风云下的苦难》：孩子眼中的战争。战争给人类带来的灾难
2014年5月21日下午第三节	504	《伟大的先人》第二课时：司马迁与《史记》，布置完成小作业"古代人物传"
2014年5月23日上午第三节	603	《放飞和平鸽》第一课时：战争让人懂得了珍惜，一切为了和平，人类做了些什么
2014年5月28日下午第一节	604	《放飞和平鸽》第二课时：中国为世界和平做出了哪些贡献
2014年5月28日下午第三节	504	《我国的国宝》第二课时：介绍大足石刻；古遗迹的毁坏及保护
2014年6月4日上午第三节	504	《我们的国粹》第二课时：博大精深的书画艺术；神奇的中医
2014年6月9日上午第三节	105	《我有一双明亮的眼睛》第一课时：眼睛的作用；如何预防近视
2014年6月9日下午第二节	604	《放飞和平鸽》第三课时：我们爱和平，和平鸽的故事
2014年6月11日下午第一节	604	《再见，我的小学生活》：小学生涯的最后一节品德课，请每位同学用一两句最简短的话说一说自己的这六年，可以是烦恼，也可以是快乐和祝福
2014年6月16日上午第三节	105	《小心，别伤着》第二课时：在生活中，大家难免都会受到一些意外伤害，比如擦伤、摔伤，请大家演一演自己受伤时的情景
2014年9月1日上午第三节	202	《我升入了二年级》第一课时：什么是集体，"我"在集体中的重要性
2014年9月3日上午第三节	202	《我升入了二年级》第二课时："我"的心愿，尤其是短时期内的愿望

续表

时间	班级	教学内容
2014年9月10日上午第三节	202	《我升入了二年级》第三课时：如何爱惜书本和文具，同学们和老师一起在班级中找找有哪些浪费现象常常发生
2014年9月15日上午第三节	202	《我们班里故事多》第一课时：大家说一说在一起生活的这一年多班里发生的故事
2014年9月17日上午第三节	202	《我们班里故事多》第二课时：你想感谢谁，制作感谢卡，大家一起说一说
2014年9月24日上午第三节	202	《让我们的教室更清洁》第一课时：如何当好值日生；班里的干净整洁需要大家共同的努力

二　品德课程中集体意识教育的类型分析

品德课程作为少年儿童道德教育的主阵地和主要渠道，它旨在帮助学生形成良好的行为习惯和道德品质，承担着帮助学生形成对自己、对他人、对社会、对环境、对国家和世界的正确的情感、态度和价值观的重要任务。纵观品德课程，从品德与生活（社会）课程标准到教科书，集体意识教育似乎沦落到了被人遗忘的地步，最多只是将其作为道德教育的内容之一提出并呈现给学生。比如在《品德与生活》的"负责任、有爱心地生活"部分有"喜欢集体生活，爱护班级荣誉"的内容；在《品德与社会》的"我们的学校生活"部分有"知道班级和学校中的有关规定，并感受集体生活中规则的作用""通过学校和班级生活，体会民主、平等在学校生活中的现实意义"等内容。令人欣慰的是，通过深入品德课堂，观察课堂中的集体意识教育现状远不限于以上课标和教科书所呈现的对学生班级（集体）生活的指导，通过真实的集体生活培养学生的集体意识，还体现在基于集体立场进行的秩序安全教育和环境教育等教学内容之中。

教师是课程的开发者和创造者，他们将静态的课程设计转化为动态的课程实施①。教师作为学生与课程的中介和桥梁,需要结合学生的实际需要及其身心发展特点对课程进行开发和创造。与此同时,"教师是教育学视域下的人,生命视域中的人,在课程与教学中,他们也常常有意识或无意识地、或多或少地在用自己的观念、态度和意识解读、理解、领悟课程"。② 教学是课程实施的基本途径,教师作为课程的实施者,课程是在他们一节节的课堂教学中实现的。从上一部分的品德课程听课记录表中所呈现的《品德与生活》《品德与社会》的教学内容来看,主要涉及历史文化知识,比如《吃穿住话古今》《火焰中的文化》《我们的国粹》;对学生的班级生活指导,比如《我和小伙伴》《男生和女生》《我们班里故事多》;规则秩序安全教育,比如《祖国江山的保卫者》《当灾害降临时》《小心,别伤着》;地理环境知识,比如《春天来了》《只有一个地球》《我能为地球做些什么》。这其中历史文化知识等教学内容与集体意识教育并无相关性,故从上述调查的结果来看,有集体意识教育的品德课程在教学类型上主要集中于班级生活指导、秩序安全教育与环境教育这三个方面。

(一) 班级生活指导中的集体意识教育

对于小学生而言,具体的比抽象的更好把握,实体的比虚拟的更好理解。因此,小学生的集体意识教育必须始于真实的集体,源于他们的真实生活情境。小学生的集体意识首先在班级生活中形成。品德课程中班级生活指导这一部分是集体意识教育的具体呈现。

1. 班级生活是学生最初和最基本的集体生活

在班级生活、学校生活中需要有集体意识、公共精神,需要有良好的公德。班级是学生生活时间最长的生活领域,是他们走出家庭、走向社会时所接触到的第一个生活场所。儿童从家庭来到学校和班级,这是两个完全不同的生活环境,班级作为一个相对独立的小社会,在这个小社会中有着它自己的空间与秩序、规则与观念,学生作为单独的个体进入其中,他们的各种行为自然也受到了约束和限制。另外,与家庭作为学生独享的空

---

① 参见郭元祥《教师的课程意识及其生成》,《教育研究》2003年第6期。
② 陈丽华:《"教师即课程"何以成为可能》,《中国教育学刊》2008年第9期。

间不同，校园、班级是需要与其他同学以共存状态来共享的空间，这需要引导学生很快适应学校生活、融入班级。学生个体也必须认识到，自己已不是一个单独的个体，而是身处群体之中，"我"不再完全属于"我"，也不能完全支配自己的行为，"我"的行为准则及行为方式与班级中的其他成员息息相关，"既要时刻依赖他人，又要承担对他人的责任"。① 比如，当某个班班级纪律很好时，老师一般会说："那个班表现真棒！"当这个班的某一个或几个学生"表现突出"，随意讲话，扰乱课堂秩序时，老师们，尤其是不熟悉班级情况的老师一般会说："那个班纪律不好。"在这里，每一个人不只属于他自己，他还属于他所在的集体，每个人的思想和行为必须与他在集体中的身份存在一致，他与集体共存共在共荣，他与集体中的成员彼此相知相悦相容。如果学生没有认识到这些，为融入班级有所作为，甚至做出不利于班级发展的事情，他终究会受到这个班级的排斥。因此，学生尤其是刚入学的低年级学生必须努力赢得班集体的认可和接纳。那么，学生该如何"努力"？在班级生活中遇到困惑怎么办？这除了班主任的日常教育引导之外，品德课程中关于班级生活的教学内容也是帮助学生们实现这一目标的重要途径和方法。什么是集体，集体与个体有着怎样的关系，集体中班干部以及其他班级成员有着怎样的职责，集体的事谁说了算，这些问题都是品德课程中班级生活指导部分试着帮助学生解决的问题。根据笔者的观察，在这一部分的课堂教学中，教师试图引导学生通过对班级生活中具体语境、具体案例的分析、讨论使其形成正确的集体认知，促进学生达成集体共识。

2. "我们班里故事多"——集体认同感、集体荣誉感的引导

每个人都希望被人认可，希望自己能够趋向集体、真正成为集体中的一员，融入其中，归属其中。在美国心理学家马斯洛的需求层次理论中也指出：归属需求是每个人的一种基本需求，如果这种需求得不到满足，就会产生不安全、孤独等不愉快的情感体验。对于刚入学的学生来说，一方面，面对新的环境，他们既好奇又陌生，这时班级给了他们安全感。另一方面，他们也在班级中逐渐寻得了归属感，这样的需要将学生自觉地纳入

---

① 孙银光：《德育教材中儿童身份的三重转换——基于人教版〈品德与生活〉〈品德与社会〉分析》，《中国教育学刊》2014年第8期。

到了班集体之中。因此，小学生的集体意识首先形成于对班集体的认同感，在情感上自觉地认为自己是班集体中的一员。

课例：二年级上学期《我升入了二年级》第一课时——什么是集体？"我"在集体中的重要性

一上课，老师就提出了一个问题："什么是集体？"

学生表现非常活跃。

生1："大家分散了聚到一起就是集体。"

生2："很多人聚在一起去某个地方。"

"集合就是集体吗？人群就是集体吗？那散步的人也是集体？"老师进一步提出问题。

"不是。"

生3："集体就是每个人做一样的事。"

生4："集体就是一个团体、互帮互助，比如我们班就是一个集体。"

……

师："集体就是一群有着共同目标的人组成的团队，同时还有一个有力的领导核心，大家相互影响，互帮互助，团结一心，共同行动，我们班就是一个小集体，我们的学校是一个大集体。"[①]

课例：《我们班里故事多》第一课时

师："今天这节课我们来说一说班里发生的故事，说一说你为班级做的事儿，说一说你帮助同学或者同学帮助你的事儿。"

生1："去年运动会时，我在男子50米跑步中获得了第三名。"

生2："去年运动会的时候，我摔伤了，是××和××扶着我，送我去了医务室，我很感谢他们。"

生3："记得有一次美术课，我没有带画笔，是×××借给了我。"

---

① 本课例源自于观察日记《2014年9月1日什么是集体？》。

生4:"我们班在去年运动会的接力比赛中获得了第二名。"①

一年的集体生活使学生基本能够遵守集体规范的要求,参与集体活动。但是关于"什么是集体""集体与'我'(个体)有着怎样的关系"这些较为抽象的问题他们尚未形成明确的概念和认知。于是在二年级上学期《我在集体中成长》的第一节课上,教师首先提出了一个问题:"什么是集体?"通过学生的回答,不断地启发引导学生进一步思考:集体不是集合、不是人群,集体是一群有着共同目标的人组成的团队,大家互帮互助、共同行动。大大小小的集体有很多,教师在程序上赋予了学生所生活的集体以优先性,从学生真实的集体生活开始,从小队、中队扩大到更大范围的学校,帮助学生确定"集体"的概念,形成对集体的正确认知。集体生活有各种丰富的情感,在后来的《我们班里故事多》这节课上,教师通过让学生自己说一说过去一年班级发生的事情、同学之间发生的故事,使学生感受到班级生活的愉快和集体的温暖,增进学生对同学和集体的感情,从而促进其进一步形成对集体的认同感和自豪感。

教师引导学生通过讲述班级故事去体验集体生活的快乐,促进班级内积极向上情感氛围的形成,让学生进一步形成对班集体的依赖、归属和认同。其中,这种认同不仅仅是对班级的认同、对班级其他成员的认同,还包括对自己在班级中身份的认同。"只有当集体成员感到互相认可和互相信任时,集体才可能有效运作。"② 同时,对取得集体成绩经过得的讲述,使学生自觉意识到自己作为班集体中一员的荣耀与尊严,更加热爱班集体、关心班集体,生成学生对集体的自豪感、荣誉感,从而更加认同班集体。集体成功时,学生们体验到了喜悦,感到了骄傲,促进了学生集体认同感和荣誉感的形成;集体失败时,他们会感到失落,甚至对集体产生消极的情绪。教师又该如何引导学生,让他们产生与集体荣辱与共的感情呢?这些也都是品德课程中的班级生活指导部分需要进一步关注和解答的问题。

---

① 本课例源自观察日记《2014年9月15日我们班里故事多》。
② [美] Vernon F. Jones、Louise S. Jones:《全面课堂管理:创建一个共同的班集体》,方彤、罗曼丁、刘红、陈峥译,中国轻工出版社2002年版,第106—111页。

3. "我为集体添光彩"——集体责任感的引导

在学校的班级里生活了一段时间后,大多数小学生对自己所在的集体都有一定的认同。在被检查卫生时,学生很关心自己班级的得分情况。但当得知被扣分时,他们却没有及时地弥补或者改正,而是以一句"今天不是我值日"敷衍了事;放学时,大家都已离开,但教室的灯和"班班通"依然开着的事情时有发生。学生对自己的班级有充分的认同,关心班级的荣誉,但是并没有采取行动。这与学生对自己在集体中的身份认识不足、缺乏集体责任感有着密切的关系——他们喜欢过集体生活,但是缺乏相应的责任意识。在学生的集体意识初步形成(即形成对集体的认同、依赖和归属)之后,如果没有集体责任感相关方面的引导,学生的道德观念、道德情感就无法转变为道德行为。这时,需要教师敦促学生意识到自己在集体中的身份并据此采取行动,将他们感性的集体意识(集体认同等)转化为真实的协作行动。

课例:《我生活的地方》复习课

《我生活的地方》是二年级下学期第一单元的内容,在这一单元的学习中学生了解了家乡的山、水、物产以及历史文化名人。在这一节课上老师对上述内容做了一个引申。

师:"我们的城市有这么多的物产、美景,我们应该如何保护我们的城市呢?"

生1:"不乱扔垃圾。"

生2:"不乱摘花草树木。"

……

师:"大家说得都很好,要做合格的小市民。那在我们的小学中,我们也要做文明的小学生,爱护我们的校园。在班级中呢?"

师板书:做班级的____,请大家填一填。

生1:"要做班级的好学生。"

生2:"做班级的榜样。"

生3:"做小雷锋。"

生4:"做班级的劳动委员,维护班级的整洁。"

……

师:"大家说得都很好,有同学说要做班级的好学生,有同学要说班级的劳动委员,那大家现在看一看我们的班级整洁吗?地上有没有纸屑和其他垃圾,有的话捡起来。"①

没有特定的集体就没有特定的身份,班集体赋予了学生特殊的身份,作为一个有身份的人应当从集体出发行事,依据集体的规则做自己的分内之事,承担分内之职。在集体中积极主动、当仁不让,在实现了自己最大价值的同时也实现了集体的最大价值。在《我生活的地方》这节复习课上,品德教师通过给"做班级的_____"填空的方式试图让学生明晰自己在集体中的身份和角色。在城市中,要做合格的小市民;在学校中,要做文明的学生;在班级中,又是什么?特定的集体赋予了学生特定的身份。学生只有明确了自己在班集体中的身份和职责,将自己作为班集体的一个主体,认识到自己在班集体中的主人翁身份,才会主动积极地承担班集体中的任务,关心同学,为班集体的发展出谋划策。

随着学生在集体生活中的时间日渐增长,他们对集体的感情也日渐加深,在班级生活中的各种问题也随之而来。在五年级上学期《我为集体添光彩》这节课上教师通过播放视频,提出了一个对大多数学生来说都很困惑的问题:"有特长的同学、班干部自然可以为班级、为集体增光添彩,但自己也没有什么特长,我怎么为班级做出贡献、争得荣誉?""一方面,班级成绩的取得并不是某一个或几个同学的功劳,它离不开班级中每一位同学的努力,比如在运动会上取得成绩,不仅是运动员努力的结果,也需要后勤服务和啦啦队同学的配合,这怎么不是为集体增光添彩呢?另一方面,做好自己力所能及的事情,哪怕是一件微不足道的小事,也能够为班级添光彩。"②的确如此,"今天是我值日,我早早来到学校打扫卫生;课间休息时,我先将黑板擦干净再出去玩儿;放学时我及时关灯关窗"。这些看起来微不足道的小事都可以为集体增光添彩。学校、班级中有很多的公共财物,除了劳动工具、桌椅板凳、图书之外,现在的教室里还设置了班班通等较为贵重的物品。在这节课上,教师帮助他们纠正了

---

① 本课例源自于观察日记《2014年3月10日我生活的地方复习课》。
② 本课例源自于观察日记《2013年12月16日我为集体添光彩》。

错误的观念——"只有优秀的人才能够为集体添光彩"的同时，也对学生进行了爱护班级财物的教育，让他们明白做好力所能及的事情，就算是关灯、关窗子这样的小事，也都能够为班级添光彩。教师通过引导学生对班级规范的遵守、对班级公共财物的爱护，从点滴的小事做起，帮助学生形成对集体的责任感，让其学会如何当好班集体中的一员。

　　班级生活对于小学生集体意识的形成和发展有着不可估量的教育作用，教师通过对学生集体责任感的引导，使学生意识到自己是集体中的一员，具有责任感，必须作为一个对自己和集体中的同伴富有责任的集体一员去行动，促使他们将热爱集体的情感、为集体服务的意愿转化为实际行动。与此同时，集体责任感的形成也促使学生更加关心和热爱自己的班集体，促进他们的集体认同感和集体荣誉感。品德课程中对班级生活的指导不仅让学生体验到集体生活的快乐，享受到集体中的权利和承担相应的责任和义务，也让学生在课程所营造的与他们密切相关的生活场景中，较为清晰地看见自己与他人、自己与教师的关系，从而让学生"体悟到自己在班级群体中的角色作为应该是什么或不是什么"。[①]

　　总而言之，学生基于个人发展（包括社会性发展和个性发展）的需要，需要融入班级生活。班级生活就是一种集体生活，学生在学习和学会如何参与班级生活的过程中，也是集体意识形成和发展的过程。教师通过在品德课程中对学生参与班级生活的指导，结合学生在班级生活中所遇到的问题、产生的困惑，以具体的集体为起点，让他们理解和体验班级生活中集体的价值和运行机制，形成和发展集体认同感（我属于这个集体，无法逃脱和选择）、集体荣誉感（我为集体形象而骄傲或羞愧）和集体责任感（我为这个集体承担具体的责任），引导他们主动参与集体生活，以帮助学生真正融入集体生活。

（二）秩序安全教育中的集体意识教育

　　尽管小学生的集体意识教育始于真实的集体，源于他们的真实生活情境，但是它并不只是在真实的集体中，在真实的情境中才能实现。品德课程中的集体意识教育也不仅仅是停留在班级生活指导这一层面，将其规约

---

① 卜玉华：《班级生活与公共精神的养成》，《中国德育》2008 年第 6 期。

为一种教育形式或内容，还应当作为一项道德原则、一种价值观反映在品德课程之中。集体意识教育可以是一项具体的内容，它更是一种立场，这在下述的环境教育与秩序安全教育中均有所体现。对于学生来说，秩序安全教育一直处于首屈一指的位置上。学生秩序观念的形成，安全意识的建立对于他们来说是首要的也是最为重要的。

1. "我们的人民解放军"——秩序教育的集体立场

在群体生活中，秩序是保证其正常运行的基石。同样，在学校中，课堂上，纪律是课堂教学正常、有序进行的前提和重要保障。在五年级上的一节品德与社会课上，出现了一个小片段。

> 由于种种原因，整个班级一直处于"闹哄哄"的状态，这节课正好讲的是《祖国江山的保卫者》这一课，品德老师"就地取材"，问："我们的人民解放军，我们的部队是一个纪律严明的部队，那你们呢？你们班有集体荣誉，是一个纪律严明的集体吗？"
> "不是。"
> "你们就不能做到吗？"
> "我们是臭名远扬的集体。"①

面对"闹哄哄"的课堂，教师试图通过"我们的部队——人民解放军"这个团结有力的集体来激发他们的集体意识，有效地控制自己作为班级一员的行为，维护课堂纪律。马卡连柯说："纪律可以美化集体。"集体中的成员必须严格遵守集体纪律，才能保证集体的目标得以实现。遵守纪律是关心集体的一种表现形式，也是关心集体的根本保证。② 这也就决定了纪律教育必须以集体的立场进行教育和指导。作为保证学生集体行为的一致性规则，纪律"指导着"集体成员的行为，是集体中成员的调节器和参照系。个体的言行不能违背集体的各种要求。当学生意识到这些时，他们就会注意自己的言行，"自觉地肩负起维护、管理课堂的责任，

---

① 本教学片断源自于观察日记《2013 年 11 月 26 日我们的人民解放军》。
② 参见成尚荣《新课堂需要什么样的纪律》，《课程·教材·教法》2004 年第 7 期。

从而自我约束,共筑自由课堂秩序"。①

2. "灾害中的救助、坚守生命"——安全教育的集体立场

2014年5月12日,汶川地震6周年,这是六年级的一节品德与社会课。

课例:《当灾害降临时》第四课时——"灾害中的救助、坚守生命"

本节课的内容是学会如何在灾害中科学逃生,老师分为自救与救助他人两部分进行。在一开始,老师就奠定了这样一个基调:"学习这些不仅仅是为了自己,在别人遇到危险时也不至于惊慌失措,可以帮助他们。"

书中举了汶川地震中的一个例子:北川县曲山镇曲山小学教学楼严重垮塌,被废墟压住右腿的何亚军同学为了让同伴也及时喝上水,她一次次伸出仅能活动的右手,向后仰身给牛钰喂水。每一次后仰,何亚军被压的右腿都会加倍磨压,钻心地疼。在等待救援的过程中,她给牛钰喂了100多次水。最终,这两名同学都经受住了生与死的考验。经过漫长的50多个小时,他们终于获救了。

教师提问:"如果在这样危难的时刻,每个人只顾自己会怎样?"

生1:"有一些人无法得到帮助可能就不能存活下去了。"

生2:"他们太自私。"

……

老师说道:"我们处在群体社会中,群体中每个人都有责任,强者帮助弱者,健康者帮助伤残者,我们不可能逃避责任。如果每个人只想着自己,而不帮助他人,伤残人数会更多。如果每个人在救自己的同时想着帮助他人,那么伤残人数就会降低。"②

在汶川地震六周年这样一个特殊的日子,学习"灾害中的救助",对于老师和学生来说都更有意义和感触吧。从这节课一开始教师就奠定了一

---

① 殷世东、伍德勤:《新型课堂秩序及其重构策略》,《中国教育学刊》2004年第8期。
② 本课例源自于观察日记《2014年5月12日灾害中的救助》。

个基调,让学生明白在各种灾难面前,自私的行为所带来的结果远远比不上帮助他人,人与人之间的相互帮助会形成非同寻常的力量。当然这并不是强调要学生不顾自己的生命随意牺牲,只是在掌握科学逃生技能、保证自己安全的同时要有所思、有所为,思与为要有集体的立场,要有对集体责任的担当。作为一个在集体中的人,集体在赋予人们特定身份的同时也赋予了其特定的责任;作为集体中一个有身份的人,应当有积极主动之心,当仁不让之举,只有这样才能实现集体中每个人的价值和尊严,也只有这样才能在实现每个人最大价值的同时也实现了集体的最大价值。

(三)环境教育中的集体意识教育

环境教育在教学内容中占据着越来越重要的地位。品德课程从一、二年级的《品德与生活》到三至六年级的《品德与社会》,每个年级都有涉及环境教育的内容,包括环境知识的建构、环境能力的发展、环境习惯的养成等。从班级的卫生,到学校的整洁,再到周边的、小区的环境,最后到我们唯一的家园——地球。从留住春天的美丽,到爱护小动物、与它们和谐相处,从比比谁的小区美到人人都来弯弯腰,从节约用水、人人有责到保护森林、变废为宝。

1. "地球变脏了"——环境教育的集体立场

课例:六年级下学期《只有一个地球》第四课时——地球变脏了

"在我们日常的生产、生活中,存在着大量的废气、废水和废渣,它们不加处理地被排放到大气、河流和土壤中,污染了湛蓝的天空、清澈的河水和肥沃的土壤。清澈的河水变黑变臭,我们脚下的大地也正在被越来越多的垃圾所覆盖。在你们周边有哪些污染环境的现象?"

生1:"有,我们小区前面有一条臭水沟,冬天还好,现在天气慢慢暖和了,开始散发出一些刺鼻的味道,到了夏天就更难闻了。"

师:"你知道是为什么吗?"

"嗯,小区里面有很多人家在新装修,很多干活儿的工人就把垃圾往里面扔。"

生 2："有一天，我从××小学门口经过看见有几名学生将吃过的零食袋子随手一扔。"

……

这时，教师提问："你们有没有为'地球变脏'作出过'贡献'？"

"没有。"全班发出了整齐、干脆而有力地回答。

……

"我相信你们不会乱扔垃圾，已经养成了良好的习惯。我希望你们要一直保持，地球变脏了是大家的责任，而不是某一个人的责任，做好自己。"

在这节课的最后老师补充知识，讲到了循环经济的 6R 原则，讲到了现在人们的消费观，各种浪费现象的普遍存在。"虽然现在没有多少家庭浪费不起，个人家庭消费得起，但人类消费不起，我们扔的不是钱，扔的是地球上的资源，扔的是我们的环境。"①

在六年级下学期《人类的家园》这一单元的课堂教学中，教师大多是从人类共同的家园地球出发，基于大家共在的思维、集体的立场对学生进行环境教育。教师首先引导学生对现实的环境问题作出一个道德判断，环境的污染源于人类的贪婪、源于部分人的利己主义。在《地球变脏了》这节课中，教师在进行了一段陈述之后提出了第一个问题："你们周边有哪些污染环境的现象？"有人说到了家门口的臭水沟，随处可见的塑料袋、饭盒等白色污染。在后来的课堂教学中，教师提出："地球变脏了是大家的责任，而不是某一个人的责任，做好自己。"教师"做好自己"要求的提出到底是集体意识的增强，还是个体意识的强化？当然，这也是在一定教学情境下的特定内容。教师举了一个例子：一次，他走在街上，看见了一名身穿本校校服的学生吃完冰淇淋之后，四处张望找垃圾桶无果，竟然在妈妈的"指引"下，跑到一条小巷的巷口，把垃圾扔进小巷里。在笔者看来，老师所说的"做好自己"有两层意思。第一，你不应该做破坏环境、污染环境的事，"做好自己"针对的是你不要做什么、不应当

---

① 本课例源自于观察日记《2014 年 4 月 14 日环境教育的集体立场》。

做什么，因此需要"做好自己"——管好自己、不要做不该做的事情。第二，对于班级、学校以及我们生活的环境，每一个人都应当有一种责任意识，意识到这是我们共同生活的地方，这个共同的地方无论是干净的还是邋遢的，都是大家的，而不是某个人的，每一个人都要勇于并且乐于承担在集体环境中的职责。"我"不乱扔垃圾，看见地上有垃圾就捡起来，大家都意识到了自己在维护共同生活环境中的责任，那么，我们周围的环境还会变脏吗？这是基于集体的立场、以集体的责任为出发点对学生进行环境教育。

课例 一年级下学期《春天来了》第二课时——寻找春天

教材中展示了"春天来了"的各种图片：柳树发芽、冰雪融化、春笋生长、油菜花开。基于此，老师请大家说一说看见春色是看见了什么？听到了什么？闻到了什么？想到了什么？

大家七嘴八舌地说了很多："我看见了好多油菜花，还有蜜蜂。"

"上周末爸爸妈妈带我去了××，我看见了五颜六色的花，还有小溪。"

……

这时一个学生说道："我们家小区有好多花，五颜六色的，我和妈妈还摘了好几朵。"

老师说："小区里面的花可以摘吗？如果大家都去把小区里面的花摘了，那小区里面还有花吗？"

"那是我家门口的。"

"小区是公共环境，你家门口的就是你家的？别人家门口的就是别人家的？"

这名学生没再说话，老师继续说道："树上的花开了是为了开花结果，大自然中的美丽景色是不能带回家的。"[①]

每一位学生对自己的生活环境都不会感到陌生，随着学生知识的增加、年龄的增长，他们也从最先接触和关注到的生活环境——家庭、学

---

① 本课例源自于观察日记《2014年4月14日环境教育的集体立场》。

校——慢慢地开始向更大的环境范围扩展。贯穿于品德课程的环境教育，以学生所接触到的的生活环境为依据，家庭—学校—社区，以同心圆的方式不断扩大。在《春天来了之寻找春天》这节课上，教师帮助学生树立集体意识，明白"公共的"就是"大家的"，小区里的卫生设施和绿化带都是为了大家的共同生活而设置的。作为社区的一员，我们每一个人不仅仅是单子式的个体，更是这个"大家"中的一个成员。公共的环境、公共的设施，我们不仅仅去享用，更需要去维护。在公共生活中，我们不仅仅享有权利，更需要履行义务，我们每个人的思想和行为应当与我们在集体中的身份相一致。

2. 环境教育需要集体立场

个人主义的膨胀使得一些人在追求利润时造成了环境的破坏、资源的枯竭。只为自己，只顾个人和少部分人的利益，而不顾人类的发展、不顾集体的公意，乱砍滥伐树木、肆意挖山采矿、随意排放污水废气……这些无不带来了环境的恶化、生态的破坏。随着全球化时代的到来，处于公共生活之中的人类面临的共同问题越来越多。人与自然的关系本就是一种道德关系，任何人都是环境中的人，这也就决定了人们对待环境问题只有基于集体的立场、共在的思维才能找到解决之道。只有这样，人们才能获取生活的意义，才能实现集体行动的便利和每个人的价值、尊严，才能真正促进人类可持续地、共同地发展。

同时，随着社会经济的快速发展和公共服务的不断提升，公共设施越来越完善，广泛进入人们的生活。从社区的运动器材到道路两边的绿化带，从公共广告牌、报刊亭到免费公园、博物馆，从医院、图书馆到商店，这些不断完善的公共设施给人们的生活带来了舒适和便捷，而且也更加文明和安全。但是在人们的生活质量提升的同时，有些不良的现象还存在着，冲击和考验着人们的道德意识和道德素养。有些人认为，只要我不破坏就可以了，公共设施坏了、脏了，反正不是我家的，不需要我出钱。也有人认为公共设施由政府建造、政府出资，当然需要由政府派相关人员来维护和修理，与我们个人无关。还有一些人把"公共的"当作"私有的"，认为"反正是公家的，我占了就是我的"。正是因为这些自私自利的想法和行为的存在，在我们的日常生活中公共设施遭到破坏、公共环境被污染的现象随处可见。学生的行为很多时候是在模仿成人，家长等成年人的这些不良的行为习惯深深地影响着学生，教师有义务和责任对学生进行正确的价值引导，将一些看似个人的问题引向集体的立场上进行思考和判断，帮助学生克服个人本位意识和自私自利之心，使学生从集体的立场考虑问题。

在品德课程中，无论是教师针对真实集体生活的班级生活指导，还是教师基于集体立场的秩序安全教育和环境教育，对于学生来说，学生获得的不仅仅是相关方面的知识和行为指导，更是在这种潜移默化之中接受、认同并形成正确的价值观——集体意识。在这种价值观的引导下，学生的秩序安全意识、环境意识等才会有效地形成和发展，从而指导每个人的道德行为，促进他们的道德发展。与此同时，这些基于集体的立场所进行的教育在结果上也会让集体意识教育更有效，比如纪律教育会让我们的课堂形成和谐愉快的集体生活和积极向上的学习氛围，保证了教育（包括集体意识教育）行之有效地进行。

三 品德课程中集体意识教育的现实困境

集体主义作为我国道德教育的基本原则，具体到品德课程中呈现于班级生活指导、秩序安全教育、环境教育等教学内容之中。在课堂中，教师对于学生所进行的集体意识教育有让人欣慰的一面，从上一部分的论述中不难看出来。但是，在品德课程中集体立场缺席的情况也屡见不鲜。以个体立场挤占集体立场，将单独的个人作为思维的立足点，以培养合作意识遮蔽集体意识教育，将他人和整体的利益作为教育的立足点，以能否给"本人"带来最大收益作为成败的判断标准：这些都是品德课程中集体意识教育所面临的现实困境。

（一）个体意识教育挤占了集体意识教育

一直以来，人们对社会总是存在着这样一种构想：每个人安分守己，各就其位，从其所好，做好自己，这个社会就和谐了，人们的生活就完满了。然而，独立的个体并不存在，他们的生活始终是共在的。更何况在现实中总是存在一些将任何其他事物（包括主体和客体）作为自己谋求利益的手段的人，他们始终将"自己的快乐建立在他人的痛苦之上"，"相应地也就有'各人自扫门前雪,莫管他人瓦上霜'的独善其身的价值观"。① 同时还有一批"搭便车"的人,他们对于集体只有认同没有责任,不回避分享集体的荣耀和利益,但是却不愿意为集体福祉的增长或维护做出自己的努力。他们会因为别人不遵守公共的规则秩序感到烦恼,而自己却又在不知不觉中破坏着公共秩序。这种以个体为"运算单位"的道德原则是不完备的,无法保证人们对理想生活、个人幸福和生活意义的追寻,也无法保证人类的生存价值和精神意义的实现。集体主义原则作为一种积极的建设规则可以很好地排除纠纷、协调行动、化解矛盾。基于集体立场的教育也可以引发学生向善的思维和行动,发挥具有独特超越性的精神魅力和教育能力。然而,在品德课堂中,教师在应对各种教学突发情况时,在引导同学与班级被排斥者相处时,却用个体立场替代或挤占集体立场。

1. 教师的有意影响

在品德课教育的过程中,教师常常将学生视为一个个相互分离的单独个体,教育者与受教育者的关系是单子式的关系,摆事实、讲道理的过程也以学生个人的感受为基点,缺少发现问题、解释和解决问题的集体立场。

(1)"管好自己"——便于课堂管理

课例 一年级下学期《我们和太阳做游戏》第一课时——奇妙的光和影

在这节课上老师为了让学生更加真实地了解阳光、影子与我们的关系,将他们带出了教室,在操场上和太阳做游戏,去追影子、踩影子、认识影子、了解影子。

品德课是很少有机会在教室外开展的。大家都很兴奋,推搡着走出了教室,吵吵闹闹地排着队。"不要出声,排好队!"老师吼了一声,整个队伍顿时鸦雀无声。没过一会儿,又有几名学生开始吵闹,"×××!"老师喊了其中一个学生的名字,警告他们。

"老师,是××在说话。"这名学生试图为自己辩护。

---

① 张磊、林泰:《对个人主义的历史思考》,《高校理论战线》2000年第2期。

老师喊了一声："管好你自己。"这名学生不再说话，而另外的几名学生似乎也没有把老师的训斥当回事儿。

课例 二年级上学期《我们班里故事多》第二课时——我的感谢卡

在上一节品德课上，教师给大家布置了一个任务，回家做一张感谢卡，在下一节课上大家一起来说一说你想感谢的人、想感谢的事。

这节课一开始，老师统计了全班有15名同学带了感谢卡，于是请他们到讲台上来读一读自己制作的感谢卡。这个时候，一名学生指着自己的同桌喊道："老师，他没有举手，他带了感谢卡。"

"管好你自己，不要管别人的事。"教师说。

课例 六年级下学期《放飞和平鸽》第三课时——我们爱和平

这节课教师介绍了"二战"中的一些故事以及和平鸽的由来。

已经是夏天了，整个教室很闷热，第四组前排的几名学生一直在小声地说着什么。老师喊了其中一名学生的名字，以提醒其他人。这名学生试图说些什么，老师说了一句"人家的事情不要管，管好自己，马上就要毕业了"就继续上课了。①

不知从何时起，学校的课程有了主副之分，语文、数学、英语是当之无愧的主科，剩下的课程就成了副科，品德课程就是副科的典型代表。在学生、"主科"教师、家长的心目中它无足轻重。学生很会"看脸色"行事，看品德课是"副科"，所以稍微放松对自己的要求；看品德课的教师是年轻的、没有"权威"的教师，所以可以"肆无忌惮"。在品德课堂上，无论是低年级，还是中高年级，课前和课中教师总会强调对于纪律的要求。而"管好自己"成为品德课堂中教师应对各种扰乱课堂秩序的行为时最惯用的手段。教师将学生划分为一个个的单独个体，将责任分割，将区域划片，以为学生管好了自己，课堂就有了保证。然而，在社会中，人与人之间的交往使人必将相互牵涉，成人都无法做到管好自己，更何况是各方面

---

① 以上课例均源自于观察日记《2014年4月8日品德课中的纪律教育》。

都尚未成熟的小学生呢？长此以往，学生的个体意识被强化，而集体意识被削弱。他们遇事只想到自己，学会了袖手旁观。于是出现了看见"他人的"垃圾不捡、在脚边的垃圾踢到别人的领域的行为。涂尔干认为，纪律精神是道德三要素中的首要要素。它保证了班级教学的有序展开，但它也绝不只是维持课堂秩序的一种简单手段，更是一种课堂道德。

教师知道对学生进行集体意识教育的迫切性。当被问及什么样的学生不被认可时，自私总是教师首先提及的一点。但是在实际教学中，他们为什么还是偏向个体立场的教育呢？该校一个班级大约有50名学生，教师要在一个有限的空间中担负协调不同学生的学习和注意力的职责，有时候还承担五六个班的教学任务。这确实不易，一些学生指责别人的时候并不是想帮助别人，而是想推卸责任，或者试图通过"告状"的方式赢得教师的称赞、表扬。面对众多的学生，教师疲于应付，为了保证教学进度和教学秩序，教师便希望通过最便捷的方式获得"最佳"的效果，减少学生的违纪行为或者不良行为，由此而采取了"管好自己"这样一种基于个体立场的最省时、最省力、最省事的方法。

为了课堂管理的方便，教师偏向个体立场，将纪律教育异化为一种管理工具和手段，而非教育活动。教师所关注的只是学生的此时此刻，而不是未来的某时某刻。然而，这种最省事的方法所带来的最佳效果也只是暂时的，教师很快又陷入新的困境。教师在考虑和实施德育时，应首先克服效率本位的冲动和习惯，将学生品德的发展和社会道德的进步放在首要位置。

(2)"大家的烦恼，远离他"——出于应对现实的需要

课例　五年级下学期《拥有好心情》第一课时——大家的烦恼

"每个人都希望自己能有一个好心情，向往永远快乐，你觉得自己快乐吗？"当老师在这节课一开始提出这样一个问题时，全班竟然只有零星的几个人举手认为自己是快乐的。

"你们是一直不快乐吗？那我们今天就来说一说大家的烦恼。有没有同学愿意说一说自己的烦恼？"

刚开始大家都有所顾忌，或者觉得不好意思，只有几个同学说了自己的烦恼，比如"想去春游，但是地点太远需要坐车，晕车怎

么办"。

"没关系，晕车总会有办法解决的，比如吃晕车药、贴晕车灵，又或者这是你的心理作用呢？"老师很有耐心地帮助大家寻找解决的办法。

这个时候，另一名同学举了手："LXR 老是惹我，好烦。"（LXR 同学在这节课被老师喊到了办公室，不在班上。）

"你们有多少人因为这件事情烦恼？"老师问道。对于 LXR 同学，任课老师还是有所了解的，确实有一些调皮，总是欺负别人。

很多学生举了手。

"我想先听听你们的看法和想法。"

"我希望他不要再惹我们了。"

"除此之外呢？"

大家一下子打开了话匣子："我希望班上能有老师可以管住他。"

"让他不在我们班上，不在我们学校。"

"让校长把他开除。"

"对。"好几名学生应和着这个"提议"。

其实，LXR 这学期较上学期已有进步，只是同学们并不这样认为，他们认为他一直欺负同学，只是这学期没有变本加厉罢了。作为一名旁观者，我有些难过，不知道当事人听到了会怎样想。

老师提了几个问题："他从一开始就这样吗？"

"是的，从一年级就这样了，老师们都没有办法。"

"那这位同学身上有哪些你们认为不好的地方呢？"

"不饶人，别人惹了他就一定要反击。"

"喜欢打扰别人。"

"那这些缺点和不足在你们班其他同学身上有没有呢？"

这一次大家都没有吭声。

"看来很多同学也有类似的缺点和不足。当你做了类似的事情时，你是否想过你在别人心中是怎样的？是否应该换位思考一下？说别人的时候，是否应该先检讨自己？哪些同学有这些缺点，请举手。"每一组都有几名学生举手。

……

"可是,他这样让人讨厌、反感,我们也不知道该怎么办。"这时一名同学举手说。

老师继续说:"通过部分同学的发言,我们知道很多的烦恼来自我们身边,来自周围人的行为举止,所以请你们不要做那位同学那样的人。随着我们年龄的增长,所接触的人和事也会越来越多,就像树的年轮一样。对于这位同学,这就是我们的制度、教育制度,总会有一些人是我们避免不了的,你们所要做的就是不能受他干扰,远离他,不要犯愚蠢的错误,做好自己。"[1]

在这节课上,面对"大家的烦恼",教师给出了两个解决办法:一是换位思考,将心比心,问自己"你是不是这样的人,是否有着类似的缺点和不足、做过类似的事情";二是面对这样一位不受欢迎、让人无可奈何的同学,事实既然已经如此而无法改变,那么就远离他,做好自己。两个解决办法,背后的教育立场始终是个体的立场。首先,教师"从学生的角度出发",试图通过这样一种"将心比心"式的换位思考来感化学生,让他们站在别人的立场上有所体会和感受,然而,这依然是个体立场,把学生划分成一个个彼此分离的、孤立的个体(单子式个人),只有这样才能对学生提出换位思考、将心比心的要求。其次,面对这样一位总是破坏班级形象、不受欢迎的同学,由于他的存在无法改变,那么我们就远离他,做好自己即可。具体到这节课的教学内容,教师将一个有 30 名学生的班级分成了 "29" 和 "1" 两个部分,做了大多数人的"帮凶",排斥和忽视少数人。教师将学生相互分离,试图引导学生不作为,抱着一种"事不关己,高高挂起"的想法。然而,这样做好自己,远离烦恼,也许暂时减轻了单个人的烦恼。但是,长期下去,LXR 依然继续着他的行为,被其他同学排斥、忽视,这对于整个班级以及他们良好德性的养成所起的也只是负面作用。教师教育的立场偏离了,学生的世界分割了,随之而来的也只会是教育意义的崩溃,社会期望的落空。

教师为什么又一次的基于个体的立场对学生进行教育?这只不过是成人世界的现实写照罢了。现代社会,人人常常认为自己的行为可以与他人

---

[1] 本课例源自于观察日记《2014 年 3 月 5 日大家的烦恼》。

毫无关系，而他人的行为与自己也毫无关系。他们自私自利的想法和行为使得教师们一次又一次选择基于个体的立场来教学生应对这些。教师将现实生活照搬进课堂，用现实生活本身替代教育，将成人世界中的种种通过直接和间接地方式呈现给学生，试图帮助学生学会如何应对这些现实问题。正如上述课例所呈现的，现实生活中一些人的存在无法改变，那远离他们是"保护"自己的最佳方式。再比如在六年级下学期《灾害的预防和预报》这样一节课上，教师在让学生了解了一些自然灾害来临前的征兆之外，同时还强调："当你看见一些不合常理的现象、征兆时，不要多说，以防以讹传讹，你自己暗暗做准备就可以了。"①

陶行知先生说："好生活是好教育；坏生活是坏教育；高尚的生活是高尚的教育；下流的生活是下流的教育；合理的生活是合理的教育；不合理的生活是不合理的教育；有目的的生活是有目的的教育；无目的的生活是无目的的教育。"② 现实生活是一个善恶共生的实体，而教育世界则是一个追求善美的场域。我们不排除"恶"在一定的程度上可以成为有益的德育资源，但这种资源的挖掘和利用，需要高度的教育智慧。对于"恶"不加选择和改造地利用，会带来德育的灾难性后果。"毕竟处于学龄阶段的青少年学生其人生阅历、心智等各方面都未成熟，过多地浸淫于'恶'的事件当中，难免会影响其世界观和人生价值观的健康发展。"③ 虽然现实生活中的问题、矛盾诸多，小学生也不一定能够理解，但是至少要在他们的心中播下道德的种子。毕竟教育从一开始就被赋予了传承知识、承载价值、引领生活、追求理想的神圣使命。它要"引导学生求真、寻善、向美，以促进生命不断成长、不断超越现实和生成新的自我"。④ 教师应当在现实生活之上，"培养学生道德成长的主动性，发挥其创造性，使他们能够对现实生活进行主动的扬弃，建构完满的

---

① 本课例源自于观察日记《2014年5月7日灾害的预防和预报》。
② 陶行知：《陶行知全集》（二），湖南教育出版社1985年版，第288—289页。
③ 檀传宝、班建武：《实然与应然：德育回归生活世界的两个向度》，《教育研究与实验》2007年第2期。
④ 张传燧、赵荷花：《教育到底应如何面对生活》，《教育研究》2007年第8期。

2. 教师的无意为之

在品德课程中，教师充分挖掘和利用来自于家庭、学校和社区的各类资源作为品德课程的教育资源，或是讲述又或是创设情境映射到课堂之中。他们通过课堂教学的指导、课程知识的呈现来表达和实现教学目标。相较于这些有意行为，教师在课堂上的一言一行也深刻地影响着学生，并且很多时候是作为教师的一种无意之举存在着，这种无意之举既包括教师的神态、语言，也包括他们的行为方式和教学习惯。在实际教学过程中，教师不仅仅在有意地教育指导中出现了偏向个体立场的情况，有时候教师自身也是立足于个体的思维方式并据此采取行动，比如在言语和行为中流露出的对某些学生冷漠、无视的倾向性态度。

上文提到的同学LXR，总是做出一些出格的行为举动，令同学反感。在品德课上他也常常插话、做小动作、随意地换座位，目的只有一个，通过这一系列违纪行为试图引起别人的注意。教师又是如何对待他的呢？尽管课后和这名教师沟通时他表示这名学生是可以被改变的。但是课上有时教师无意间地一句话、一个眼神和一个动作似乎在向学生们发出了一个讯号：老师不喜欢他！不接受他！比如在某一节品德与社会课上LXR由于课间去教师办公室订正作业耽误了，上课好一会儿才回到教室，他没有喊"报告"，"吊儿郎当""大摇大摆"地走进教室，面带笑意地走到ZHX同学的身边说道："马老师喊你去办公室"。教师眼神中透露出了些许厌恶，在看了几秒他的"表演"之后，没有呵斥和制止，而是选择了无视，待他离开后继续上课。再比如在上《尝尝苦滋味》这节课时，教师以身示教，通过讲述自己高考的故事让学生对失败、挫折和逆境有着更深层次的认识，大家全神贯注地听着，只有LXR时不时地冒出几句："这是真的吗？那时候的生活有那么苦吗？我爸妈对我太好了。"② 教师连看都没有看他一眼，继续上课。关于LXR的行为意图究竟是什么、是否有哗众取宠之嫌在这里暂且不论。教师自身的冷漠、无视行为和态度所产生的"误

---

① 檀传宝、班建武：《实然与应然：德育回归生活世界的两个向度》，《教育研究与实验》2007年第2期。

② 本课例源自于观察日记《2014年3月19日挫折、失败和逆境也是一种财富》。

导",使当事人和其他同学都产生了他的存在是可有可无的等类似想法,并诱导和加剧了班级其他同学对 LXR 的疏远和排斥。同时对 LXR 来说,同学的反感加之老师的无视也使得他产生了被抛弃、被孤立的感觉,而对集体有所疏远,削弱其集体责任感,甚至使他的一些不良行为愈演愈烈。如此这样,对于自己的同伴、班级成员都不能有所认同,于整个班级来说他们集体意识的培养从何谈起?

(二)培养合作意识遮蔽了集体意识教育

在品德课程中,教师除了习惯于将学生划分为一个个彼此分离的单独个体之外,另一种境况更是令人担忧,那就是试图以培养合作意识来遮蔽集体意识教育。教师以指向他人和整体利益作为教育的立足点,基于个人需要以谋求个人利益最大化的实现。在品德课程中,不少时候教师总是向学生传达着这样一种讯息:只有基于合作意识的协调和协力,才能保证自我利益最大化的实现。而任何人对整体利益的无视和伤害最终也会伤害自身的利益。在合作关系中,大家为了各方的利益而共同行动,合作的特点是你这样做不仅对自己有利,也对他人和整体有益。

1. 以指向他人和整体利益来培养合作意识

课例:三年级下学期《马路不是游戏场》

一、导入新课——为什么要遵守交通规则?

教师课件展示了一起重大交通事故:几名小学生在放学回家的路上追逐打闹,将一位骑自行车的人撞倒。就在这时,一辆正在行驶的公交车经过,骑自行车的人正巧倒向车前。公交车因来不及刹车,骑自行车的人被当场撞死。这起交通事故造成一人死亡,公交车上多人也因急刹车而受伤,并致使交通堵塞近 40 分钟。

大家来讨论:这起交通事故在给当事人带来了灾难的同时,还带来了哪些恶果?说一说你看见过或者听说过的交通事故,说一说这些交通事故发生的原因。上学时,爸爸妈妈总是会叮嘱我们:"上学路上要小心。"这又是为什么?

二、交通重安全,擂台显身手

认识交通标志;

了解车辆上灯的作用；

……

三、我是小交警，安全你我他

……

课后小作业：请学生统计自己、家人和路人违反交通规则的次数。①

相关课堂教学始终以"利益"为出发点培养学生的合作意识。正如课例《马路不是游戏场》所呈现的，教师无一例外地都是以车祸为切入点，通过展示违反交通规则所带来的车毁人亡的结果，试图告诉学生遵守交通规则的重要性，如果每个人只是基于自己的利益诉求，不遵守交通规则和秩序，会给自己和他人带来严重的后果，最终的结果对自己和他人都不利。因此，遵守交通规则使自己受益，同时也是为了他人。遵守交通规则不仅保证了他人的安全更是保证了自己的安全。既对他人有利，又对自己有益，何乐而不为呢？归根结底，原来遵守交通规则的重要性是为了保全自己。学生明白了遵守交通规则是为了维系自身的利益，以个人利益的多寡来指导学生的思维和行动，这样的思维动机并不利于学生良好道德品质的养成。长此以往下去，当某一天学生偶然间发现违反交通规则也可以使自己更快更好地获得利益时，形成以"利益"为出发点的合作意识岂不是又将自己陷入新一轮的困顿之中？

在学生的生活之中，规则随处可见。学校生活中有校规、班规，随着他们生活范围的不断扩大，他们所接触的对象也开始由校内向校外延伸，在社会公共生活这个更广阔的领域中，存在着更多的规则：作为行人，出门上路需要靠右行，走人行横道；作为乘客，乘车需要买票；作为游客，去公园游玩不能破坏公物，不能乱扔垃圾；作为观众，去电影院看电影需要买票进场，不能大声喧哗；作为顾客，去商场购物，需要按次序到柜台结账。这些规则因得到大家共同地承认和遵守而存在。在对学生进行这些

---

① 本课为笔者参加品德备课研讨会时所听课例，源自于笔者观察日记《2014年4月22日马路不是游戏场》。

规则的教育、引导时，教师大多也是通过让学生在各种利益（自我利益、他人利益和整体利益）之中进行权衡比较，有所感受和感悟，从而获得相关知识。

可见，培养合作意识始终以"利益"而非公意作为道德的原驱力。类似的情况也发生在品德课程教师对学生的课堂管理之中。在品德课堂中，尤其在中低年级，经常会有这样的场景发生：教师在提出一个问题后，学生们表现得非常活跃，嘴里还直喊着"我来，老师，我来"之类的话语，在这种群体的吵闹之中谁也听不清楚别人说的话，往往最后的结果是他既没有听清别人的话，自己也没有得到发言的机会。这时，教师经常会让一名同学起来复述上一位同学的话，这是因为这些学生没有认真地听其他同学的发言，结果也是可想而知的，教师对他们进行了严厉的批评："学会倾听，要懂得尊重别人，不浪费别人的时间，更是尊重自己，节约自己的时间。"记得在听二年级下学期的《我生活的地方》这节课时，由于是一位年轻的新教师来授课，学生们从上课一开始就有些"躁动"，教师在讲课的同时不停地维持着课堂秩序，不知道大家听到了多少。在这节课快要结束时，这位教师提出了一个问题："上课讲话有什么不好？"学生们"头头是道"，说了很多："学不到知识；打扰别人；无法向父母交待；因为一个人耽误了大家的时间；不尊重老师。"教师最后小结："遵守课堂纪律不仅仅是为了自己的学习，更是为了保证他人的学习时间和效率。"① 不难看出，这名教师试图告诉学生遵守课堂纪律于己、于他人的意义。在课堂上，遵守纪律不仅仅是在维护"我"的利益，同时"我"的利益更是依赖于他人和集体利益。为了保证每个人的学习时间、学习效率，保障每个人的利益，大家才必须要遵守纪律。因此，大家的团结合作，是对每个人利益的保障。只是，当在某一节或某几节课上，"我"不想学习了，那"我"还要参与其中吗？当"我"遵守了纪律，而他人违反纪律影响到了"我"的学习，那"我"是继续遵循纪律要求还是转而成为他人的同盟？

2. 分组学习培养合作意识

在课堂上，教师常常通过分组的形式，比如男生组、女生组，又或者

---

① 本课例源自于研究者观察日记《2014年3月10日我生活的地方复习课》。

根据学生座位分组来调动课堂氛围和学生学习的积极性，组织课堂教学活动。然而有时候这种分组也会导致"意外"的发生。

课例：一年级下学期《小心，别伤着》第二课时——受伤以后

在生活中，大家难免都会受到一些意外伤害，比如摔伤、擦伤，尤其是暑假即将来临，学生们更应该知道在遇到这些意外时该怎么办。因此，在这节课上教师通过让学生以分组表演的形式来理解教学内容。

"你受过伤吗？怎么受的伤？请同学们演一演。每组请两位同学，一位同学演家长，另一位同学演受伤的孩子。"

全班共有四个组，前两组学生都踊跃报名，到了第三组时，只有一名学生举手，凑不成表演组，老师说："我倒数 5 下，如果还没有人举手的话，这一组就算弃权。"

"五、四、三、二、一。"数完 5 下，第三组依然没有人举手，这组弃权。

很快第四组也选了出来。

我坐在第三组唯一一位举手的女生 AXY 旁边，问："有没有一点难过？"

"嗯。我想上台表演。就我们这组没有演。"

（其实在倒数的过程中，第三组也是"蠢蠢欲动"的，只不过他让她去举手，她又让他举手，自己却始终不举手罢了。）

……

在这一轮三组表演完之后，老师又选了一轮，很显然，老师是想再给大家一次团结合作的机会，更是给第三组一次机会。"你举手吧？我把我新买的铅笔送给你。"AXY 对她同桌说。（我很诧异。）当再次轮到第三组时，AXY 和她的同桌齐刷刷地举起了手，他们被叫了起来，成为一个表演组。

……

这一轮表演结束之后，老师特意表扬了 AXY 同学这组，表演得

有声有色。(我想,她应该确实是有一些表演天赋的吧!)①

如果说合作关系是利益的博弈行为,那么只有在保证各方都有收益时才能促成合作。合作关系能否形成不仅取决于我自己,也取决于他人是否合作。一旦有人发现他人成为自己既得利益的阻碍时,那么就需要有人采取行动,在收益的比较计算之后,要么妥协促成合作,要么退出合作。很显然在上述课例中的 AXY 同学选择了前者,她把自己新买的铅笔送给同桌,以谋求合作。

合作意识的培养、合作关系的形成始终离不开"利益"二字。然而在利益之争中产生不了集体意识,更何况相对于"我"和更大的"群体"而言,"他人"和"群体"怎么就具有了价值上的优先性?现实中的人始终处于群体生活之中,时刻都在与群体和群体中的其他人打交道。"我"的选择、行为不可避免地与群体或群体中其他人交织在一起。因此,"从生存的策略上看,为了集体也为了'我'自己的利益,'我'必须和集体或别的成员共处,遵守集体的规范,履行集体责任"。②培养合作意识与其说是对自私自利之心的克服,不如说是个体通过自己的工具理性实现个人利益最大化的博弈行为。

在培养合作意识之中,人与人的关系是每个人与每个人的关系,它以"他人利益"为中介。如此工具性地审视自己与他人的关系,寻求自身个人利益和他人利益的平衡,最终教会学生的是什么?恐怕只教会了他们如何快速地辨别、谋求和保护个人利益。这与从一开始就旨在超越某个具体个人的集体意识教育是完全相背离的,集体意识教育试图使学生明白:一个人除了属于每个人的利益尤其是物质利益追求外,还有一种超越个人的、超越利益的特殊追求。集体意识讲究的是一种协作,它不是出于利益争扰,但是可以解决利益争扰;不是出于利益协调,但是可以自然地促进利益协调。因此集体意识教育不排斥对个人利益的关注,但强调的是集体立场,更关注的是每个人的思想和行为是否配享其在集体中的身份存在。

---

① 本课例源自于观察日记《2014 年 6 月 16 日分组表演"受伤以后"》。
② 顾红亮:《为他责任:走出自我责任与集体责任的困境》,《南京社会科学》2006 年第 10 期。

可见，如果我们的道德教育以培养合作意识为道德使命，而不去除培养合作意识对集体意识教育的遮蔽，最后造就的则是一批表面想着集体利益、他人利益实际却各怀私利的人。

课堂上，教师对于个体立场的偏好（个体意识教育）、以指向他人和整体利益作为教育的立足点（培养合作意识）屡见不鲜，这些并不能激励出学生向善的价值取向和行为，也不能诱导出学生向善的行为，它本身更不会给学生带来道德上的改进和发展，而这些却是集体意识教育在品德课程中的真实境遇。集体立场的缺席最终亦会让我们的道德教育陷入"真空"状态，也会让人与人之间的纽带发生断裂。

四 品德课程中集体意识教育的影响因素

一方面，集体意识教育不能一蹴而就，学生良好德性的养成，社会化的发展不是通过一次基于集体立场的教育和指导就能达到立竿见影的效果，它是一个日积月累的过程。但另一方面，品德课程中的集体意识教育也受着各个方面的影响和制约，比如品德课程教师的特殊性、班级氛围的差异性。

（一）品德课程教师的特殊性使其对集体意识教育力不从心

品德课程的主副之别使得品德课程教师有了主副之分，语文、数学、英语老师是"当之无愧"的主科老师，而除此之外就是副科老师，品德课程教师自然也就成了副科老师。并且在这些所谓的副科中，科学、计算机、音乐、体育、美术又都常常被认为是专业性更强的课程，因此学校在配备这些课程的教师时更注重专业性，这些课程均由专职教师担任。而品德课程教师则大多为兼职教师，他们大部分承担着其他学科的教学任务，有的还承担着班主任工作。记得在一次全市的小学品德与社会备课会上，一位小学的校长是这样自豪地介绍他们的品德教师的："××老师是我们学校专职的品德、美术兼职教师。"幸运的是，笔者接触到的叶老师是一位专职的品德课教师。叶老师以前是教语文的，喜欢读书，涉猎范围广、知识储备丰富，学生们都很喜欢他。但是对于这门课程他也有着"清楚的认识"，当其他教师需要占用时，叶老师也总是"有求必应"。

另外，从该校的课程安排来看，一、二年级每周两节品德课，三至六年级每周三节品德课，品德课程的课时似乎也有了应有的保证。然而在应试教育的指挥棒下，事实真的是这样吗？在中高年级的课程表上，品德与社会课有两种标识方式：一种是"品德与社会"（每周两节），另一种是"品德与社会1"（每周一节）。前者确实是品德课，而后者则根据其他教师的要求由语文课或者数学课所替代。即便是在这样的情况下，品德课也常常被班主任用来挤占半节课甚至整节课时间来布置班级日常工作。六年级的一节品德课上，班主任在上课一开始占用了20分钟来订正她所授学科的作业，等到真正上品德课时，只剩下不到20分钟。班主任一走，大家就"放松警惕"，整个教室也热闹了起来，教师讲了一会课，突然问道："你们平时在班级中这样表现，不遵守班级纪律要求，不顾集体形象和荣誉，那你们在家中、父母面前是怎么表现的，难道也是这样？"问题一出，教室更热闹了，"他们不在乎"，"对，他们只相信成绩，用成绩说话，成绩最重要，纪律说不了话"。这个时候，下课铃响了，因为是上午的最后一节课，学生需要在固定的时间到食堂就餐，老师也只好作罢。而本可以是一次很好的集体意识教育的机会就这样错过了。① 课时的被挪用，使一节品德课承载的教学量过重，导致老师们上课时无法顾及教育立场、错过了教育的时机又或者所进行的集体意识教育"火候不够"。

"已有的实证研究发现，任何价值教育的实行，事实上都经过了教师的'筛选'和'加工'"，② 教师的能动作用使其成为"集体意识教育"的关键。然而品德课程的主副之别、品德课程教师的专兼之分、课程时间的无法保证，这一切使得教师们力不从心。他们很难有时间和精力去思考和研究怎样的教育立场才是真正对学生发展有益的，怎样的教育方法才能真正促进学生更好地面对未来。

（二）班级氛围的差异性影响着集体意识教育的时机和效果

班级氛围，它"是指班集体在思想觉悟、道德品质、意志情趣、价

---

① 本教学片断源自于观察日记《2014年3月28日学会和谐相处第二课时》。
② 王晓莉：《"立德树人"何以可能——从道德教育的审思与建议》，《全球教育展望》2014年第2期。

值追求诸方面的具体体现",它是"班集体长期形成的情绪、言论、行动等方面的共同倾向"。① 班级氛围包括班级学习氛围、班级成员人际关系、班级环境等。无论班级氛围的优与劣都会对学生的学习态度、心理状态、思想品德等产生各种直接或间接的影响。良好的班级氛围是肯定的、积极的、向上的,具有强大的教育力量。它一旦形成,就表现为这个班级的凝聚力,体现着班级的精神风貌,对班级中的全体成员就会起到规范、激励、引导的作用,促进整个班级以及班级成员的成长与发展。而不良的班级氛围则是否定的、消极的、懈怠的,会使班级成员自由散漫,整个班级处于人心涣散的状态之中。课程在一定的班级环境中实施,班级氛围的差异性对课程有着直接的影响,也影响着集体意识教育的时机和效果。

首先,班级氛围的差异性影响着集体意识教育的时机。班级氛围的差异性直接体现在班级的学习氛围上。在品德课程中,教师对待不同氛围的班级所采取的教学策略,以及所讲授的知识是有所区别的,这也会出现几种情况:(1)"愿意听的班级就多讲些,不愿意听的就少讲些。"在课堂上,良好的班级氛围将班集体演化成一个学习共同体,学生以积极的精神面貌参与到教学之中,在这样的班级氛围中教师更加有激情和灵感,他们讲得更深,想得更远,更愿意去思考怎样的教育立场是合理且有效的。六年级的两个平行班中,601班规矩又不失活泼,思维发散,一旦教师提出一个问题,大家积极思考,给出的答案总是丰富多彩;602班在课上课下表现活跃,只是在课上这种活跃不是用于学习中,而是用在扰乱课堂纪律,与601班恰恰相反的是,一旦教师抛出一个问题,课堂就沉默了,回答问题的只是固定的几个人,答案也总是千篇一律。课后与老师沟通,他就明显地表示出在601班上课心情愉悦,愿意多说多讲多思考,而在602班要应付的情况太多,让人头疼。(2)班级氛围的特殊性也会使得教师基于集体的立场进行指导教育,但往往是"点到为止"。就像"我们的人民解放军"教学片断中,整个班级上课时完全没有纪律可言,下位的下位,说话的说话,看课外书的看课外书,整个班级一直处于"乱糟糟、闹哄哄"的状态。而本节课的教学内容恰巧就是我们的人民解放军,既然这个班级没有集体纪律,那就从集体纪律开始,教师及时抓住教育契

---

① 柯晓扬:《小学班集体建设与活动》,南京师范大学出版社1999年版,第183—214页。

机，以纪律严明的部队类比，对他们进行集体意识的引导，试图控制班级纪律，改善班级氛围。

其次，班级氛围的差异性影响着集体意识教育的效果。有时候教师即便抓住了教育的时机，进行集体意识教育，对学生所起到的作用也是微乎其微，这无不与班级氛围有着密切的关系。在"我们的人民解放军"教学片断所呈现的603班中，只有30名左右的学生，每个学期都有一至两名的学生转进或者转出。相比较于其他班级五六十名学生的班级容量，这个班的每一名学生应该更容易得到教师的关注，他们班级的凝聚力应该更强，上课时的班级学习氛围应该更积极，但是事实并非如此。他们最喜欢的班主任从一年级开始就接手这个班级，但是由于身体原因请假在家。原班主任的离开让整个班级无法适应，好像抽离了主心骨。套用任课教师的话，现在的这个班犹如"一盘散沙"。一个班的良好班级氛围的形成与这个班级人数并不必然相关。同年级的两个班601班60多人，602班50多人，另一个年级的603班30名学生，班级氛围最好的是人数最多的班级。而这又与作为班集体组织者、引导者的班主任有着莫大的关系了。良好班级氛围的形成是一个长期的过程，在这个过程中，班主任起着举足轻重的作用。在有着良好班级氛围的601班中，教师基于集体的立场进行教育却常常能达到效果。而603班由于班主任的离开使得整个班级氛围包括班级学习氛围发生了变化，即便教师基于集体立场的教育，学生们也"无动于衷"，一些学生笑称"我们是臭名远扬的集体"甚至有一些自轻自贱之味。

五　改善品德课程中集体意识教育的建议

虽然研究只是选取了固定学校中的某几位老师、某些班级，但是从这些课堂观察和详实的记录中能够较为真实地反映品德课程中集体意识教育的相关问题。基于此，笔者提出一些建议，希望能够改善品德课程中的集体意识教育方面出现的问题。

（一）优化已然存在：实现对真实集体的超越

集体意识教育是教师基于集体的思维立场教育学生，引导学生体会集体立场的价值与意义,并逐步形成对这一思维立场的认同,它的最终目的是让学生理解和接受集体立场的优越性,并在实际生活中运用集体立场解决问题。对于少年儿童而言,具体的比抽象的好把握,真实的比虚拟的好理解。因此,品德课程中的集体意识教育首先在程序上赋予了儿童生活集体(班级、小组等)的优先性,让他们在真实的集体生活中理解到集体立场的价值和运行规则。基于实体的集体更能让学生理解,不仅强化了学生对集体立场的感性认识和真实感受,也赋予了集体意识教育充分的物质基础。而超越现有的真实集体才能实现学生集体意识的真正形成。作为教师需要的是创造甚至激发其超越对现有认知单位的崇高感和主体感,并据此采取行动。

少年儿童的集体意识始于真实的集体,源于真实的生活情境,教师从学生身处的真实的集体对他们进行班级生活的指导,引导学生的集体认同感、集体荣誉感和集体责任感,萌发他们的集体意识。但在集体中的教育不是集体意识教育的全部,教师始终对学生自我集体的强调,固然是会让其认同自我集体,可是认同自己的班级不等于认同别的班级,相反过度强调会使学生认为其他班是自己班天然的敌人,对其他集体产生排斥心理。这种排他性的思想意识会让学生认为自己的班级必然优于其他班级,自己的班级也必然要好过其他班级。这也就是为什么在学校运动会上经常会有学生为本班同学加油,而为其他班同学"减油"的情况发生,他们总是希望其他班级的选手更慢更弱,有甚者甚至采取一些极端手段使对手失去竞赛机会。可见,如果学生仅仅形成了对自我集体内的认同,而对集体外的其他同学和班级排斥的话,这种排他性的道德判断并不利于学生集体意识的真正形成,相反这实际上是一种放大的个人主义。因此,教师还需要引导和激发学生对现有认知单位的超越,帮助学生形成对他人集体的认同,实现对自我集体认同的扩展和超越。集体意识教育不具有排他性,具体而言,教师对于现有真实集体的超越,会让学生既会因为自己是班级中的一员而骄傲、自豪,也能够为他人的集体而欢呼、喝彩。

同样,在五年级的《我为集体添光彩》这节课上,教师通过引导学生对班级规范的遵守、对班级公共财物的爱护,从点点滴滴的小事做起,帮助他们形成对班集体的责任感。在接下来的课程教学中,教师还需引导学生将这种意识进一步延伸,从"有利于班级的'小集体'意识扩展到学校这个'大集体'中",超越对现有集体的责任感,"培养学生的大集体观念和意识",① 帮助学生形成更广意义上的集体感,从而在更大的层面上保证集体思维的正当性。

(二)走出现实困境:基于集体立场发挥品德课程的指导功能

道德教育的最终目的是使人们能够更道德地生活,品德课程就是让少年儿童学会过有道德的生活的课程。少年儿童由于知识的不足、生活经验的欠缺,对待事物缺乏正确的判断力,价值观念和道德观尚未建立,他们在生活中会遇到很多的问题,产生各种困惑,需要教育者对他们的生活进行指导。在品德课程中,教师常常会预设各种各样的生活场景,试图指导学生们的生活。既然是指导,就要有基本的立场。正确的立场可以保证品德课程指导功能的发挥,引领学生成为一个道德人。在品德课程中,教师作为指导者,有责任向学生指明正确和恰当的价值信念与取向,指导他们过有道德的生活。学生要明白的不仅仅是什么是有道德的生活,还应当知道怎样做才是过有道德的生活以及为什么要这样做以促进他们的道德行为持续发生。因此,指导的内容牵涉到的不仅是"是什么"的问题,还有"怎么做"和"为什么做"的问题。② 而这些归根结底也都是基于道德教育的立场问题。

具体而言,以上一部分呈现的"大家的烦恼"为例,一位学生的发言使这节课成了对某一位同学 LXR 的"集体控诉"。在学生的"一致声讨"中,教师应该做些什么或者怎么做?首先,不能否认这样一些人存在的事实。在生活中经常会有人因为别人不遵守公共的秩序规则感到烦恼,而自己却在自觉不自觉地破坏着这些。他们在集体中习惯于坐享其成,却不愿为集体的发展做出行动。具体到班级中,个别学生破坏集体的荣誉,影响集体的行动效率。但是,制度设计如此,他们的存在常常是让人无可奈何的。面对他们的存在,"我"该怎么做才是合理的?教师要引导学生认识到在班级中某一名或几名优秀学生自身的存在并不能说明整个集体的优秀,更何况松散的集体是不能造就真正的优秀者的。当学生们能

---

① 郑湘晋:《集体主义教育是学校德育的基石》,《教育理论与实践》2002 年第 22 期。
② 参见辛治洋《学校德育存在方式探寻》,《中国德育》2015 年第 1 期。

够帮助与带动一些像 LXR 这样的同学共同进步时，才能实现整个集体的提升和发展，才能让优秀者的优异表现更有意义。班集体赋予了学生特殊的身份，每一个班级成员在集体中的身份和责任敦促他们必须主动地关心同学，为集体的发展出谋划策。对"大家"来说，尊重、接纳 LXR 是首先需要做的事情，当他体会到这份尊重和关心时，他就感受到了自己在集体中的重要性，就会产生为集体改变的意愿，也就会有了改变自己行为的想法。

第四章　集体活动中集体意识教育

集体活动包含多层含义，"可以指课堂教学活动，也可以指课堂教学以外以集体形式来进行的教育活动"。① 本研究指后一种。在学校中集体活动常以少先队活动和班级活动的形式展开。学校集体活动一般有以下几个特点：（1）以校集体或班集体为组织单位，不是学生自发组织的活动。（2）有明确的教育目的，不是任意的娱乐活动。（3）有一定的计划性，有明确的时间、地点。活动前，教育者要指导学生分析活动的意义、任务，各种相关因素及活动程序和步骤，设想解决问题的方法，分工到人、责任到位，并制定出评价标准和方式。②（4）参与性。集体活动不是为个别学生准备的表演舞台，集体中的所有学生都是活动的参与者。

学校特殊的集体生活环境是进行集体意识教育的最佳切入点，形式多样的集体活动是培养学生集体意识的重要途径。集体活动对学生道德的发展有重要的影响，皮亚杰在研究儿童道德判断发展规律时发现，儿童之间的合作活动是促使儿童道德判断从他律向自律发展的主要动力，③ 杜威也指出："儿童应当通过集体生活在他的活动中受到刺激和控制。"④ 苏霍姆林斯基集体教育的基本方针就可以概括为"组织丰富的集体生活，培养集体主义相互关系"⑤，我国一些优秀班主任也将开展集体活动视为提高

---

① 赵玉如：《基础教育新概念：集体教育》，教育科学出版社1999年版，第49页。
② 参见柯晓扬主编《小学班集体建设与活动》，南京师范大学出版社1999年版，第17页。
③ 参见［瑞士］让·皮亚杰《儿童的道德判断》，傅统先、陆有铨译，山东教育出版社1984年版，第389页。
④ ［美］杜威：《杜威教育文集》（第1卷），赵祥麟等译，人民教育出版社2008年版，第9页。
⑤ 徐俊：《蒙尘的遗产——苏联集体教育理论述评》，硕士学位论文，华东师范大学，2012年，第96页。

学生集体荣誉感、增加班级凝聚力的重要手段。教育离不开活动，"如何使学生在丰富多彩的集体活动中受到潜移默化的教育，脱离呆板僵硬的'说教'模式，对学校的办学水平和校长、教师的素质都是一个考验"。①具体到一些学校举办的集体活动中，丰富的形式、夺目的噱头对应的却是浅显的思想、粗糙的设计，游戏式的活动丰富了学生文化课之外的校园生活却增进不了道德认知。集体意识教育在集体活动的理念设计上如"蜻蜓点水"，没有明确的概念、没有真诚的指导；与此同时，学校对活动时间、地点的多加限制亦使集体活动流于形式，不能为集体意识教育提供应有的条件；而教师对自身的定位常不自觉的陷入"管理者"而非"教育者"的泥潭。为追求实效，教育者在集体活动的具体实施过程中意识不到集体意识教育的机会，在道德教育中偏向于个体意识教育、团体意识教育，忽视对学生集体情感的培养。

一　研究对象与资料收集

（一）研究对象

安徽师范大学附属小学每年开展的集体活动形式多样，学校德育室负责活动的设计、开展实施与后勤保障。从时间上看，每年的三月份春游、六月份"六一游园活动"、十月份"秋季运动会"活动、十一月"小商品交易会"活动、十二月"元旦联欢"活动，这些都是学校常规性活动，是校园文化传承的主要表现。从教育主题上来看，"三月学雷锋活动"、"安全教育活动"、"素质教育开放周活动"、"爱国主义读书活动"、少先队主题活动等，这些活动多是不同年级或班级通过开展一系列具体的活动回应主题的教育思想；为配合不同学科学习的需求，有"英语节活动""美术节活动""科技节活动""艺术节活动"；另外还有应教育行政部门要求，学校必须完成的一些评选活动，如"三好学生评选活动""美德少年评选活动""优秀班集体评选活动"。

实验表明，我国儿童从七岁起，集体意识已经开始出现，但只初步具有把"为集体"和"为个人"的行为动机分化出来的能力，随着年龄的

---

① 郑湘晋：《集体主义教育是学校德育的基石》，《教育理论与实践》2002年第3期。

增长，选择为集体行为动机的人数比例逐年递增，大约在九岁前后出现重大变化。① 据此，本研究对具体班级的选择定为三年级某班。该班同学成绩优异，班风较好，带班教师认真负责。班主任是任教三年的英语教师，语文教师是学校德育处主任，小学高级教师、省级教坛新星，数学教师为任教20年的经验型教师，也是该班副班主任。对该班的观察历经三个学期，2014年9月该班已是四年级，故活动案例涉及三四年级，为方便记录与书写，文中统称该班为六班。

（二）资料收集

本研究中的活动案例分析是基于对案例学校与案例班级的跟踪研究。具体来说，包括以下资料。

（1）文献资料：本研究的选题、研究思路以及论文的撰写以文献的收集和分析为基础。通过著作、学术刊物、互联网络、报纸杂志等途径查阅关于"集体意识""集体意识教育""道德教育"等相关文献资料，立足于现有研究，寻找本研究的研究点；笔者还从校园网站上不断搜集该小学开展集体活动的设计方案，分析活动目的。

（2）访谈资料：本研究中对活动设计理念的分析是基于与活动设计者的深度访谈完成的。针对集体活动的设计和开展，笔者对该所小学德育室主任进行了访谈，了解校方对集体活动中蕴含的集体意识教育的理解和评价过程；文章中涉及的具体活动案例中也包含一些对活动指导者、活动参与者的访谈与交流，以此了解师生对集体活动的理解及在活动中的收获。与德育室主任的交谈并不是笔者罗列问题后的一问一答，而是在长期的相处过程中以"徒弟"的身份向"师傅"请教，或者是聊天式的交换意见。

（3）观察资料：本研究中涉及的活动案例、活动场景、师生对话皆是在教育活动的自然状态下，对教育者、受教育者的客观观察。基于本研究的需要，也为保证观察的全面及真实性，笔者以"语文实习教师"的身份深入到具体年级、具体班级，与师生长期相处，关系良好，已逐渐成为集体中的一员。通过观察记录，笔者掌握了丰富鲜活的研究素材，了解

---

① 参见李伯黍等《小学儿童集体观念发展研究》，《心理科学通讯》1985年第1期。

了集体活动中集体意识教育现状。

二 活动设计忽视集体意识教育

教育活动有效的开展与进行，需要设计者完善的理念作为指导。集体意识教育在集体活动中的成功与否，首先要看活动理念的设计上是否给予其应有的重视及相应的规范。在具体活动的实践中，活动理念通过活动而外化，活动也遵循着活动理念的指引。也就是说，集体活动的开展是活动主体依附活动理念而进行的实践。可是，当前许多学校集体活动的筹备与开展往往是对学校传统活动的继承或是根据某一教育主题形式上的应承，用活动的数量多来体现"丰富"，用活动在名目上与教育相关来体现其"教育内涵"，至于活动设计的理念、活动开展的教育目的（为什么而开展活动，怎样开展活动最能实现教育目的）却是相当粗糙与浅显的。

活动设计的理念犹如活动的头脑、战场中的军师与参谋，在理念上的重视是集体意识教育得以开展的前提条件。在行政划分上，学校集体活动是德育室的主要工作内容，德育室承载着牵引学生道德发展的重任。因此，德育室主任对"集体意识教育"的认识、集体活动的设计理念都影响着学校对学生的集体意识培养。在与德育室主任的交谈中，笔者可以体会到她内心强烈的责任感以及自信，同时笔者也意识到"集体意识"作为我们之间谈话的话题多少是有些空虚的。

（一）目标上的附属

目标是一切具体活动安排的出发点和依据，它是制定工作计划的核心。集体活动在设计之初，往往被赋予一定的教育目的，但是对学生集体意识的培养往往是附属于其他目标之中或是隐藏于其他目标之内，留待活动指导者在具体情境中根据需要去实施，至于如何实施、有没有实施、实施后的效果如何都不在活动评价范围之内。

集体意识教育并不是集体活动开展的主要目标或显性目标主要体现在两方面：一方面，在意识层面上，道德教育潜移默化地蕴含在活动开展的目的之中，并不是所有集体活动中都含有集体意识教育；另一方面，在操作层面上，活动在传达与通知时并不强调集体意识教育，对如何开展集体意识教育没有相应的指导。集体活动因其实践性、趣味性得到学生的青睐，是小学教育的重要载体，也是丰富学校集体生活的重要手段。在谈及学校为什么开展活动时，德育室孙主任直言："学生喜欢活动，活动是对校园文化的传承。"很多活动都是学校一年一年的传承下来，逐渐形成一种习惯，对于学生而言或有新意，但对活动的组织者来说，这是一项任务。这些活动在设计之初，没有赋予其培养学生道德品行的目标，更多的是对学生自我的展现或是对节日的娱乐性享受：如开学典礼是"提醒学生和教师回归到学校集体生活中，对于一年级新生来说，又是一个人生的新起点"；春游是为了"欣赏美景，感受春日万物复苏的气息"；运动会的开展是"加强学生体育锻炼，增强学生体质，培养学生参与体育活动的兴趣爱好，促进学生坚持锻炼的习惯"①；小商品交易会"让学生体验现实生活中的买卖场景"。从这些活动的校方通知上看，活动参与者收到的仅仅是活动的时间、地点、教师分工、注意事项等要求，活动中蕴含的集体意识教育，没有明确指出，没有强调，似乎是在等待教师自觉地、自然地去实施。

这些活动的直接目的虽然不是培养学生的集体意识，但深究活动中的教育意义，孙主任认为此类传统活动在开展过程中培养了学生的集体情感。"开学典礼"通过优秀学生代表的致辞、总结上一学年的学习、展望本学年工作，提醒学生从家庭生活中回归到学校的集体生活中，认同集体生活。春游不是简单的出外赏景，更是同学们进行情感交流的重要途径，春游可以培养团结协作精神，共同出游可以帮助增进友谊，参加活动的同学不能只顾自己，要关心同伴。运动会中的各类田径、竞技类项目不仅锻炼了学生身体，给了学生展示自己的机会，而且以班级为组织单位的比赛也促进了学生参加比赛的积极性，激发了学生为班级争取荣誉的集体荣誉感。小商品交易会中，卖家们以小组合作的形式出售商品，成员需要团结、合作将自己的商品在纷繁的"市场"上推销出去，每一位成员都是小组中不可或缺的角色，这也是对学生集体责任感的培养。从与孙主任的访谈及对活动方案的分析上看，集体意识教育作为活动中附属的教育目的，从始至终都是隐形的，它或许只是存在于活动设计者的想象或经验判

---

① 《F 小学 2014 年秋季田径运动会活动方案》。

断中，是认为"有"，所以"有"的一种表述。

该校德育室往往把培养学生的道德意识、道德情感明确书写在一些主题教育活动和少先队活动的活动目的中。如清明节祭扫烈士墓是"通过活动教育学生向革命烈士学习、爱祖国、爱人乡、爱人民，从小树立服务意识，真正把清明节主题文化活动与青少年思想道德建设结合起来"①。少先队活动"可敬的解放军"的教学目标是"通过观看专题视频和课件，了解21世纪解放军的军事装备基础知识、军人服饰等，在中队内交流观后体会，让少先队员们学习军人的吃苦耐劳、舍己为人、团结一体、奉献集体的精神品质和优良传统"②。"中队小家务"活动目标设计是"队员通过本课的学习，一方面要形成对环境美的认知，另一方面要认识到自身的行动对环境的影响，并且通过各种形式的家务活动加强爱劳动的意识以及对集体的认同感和责任感，共同创造中队良好环境，人人为集体争光"③。"我们的组织"活动的目的是"引导同学们认识到，个人的任何角色承担，都有着对于组织（班级）的责任和义务，并让同学认识到其所担当的具体内容，从而养成学生集体归宿感、荣誉感和责任感"④。此类活动在设计上虽然赋予了其集体意识教育的内涵，但是该如何去开展集体意识教育，该怎样评价活动中的集体意识教育，却没有相应的指导与总结。

综上，在集体活动的设计理念上，集体意识教育始终是作为一种隐性的目的存在，它的发生与否、正确与否没有得到设计者的重视。

（二）范围的多变

集体意识教育有着具体的情境，集体也有明确的范围，在具体情境中引导学生集体意识容易被学生理解和接受。具体情境中集体范围一般较小：可能是整个学校、一个年级或者一个班级也可能是一个自然组、几个人形成的小组，具体的"集体"范围常常限制了教育者对集体意识教育的理解与传递。

---

① 《F小学"清明祭英烈，传承民族魂"主题活动方案》。
② 《少先队活动"可敬的解放军"活动方案》。
③ 《少先队活动"中队小家务"活动方案》。
④ 《我们的组织——第三周少先队活动内容建议》。

孙主任对集体活动中蕴含着集体意识教育不置可否，但她给"集体"限定了范围。作为行政领导、活动设计者，她面对的集体是校集体、班集体、教师集体、学生集体。在活动设计上最令其耗尽心思的并不是怎样开展活动能将活动中的教育意义发挥极致，而是怎样人员调动、安排，保证一线教师接受活动。例如春游中，孙主任的职责是确定地点、联系旅行社、安排车辆然后再将具体的安排传递给各班教师。孙主任用"人多难统一"来形容户外集体活动的安排，并不只是学生会有突发状况，教师集体中也有。对于有特殊情况的教师，疾病、孕育等要考虑周全，临时请假者要及时更替，配班教师得熟悉班级情况、得有威信。巴士上座位有限，满足不了一个班级（52—54人）的乘车要求，于是只能将班级分开，这样集合、排队、对应车辆都得得当有序，牵一发而动全身，一处不当将影响整个学校。举办小商品交易会时，操场上的位置有限，不能聚集所有卖家、买家，于是活动便是按年级划分，每个年级得按规定时间"买与卖"，她要求的是所有班级按要求进入操场具体位置又能准时离开操场。在类似活动的通知中，她更多强调的是活动的环节而不是活动的内容，她眼中的集体是校集体。一些活动场所即是所在班级的活动，如少先队活动课、班级活动、元旦晚会，孙主任更注重教育内容的传递、教育精神的体现，至于教育形式、教育时间就由班主任、中队辅导员自己把握。这时，孙主任在活动设计时面对的集体是班集体。在对活动的准备上，她面对的是教师集体，强调的是学生集体；在活动的开展过程中，她关注的是校集体，依靠的是班集体。

在与孙主任谈论到"教育者该如何进行集体意识教育"时，她以自己二十年的班主任经验对答如流。例如，运动会强调班集体的荣誉感，小商品交易会中强调小组成员之间的责任感，防震演练中强调用自己的守秩序保证他人的顺利撤离，这些具体情境中的"集体"是小范围的、具体的、多变的。集体意识教育的宗旨是依靠具体的集体，引导学生走向更大的集体、走向社会的集体，但"集体"之间的转换显然不是孙主任关注的重点。

（三）内容上的模糊

集体意识教育在具体的情境中是以何种内容呈现的呢？孙主任用三个词概括：分享、共享、合作。学会与别人分享，分享自己拥有的东西：春游时的食物、交流时的观点；共享，共享环境、共享设施：爱护校园中的花草树木、班级里的公共设施、保护集体物品；合作，不一意孤行，学会与他人合作完成一件事，集体的力量大于个体。那为什么不直接用培养学生的"合作意识""分享意识""共享意识"来取代"集体意识"呢？孙主任认为这是因为集体意识包含了这三者，等同于这三者。孙主任还认为，现在的孩子多是独生子、"惯宝宝"，分享、共享、合作都是他们很难做到的事，也是学校道德教育的重点和难点。

分享、共享、合作这三个词语确实都包含着"如何处理个人与他人关系"的意思，但与集体意识从集体立场出发还是有区别。集体意识是出于公义、公利，只有在此前提下，集体意识教育才有意义。分享、共享、合作，并不能体现个人的集体立场，而且更多的是与个人利益相关，为了个人利益最大化去"合作"、为了得到更多去"分享"或者"共享"，这种立场与道德无关，与集体意识教育相差甚远。在听到笔者对这三个词的理解后，孙主任表示理论上赞同，但在实际教育中，她依然认为用这三个词更加合适、更加好操作，并且教育结果可能是相同的。因为，她始终觉得"集体意识"是过于官方的表达，有些空虚，一直强调会引起老师和学生的反感，而且学生愿意去"合作"或者"分享"就证明他们心中是有道德标准的。后来，孙主任主动跟笔者谈起之前的话题，她思考之后认为德育确实是一门需要好好潜心学习的功课，在道德教育中对学生总是强调"我"、强调"我帮别人，别人也会帮我"是不行的。虽然渐渐有体会，但是孙主任表示自己并没有将这些体会完整地传达给其他老师。

三 活动条件限制集体意识教育

"无规矩不成方圆"，可是规矩多了就会限制教育的发生。集体活动，是学校集体生活的重要组成部分，它弥补了课堂知识教学的单调，赋予校园生活一抹亮丽的色彩。一次成功的活动对于教育者和受教育者来说，都是一场收获。"少年儿童如初升的太阳，是一个个鲜活的生命，生命在于运动，生命活力的最好体现就是开展丰富多彩的活动，活动是实现教育目标的最佳手段。"[①] 可在依旧以书本知识教学为主的一些学校中，集体活动往往是"为了开展而开展"，不仅在设计理念上缺乏对活动教育内涵的关注，在活动的组织上也往往考虑欠妥，设置的诸多限制条件束缚了活动的开展，束缚了活动中的教师和学生，让教育者没有时间、没有精力开展解读活动中的集体意识教育，从而使得一些有意义的集体活动沦为一场形式上的表演。

（一）时间上无暇教育

2009年颁布《教育部关于当前加强中小学管理规范办学行为的指导意见》要求：要严格控制学生在校学习时间，不得占用学生课间休息时间和放学后的时间。学生每天在校教育教学活动时间（含早读），小学五、六年级不得超过6小时，其他年级应适当减少。学生一天处于学校集体生活中的时间毕竟是有限的，有限的时间首先要满足知识教学的需要，致使集体活动"争分夺秒"。因为时间上局限与限制，让匆匆开始的活动匆匆结束，徒增了师生的负担；还有一些活动力求形式上的新颖与完整，将活动的重心放在了仪式的表演上，使得活动的教育思想匮乏。

> 2014年2月17日上午，由于阴雨天原因，我校首次采用校园电视台录播的方式，在大队部的组织下各中队举行了简洁而庄严的开学典礼。在各中队辅导员的有序组织下，典礼中音乐响起，全校师生起立齐唱国歌。接着，汪××、马××、梁××、张××四位同学发表了热情洋溢的新学期致辞。最后，典礼在退旗的音乐声中落下了帷幕。因为采取电视台录播的方式，开学典礼丝毫没有受到阴雨天气的影响，为有序开学摸索出一条新的教育路径。典礼的舞台交给学生，新学期的起航从第一节课开始。从各中队学生的精神面貌来看，开学

[①] 郑立平：《把班级还给学生——班集体建设与管理的创新艺术》，中国轻工业出版社2014年版，第65页。

典礼取得了圆满的成功。①

这篇报道肯定了新形式的开学典礼，但笔者在306班的活动观察中发现，此次开学典礼时间安排不合理，并不是一项成功的活动。

> 今天是新学期第一天，阴雨绵绵，春寒料峭，六班的孩子们八点以后陆续进班，8：20左右班主任进班提醒学生交寒假作业，8：25开始发书（书提前就已经放在班级，开学第一天早读课发书是惯例），此时学生尚未到齐，依旧有学生进班。一些在校吃饭的学生还需要去副班主任那里交伙食费（有的是家长在交）。八点半，班里学生状况混乱，有的在领书、有的去办公室交伙食费、刚到班级的同学在交作业。此时，学校行政领导巡视，提醒各班开始观看开学典礼，班主任让全体学生放下手中未做完的事宜，保持好纪律，打开班班通播放视频。视频图像不是十分清晰，刚开始学生声音嘈杂，甚至听不清主持人的声音。大会第一项要求全体师生起立、少先队队员敬队礼时，学生声音渐渐低下来，接下来的齐唱国歌过程中，学生的注意力渐渐集中到视频上。大会第三项是"新学期致词"，四位学生代表照稿宣读，分别以班集体、校集体为对象，希望同学们在班集体中"团结友爱、遵纪守法、同学之间和睦相处，在班级这个小家庭里要有荣誉感，要培养团队合作的精神"。"新学期致词"还指出，作为一名小学生，作为安徽师范大学附属小学的一员，"要讲卫生、讲文明，爱护我们的母校"，在学校"要注意活动的安全，上下楼梯要整齐有序、不拥挤，不做有危险的游戏；能随手捡起每一片纸屑，做好卫生保洁工作；中午就餐时要做到安静有序，不浪费每一粒粮食"。致词时长4分47秒。此时班级学生大多数处于游离状态，班主任数次提醒，孩子们关心的却是未发到的书。8：40视频结束后，班主任继续组织学生领书。至早读课结束（8：50），学生方才核对完所领的新书、交完寒假作业。恰巧第一节语文课由我来上，在课堂上验证了学生观看开学典礼视频的情况，孩子们只记得敬少先队礼、齐唱国歌，

---

① F小学校园网站：《我校首次通过校园电视台举行开学典礼》。

表示对学生代表致辞没听清（或解释自己当时正在想什么，没有听），视频上最后出现的"新学期、新开始、新希望"自然成为我在课堂上着重强调的课堂导入。但孩子们的表情仿佛在告诉我，他们并没注意到早上班班通屏幕上的这些词，让我更加肯定这个开学典礼并未让他们稍稍"振奋"。①

假期刚结束，师生都处于放松状态，开学典礼可以聚拢人心，提醒师生回归到学校、班级这个集体中，认同集体生活，为新学期做好准备。从学生代表的致辞中可以看出，对学生在校行为规范的强调不仅是要孩子们做一个合格的小学生，也是为了"共同维护好我们舒适、整洁、美丽的校园"。开学典礼是学校的传统活动，行政领导的巡视与观察体现出学校对该活动的重视，但实际上，本学期的开学典礼却是"走过场"式的形式表演。因极端雨雪天气，开学前的报到被取消，学生在开学第一天要完成交寒假作业、领书、交费等任务。活动现场混乱的主要原因就是活动时间安排的不合理，不应把开学典礼安排在与常规活动相冲突的时间内，让学生无法集中注意力。活动重在其思想与教育目的，并不一定要拘泥于时间（开学第一天），可适当向后延迟，避免与班级常规活动冲突。不合理的、短暂的活动时间让教育者无暇针对活动内容进行集体意识教育，学生心神不宁的观看视频，更多的是在充当"看客"的角色，而不是活动的参与者。

在少先队主题活动课程上，活动时间一般为课堂40分钟。为了体现少先队活动的庄严性，学校大队部力求各中队完整体现少先队仪式。在教育者心中，少先队仪式的完整似乎象征着活动的完善。据笔者在实际观察中的统计，完成上述少先队仪式需耗时13—16分钟。小学生课堂上的不可控因素较多，需要不时地提醒学生注意课堂纪律，真正用于主题教育的时间只剩下20—25分钟。很多时候，活动只能应着下课铃声草草结束。如一次主题为"雷锋日"的活动课。

下午第二节课是少先队活动课，2：25正式上课，在少先队开场

---

① 本案例源自观察日记《2014年02月17日新学期、新开始、新希望》。

仪式结束时已经是2：37分了，中队辅导员明确了本次活动课的主题是"雷锋日"，活动的目的是学习雷锋为人民服务的精神。接下来辅导员提问学生对于雷锋的了解和认知，并请一位同学介绍雷锋生平、雷锋名言，在了解关于雷锋的基本信息后，大家一起观看雷锋动画（11分钟）。在欣赏完雷锋动画后，进入到讨论环节，请同学们先小组交流讨论"你从雷锋身上学到了什么精神，在你身边有雷锋式的人物吗"4分钟交流时间结束后，辅导员请一小组来回答，一个学生回答"要学习雷锋助人为乐的精神"，以同桌借给自己一块橡皮的事情为由认为同桌是雷锋式的人物。老师尚未来得及引导，已经到了离下课只有两分钟的时间了，于是辅导员匆匆总结活动内容，希望大家都乐于助人，接着是呼号、退旗……一场活动匆匆结束。①

雷锋作为道德上的先进人物一直是学生学习的榜样，"雷锋精神"所代表的道德内涵也并不是简单的"助人为乐"就可以概括。活动的目的是"学习雷锋为人民服务的精神"，可简短的活动中，教育者只是由学生的回答简单说明了要学习雷锋"助人为乐"的精神，但为什么要学习，怎样学习都尚未引导，活动结束的时间便到了。在活动时间充足的情况下，教育者会如何引导不得而知，但在活动仪式重于活动内容的情况下，教育者大多没有时间引导学生进行道德学习。

（二）精力上无力教育

少年儿童的年龄特征和心理发展都决定了他们的活泼好动，我们不能要求他们如成人一样遵守纪律。教育者在面对学生的时候，需要将教育与管理相结合——既需要正面引导教育学生，又要凭借一定的纪律手段和规章制度对学生进行管理，使其思想与行为不超越规范。虽然管理本身不是教育工作，但它为教育过程——教学和德育工作的开展创造了不可或缺的前提条件。

但是，如果在活动中教师过于注重管理，将过多的注意力放在对学生纪律的管理与对安全因素的强调上，让学生不能在活动中尽情释放自己，

---

① 本案例源自观察日记《2014年3月5日为什么要学习雷锋呢?》。

这样的活动只会是老师与学生的双重负担。正是出于这种考虑，学校或班级在组织学生进行集体活动的时候，尤其是室外活动或者是要走出校门的活动时，就会兼顾各方面因素，尽量提供一个安全性高、便于教师管理的活动场所。在设计活动路线的时候也要科学合理，考虑到学生的体力及道路情况。否则，只会让活动指导者耗费更多的精力在照顾学生安全、管理学生行为上，没有精力去教育引导学生。

  2014年春季出游，安徽师范大学附属小学三年级的活动地点是烈士陵园与雕塑公园，参观完烈士纪念馆后，班主任在出口的一块空地上高呼着集合，副班主任让拿着班旗的同学将旗子举高，示意本班学生在此集合。接下来是步行去雕塑公园，按照活动方案上大约10分钟的路程，结果走了20分钟。后了解得知，考察人员以自己成人和单独一个人的速度为准，对他来说10分钟的计量还是放宽了时间的情况。但是，两位班主任带着53名九岁左右的学生步行，20分钟方到达目的地。这段路程需要穿过一段马路，还有一条小路，各班的老师们显得十分小心谨慎，生怕在路上出现了什么问题，一路上不停地强调不要掉队、不许说话，对不守纪律的学生点名批评。等队伍到达雕塑公园门口时，又步行5分钟才进得公园内部，一座座意义深刻、充满艺术气息的雕塑摆在面前，但学生已无心观看，老师也无心讲解，大家赶紧找到一块长满草的小山坡，着手准备午餐。班主任让孩子们按之前分好的小组席地而坐，铺上餐布就餐。两位老师显得很疲惫，不愿意多说话，学生们似乎是等到了此次春游的最重要节目，开心地吃着零食。①

  春游不仅是一项以游乐为主的集体活动，也是师生感情交流的好机会，集体活动中的同学不能只顾自己、不顾同伴，要团结互助。走路队时安静有序是集体气质的体现，就餐时文明举止是集体素质的表达，一味地强调纪律显然不是教育的本义。可是，路线安排上的不合理，分散了教育者的精力，让原本愉快又有意义的集体活动蒙上了疲惫、驱赶的

---

① 本案例源自观察日记《2014年3月28日春游》。

阴影。

一个人的精力总是有限的，同一时间内任务太多，总是不能兼顾。在一个班集体中，班主任无疑是"火车头"式的存在，是集体活动的主要指导者、承担者，是集体意识的主要引导者。在繁重的教学任务与繁琐的活动准备相冲突时，教师的精力也会被分散，显得力不从心。

> 开学还没有多久又到了运动会的准备时期了，306班班主任黄老师开始挑选运动员了，因为孩子们每一天都在成长变化，而且一、二年级的运动会比赛项目比较少，不能按照去年的情况继续选运动员。于是，黄老师和体育老师商量选拔运动员的标准，又通过家委会的关系联系了外校的老师给学生做辅导。学校为保证活动的参与度，规定每位学生只能参加一项（4×100接力赛除外）。黄老师是一位年轻的英语教师，任教三年级两个班和二年级两个班，再加上班会课、少先队活动课，每周大概14节课，教学任务繁忙。体育课上选拔运动员的比赛，她常因教学冲突而不能到场。孩子们总是想按自己的意愿来选择参赛项目，跳高优秀的学生说自己想跑步、跑步速度快的学生说自己想跳远、同是跑步的学生愿意跑50米、100米，400米没人愿意跑……当黄老师难得抽空来到操场上与体育老师商量时，孩子们都围着黄老师诉说自己的要求。面对不依不饶的学生，黄老师显然是没有精力再去过问了，只能尽量多与体育老师商量。我一直以语文实习老师的身份留在班级，这几天，黄老师常找我帮忙一起挑选运动员，在遇到学生的不解或不愿意时，她直言精力有限，很难面面俱到。[①]

运动会是体现集体荣誉感的好时机，每位同学都可以尽自己的能力为班级争光，争取优异的成绩是整个班集体全体同学的奋斗目标。每位学生都是集体中的一员，学生从个体的角度出发选择自己喜欢的运动项目，这意味着集体意识薄弱，正是教育者正面教育的好时机。班主任亦是从集体立场出发，让学生为"班级荣誉"去比赛，但繁忙的工作显

---

① 本案例源自观察日记《2014年9月24日忙碌的班主任》。

然使这位认真的年轻教师"力不从心",无法"考虑周全"。

教育并非一蹴而就的成果,集体意识教育更是潜移默化的引导,需要教育者精心的准备。集体活动在形式上的不合理设计或任务上的不合理分配,是压在教育者身上的重担,也是对集体意识教育的一种限制。

四 教师错失集体意识教育机会

该小学一位有二十余年教龄的小学教师说:"现在的孩子越来越自私了,要是哪位学生犯了错误,被老师批评,班里其他学生立马添油加醋,似乎是在看热闹,完全一副旁观者的姿态。没有谁会去提醒他赶紧向老师道歉或者帮助他改正错误。"这一话题立马引起几位班主任的感慨:"是啊,现在选班长是一件极为困难的事情,所谓能起带头模范作用的好学生也仅仅是成绩好而已,他们只能做到管理好自己,不能帮助其他同学,也不愿意帮助其他同学。"可见,学生的品行相对于学生的成绩,是教师更关注的重点。在平时的教育活动中,教师也希望能培养学生的集体意识,但是大部分老师依然将集体意识教育寄托在相关道德知识的学习上,在具体活动中对集体意识教育的敏感度较低,不善于抓住活动中集体意识教育的契机。

(一) 忽视活动中渗透集体意识教育

教育者往往是为了达到一定的目的开展相应的活动。但对受教育者而言,一些选举性的活动(如选拔班干部、中队干部、体育运动员等)是需要在了解活动目的后才能更好参与;一些体验式的活动(如运动会、小商品交易会、参观烈士陵园等)则偏重于在活动过程中根据自我感受来理解活动目的。少年儿童在身心发展过程中,离不开成人精心的指引,在进行选举性的活动前,需要理解活动目的(为什么选举)、详细具体的活动规则(怎样选举)。教师活动前的指导是要向学生讲清活动意义,涉及从个人的使命和担当、事物的性质与功能的角度阐发原理,从规避伤害和阻碍发展的角度阐发理由,从行动的步骤和方法等角度分析行为。可在实际活动中,老师往往为了应付上级要求或害怕耽误课堂教学时间,简化活动步骤、忽视活动前的指导、没给活动定下具体规则,结果却是自己浪费更多的时间和精力来协调,甚至破坏学生之间的人际关系,影响班级的集体意识。

在三年级，一次主题为《我们的组织》的少先队活动课上，活动的任务是选拔中队长、副队长、体育委员、文艺委员等干部。老师选择民主选举的办法，先逐一介绍各中队委员的职能，让自愿当选的学生站起来，由班级其他同学举手投票表决，票数最多的同学获选。老师介绍完体育委员职责后，请想做体育委员的同学起来，等待其他同学的投票。在活动中，很多学生重复起立，表示出自己渴望竞选的意愿，甚至有两位学生始终保持站立的姿势，因为他们渴望成为中队干部，竞选活动中出现的每一个职位，他们都参加竞选，一次次竞选又一次次落选。还有的学生谁也不愿得罪，谁的票都投。还有一些已经站立起来竞选的同学，互相给对方投票。结果在活动中，场面一度混乱，每出现一个状况，老师都要再重新设定一个新规则，如一位同学一次最多只能选两个人、竞争者之间不要互选。……预计一节课（40分钟）可以结束的活动，足足用了两节课。在活动结束后，中队辅导员对选拔结果十分不满意，所选拔出来的学生中有一些是学习成绩好但性格内向不具备管理能力的学生，还有一些学生在平时的表现中不能严格要求自己、不能成为其他学生的榜样。[①]

所谓"磨刀不误砍柴工"，活动前让学生明确活动目的、活动规则，不仅可以增加活动的效率，也是活动成功的必要前提。为中队选择小干部、为老师选择小助手，是关乎整个集体利益的事情。建立一个文明、榜样式的小中队是老师和同学共同的愿望。在这个集体中，需要有一些小干部团结在辅导员周围，他们既是带动全班同学奔向共同目标的"火车头"，又是团结全班同学共同进步、贯彻执行老师意图和桥梁的纽带，他们的榜样作用对于良好班风的形成和班级管理工作的有效进行起着重要影响。[②] 只有从集体的角度出发，阐明选拔中队干部的集体教

[①] 本案例源自观察日记《2014年3月12日班干竞选》。
[②] 参见宫青《班级生活中学生权力意识的生成——对小学生班干部制度及实施的社会学分析》，首都师范大学，硕士学位论文，2012年，第5页。

育目的，使参选者明白自己所竞争的岗位首先是集体的岗位，投票者是集体的一员。参选者和投票者所做的都是一件事，为集体选出合格的小干部，帮助集体更加完善、更加团结。只有先明确这个目的后，才能逐一介绍各小干部具体职能，让同学结合自己的兴趣、爱好，考量自己的能力去竞选中队干部。

活动的指导者在理解活动的目的后，可结合具体形象的语言、生动的案例（如告诉同学们："试想一下，每个人都选择自己的好朋友而不是合适的人当中队干部，那这个中队会变成什么样子。"）使学生能够以集体的思维去理解选举小干部的作用。当然，这只是集体意识教育的第一步。一个集体里，学生的思维发展是有差异的，理解力和接受力也不同。教师不能因为说清楚道理，就不顾活动规则，让"民主"过了头。过度的民主往往错误地假设了一个前提——所有的参选者都会去全面理解和深入研究不同部门的职责，所有的投票者都会以集体的目的为标准，不掺杂个人喜好，为集体选择出最需要的部门管理者。但事实并非如此，这会使"民主选举"变为"随意选举"。[①] 道理是在说"为什么"、规则是在说"怎么做"，在明白为什么选举班干部后，相应的规则是确保活动顺利进行的保障。教师应告诉学生，应该根据自己的兴趣或是考量自己的能力，在不耽误学习的情况下，可竞选一至两个班干部职位，在投票选举干部的时候，要综合考虑部门职能和各位参选者，选出一至两位同学。

明确目的是活动中集体意识教育的前提条件，相应的规则是确保集体活动顺利进行的保障。若是为了"省事"，忽视活动前的指导，最后只会"多事"，更重要的是不利于学生集体意识的培养。

（二）教育者对集体意识教育的敏感度低

教育是教育者有目的、有意识地对受教育者身心施加影响的活动，不是简单随意的几句话就能达到教育目的。关于教育的目的，赫尔巴特曾直截了当地说："可以将教育唯一的任务和全部的任务概括为这样一个概念：道德"，"道德，普遍地被认为是人类的最高目标，因此也是教育的

---

① 参见陈志勇《班干部选举莫入误区》，《班主任》2007年第12期。

最高目标"。① 杜威也指出："教育的一个基本目的就是给予学生进入生活世界的某些在理智上和道德上的钥匙"。② 在学校教育中，学生的道德培养一直是重中之重。正如一些教师为学生的"自私"所困扰一样，他们也渴望学生团结、心中有集体。可是现实的集体活动中，当机会摆在面前，他们却对集体意识教育的敏感度低，不能及时地抓住集体意识教育机会。

  在一次主题为"可敬的解放军"活动课上。一位班主任通过让学生集体观看《中国解放军》的视频，让学生了解21世纪解放军的军事装备基础知识、军人服饰等，体会他们吃苦耐劳、团结一致的可贵品质，从而认识到解放军的可敬之处。视频中海陆空各军种，着装整齐，步伐一致，在接受检阅。在欣赏完这整齐一致、纪律有序的检阅后，视频中适宜的播放出解放军平时的训练过程，正步、踢腿，烈日下、风雨中……视频放映结束后，老师请同学回答了海陆空军的服饰特征，最后问同学们解放军为什么可敬，学生多是从解放军风雨无阻的训练与自己舒适地坐在教室里却不想学习的对比中，想到要学习解放军的刻苦、坚持的品质。活动课结束后，与该老师交谈，学生通过这节课到底学到了什么，她若有所思地摇摇头，说："希望他们能学到什么，但其实还是一切照旧。"③

  该班老师曾邀请一位同学的爸爸（职业为军人）给同学们做报告。×××的爸爸给同学们介绍了解放军的类型、建军时间、主要任务，欣赏了解放军的服装，还与学生一起观看了盛世阅兵式。"纸上得来终觉浅，绝知此事要躬行"，远观只能见识解放军的辛苦和伟大，却无法体会，于是又把课堂搬到了操场，分组练习，一起操练操练站姿和步态。一场热闹的活动课上完了，该老师在博客中感慨："学生除了掌握了有关解放军的

---

① ［德］约翰·弗里德里希·赫尔巴特：《赫尔巴特文集·教育学卷》（第2卷），李其龙、郭官义译，浙江教育出版社2002年版，第177页。
② ［美］约翰·杜威：《人的问题》，傅统先、邱椿译，上海人民出版社2006年版，第74页。
③ 本案例源自观察日记：《2014年4月9日活动课上的集体意识教育》。

知识，在操场上学着解放军的站姿和步态玩耍了一把，还学到了什么呢？"①

其实，这场活动有很多值得学习的地方，解放军们在阅兵仪式上整齐美观的步伐除了可以引起学生的惊叹外，还蕴含了深刻的集体意识。只要老师多问一个"为什么"，活动可能就是另一个效果。当学生看到视频上的解放军们穿着相同的制服，每一横排的排首目视前方，其他人侧目与右方保持一致，他们步伐整齐划一的向前前进时，老师应当暂停视频，抓住孩子的好奇心，引导孩子们说说为什么解放军们可以将正步走的这么整齐这么好看。答案就是：他们这个集体整齐，而不是某个人整齐。他们每一个人都不是以自己的节奏、步伐在走，而是以集体的节奏、步伐在走，他们始终与前后左右保持一致。每一横排的队首都是目视前方，与前排保持一定距离，而其他队员都向右看齐，只要有一个人出现差错，就会影响到其他人。也就是说，当孩子沉浸在视觉冲击中时，老师应指导学生理解解放军部队为什么能给我们带来视觉冲击，这个冲击是来自一个队伍的整体，而不是某一个人。只要有一个人走错了步，他给别人带来的印象不仅仅是他个人的，而是这整个队伍。接下来，联系到学生实际生活中，学生们平时走路队时喜欢交头接耳，喜欢跟着自己的节奏走，不管别人，或者只跟着前面的同学，不管旁边的同学，造成队伍歪歪曲曲、不整齐，让整个班级的形象一落千丈。通过这样的引导，在第二天排路队时，提醒学生们回忆一下解放军叔叔的纪律严明，虽然我们的路队不能与他们专业的正步相比，但是他们每个人都融入集体的精神值得我们学习。这样精心的教育绝不是在孩子们唏嘘视频中整齐的队伍时，一句"看看别人的队伍真整齐，再看看我们的路队多糟糕"就可以的。

（三）学科教师身份影响了教育者对集体意识教育的态度

道德教育是学校教育的重要组成部分，与知识教学不同的是，各科有各科的专业教师，印证"术业有专攻"，可道德教育应是所有教育者的职责。道德教育并不是一项专职工作，学校全体工作者都应该参与学校德育，用积极向善的态度引导受教育者。可在实际的学校教育中，道德教育

---

① 杨老师博客《操场上的活动课》。

似乎是学校行政领导、班主任、辅导员或者品德老师的任务。一些任课老师在面对上课捣乱的学生，无奈又或是随意地说一句"去找班主任来教育你吧"。

教育者的不同身份会影响其对学生、事件的看法和态度，一般而言，普通学科教师对学生进行道德教育的意识相对于班主任较薄弱。如，一次语文单元练习的作文题目是"我喜欢的活动"，班里一位写作能力较差的学生用大概一百字简单叙述自己有练习过实心球。语文老师对此作文很不满，批改时紧皱双眉，因为字迹杂乱、行文无逻辑并且错字连篇。当班主任看到这篇字迹模糊的作文时却是一阵欣喜："她练习过实心球啊！运动会可以让她参加这一项。"其实，集体意识教育也是如此，教育者常把自己定义为哪个学科的教师，当学生遇到纠纷时或者当学生出现道德错误时，指导其改正似乎只是班主任的责任。小商品交易会后，学生在作文中描述了一些不为老师所知的细节。

> 案例：怎么回事啊？我们这一组的人呢？我一转身，组员们都不见了。原来他们觉得今天好多商品太诱人了，都纷纷由卖家变成了买家，店铺只剩下了我一个人，我又急又气，也想一走了之。可是如果我也走了，店铺怎么办呢？左思右想，身为店铺组长的我最终还是留了下来。活动结束了，该是分享战果的时候了，可是我却听到了一个惊人的消息：我们的钱几乎被花完了！想想我的那些努力，我精心挑选的玩具，我现在还隐隐作痛的嗓子，我差点委屈地流下了眼泪。①

> 案例：小美的摊位离我们不远，我瞅了几眼，发现她们的顾客络绎不绝，我非常羡慕。我们的东西没有全部卖完，最后还发生了"抢钱事件"。这真的很糟糕！身为组长，我是有责任的。哎，我们还算不上是"兄弟连"！②

同一件事情，小组的另一位成员是这样写的。

---

① 本案例源自学生 TZA 作文《难忘的小商品交易会》。
② 本案例源自学生 HFZ 作文《小商品交易会》。

分钱时，飞组长把钱往地上一倒说："谁抢到就是谁的！"我突然愣住了，都没反应过来，等我反应过来已经迟了。①

从第一个案例的描述中可以看出在活动小组中，一些学生的集体责任感欠缺，在诱惑面前忘记了自己的职责，让坚守阵地的同伴倍感委屈。第二个案例体现的是在最后分享战利品时，小组长错误的方式造成组员间的不公平，并且对自己的错误有所隐瞒，没有深刻的认识。从作文写作角度上看，作文的优劣与文章结构、遣词造句相关，所以作文得分并不会因为自身在活动中的表现而增加或减少。但是，作文中对事件的叙述却透露出的学生道德意识与道德行为，对此，道德教育是不能够被忽视和简化的。语文教师给呈现第一个案例的作者的作文评语中写到"你的收获在于学会了坚守、学会了承担责任"，此外并没有针对事件本身给予评价或具体了解情况、对小组成员进行相关教育。第二个案例中因为两位作者对同一事件的描述有异，所以语文教师找到当事人了解具体情况后，将事情交由班主任处理。且不论班主任如何处理，事例却清晰地反映了教育者往往会被自己的教学身份所局限，本能的忽视或推脱自身教学以外的任务，而集体意识教育的机会也常在这种忽视或推脱中流失。

五 教育者个体意识的思维立场

集体活动作为学校培养学生道德品质的重要途径，活动中含有丰富的集体意识教育契机，也一直是教师提升班级凝聚力的重要手段。集体意识教育是教师以集体的思维立场去教育学生、感化学生，让学生在潜移默化中接受、认同这一思维立场，并在实际生活中运用这一思维立场解决问题。然而在整个教育流程中，教育者与受教育者的关系往往是单子式的，讲道理的过程也是以个人的感受为基点的，而很少具有问题发现、解释和解决的集体立场，缺少让人基于公义而非利益的道德原驱力。

集体意识重在公义，却很容易被教育者解读为集体功利。例如现实

---

① 本案例源自学生 YFY 作文《小商品交易会》。

中，成人时常对横穿马路的孩子说："遵守交通规则是爱惜自己生命的表现，是对父母负责对家庭负责。"这等于告诉孩子，遵守交通规则是为了自己利益、自己家庭利益。在公共场合自觉排队是为了保护每个人的利益，为每个人更便捷的生产生活提供方便。与他人合作是为了达到个人力量达不到的利益或者是在集体中分配到更多的利益，并不是出于人与人之间真情的需要。公义能解决利益争执，但不是出于个人利益，它是一种道德规范，而不是获得个人利益的途径。若是如此，当其他人侵占了我的利益（排队时插队），我保护自己利益的方式就只有越过他站在他前面了。

（一）用个体意识取代集体意识教育

人们总是幻想有这样一种社会状态：社会上的每个人都各行其是，按照一定的社会规则行事，没有人搭便车、没有人需要特殊的照顾、没有人推卸责任，每个人都尽心尽力地完成自己的事，这样的社会就是和谐美好的。可现实中，偏偏有人不按规则行事。社会像是在下一盘有着统一规则的象棋，但每个博弈者都渴望能按自己的目的去行动。于是每个人都为了得到自己的利益不断地破坏规则，同时内心又渴望着他人按规则行事，言语上谴责那些破坏规则的人。教师在面对一个班集体时，也习惯将集体中的学生划分为一个个独立的个体，将集体责任分化为个体责任、将集体利益切割为个体利益的结合，企图让每位学生都能各安其事、各守本分，似乎这样就能建立一个团结有序的班集体。

"环保小卫士"活动通过设置问题"有哪些与爱护班级卫生不相吻合的现象出现在我们身边"引导学生从身边小事做起，保护班级环境，共建文明教室。为了强化孩子们的责任意识，为了"班级整洁、干净"的长期有效性，老师说："从今天开始，班里不再有垃圾桶，哪位同学座位下有垃圾，不管是不是你的，都要打扫卫生一周。"当老师说完这句话后，我看到一位平时很乖巧的女孩小荷看了看座位底下，发现一个纸团，她说了声是 WWS 的（坐在她后座），顺手将纸团拨到后面 WWS 的领域，WWS 此时不在班级，如果在，难免又是一阵争吵。此后的几天内，班级卫生情况确实较之前无人问津的情况要好出许多，但班主任处理了好几起因责任区域划分不清晰而产生矛盾的纠纷，最终，每人在班级中负责脚下卫生的任务也不了了之。①

学生正如班级环境一样是个整体，有时候教师为了便于管理，急于成效，将学生分裂为一个个的个体，而"每个人管好自己"这种具体分配责任的做法看似可以解决一些眼前的问题，但显然老师又会陷入另一场更难以解决的纠纷中：学生们将互相推卸责任和相互猜忌，同学间难以和平相处。缓解同学间矛盾会让教师身心疲惫。老师出于"强化学生个人责任意识，实践环保小卫士"的目的，让每位学生负责个人座位周围的环境，这样的做法很可能是快速而又有效的，但却是典型的"个体意识教育"。很多优秀的教师在长期的班级管理中会不由自主地寻找管理的捷径，为了有效性而忘记教育的初衷。

当一个人进入以个体为本位的思维方式时，人的价值观念就会转换，"无我"被"有我"或"唯我"的意识所取代，人就逐渐形成了一切从自我出发的自私自利和利己思想意识。② 在这个案例中，教师假设的情境是"班级是大家的，保持班级卫生是每位学生的责任，于是将责任分化，对责任疏忽就要受到惩罚"，这是合情合理的假设，并且倘若每位学生严守自己的阵地，班级的公共领域甚至可以分化给值日生，班级卫生会可预见的好转。可现实情境是"每个人为自己的利益，不断发生纠纷，展露自私"，造成这样差距的原因便是教育者对学生思维中集体意识估计过高，同时又不断地激化学生心中的"个体意识"。这种将"我"与"他人"的集体关系割断，又以责任或奖惩将两者捆绑的做法，是道德教育中必须严加预防的一种方式。

集体意识教育并不是要泯灭学生的个体意识，更不是泯灭学生的个性发展，只是"个体"依旧是"集体"中的"个体"，个体的发展只有通过集体才有实现的可能。

---

① 本案例源自观察日记《2014 年 4 月 23 日谁是"环保小卫士"》。
② 参见王凤珍、宋玉兰、张喜军《论社会公德意识与环境危机》，《吉林师范大学学报》（人文社会科学版）2007 年第 3 期。

（二）将合作意识等同集体意识

要让"集体意识"的道德教育绽放光辉，除了要明确"集体意识"与"个体意识"之间的区别，还要拂去以"个人利益"为出发点的合作意识的遮挡。二者虽然表象相似，但却有鲜明独特的深层内涵。集体意识教育中的集体是超越个人的集体，个人始终是集体中的个人，它的目的是形成一种精神上的需要，情感上的依托，道德尚善的价值取向。而"合作意识却是根植于成员之间的彼此需要和个体对于集体力量的需要"。[①]虽然合作意识与集体意识中都牵涉到"我与他人""我与集体"的关系，但集体意识中的个体以其在集体中的身份与作用来定义个体的概念，衡量自身的价值；而使合作中的个体联系在一起并发生关系的唯一力量，是他们的利己心，是他们的特殊利益，是他们的私人利益。[②] 在现实的学校教育中，道德建设和许多班级工作失去了集体的理念，用个人获得利益的多寡来引导学生之间的团结与合作，所谓的集体意识教育无非是放大了的个人主义教育。

集体活动中，为了达到活动的预设目标，保持学生的积极性，以"个人利益"为出发点的合作意识屡见不鲜。如在上文"环保小卫士"活动中，老师在阐释保持班级卫生清洁的意义时，强调"班级干净整洁，绝对是有益于你自己的学习和身体健康的"，所以每个人都该为自己的利益投资，于是当有人为保护自己利益将垃圾扔到我负责的区域时，我为了保障自己的利益也得将垃圾转移到除我以外的区域。小学生天性活泼，爱奔跑跳跃。课间在走廊上，笑声、闹声混杂一片，一些需要跑步、躲闪的游戏，如"打枪"游戏、"捉鬼"游戏都是孩子们课间的重要娱乐。这就造成下课铃一响，学生在走廊上来回奔跑，造成很多安全隐患，经常有学生摔倒、撞到、擦伤，而且课间游戏也让学生过于兴奋，无法正常进入下节课的学习中。所以，学校强调"课间行为规范"教育，班级也进行了一场相同主题的班会活动。

---

① 刘晓燕：《集体主义与团队精神——中美集体意识之比较》，《探索与求是》2001年第9期。
② 参见罗国杰《马克思主义伦理学》，人民出版社1982年版，第227页。

黄老师从课间喊叫、奔跑的弊端入手，让学生正视自己的课间行为。首先，是关于下课该不该大声喊叫的问题，同学们都知道上课时不能说与课堂无关的话题，难道下课就可以肆意喊叫、大声说话吗？从科学的角度，过高的分贝也是会影响大家健康的，根据分贝强度表，下课时整个学校数千人的奔跑、喊闹的声音已经高达85分贝，已经超过了正常人的接受范围。同学们在科学课上已经学过类似的知识，对此也容易理解。这时，有几个同学举手，说自己的耳朵到晚上有时会感到疼，也有一些同学说下课时无法安静的订正作业，向同学请教也听不清，需要说很大声，自己的嗓子都喊痛了。既然如此，为了每一位同学听力的健康、为了在订正作业的时候有安静的环境，是不是应该小点声音说话呢？若是大家都能安静下来，对每个人都是有益的。接下来是关于课间游戏的问题，老师举了几个因在课间奔跑游戏，让别人受伤或自己受伤的例子，受伤以后要忍受疼痛、让爸爸妈妈担心，还影响学习。若是能够做一些安全系数高的游戏，不用奔跑的游戏，那这些伤害就可以避免了。最后总结，若是每个人都能遵守规范，不打闹、不喊叫，那我们就会拥有一个安静的校园，一个舒适的环境。①

　　如老师所言，每一位同学遵守课间规范，做到"文明课间"，对自己的学习和健康都有益。大家的团结合作，是为了保障每一个人的利益。合作中含有不同的合作者，如果"我"本身就不想在课间学习，也并不觉得自己的耳朵有任何不适，那还要不要参加到这场合作中呢？当有人破坏了这个规则，伤害我的利益后，"我"还要继续维护这个规则吗？合作中，人与人的关系是以个人利益为纽带的工具关系，与站在集体思维立场的集体意识教育相差甚远。道德的真正基础是能够促使我们合乎道德的行动的性情，"他们并不是在这样或那样的具体情境中促使我们行动，而是在人们的相互关系中普遍地促使我们行动"。②

---

① 本案例源自观察日记《2013年11月20日课间行为规范》。
② ［法］埃米尔·涂尔干：《道德教育》，陈光金、沈杰、朱谐汉译，上海人民出版社2006年版，第27页。

六 教育者对集体的错误解读

集体意识教育的目的是让学生有初步的集体认同感，进而有初步的集体责任感和集体荣誉感。要让学生有集体认同感，就要让学生感知到"我属于这个集体，我无权选择和逃脱这个集体"。若是将自己不如意的源头追溯到集体的选择上，甚至是将自身的不济或不堪转嫁为集体的不济或不堪，那么对于"集体认同感"也就会肤浅到"给我带来好处的集体才是我认同的集体"。正如目前社会上存在一些人：所有的挫折与麻烦、不公与不顺都是所在的集体（单位、国家）带来的，于是一旦面对困境就会针对所处集体怨声载道或者想方设法离开集体，为自己换一个集体。暂且不论此种心理是否源于人性中"畏难"的情绪，只是教育者自身得有警醒：道德教育最终是要让受教育者以积极的态度面对集体，面对集体带来的优越与挫折，面对集体中的个体。

若是不能让个体正确看待自己与集体的关系，个体就会陷入孤独的、痛苦的价值观中。

29日、30日是举行高年级运动会的日子，我们在主席台上帮忙播音。这期间有一件事让我印象深刻。一位小运动员及家长对刚才我播报的参加复赛的名单有疑惑，为什么小组第一名没有进入复赛，一位老师向家长解释了是按成绩排名不是按小组排名，孩子眼中噙着泪表示不解，家长虽然理解比赛规则但也认定是我们弄错了或是记分员记录时出现差错。这时，该学生的班主任也过来了解情况，在知道事情原委后，她转过身对正在哭泣的小运动员说："不要难过了，你跑得很快，只是竞争对手都太强了，四班有几个学生平时都是练足球的，跑步非常快，体能也好，要是不跟他们一起比赛，你肯定能获得名次了。"小运动员依旧带着哭腔说："可我是我们小组第一啊。"老师摸摸小朋友的头继续安慰他："不要放弃，下次继续努力，比赛是按成绩排名进入决赛，不是每小组第一就能进入决赛，这次比赛跑得快的学生太多了。"孩子显得非常难过，家长也表示遗憾："白忙活一圈，白累一趟，白兴奋一场。"我身后的一位小播稿员疑惑了，为什么小组第一还进不了决赛，老师又重新解释了一遍，他还是不懂。我告诉他，这就像是，你考试考了全班第一却不见得是全校第一，可能是全校第二也可能是全校第十，如果学校要选前六名出去比赛，你要是全校第十就不能被选上了。他笑着说懂了。①

在集体中，个人所获得的成就，不仅取决于自身的素质、个人的努力，还取决于竞争对手水平的高低。在案例中，教育者虽然意识到"比赛是在集体中进行，选手所面临的竞争对手并不只是一个小组中的选手，而是整个年级的选手"，但在对学生的安慰中，教育者却认为"学生的失利是因为所在集体的竞争对手强"，换句话说，就是"换一个整体水平都弱的集体方能凸显你的优势"。这显然是鲁迅笔下阿Q式的精神，以此类推，学生未能取得好成绩，一定是因为班里其他同学的成绩都太优异，换一个整体水平都差劲的班级，这样的成绩也是挺好的。这种解释其实是对学生能力的贬低，更是对学生价值观的误导。一个人的成就自然是取决于所在的集体，比赛中其他竞争对手的强大是对个体的肯定也是对个体的激励，回避式的消极态度绝不可取。

人的一生中，可以因自己的喜好做出许多选择（服饰、颜色、饮食……），但有时候却是身不由己，例如对自己所在集体的选择：你不能选择自己出生的国家，你也不能选择自己的家庭与父母，甚至对于多数受教育者而言，你所在的校集体和班集体也是不能选择的。道德教育强调人与人之间的关系、人与集体之间的关系，就是让社会中的个体意识到自己是社会人，自己始终处于集体中，个体的言行思索应符合社会的规范。因此，教育者看重集体的力量，让受教育者在耳濡目染中感受到集体力量的伟大，从而产生对集体的认同感、荣誉感和责任感。现实中，对于不能选择又无法逃脱的集体，有人是不屑一顾，我行我素；亦有人是将集体作为自我成功的垫脚石；还有人是集体中的游离者，常摆出一副"事不关己，高高挂起"的姿态。教育者的引导关系着信念的传承，对集体意识教育的忽视导致教育意识薄弱，抓不住教育的时机；

---

① 本案例源自观察日记：《2013年9月30日运动会小风波》。

为管理之便，个体意识教育之冷酷取代集体意识教育之温馨；消极的态度又让不可选择的集体成为抱怨的缘由，如此这般，集体意识教育困难重重。

在集体活动中，教育者用围绕在学生身边发生的一些小事引导学生的道德教育是值得肯定与赞赏的，但是教育者始终不能忘却教育的目的是让受教育者在思想上明白道理，在行动中运用道理，并能逐渐从具体的集体（小组、班级、学校）走进虚拟的集体（小区、城市社会）。活动设计理念上对集体意识教育的模糊不清、活动开展条件上的诸多限制、活动过程中教育者的迷茫困惑，这是该小学集体意识教育的现状，亦是学校道德教育的真实反应。

七　集体活动中集体意识教育的成功实践

在我国，集体意识教育的重要性无须赘述，但"集体意识"的程度始终是难以量化和对比的，我们无法仅根据某一件具体的事判断个体的集体意识程度。同时，个体的道德意识受到多方面的影响，并不能由教师完全掌控。但集体意识教育并非不可为，教育者要用长远性的眼光来看待集体意识教育，精心引导和有意识的准备。教育工作者在学校条件允许的情况下，可以估量活动各阶段可能出现的问题，对集体活动加以设计，为活动各环节做好充分准备，从而在活动中有效地实施集体意识教育。

少年儿童集体活动可以分为三个阶段，每个阶段对应着相应的教育形式：活动前的指导阶段、活动中的指导控制阶段、活动后的总结评价阶段。活动前即活动的准备阶段，是教育者收到活动通知后至活动正式开展前对活动的准备、对活动消息的传递、对活动参与者的要求这一过程，牵涉到对活动参与者"必须做什么""不能做什么""可以做什么""做时需要注意什么"的指导，这种指导从人的使命与担当、事务的性质与功能的角度阐发原理、从规避伤害与阻碍发展的角度阐发理由、从行动的步骤和方法等角度分析行为。在活动正式开展的过程中对活动参与者的教育主要是疏导与控制。疏导牵涉到对尊严的维护、对兴趣的引导等方面，从而使学生既认识到事情的性质，同时又尊重学生的自由。疏导出现在事情发生之时，为了规避明显的伤害和影响儿童发展的行为，应引导学生在行为的同时，改变行为的性质或更换行为的价值。疏导需要教师长期的工作经验和临时的工作机智。控制就是通过言语或肢体把学生从不适当的行为中抽离出来，防止出现明显的伤害。控制是即时性的，以学生的行为停止为成功的标准。[①] 活动后的总结评价阶段是在活动结束后，教育者对活动中所出现的各种问题的总结，对学生行为的一种评价，属于事后指导，事后指导相对于事前指导具有加深学生对活动教育意义的理解这一目的，为下次活动提供经验性的指导。总之，教育在"应该做什么"的问题上，有三个途径——指导、疏导、控制。它们因情境不同而各自发挥其作用。指导（包括事前指导和事后指导）侧重于思想的引导；控制侧重于行为的及时制止；疏导介于两者之间，既淡化了行为的消极价值，又及时引导行为发挥积极价值。指导不仅要搞清楚怎么做，更要搞清楚为什么做、在做什么，而控制则只限于制止危险和伤害行为。

在集体活动中，教育者可根据活动不同阶段的特定情况，有目的有意识地实施相应的集体意识教育。在对六班的观察记录中，笔者发现教育者很难在自发的情境下完整呈现出活动各阶段的集体意识教育，但教育者依旧在具体活动片段中呈现了一些接近成功的集体意识教育案例。结合活动各阶段的教育形式，集体意识教育有步骤可依、有经验可循。

（一）活动前的集体意识指导

集体活动进行前的准备包括教育者的准备、教育者指导学生准备、学生的自我准备。这里主要描述的是教育者指导学生准备。首先要指导学生了解活动的目的，然后指导学生活动的基本步骤，最后教育者解答学生的疑惑并预见性地针对活动中可能出现的问题给予指导。在一些评选活动中，如前文中提到的少先队活动"我们的组织"，选举中队小干部：教育者应首先明确评选的目的（为集体选择合适负责的小干部）和规则（举手表决或投票表决，每位同学只能根据自身情况竞选一至两个职位）、步骤（先介绍干部职能，再指明候选人或学生自由竞争，然后其他同学选举），并且用简洁易懂的语言将此传递给学生，保证学生理解。针对选举

---

① 参见辛治洋《学校德育存在方式探寻》，《中国德育》2015年第1期。

中可能出现的"学生根据自己想当小干部的虚荣心竞选和依据个人喜恶或两人关系亲疏选举"这一情况，应着力从集体的角度阐发活动意义，从学生作为集体中的一员这样一种身份出发，选举与被选举都是个人责任和担当的体现。在一些游乐的集体性活动中，如"春游"虽以游乐、享受自然美景为主，但教育者也应该明确这是师生、生生情感交流的好机会，针对春游过程中可能出现的路队不齐、掉队、离队等问题，教育者也应从集体意识出发，指导学生"该做什么、不该做什么、注意什么"。在一些学校传统的集体活动中，如"运动会"，这是体现学生班级荣誉感和自豪感的重要活动，不管是运动员的选举、训练还是啦啦队队员的任务安排都体现着教育者的智慧和对学生的集体意识教育。

2014年秋季运动会，六班崭露头角，总分获得年级第一，对于这个成绩我并不惊讶，因为从班主任着手准备运动会各项比赛时，结果就已经揭晓。运动会的目标很明确：赢得比赛，展现班级风采！学校为保证学生参与的广泛性，要求每位学生只能参加一个项目，每个项目可以报四人，只有4×100接力赛可以再次参加。一般情况下，运动会都是学生自由报名，选择自己想要参加的比赛项目，报名不满的项目再由老师征选或者先在班级内比赛，选择胜出者参赛。

相对而言，六班对运动会是十分重视的，准备得相当充分。这一个月以来，所有老师都似乎达成了一个共识——"给运动会让道"。体育课正常上，不会有老师说给我五分钟发试卷、布置作业；语文课上，孙老师也经常询问起运动会准备情况，鼓励同学们勤加锻炼，发挥出自己最好的成绩；黄老师甚至会利用起午休时间、英语活动课的剩余时间来认真挑选运动员。黄老师结合三年级运动会的参赛结果以及平时对学生的观察和对他们课余锻炼的了解，与体育老师商量参赛人选，争取做到展现每一位学生的长处。

但是正如"适合的和喜欢的"有时候并不一致，学生们往往不能根据自己的喜好选择参赛项目。因为除了接力赛以外，每位学生只可以参加一个比赛项目，所以老师选拔参赛者时非常慎重，甚至考虑到其他班级的强项，对比着选举。像田忌赛马一样，衡量实力，选择最佳方案。小哲同学虽然瘦弱，但跑步非常快，他积极报选男子100

米，被选中。但是考虑到参加男子200米的学生中没有非常优秀的，而参加100米中的三位同学都不错并且三班有两位同学去年在100米中获得前两名，速度很快。于是黄老师跟小哲谈，她问小哲："参加运动会的目的是什么？"小哲回答："是为取得名次，为班级争荣誉。"黄老师肯定小哲的回答，并夸小哲班级荣誉感强。可当老师问小哲愿不愿意换成200米时，他显得有些为难了，因为他觉得200米太长，不是自己的强项。黄老师说，根据三年级的比赛情况，三班有两位同学跑步速度也很快，而且也擅长100米，但是在200米中，拔尖者不多，如果小哲再多练习，拿下200米冠军，那就是最好的。小哲听了后，想了一下，点头同意。

在4×100接力赛中，四位跑步较快的女生被选中，最快的一位同学被放在最后一棒，做最后冲刺。在确定好棒数后，四位同学开始练习，可是这其中一位女生总是递不好棒，大概是因为紧张，她总是握得太紧，递棒时总会耽误时间，连续两次后，其他同学开始抱怨，她越紧张越不会递棒了，甚至还没把棒放到下一位同学手中就松开了手中的棒。黄老师看在眼里，并没有声张，只是让她们暂停练习。她问那三位同学，接力赛最讲究什么？有同学说速度。如果仅仅是"速度"，那和100米，200米有什么区别？立马有学生补充是"团结"。她说，"运动会场上，你们每一个人都不仅仅是代表你们自己，更代表整个班级，你们的一言一行就是406的一言一行，团结的力量绝对比你个人的力量大。"同学们的表情明显有了变化，接着她找来体育老师教所有同学如何握棒、如何接棒、如何递棒。在接下来的训练中，那位掉棒的同学还是掉了一次棒，但是没有同学再抱怨她，体育老师在一边说，再来一次，并着重教了这个女孩……只要有时间，同学们就会来到操场训练。每位学生都在黄老师的精心安排下，找到自己的参赛项目。放学后，依然有同学在家长的陪伴下在操场上练习。因为体育老师时间有限，黄老师还利用家长关系请了校外老师来帮助同学们练习。①

---

① 本案例源自观察日记《2014年9月27日集体备赛》。

黄老师如此认真地选拔运动员、训练运动员，并不一定出于培养学生集体意识的初衷，可能仅仅是为了在运动会上赢得比赛。但在此过程中，她始终秉持"为班级荣誉而赛"的宗旨，在选择运动员时从集体立场去衡量利弊，教育学生时以"团结"为目标，她的态度感染了其他任课老师和所有学生。虽然运动会尚未开始，但是在六班这个集体中，已经形成了一种良好的、团结的氛围，学生的集体认同感、集体荣誉感都在教育者精心营造的集体氛围中悄然成长。运动会前的主要任务便是对运动员的选择和训练，在这一点上，教育者着力将班级的每位成员聚拢在一起，齐心协力，利用时机从集体立场教育学生，培养了学生的集体意识。

（二）活动中的集体意识疏导

在集体活动的三个阶段，教育者最该注重的就是活动中的疏导控制阶段。这一过程是师生共同体验的过程，教育者所面临的教育难题并不一定是之前准备阶段的预设问题，活动前的指导也可能被沉浸在活动中的学生抛之脑后。活动过程中，教育者主要采用控制和疏导的方法解决问题。控制是即时地阻止学生某种违反活动规则或有明显伤害性的行为，疏导则是当发现学生有不当行为时能用言语引导，让学生认识到事情的性质从而改变自己的行为。① 在大部分案例中，控制和疏导是分不开的，控制发生后就应用疏导的形式使学生明白自己的不当行为。相比之下，疏导需要教育者长期的工作经验和应激的教育机制。目前此阶段常出现的问题是：教育者的控制行为往往变成了发牢骚、上纲上线、人身攻击、人身隔离，偏离了控制的条件和原则。更值得警惕的是，教育者经常淡忘了疏导教育方式的存在。

　　天公不作美，原本该是在操场上挥洒汗水的时刻，却被断断续续的雷阵雨给搅和了。今天是运动会第一天，天空阴霾，雨水时下时停。按德育处要求，除了参赛的运动员，其他同学都只能在操场看台上加油呐喊。上午10点，四年级组男子100米开始，天空还飘落着小雨，可是场外的加油声渐渐变成了叫骂声、挑衅声。六班的孩子和五班的

---

① 参见辛治洋《学校德育存在方式探寻》，《中国德育》2015年第1期。

孩子哄闹起来，仔细一听，五班的孩子在喊六班"某某运动员漏油"，六班的孩子也在喊五班"某某倒数第一"。在此起彼伏的叫嚣声中，后排的几位男生开始推搡起来，黄老师冒着雨站在跑道边上给运动员加油，副班主任梅老师看管学生。梅老师本来也是专心地听枪声、看比赛，意识到背后格外吵闹后，急忙前去制止。五班班主任也闻讯赶来，孩子们七嘴八舌的争辩，老师们此时显然没有兴趣没有时间听这些。在各自制止本班闹事学生后，梅老师跟这几位满头大汗的男生说："有劲没处使吗？比赛靠实力，我们班跑步本来就是强项，不要在意别人怎么说。别人说我们不对，你们说别人难道就有理了？你们这样是不是表示我们班很没有素质，再闹就回班级坐着别出来。"几个孩子面红耳赤尚未消到一半，低头不语。梅老师让这几个学生站在自己身边，继续看着赛道，听着广播接下来的比赛有哪些。①

梅老师及时控制了学生的不当行为，有效防止了可能出现的伤害。但是在控制了学生的伤害行为后，她的教育方式虽然都是"实话实说"，但教育意义却不强，并且多少带有威胁的意味。她意识到学生犯错误是为了维护班级利益，并没有多加追究，但如何对待不同集体之间的利益，如何正确维护集体的荣誉，梅老师并没有给予指导。她将这几位学生留在自己身边，也是让他们处于自己可控制的范围内，不要再和别人发生争吵。控制的手段是即时性的，并不能让学生一直处于被控制的状态。伴随在控制行为后，教育者应着重疏导，使学生认识到事情的性质（集体不只是班集体，还有校集体甚至更大的集体，公平合理的竞争方能显示出所在集体的优势）。

  下午1:30，在原本正常上课的时间，担任卖家的年级按早操队的形式在老师的带领下来到操场，找到属于自己班级的位置。同学们根据之前的自愿组合（一般是2—6人一组），成为这次商品市场的临时合伙人，很快操场上就遍地商铺了。从一开始，我就在操场最东边观察到这样一个组织（有一位家长引导），他们四人一小组，一个男生、三个女生。之所以说是"组织"，因为他们不仅利益一致，而且成员分

---

① 本案例源自观察日记《2014年9月29日运动会第一天》。

工明确、合理。地上一张图案清爽的大窗帘，上面按类别将商品摆好（书、玩具、装饰品等），男孩站在这个店铺左边，手上拿着店铺的广告——"感恩特卖会"并担当着"吆喝"的角色；店铺前方一个小女孩头上戴着尖尖的纸帽，负责买卖；店铺下方还有两个女孩，一个负责收钱一个负责记账。这样组织起来的集体有着共同的利益（把东西卖出去）、为了把东西更好的卖出去他们得有分工与合作。我跟在孙老师身后，突然发现六班的"绝世小店"只剩下唐唐一人看守，询问原因，原来是其他三位成员抵挡不住诱惑，由"卖家"变为"买家"，孙老师不动声色继续转悠，终于在一个卖玩具的小摊前找到了那三位同学。她凑上前去问他们买到了什么好东西，他们一看是孙老师，有点不好意思。孙老师示意他们跟她走，她把三个孩子带到四人"组织"前，让他们看看卖家该是什么样子，怎么才能当好卖家。孙老师说："你们都跑出来买东西了，小商铺东西都卖完了吗"？他们说没有。孙老师接着说，卖家就要有卖家的样子，既然组成了一个小商铺，就该对小商铺负责啊。看看这个小商铺，大家多积极，分工多明确，看一看，学一学，并让其中的一位同学给这三位学生做了介绍。等到我们一起来到独自守着"绝世小店"的唐唐身边时，孙老师安慰表扬了他，并且告诉他们一个由"卖家"变"买家"的好方式：大家轮流去"逛"，每人限制 5 分钟，如果看到合适的商品也可以"进货"，最重要的是要对自己的商铺负责、对同伴负责。①

孙老师不仅及时控制了小组成员离队的表现，而且还利用榜样展示市场买卖规则，从集体立场出发，引导学生对集体负责、对集体成员负责。最重要的是孙老师能兼顾小学生的好奇心理以及个人兴趣，给他们创造"买东西"的条件，既不伤害集体利益，还能为集体谋得更好的发展，体现了疏导的价值。在活动中，未成年的孩子会遇到各种各样的事情，教育者习惯性的批评与控制往往体现不了教育的真谛，此时若是能有意识的从集体立场出发，说清楚道理，进行有智慧的疏导，定能令学生产生共情和同情，自发地向集体靠拢。毕竟，"没有任何一种真正的教育可以依靠惩

---

① 本源例源自观察日记《2013 年 11 月 24 日规则令集体活动更加有效》。

罚与制裁来实现,真正的教育只能建立在尊重与信任的基础上,建立在宽容与乐观的期待上""真正的教育使得一个人易于领导与合作,而难以奴役和盘剥"。①

(三) 活动后的集体意识评价

活动后的总结评价阶段也称活动后指导阶段,教育者根据活动过程中出现的具体问题,给予总结性的评价并进行反思。这一过程至关重要,因为它是经验的储备,对教育者而言增加的是处事的经验,对被教育者而言是增加行事的经验。通常这一阶段是通过榜样树立为学生提供可学习的原型,或者针对典型错误的批评,让学生在今后避免出现同类问题。相对于活动前指导,活动后指导应结合实际,加深学生对活动目的的理解,升华活动主题。目前,教育者极容易忽视这一阶段的指导,寥寥数语一带而过,或者是将总结评价单纯的视为表扬、批评大会,缺乏对问题的分析和对学生思想的指导。例如"防震演练"活动结束后,教育者便遗忘了这次活动,并没有针对这次快速撤离式的活动给予任何总结;"环保小卫士"本该是一个持续时间较长的活动,但也在教育者不恰当的评比方式下不了了之;"小商品交易会"结束后,教育者旨在从人文角度(体谅父母挣钱不易)来引导学生,对活动中暴露的随意离队问题没有启发式的指导,对交易市场上的成功商铺没有经验性的总结。在笔者观察记录的活动详情里,教育者多是因为没有意识到这一阶段教育指导的重要性而忽视了对学生的集体意识教育,但只要教师意识到活动中存在的问题并认真准备,都会有令人深思的地方。

春游时,一个意外的疏忽,让黄老师心有余悸。

到达雕塑公园时,黄老师重新清点了班级人数,发现少了两个人,立即紧张起来。我和梅老师也非常担心,不知道在哪里出了问题。黄老师突然想到了什么,找到两个同学问:"有没有看见小袁和聪聪?"他们说有,早上来的时候还看见了。"那现在呢?"他俩摇头说不知道。黄老师又分别找到小袁和聪聪所在小组的其他学生,他们

---

① 肖川:《我的教学主张》,《江苏教育》2007年第Z1期。

都不能确定两人现在在哪,对什么时候见过他也没有准确答案。这时黄老师很惊讶地说了一声:"他们不会还在班级没有出来吧!"立马有学生接话说:"我们走的时候,他俩没下楼。"黄老师跟我们说,昨天布置了作业让两人订正英语试卷并今天上午带过来。试卷的讲评已经过去好几天了,所有的同学都订正完试卷并交上来了,他俩却迟迟不愿意订正。结果早上来的时候,他俩还是没有带试卷。黄老师一生气便罚他俩去教室写检讨,当大家在楼下集合时,黄老师没有点人数就出发了。今天全校师生集体春游,只有门卫在学校,孩子们要是跑出去了怎么办。一边说着,黄老师一边示意我们照顾学生,她回学校。40分钟左右,黄老师风尘仆仆地带着两个小男孩来与我们集合。她忙了一上午都还没有吃饭,显得非常疲惫,她一边吃着盒饭一边安慰自己:"还好没事,两个傻孩子压根没写检讨,在教室里玩得不亦乐乎。"我和梅老师也说:"赶紧吃饭吧,不要怪他们了,没出事就是最好了。"吃完饭,黄老师回过神来,质疑为什么全班这么多同学,春游都已经到达第三个环节了,孩子们都没有发现同伴不在,甚至同一小组的人也没在意。①

针对春游中出现的这一情况,在春游结束的第一次班会课上,黄老师首先做了自我批评,然后又请两位学生说说自己的想法,最后又与大家一起探讨事情缘由。

  为什么我们都忽视了身边的伙伴。有同学说是因为他俩自己不好,惹老师生气;有人说自己早上来就没注意他俩;还有同学说自己看见他们了,但是玩的时候就记不得了……老师又问他们自由结合的小组成员,为什么也没有发现两人不在,为什么摆餐桌时没有去寻找不在的小组成员?……同学们有固定的队形,为什么前后左右的同学也没有及时发现有同学不在?②

---

① 本案例源自观察日记《2014年3月28日春游》。
② 本案例源自观察日记《2014年4月2日春游结束后》。

黄老师让每一位同学都静下心来反思，然后指导学生，下次再有这种集体出游活动该怎么做？在学生根据自己的想法做出各自的结论后，黄老师进行了总结：

第一，走路队的时候不仅要管理好自己，还要查看前后左右的同学在不在，当他们不遵守纪律乱讲话、随意插队、离队，都要提醒他们并向老师报告；第二，每小组（很多活动都是组成4—6人小组进行）组员间要互相照看，每次自由活动时小组长要点名，集合时小组长也要点名，确定组员是否在场、是否安全；第三，每个人的行为都不仅要对自己负责，还要对班级负责，做事情时要考虑到别人。①

黄老师的总结虽然没有提及"集体"二字，但是字里行间却都透露着"集体意识"。她没有把总结仅限于春游这一项活动，而是以春游过程中出现的问题作为教育契机，指导学生确保户外集体活动的安全。她强调"个人"与"集体"之间的关系不是对立的，个人也不是孤立的，个人应该对集体负责、对他人负责。黄老师并没有责怪那两位学生，而是做了自我批评，认为自己不该出发前没有点名，也不该在春游当天要求学生完成学科上的作业。犯错误的两位学生也被黄老师赶到班级时惊慌失措的神情所动容，觉得自己对不起老师，对不起在原地等待他们的同学。其他同学也在老师的指导下感知到自己集体责任感的不足。最后，集全班同学之力总结出户外活动的注意事项，增强学生的集体责任感。"以评价和反思方式反映生活的道德，它的肯定或否定、它的辩护或批判往往赋予人和生活以特殊的意义，这种意义经常会超越生活的现实意义。"②

在集体活动的三个阶段，教育者比较关注活动过程，容易忽视活动前的指导和活动结束后的总结评价阶段。所以，集体意识教育往往不成系统，比较零散、凌乱。集体活动中处处都有集体意识教育的机会，也处处需要集体意识教育，只要教育者有意为之，掌握活动每个阶段的教育形式，自会"有志者，事竟成"。

---

① 本案例源自观察日记《2014年4月2日春游结束后》。
② 鲁洁：《道德教育的根本作为：引导生活的建构》，《教育研究》2010年第6期。

第五章 集体组织中集体意识教育

班委会是学校和学生中最常规的集体组织。班委会作为班集体的核心与代表，无论是班委会角色还是班委会建设工作都蕴含着丰富的集体意识教育价值。然而，较之于校内经常性的集体活动、各类课程、主题班会、队会等教育形式，班委会的集体意识教育价值则显得较为隐蔽。在日常的班级生活中，班委会的集体意识教育价值往往被教师有意无意地忽视，如将班委会角色仅仅界定为班级管理的助手，只是为了选出班委会成员而没有教育价值的匆忙流程，由教师主导的简单的甚至被忽略的班委会管理工作，无不揭示着班委会在一定程度上只是一种工具性存在。以管理、控制为本的班委会设置，不仅不能发挥其班级凝聚作用，反而会导致成员之间的不平等和不合作。班集体成员对于班委会与班委会建设的狭隘化理解，使得班委会建设工作成为培养部分学生个人意识的平台。因此，挖掘班委会的集体意识教育价值，变隐性教育因素为显性教育因素，发挥其对学生集体意识的正向促进功能就显得尤为重要。

一 研究对象与资料收集

（一）研究对象

小学低年级与高年级的班委会与班委会建设现状差异较为显著。低年级处于班级组建的初期，骨干的核心力量尚未凸显，班级成员对于班委会的认识处于较为模糊和不确定的状态。高年级班集体已经较为稳固，班级核心出现，并且班委会的骨干力量较之于低年级逐渐显现出来，学生对于班委会已经形成了自己的认识，班级中的班委会建设工作也多有自己的一套固定的路径。两种不同的班级生活状态，决定了通过班委会进行集体意识教育研究必须面向两个不同的群体，以保证研究对象的代表性和研究的信度。于是，本研究分别选择了安徽师范大学附属小学低、高两个班级作为本研究的研究对象。低年级是二年级的一个班级，高年级为五年级的一个班级。为了表述的方便，在接下来的行文中笔者将低年级与高年级的两个班级分别表述为甲班与乙班。

甲班是同年级的 9 个班级中表现较好的一个班级，学生的成绩和纪律表现情况受到了任课教师的认可。该班级的班主任是一个较为严厉也很优秀的女教师，有着丰富的教学经验。用其他很多老教师的话来说，"甲班的班主任对于班级的管理还是有一套自己独特的方法的"。在取得该班班主任同意的情况下，笔者在该班进行了两个多月的观察与学习。乙班作为研究者研究的主要对象班级纪律较差，令班主任和其他任课教师一直都很头疼。该班的班主任是年纪较长的胡老师，有着接近 25 年的教学经验，从事了 10 年的班主任工作，在班级管理尤其是班委会建设方面有着较为丰富的经验。胡老师热情友好，非常配合笔者的研究需要，还让笔者顺利地参与到了班委会建设选举和管理工作中。这无疑为笔者的后期研究提供了很大的方便。

（二）资料收集

主要的资料收集方式是访谈法与观察法。基于研究问题的需要，本部分资料收集的时间跨度较大，从 2014 年 12 月初开始，到 2015 年 10 月初结束。在整个资料的收集过程中，笔者对班主任进行了五次正式地访谈，访谈地点都在办公室内进行，访谈的时间一般选择在班主任无课的时间段进行。访谈的内容主要围绕班委会的工作情况、培养方式、班委会与普通学生的关系以及班委会的教育价值等方面进行。通常在访谈之前笔者都会做好充分的访谈准备，对访谈主题和访谈目的做好界定，并列好访谈提纲。在访谈的过程中，及时地做好访谈记录。对班委或普通学生的访谈地点一般选择在教室进行，学生在午饭后有一个多小时的休息时间。笔者一般以看班老师的身份出现在午休课堂，对学生进行个别访谈。对班委的访谈一般围绕参与班委竞选的目的、对班委会角色的认知、班委会成员的职责与履职情况等话题进行。对普通学生的访谈和对班委的访谈在内容上存在一定的交叉与重复，主要围绕对学生班委会工作情况的认知、对自己与班委会关系以及自我角色的认知、参与班委会选举心态等问题进行访谈。每次访谈之前，也都做好一定的准备，并做好记录。此外，笔者收集资料的另一种方式就是参与式观察的方式。在近一年的观察过程中，笔者以一个实习教师的身份很好地融入了两个班级。参与了两个班级举行的一些日常活动，如班委会工作会议、早操、眼保健操、晨读等活动。此外，学校组织的一些大型集体性活动，笔者也以一位实习教师的身份参与其中。学生对笔者"实习教师"身份的认知，使笔者与他们建立了友好的同伴关系，这为笔者收集到更多的真实资料提供了很大的帮助。

二　班委会组织理应具有集体意识教育的价值

（一）集体意识应是班委会的价值追求

班委会的公共性与利他性赋予了班委会一定的集体意识教育价值，同时只有挖掘集体意识教育价值才能够保证班委会的公共性与利他性。公共性与利他性是班委会的两个重要属性，而公共精神与利他行为正是个体具有集体意识的重要表征。班委会如若无法实现对学生集体意识的培养，它的存在反而会促使学生个人意识形成。如学生在竞选班委岗位的时候挑肥拣瘦，精于计算，捡着没人竞选的岗位下手，选上了就趾高气扬，选不上就哭闹耍赖，或者学生在选举的时候凭借个人喜好进行选举等。[①] 班委会本是带领普通学生建设班集体的公共性服务组织，但是班委会的人员组成特征以及班委会所具有的"权力"无形中让班委会岗位成为荣誉的象征。班委会岗位是荣誉的象征这一意识，让班委会这一公共性组织被额外赋予了私人化的形象特征。教师疏于通过班委会进行学生集体意识的培养会让班委会被附加的"私"通过班委会中的"民主选举"和"民主管理"表现出来。竞选者都希望自己能够在选举过程中脱颖而出，成为荣誉的获得者；选举者也运用着自己的决定权分配着班级的荣誉。于是，班委会被人为赋予的光环就导致了班委会选举成为一场类似利益分割的博弈。班委会所具有的权力，班委所代表的荣誉巧妙地遮蔽了班委会的公共属性，却很

---

① 参见辛治洋《从工作到教育：辨明有关班干部的三个认识问题》，《班主任》2016年第5期。

好塑造了其私人化的形象特征。而在缺乏集体意识引导的情况下，普通学生对于班委会工作的监督与评价也往往成为学生公报私仇、假公济私的机会。

班委会的性质、身份、职能和班委会建设的公共性赋予了班委会集体意识教育价值，为通过班委会进行集体意识教育提供了内在条件。从班委会的性质来看，班委会的公共性与利他性为集体意识的培养提供了前提。从班委会的身份来看，班委会是班集体建设的核心，能够通过良好班集体的建设促进学生集体意识的养成；班委会是班集体的带头人，班委会角色的扮演对于班委来说是一种监督，对普通学生来说是一个榜样；班委会还是教师集体的协助者，学生集体的服务者。班委会的存在为集体成员提供了一个接触交往的平台，能够密切班集体成员之间的相互联系。从班委会的职责来看，班委会能够协助教师解决班集体公共事务，营造良好班级物质环境和心理氛围，促进班级凝聚力的提升。从班委会的建设来看，班委会组织的完善离不开班集体成员的共同努力，班委会的存在，为学生提供了更多参与班级公共事务的机会。

作为班委会直接领导者的教师又为通过班委会进行集体意识教育提供了外部条件。在班级中，教师和普通学生是与班委会直接相关的两个群体。集体意识、班委会、教师、班委以及普通学生之间存在着紧密的联系。教师可以通过班委会建设来影响班委与普通学生的集体意识。在角色定位上，当教师从班委会本身属性出发，将班委会角色界定为班集体与成员的服务者，相应地则会出现班委会对普通学生的服务以及普通学生对于班委会工作的配合，二者在情感上更愿意彼此互相接纳与协助，学生易于产生集体意识。当教师从班委会的工具性价值角度出发，将班委会界定为普通学生的控制者，相应地则会出现班委会对于普通学生的管制以及普通学生对于班委会工作的消极配合或不配合，二者在情感上存有隔阂，学生不易于产生集体意识。在班委会选举与管理中，当教师从教育的角度出发，将班委会选举与管理看作是对学生实施集体意识教育的过程，对学生进行集体立场的引导，则会促进学生集体意识的发展。当教师从班级工作的角度出发，将班委会选举与管理看作是完成任务，不对学生加以引导，就容易促进学生个人意识的发展。由此可以看出，教师对于班委会集体意识教育价值的开发起着决定性作用。

（二）班委会角色的集体意识教育价值

1. 有利于班集体成员公共精神的养成

中西语境中的"公共精神"一词意思各有偏重。中国语境中的"公共精神"多指一种伦理规范和仁和精神，没有明确的边界意识。在公与私的关系上倾向于以公灭私，以"大公无私""忠诚忘我"为核心价值。而西方语境中的"公共精神"多指一种理念和个体行动的能力，有明确的边界意识，人们应对政府进行监督批判。在公与私的关系上，主张公私统一。[①] 在本研究中，"公共精神"指个体对待自己所属集体的公共领域和公共生活的一种自觉的、积极的态度与情感倾向。公共精神表现为人们对于公共事务参与的积极性以及人与人之间的相互包容、相互支持与协助，这正是个体对于自己所属集体身份意识的表现形式之一。公共精神是集体意识的重要组成部分，也是集体意识教育的目标之一，只有具有公共精神的个体所组成的集体才会是富有生机的集体，才能被称为真实的集体。

班委会角色的公共性与利他性决定了班委会角色有利于集体成员公共精神的养成。班委会是班级授课制这一教学组织形式中的一个特色元素。与个别教学、分组教学等教学组织形式不同，班级授课制对应的是固定班级这一群体的出现，随之而来的便是班级公共领域与公共性事务的产生。这些特殊事务需要在班级中选择有能力的同学作为带领者来保证班级有序高效地运转，避免班级全员直接参加公共事务的解决而出现的混乱和无序的状态。基于对集体公共事务处理的需要，班委会应运而生并成为这一公共领域的领导者和公共事务的执行者。班委会作为班级中的一个公共服务性组织，班委会角色的公共性，就决定了班委会角色对学生公共精神养成的教育价值。这一教育价值不仅体现在作为班集体代表的班委会成员身上，还体现在作为班委会配合者的普通学生这一群体身上。

班委会对于班级公共事务的承担使班委会成员在此过程中得到公共精神的形成与强化的机会。班集体的代表，这一班委会角色定位对于班委成员来说是一种身份的界定，更是一种行为的"约束"；是一个权力被赋予

---

① 卜玉华：《班级生活与公共精神的养成》，华东师范大学出版社2008年版，第42页。

的过程，同样也是责任被承担的过程。班委会的角色使得班委会成员除了学生这一角色以外，多了一个带有公共性和利他性的服务者的角色，这就"迫使"班委在教师与普通学生的支持和观看下，根据教师与普通学生的旁观所透露出的各种信息，不断地调整自己的"表演状态"与"表演水平"，尽力地扮演好集体赋予的这一公共性角色。在扮演这一特殊角色的过程中，班委会成员的公共精神便能够得以形成。王倩通过实证研究证实了学生对班级岗位或职位的扮演与班级意识存在正相关关系，"学生在班级中担任职位或岗位总数的多少与学生对于班级某些方面的关注和责任感是相关的"。①

一个充满凝聚力的班委会队伍具有公共精神的正向教育功能。班委会是公共事务的带领者与直接执行者，并不意味着班级公共事务可以由班委会独自承担。班级公共事务的解决需要普通学生的支持与配合，班委会执行公共事务的过程同样也是普通学生参与公共事务的过程。班委会角色的存在为普通学生提供了直接参与班级公共事务的机会。班委会对于普通学生的带动能够提高普通学生参与班级公共事务的热情。托克维尔强调，参与公共事务，即便是在最低程度上，也可以使人们摆脱狭隘的个人意识或者宗派局限。② 班委会工作配合者的角色合理化了普通学生对于班级公共事务的参与，让普通学生把视野从个体狭窄的范围内解放出来，走向班级公共领域。在完成个人工作的同时积极配合班委会融入班集体，完善集体成员共存共生的班级生活环境。此外，班委会作为一种公共性组织的存在，班委会角色所代表的公共性和利他性的精神也是班级隐性教育资源的重要组成部分。这一利他性组织的存在对于普通学生无不是一种强大的精神榜样，促进学生进行自我教育，带动学生关注班级公共生活。有研究表明，"儿童利他行为的认识和具体表现，可以由榜样的影响而发生、发展"。③

2. 促进班集体成员归属感的获取

集体成员对集体的身份意识，即个体情感上对自己从属于某个集体这一

---

① 王倩：《基于班级生活的小学生班级意识研究——以上海市两所小学的五年级为例》，硕士学位论文，华东师范大学，2011年。

② 参见[法]夏尔·阿列克西·德·托克维尔《论美国的民主》，董果良译，商务印书馆1989年版。

③ 周强、杨梓：《榜样影响儿童利他行为发展的实验研究》，《陕西师范大学学报》（哲学社会科学）1995年第3期。

身份的认同,以及伴随身份而来的个体对于集体的归属感。作为群体或集体一员的个体,"他得到归属需求的满足,将不会觉得被疏离、被排斥、被孤立或被群体抛弃,他会感觉到自己适合这个家、这个团体、这个社会,他不是一个不受欢迎的入侵者。"① 归属感的促进主要体现为对当选者集体归属感以及对普通学生归属感两个方面。对于当选者而言,集体代表角色的赋予不仅仅是对个体能力的肯定也是集体对个体成员身份的认同。来自集体的认同以及集体中他者的认可,往往能够使一个普通学生因班委会职位的获得而产生强烈的集体归属感。"今天对我来说是一个有着重大而特殊意义的日子,因为我被评选为班级副宣传委员。……我竟然获得了 19 票,心中又惊又喜,原来还是有同学愿意投我一票的。……手止不住的颤抖,吐露出欣慰的、开心的、愉悦的笑容。……这并不是一个神圣而又光荣的职位,但我会努力踏实每一步,胡老师说过:'班委不是一种荣誉,是一种责任与坚持',我会以身作则、任劳任怨,为班级贡献出自己的一份力。'""我高兴极了,想:大家仍然支持信任我啊,……我要做一个好榜样。并且要把班级当作自己的第二个家,为这个班级服务。……嗯,我要对胡老师提议,利用早读时的五分钟让学习委员带同学们理解一个词,讲出词义和典故,这样同学们进步更快了。"这两段摘自两位学生的班委会竞选日记,从他们的心理描述可以看出,她们的班集体归属感伴随着班委这一角色的获得而有所增强。

　　班委会角色对于普通学生集体归属感的促进主要是通过班委会工作对于良好班级环境的营造来实现。班级环境除了班级布置与班级卫生这一客观的物质环境以外,还包括班级的心理环境。美国的沙夫里茨等人把班级环境界定为教室中物质空间和人际关系的环境,此环境源自物质资源、师生情感与态度以及班级规范的建立。这里的人际关系的环境就是本研究所指的班级心理环境。班级人际关系的好坏直接影响到学生的集体归属感。作为班集体带头人的班委会,其职责并不仅限于班级具体公共事务的解决,还包括抽象公共事务的解决即良好班级心理氛围的营造。班委会能够带领普通学生协助班主任、教师营造出良好的班级物质环境。一个温馨、健康的班级物质环境能够提高集体的向心力。除了良好班级物质环境的营

---

① [美]马斯洛:《马斯洛人本哲学》,成明译,九州出版社 2003 年版,第 419 页。

造，班委会还可以通过班级心理环境的改善来培养学生的集体归属感。较之于班主任、任课教师，班委会与普通学生有更多的接触机会与时间，往往比教师更了解班级学生之间的人际关系与心理特征。此外，班委会自身也是班级人际关系形成的参与者。在教师的引导下，班委会发挥团结带头作用，通过个别沟通与集体带动的方式减少班级边缘人物的出现，通过及时协调的方式疏导学生之间的矛盾，从而构建友好平等的班级心理环境。班级心理环境是一种隐形的环境因素，它在潜移默化中影响着班级学生的集体归属感。

（三）班委会建设的集体意识教育价值

班委会建设工作不仅是班集体建设的一项常规性工作，还是学生集体意识生成的过程。在本研究中，班委会建设指班委会组建以及管理的全过程，包括班委会选举前的指导、班委会选举活动与班委会管理工作三个部分，目的在于为班集体培养优秀的班委会队伍。班委会角色的公共性与利他性让这前后相继的三个组成部分成为学生集体意识教育的有利时机。

1. 班委会选举指导的集体意识教育价值

班委会选举前的指导不仅能够保证班委会选举活动的顺利进行，还为教师提供了一个集体意识教育的契机。班委会选举活动是集体成员共同参与的班集体建设活动，活动前教师除了应当让学生知晓班委会选举的时间地点、流程规则、岗位职责以外，还应当引导其理解班委会选举规则、岗位职责的来源以及班委会选举与竞选的意义。班委会选举前的指导应包括告知与引导两个部分。班委会选举前的引导为学生集体意识的形成提供了可能性。学生对于班委会选举规则的遵守是保证班委会选举活动顺利进行的保障。规则意识是集体意识形成的必要条件。教师可以借助于班委会选举规则，基于集体立场引导学生认识到他们对于规则的遵守之于集体共同目标以及个人目标实现的意义。论证集体思维的优先性以及个体具有集体意识的必要性。班委会岗位的设置源于集体发展的需要，教师可以通过班委会岗位来源以及班委会共享性的剖析引导学生形成集体思维。班委会选举与竞选是个体为了实现集体的共同目标即选出最佳的班委会而产生的行为，班委会竞选与选举行为都应致力于集体共同目标的实现。教师一方面可以通过集体立场下班委会选举与竞选的引导，让学生认识到班委会选举与竞选的公共性和作为选举者与竞选者身份的公共性。学生便能够理解个体的选举及竞选行为与班集体发展的直接相关性。另一方面还可以借助于班委会竞选与选举的结果来论证集体思维的优越性。尽管班委会选举前的指导是以教师引导为主，学生参与为辅的一次认知引导活动，但是班委会选举前的指导对于学生集体观念这一认知的形成、集体思维的培养具有重要的作用。

2. 班委会选举活动的集体意识教育价值

班委会选举活动作为一次班级集体活动是学生集体意识培养的契机。"让每一个学生懂得什么是集体，懂得个人和集体的关系，正确认识自己在集体中的位置和作用，认清自己对集体的责任和义务，从而自觉地关心集体，爱护集体，把自己的言行与集体荣誉联系起来，把个体融入集体之中，最终把集体目标内化为个体目标，而这一切都离不开班集体活动的催化。"① 作为一次集体活动的班委会选举活动能够让学生在平等参与活动的过程中，受到一次集体意识的教育。

班委会选举作为班集体活动，活动本身的特殊性就能进一步丰富班委会选举的集体意识教育价值。与学校一般的集体性活动，如春游、秋游活动，运动会，小商品交易活动等不同，班委会选举活动具有自己的特殊性。首先，从班级的角度来看，班委会选举活动作为班级的一项常设性活动，是全体学生共同参与的班集体建设活动。能否选出合格的班委会队伍是衡量班委会选举活动成功与否的重要标准。只有集体意识引导下的班委会选举与竞选才能够实现班集体的共同目标。选举活动的具体情境、活动中出现的具体问题为教师进行集体思维的引导提供了条件。其次，从学生的角度来看，班委会选举活动不仅是一次集体活动还是一件集体公共性事务。公共性事务的参与是对集体成员身份的认定，它能够让学生在参与的过程中产生集体一员的身份意识。这种身份意识能让班级成员进一步认识自己与班集体的关系，自己在班集体中的作用，从而有利于正确地使用班委会的竞选权与选举权，基于集体立场参与班委会选举与竞选。最后，在选举活动中全体学生被平等地赋予了选举权与竞选权。平等权利的赋予使班集体成员在班委会选举活动中得到了平等的承认和尊重。

---

① 黄正平、潘健：《班集体问题诊断与建设方略》，教育科学出版社2007年版，第7—8页。

3. 班委会管理的集体意识教育价值

班委会管理是继班委会选举活动结束之后，班级所进行的班委会继续建设工作。班委会管理环节中，教师带领普通学生对班委会工作的监督与评价工作为集体意识的培养提供了又一条件。首先，教师带动普通学生参与班委会的管理工作，同样给普通学生提供了班级公共事务参与的机会。集体对于普通学生班委会工作监督与评价者身份的赋予既是对于个体权利与主体性的尊重也是对于个体责任的施加。学生在参与这一公共事务的过程中能够领会到班委会工作与自己的密切联系，使其在班集体中找准自己的位置，扮演好自己的角色，更好地配合班委会工作。普通学生对于班委会管理工作的参与，是实现学生自治的基础。"学生自治有两层价值，第一是共同维持学校秩序；第二是积极养成公民德行。"学生对于班委会选举管理工作的参与能够使集体成员在民主的班级生活中产生集体向心力。

其次，班委会管理集体意识教育价值还体现在班委会的监督、评价工作对能够促进班委会与普通学生集体责任感的养成。"我们培养的学生，要有对个人、对整个国家、对人类的责任感。"[①] 集体责任感是个体作为集体一员所应有的使命感，也是个体具有身份意识与共同目标意识的表现。普通学生对于班委会的监督，对于班委会来说是一种鞭策，它能够促使班委会成员合理地使用集体赋予的权利，明确集体赋予的责任，以集体共同目标的实现作为班委会工作的指南。对于普通学生来说，他们在扮演监督者角色的同时，也在扮演着班委会工作的配合者角色。班委会的监督工作能够促使普通学生在向外监督他人的同时向内审视作为一名集体成员自身所具有的责任。

"评价即是评价主体对评价客体属性、本质、规律等知识性认识的基础上对价值客体能否满足并在何种程度上满足价值主体需要做出判断的活动。"[②] 评价过程实则评价客体满足价值主体需求的一种价值判断过程。评价主体对评价客体进行价值判断必然是基于评价主体对评价客体应然状

---

① 姜泓冰：《教育≠成功学——复旦大学校长痛批教育功利化》，《人民日报》2010年9月20日第12版。

② 肖远军：《价值评价原理及应用》，浙江大学出版社2004年版，第3页。

态与功能的理解基础之上。评价过程本身也是一个特殊的认识过程，普通学生进行班委会工作的评价过程同样是对于班委会角色及其对班集体价值深度认知与认可的过程。作为班委会评价主体的教师与普通学生在进行班委会工作价值判断之前，必然需要清楚班委会角色属性与本质，班委会工作的价值指向。与其对班委会的监督一样，在教师的引导下，普通学生对于班委会的评价亦能够促进普通学生在他评的过程中实现自我评价，反省自身对于班集体发展的应然价值及其满足班集体这一价值主体需求的程度。"评价自身虽然不能创造价值，但可以揭示价值并可以提升价值，使价值增值。"[1] 班委会之于集体发展与团结集体成员的价值并非能够在班委会的评价过程中产生，却能够通过评价而使价值得以提升。班委会管理工作是在班委会建设工作的后期进行，实质上在完成班级事务的同时，以一种间接的方式取得集体成员对于集体这一公共领域的关注，进一步巩固、提升学生的集体意识。

综上所述，班委会对于学生集体意识的养成具有重要的价值，这不仅直接地体现在班委会的公共性上，还间接地通过班委会建设体现出来。这无疑为小学生集体意识教育提供了捷径。然而，在现实的班级情境中，班委会的集体意识教育价值却被教师有意无意地忽视了，小学班委会的集体意识教育价值的流失已然成为了事实。

三 班委会组织缺失集体意识教育的现实考察

从班委会的来源、班委会的内涵等方面去分析班委会的应然状态，我们则会发现班委会作为班集体建设的核心，蕴含着丰富的集体意识教育价值。然而，当回归到班委会的实然状态，从已有的班级现实处境去考察发现，班委会组织并未很好地实现集体意识教育的机会与价值。

（一）班委会角色未能培养部分学生的公共精神

本研究通过观察发现，班委岗位无形中促进了多数班委公共精神的养成，却并没能够培养少部分班委和大多数普通学生的公共精神。这主要体

---

[1] 梁红梅：《中小学生评价的伦理问题研究》，博士学位论文，东北师范大学，2014年。

现为班委会对普通学生的管制而非带领，让部分普通学生不愿参与班级公共事务。班委会作为班级组织的带头人，自产生之日起便被班级组织与其代理者（班主任）赋予一定的权力，对于班集体中的普通成员拥有某种程度的支配性。在实际的班级生活中，教师过分地追求班级纪律与学生行为的一致性，赋予班委会较大的权利并督促班委监管好班级纪律，这就直接导致了班委会工作打破了班组织对这一权利限度的要求。"管"这一直截了当的方式成为班委会的主要工作方式，组织赋予班委会的管理权力在班级工作的过程中演化成了班委会对于学生的"监管"甚至是"控制"。雅斯贝尔斯认为："控制是针对自然与人而言的，其方法是主客体在完全疏离的情况下，将我（主体）的意志强加于他人身上。控制是双方力量的对峙抗衡，以一些人强行压制另一些人，并有计划地安排怎样使这种对抗力量在控制者任职期间相互作用。控制并非爱，控制固守着人与人心灵的无交流隔绝状态的距离，使人感觉到控制者不是出于公心，而是在使用狡计，并以被控制者个性泯灭为代价。"[①] 班委会对普通学生这种试图控制的行为，使普通学生感受到的不是班委会出于班级公共利益的需要而对个体不规则行为的正当提醒，而是出于私心试图达到对普通学生的控制和凌驾，这就必然会招致普通学生的消极抵制甚至是公开反抗。

1. 控制剥夺自主：部分学生消极参与班级公共事务

个体参与公共事务的热情需要集体给予个体一定的自主性来维持，在班委会的控制下，部分学生对于班级公共事务的消极参与并不能够促进学生公共精神的养成。班委会对于普通学生的控制直接侵犯了普通学生的自主性，而将普通学生界定为一个需要管制的被动客体。在班委会的控制下，大部分学生因害怕得罪班委或是惹怒老师，仍会配合班委做好班级公共秩序的维持、公共环境的维护等公共事务。如在课间只要班委拿出记名字的笔记本在走廊站着，学生便自觉不再打闹；做眼保健操时只要看到班委看着自己，便乖乖闭上眼睛；每周轮到自己值日也会自觉按照值日表做好卫生值日等。但是他们对于班级公共事务的参与多是出于逃避惩罚的心理，而非为了班级公共利益的获得或是公共目标的实现而主动为之。只要在确保班委不追究自身责任的情况下他们便不会主动给予班级公共事务更

---

① 任钟印：《世界教育名著通览》，湖北教育出版社1994年版，第1380页。

多的关注。

  班主任今天就班级公共区域卫生问题对学生发火了，起因是班级后面一片空地上摆了一堆废纸屑，从早上第二节课到下午放学，这堆纸屑竟是无人问津的。课下我找到距这堆纸屑最近的小姚询问她没有捡起纸屑的原因。她理直气壮地回答我："又不是我扔的，我为什么要捡起来，劳动委员也没有理由找我事儿呀。谁扔的她找谁就是了。"我说："那你知道是谁扔的吗？"她回答："我知道啊，我旁边那个总趴在地上的人（洋洋）。"当我问到她为什么不能提醒扔垃圾的学生捡起垃圾的时候，她回答："我又不是劳动委员。"接着我说："你同样是班集体的一员，为班级公共卫生做出点服务不是应该的吗？"小姚竟然回答我："这事情不归我管，是劳动委员的事情，我就做好自己应该做的事情就好了。我也没有非要到这个班级里啊。"这一连串的对话，让我非常惊讶，尽管我知道小姚平日就是一个非常"独特"的学生，但是我仍然没有想到她会给出如此坦然的回答。[①]

  小姚是班级里的一个表面看起来较为孤僻且很有个性的学生，但是出于对胡老师的敬畏她还是会配合班委会做好自己的分内之事。但是从小姚与笔者的对话足以看出她对于班级公共事务的不关心，她认为只要做好自己应该做的，确保班委不会追究其责任便是一个普通学生的职责，而其他与班级相关的事务则属于班委会，与自己并不相干。班级学生公共精神的匮乏不能一概而论的妄自推测皆源于班委会工作方式的强制性。然而，班委会控制学生、剥夺学生自主性却是学生公共精神匮乏的一个不可忽略的因素。班委会以"管"制人的工作方式，班主任教师对班委会的支持与保障，使得班级普通学生长期处于班主任与班委会的话语霸权的束缚之下，学生是丧失了自主性的个体。普通学生在班级中没有主动权与话语权，多数普通学生在确保配合班委会完成应尽之责的情况下则会选择规避在自己的私人化领域之中，不愿涉足公共领域，无视公共生活，并对于班级公共事务表现出一种事不关己的冷漠。

---

① 本案例源自《2015 年 4 月 23 日星期四的观察日记》。

2. 控制招致反抗：部分学生不参与班级公共事务

班委会在履职的过程中只有对"管"的过分执行，而对于"理"往往不履职或无法履职，招致了部分个性较为鲜明的学生的公然反抗。因为班委会的管制而出现的班委与普通学生之间的摩擦，在笔者所观察的两个班级中是比较常见的。通常大部分班委喜欢模仿教师的姿态去对违反纪律的学生使一个严厉的眼色，或者走进学生用力地敲打学生的桌子，对于部分"屡教不改"的学生，部分班委还会罚他们站着反思自己的行为，甚至有的力气较大的班委直接将"不听话"的学生从座位上拉起来。面对班委们的管制，在教师不在场的情况下，部分学生选择了公然地反抗。他们要么忽视班委的管制，要么抛给部分班委同样一个严厉的眼色，不配合班委维护班级公共秩序；甚至有学生则选择直接的对立，故意违反班级纪律以报复班委对自己的控制。普通学生反抗的后果必定是班主任的责骂，严重则请来家长并写上反思。这样，存在于班委和普通学生之间的这种反复的"管制"与"抵抗"使得班委会工作变成了二者之间的游击战。班委会与普通学生的关系陷入了"管制"与"逃避管制"的僵局。二者之间关系的僵化，进一步影响了普通学生对于班委会所从事的班级公共事务的参与度。破坏班级公共利益和不参与班级公共事务，反而成为这部分学生赢得胜利的标志。

有普通同学向笔者表示了不满："我们不希望总被他们管着，你也是一个学生，我也是学生，你没权管我，他们越是管我，我就越想故意和他们对着干。"当笔者将这部分普通学生的心理与班委沟通并询问班委能否不以"管"的方式进行班级工作时，部分班委也表示很无奈："我们也不想'管'他们，但是没办法啊，不狠不买账，你好好跟他们说根本就没用，说了就是不听，他们不遵守纪律，胡老师就会觉得是我们没管好，就会训我们，所以就只能这样了。"双方从各自立场去理解"管"这一工作方式，结果则是双方摩擦的不断产生和部分学生对于公共事务的刻意规避。胡老师在一次访谈中跟我说：

久了你就会发现班级里越是尽职尽责能力较强的班委，班级人际关系反而不好，带动不了学生，所以很多比较优秀的班委在下一次的班委会竞选中往往得不到班级同学的支持，比如我们班的副班长欣欣，她是一个敢作敢为的学生，比较有主见也不怕得罪人，在三年级一次做眼保健操的时候就曾经与浩然发生过一点小矛盾，所以从三年级到现在的班委会竞选，浩然是从来不给她投票的。而且尽管这部分学生的能力较强但是部分学生并不非常愿意配合他们的工作，有的时候是迫于老师在场，没办法。①

笔者发现，胡老师所说的这部分尽职尽责能力较强的班委主要是指班委中对学生管制较为严格的学生，而恰恰是这部分班委降低了普通学生对于班级公共事务的参与度。对于他们组织的班级工作，部分学生选择故意不配合、不参与。班委会角色的存在非但没能够带动学生参与公共事务的热情反而导致了部分学生对于班级公共事务的冷漠。在管制与反击的过程中所形成的貌似秩序井然的班级，其内在却是一群缺乏集体意识的躲避在自己狭小圈子里的被压抑的个体。所以，这样的班委会角色非但没能发挥其对于普通学生公共精神的养成价值，反而阻碍了普通学生公共精神的形成。

（二）班委会角色未能提升部分学生的归属感

通过观察，笔者发现班委岗位的赋予提升了所有班委的集体归属感，但却未能够提升大多数普通学生的集体归属感。在班级生活中，纪律成为了除学习以外的另一个核心词汇，班委会的管理角色在一定程度上就等同于纪律控制者的角色。调查发现，乙班所有学生都将纪律管理列入本班班委会的履职范围，而仅有6个学生将团结班级同学，协调班级人际关系列入班委的履职范围，但却没有一个学生将"带领大家关心班级特殊群体"列入班委会的履职范围内。学生对于班委会的"协助教师管理班级（学生）"的角色定位，也折射出了班主任对于班委会的工作范围和作用的评估，即主要从事班级秩序的维持。乙班是一个较为重视班委会工作的班级，胡老师对于班委会的职责有明确的规定，并将之制作成一张表格张贴在黑板旁边。班委会每位成员的工作职责如下：

---

① 本案例源自《2015年5月25日星期五的访谈记录》。

表8　　　　　　　　　　　乙班班委会职责表

岗　位	人　员	职　责
正班长	沈　潇	负责课前纪律、上下午眼保健操纪律 提醒同学做好课前准备
副班长	张　宇　陈　旭	协助班长管理课前纪律、上下午眼保健操纪律 提醒同学做好课前准备
纪律委员	吴一枫　周敏佳	管理课间纪律 提醒同学遵守学校的"五禁止一提倡",举止文明
宣传委员	高　俊　孔明红	负责黑板报的设计、刊出
体育委员	刘玉晗　梅欣欣	排队时,管理好队伍 协助老师组织开展体育活动
劳动委员	王　麟　李　奇	督促值日生完成工作 值日生缺席,则代替值日生工作 教室无人时,及时关闭电灯、电扇
学习委员	周梦军　瞿昕锐	每天早上到校后,带领同学读书
文艺委员	刘已鸣　郭　瑞	音乐课时带唱,并协助老师开展文娱活动
阳光委员	刘子峰　徐心怡	同学遇到不开心的事,要及时劝导

午间值日班干及工作职责				
星期一	星期二	星期三	星期四	星期五
刘子峰	郭　瑞	吴一枫	周梦军	郭　瑞
午休时,提醒同学遵守午休纪律,保持教室安静,检查同学午休时的表现				

　　从这张表中可以看出,乙班几乎每位班委的工作都与纪律挂钩。尽管按照教育部门的规定胡老师在班级中也设置了阳光委员的岗位。但是在实际的班级工作中胡老师则更加看重班委会的纪律管理工作,经常批评班委们对纪律管理不到位。而面对在班级中从不履职的阳光委员,班主任胡老师在平日里却并未做过些许批评或引导。今年的班委会选举胡老师直接将阳光委员这一岗位去除了,在后来的访谈中胡老师说道:"之所以今年的班委会选举会取消阳光委员这一岗位,主要是因为阳光委员这样一个岗位实质上是一个虚职,小学生的能力还不足以帮助其他学生化解心理矛盾,

而且有的时候一些学生遇到了不开心的事情都不需要阳光委员的开导就有朋友安慰了,阳光委员的履职情况也没有一个明确的衡量标准。所以今年就没有选这个岗位。"由此可以看出,胡老师对于班委会角色的界定局限于班级纪律的管理。班级中除了部分班委不履职或较少履职以外,多数班委尤其是班长在班级中扮演的都是纪律维持者的角色。班委会很少过问班级学生的思想与学习情况。班主任胡老师在一次与笔者的交谈中也表示小学班委会根本没有能力对学生的思想和班级人际关系产生影响。

问:胡老师,经过这段时间的观察,我发现我们班里有两位比较"特殊"学生,大家都不太愿意接近他们,他们自己也显得比较孤僻,如何让他们融入班集体呢?

胡老师:我知道你说的是小姚和洋洋对吧。其实几乎每个班级中都会存在一两个融入不了班级的学生,他们之所以不太讨喜是因为自己性格的原因。只有自己改掉了自己存在的问题才能够真正被同学接纳。

问:据我观察班级中的两个融入不了班集体的学生,一个是自己个人意识较强且性格孤僻不愿意融入班集体也不愿意为班级出力,但是她在班级中有自己的朋友,她关心的是自己的小圈子而不愿意加入大集体。另一个是因为自己性格幼稚,虽然愿意融入班集体,愿意服务同学、服务老师,但是总是因自己不好的行为习惯遭到嫌弃,被迫游离于班集体。这两类学生的存在对于班集体的构建,学生集体意识的培养都造成一定影响。班委会作为班级的带头人能否发挥自己在班级中的团结带头作用,协调这部分特殊学生的人际关系,把这部分特殊学生带入班级中,让大家接纳他们呢?

胡老师:完全没有可能,首先班委会的作用没有那么大,他们自身还是个孩子,能力有限。你也看到在我们班级中,班委会其实并没有从事多少实质性的工作,顶多是帮帮老师管管纪律,做点"小零活",班级中真正组织较大活动的话,还是我们自己来安排。而且现在的学生个人意识非常强,就连家长、老师都很难转变他们的思想更何况与自己同辈的一个学生。今天你也看到小健(男生)又和他的同桌小同(女生)打架,我和他爸爸跟他进行了一中午的交流,最后仍旧没能够转变他的思想,他依旧认为别人打他,他就要还手,无论男生还是女生。我们班还有一个学生小卓,他的个人意识更强,班级派他参加学校组织的运动会,他在比赛中故意跑得很慢,原因就是不想继续参加下一轮的比赛。……所以通过班委会的能力去协调班级人际关系解决班级矛盾或者对这些学生的思想产生影响是非常困难的,可以说几乎不可能。所以这部分学生若想要融入班级,只有自己改掉坏习惯,家长多督促,老师应该给予他们机会展现他们的闪光点,而且老师应平等对待这部分学生,让其他学生在受到老师影响的情况下慢慢接纳他。[①]

在胡老师看来,现在学生个人意识的增强,班委会能力的有限性就注定了班委会的工作范围并不能涉及班级学生的思想、学习、娱乐等各个方面,而只能维持班级秩序和处理一些简单班级具体事务。班主任对于班委会能力与角色的界定直接决定了班委会的履职范围。如对于班级特殊学生集体归属感的关注。如前所述,乙班的小姚是一个较为特殊的学生,其特殊性主要体现为她对班级及班集体成员非常冷漠。在乙班大多数学生和班主任的眼中小姚就是班级中存在的那几个天生个人主义较强的不合群的"怪学生"。而面对这些学生,班委会是从未问津的。如下是我与班长针对小姚的访谈:

问:你们班的小姚性格是不是有些内向?

班长:是的,她脾气不好,还有点怪怪的,大家都不怎么喜欢她。

问:你喜欢她吗?有没有主动和她交流过?

班长:没有,她不喜欢和别人交往,还没有班级荣誉感,不参加班级活动,不过有时候又和别人交往,我也说不清楚她到底怎么回事。

问:你作为班级的班长,有没有去主动关心过你们班级的这位"特殊"学生呢?

---

① 本案例源自《2015 年 3 月 17 日星期二的访谈记录》。

班长：没有，我和她接触并不多。

问：其他班委会呢，也没有主动与她接触过吗？

班长：据我所知，都没有。

问：那你觉得你们班委成员有义务去关心班级中存在的这部分游离于班集体之外的学生吗？

班长：怎么说呢，应该有吧，不过这个按道理应该归我们班的阳光委员管，但是阳光委员平时也不怎么管，我们班的阳光委员后来就变成了个虚头了。我们班班主任也没怎么说过，我们就没怎么管过了。①

教师对班委会工作范围的圈定削弱了班委会角色的团结带头作用。小学生的独立自主性还不强，对教师往往还具有一定的依附性，班主任对于班委会的期望会直接影响班委会的工作现状。班主任对班委会能力有限性的评估就决定了班委会在班级中的工作不会涉及班级心理环境的改善。低年级甲班班委会的工作现状有两个特征：部分履职与偶尔履职。部分履职即仅有部分班委履职，他们分别是班长与副班长、小组长与课代表。偶尔履职即班委会的履职次数有限，班长与副班长所履行的职务为：管理班级纪律，主要为眼保健操纪律；课代表与小组长主要是帮助教师从事一些具体的事务，如收发作业、擦黑板、举牌子、拿东西等。他们的职务偶尔有重复交叉，但工作的范围仅限于这两个方面。高年级 B 班的班委会实际履职情况是班长、副班长帮助老师管理班级纪律，包括课前准备纪律、课堂纪律、眼保健操纪律、班级集体活动中的纪律；带领学生做好课前准备；学习委员每日晨读带读，管理纪律；体育委员负责带操与维持课间纪律；文艺委员音乐课偶尔带唱；劳动委员监督提醒值日生打扫卫生；阳光委员不作为；宣传委员较少参与黑板报的设计，负责维持课间纪律；纪律委员偶尔与班长一起管理班级纪律。从低、高年级两个班级的班委会工作现状可以看出，尽管随着年级的升高，班委会履职稍有增加。但是无论是低年级还是高年级班委会的工作范围大多局限于班级纪律的维持和简单事务的解决。班委会不关注班级特殊个体，不干预班级人际关系，班委会角

---

① 本案例源自《2015 年 3 月 17 日星期二的访谈记录》。

色的存在无益于班级良好心理环境的营造,非但没能给班级带来同辈间的情感关怀反而导致了班级的机械与冷漠。

(三) 班委会选举指导缺乏集体思维

1. 对班委会选举只告知不引导

在实际的班级生活中,在班委会选举活动前的指导环节,很多班主任只是告知班委会选举活动时间地点、流程规则、班委会岗位与职责,而没有引导学生理解班委会规则遵守的意义、岗位的来源以及班委会选举与竞选意义。笔者通过访谈该小学高年级四个班级的学生了解到:班主任一般会选择在班委会选举前一天临下课的几分钟内,或者选择放学后排队前的三四分钟,告知第二天要选举班委会,要求竞选者准备演讲稿。

班主任对学生只告知不引导以及告知方式的随意性就决定了班委会选举前的指导环节根本无益于学生集体意识的形成或发展。班委会选举前的指导工作演化成确保班委会选举流程的流畅而进行的相关事项的通知。班主任对于班委会选举规则的告知或提醒并不能够保证学生在班委会选举过程中对于规则的遵守,反而容易让班委会岗位在自由竞选的环境中培养了学生的个人意识。"制度设计将这些岗位物化,通过兴趣的方式来定义岗位的优良中差,通过竞争刺激个人欲望,从而'万无一失'地提醒同学,这是个人在公地围猎,不需要任何成本,你就放心地圈占吧。这种做法淡化了岗位的群体属性,加深了不同岗位的领地属性,个人意识得以制度性彰显。"[①]

2. 对班委会选举的引导很少针对整个集体

与上一种情况不同,也有个别班主任在班委会选举活动之前会对学生进行竞选与选举事项的引导。但是班主任往往将引导的对象集中于竞选者,对于选举者的引导则微乎其微,引导的目的往往是强化竞选者的责任意识并在班级中宣传公平民主的观念,并未对于规则的遵守、班委会岗位的共享性,以及班委会选举与竞选的意义等内容做过多讲解,整个指导的过程几乎很少针对整个集体。这一简单的引导目的体现在引导内容方面主要为竞选心理的准备及竞选行为的规范。乙班班主任胡老师是一个较为注

[①] 辛治洋:《从工作到教育:辨明有关班干部的三个认识问题》,《班主任》2016年第5版。

重班委会建设的教师，但是在班委会选举前，胡老师也仅仅是从思想品德课堂上抽取了几分钟的时间对班级学生进行一些简单的、与集体无关的引导。

> 明天下午第二节班会课，我们进行这学期的班委会换届选举工作，希望大家都能够积极地参与班委会竞选。竞选班委会岗位的同学今晚回家请准备一下自己的演讲稿。还有，班委会选举是公平民主的竞争，为了保证选举的公平民主性，参与竞选的学生不要总想着给自己拉票，大家都要公平竞争。想想自己的拉票会给别人带来什么样的影响。而且班委会工作是一项比较辛苦的工作，考验你们担当与毅力的工作，需要同学们的责任感与毅力，当选上的同学希望你们时刻记得自己职责，不能图一时的新鲜，竞选上了之后天天游手好闲，徒有其名。既然决定参与竞选，就希望你们能够为班级做点实事，同学们选择你来担任这个职位，就说明对你们还是有信心的，那你就应该负起责任，好好地做下去。①

（四）班委会竞选与选举缺失集体立场

班委会选举与竞选本应是学生在集体立场下进行的班级集体建设性活动。但在实际的班级生活中，班委会竞选与选举却普遍存在着集体立场缺失的现象，多数学生基于个人立场看待班委会竞选与选举，还有少部分学生则无立场地参与班委会竞选与选举。一人一票选举方式主导下的班委会选举活动带有强烈的竞争性，普通学生对于选举活动的决定权极容易促使学生完全从个体立场参与竞选与选举，而将促进集体发展这一根本目的抛之于脑外。班委会选举与竞选的自愿原则又产生了部分学生基于个人立场不参与竞选的现象，他们出于集体责任逃避的心理将班委会竞选与选举视为一种麻烦。无立场的班委会竞选与选举，即个体无目地地参与班委会竞选与选举。这部分学生并未将个体的个人情感带入班委会的竞选与选举，也未将班委会的竞选与选举跟班集体挂钩，他们往往保持一种"中立"的态度随波逐流。集体立场的缺失意味着个体将班委会选举活动视为与班

---

① 本案例源自《2015年9月8日星期二的听课记录》。

集体无关的一场个人竞赛,班委会竞选与选举权利的赋予并未相应地产生学生集体一员的身份意识与共同目标意识。

1. 基于个人立场的班委会竞选与选举

基于个人立场看班委会竞选分为基于个人立场的竞选和基于个人立场的不竞选。基于个人立场的竞选目的与行为在班级中是比较普遍的,也是笔者在研究过程中较先注意到的一个现象。经调查,乙班的52位学生中,34位学生承认自己基于个人立场参与班委会竞选与选举。此外,研究者发现年级不同,学生基于个人立场的班委会竞选目的有所不同但又有交叉。下图是笔者通过对于甲班与乙班学生的访谈与调查所总结出来的低年级与高年级学生竞选心理的异同情况。

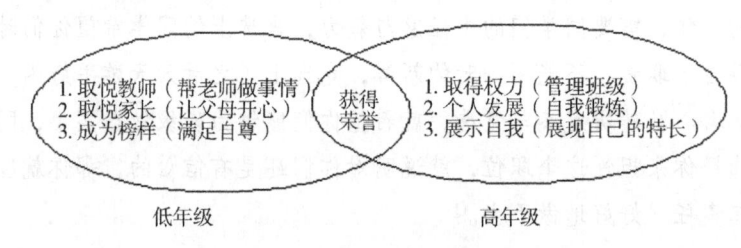

```
低年级                            高年级
1.取悦教师（帮老师做事情） 获得   1.取得权力（管理班级）
2.取悦家长（让父母开心）  荣誉   2.个人发展（自我锻炼）
3.成为榜样（满足自尊）            3.展示自我（展现自己的特长）
```

图1　低年级与高年级学生竞选心理异同

从上图可以看出,低年级学生除了将获得荣誉作为竞选的主要目的以外,还将生活中的重要他人作为自己参与竞选的动力。而高年级的学生,除了获得荣誉这一目的以外,更多的是把个人价值的实现作为竞选的目的,用他们自己的话说:"想当班委是因为觉得当上了班委感觉自己倍儿有面子""班委嘛,比较有权利""竞选班委会也是一次锻炼自己胆量的机会""竞选班委可以锻炼自己,展示自己的才艺"。以下是笔者与甲班一位学生交流的访谈记录。

问:萱萱,这次班委会竞选你想竞选哪个岗位?

萱萱:语文课代表。

问:为什么想语文课代表呀,语文成绩比较好?

萱萱:不是的,我别的科目成绩也很好,只是我感觉做课代表很轻松只要收作业和发作业,不像做班长,事情好多。

问:我看很多学生都喜欢做班长啊,你为什么不喜欢?

> 萱萱：我不喜欢，做班长会占用我很多时间，这样我就没办法自由分配，也会影响学习。
> 问：那如果不参与竞选，时间不都是自己的了吗？
> 萱萱：其实不竞选也可以，但是竞选课代表，我起码有个职位。
> 问：要这个职位干嘛呢？
> 萱萱：事情不多，还可以有个职位啊，这样很好。①

与同龄的学生相比，萱萱则较为成熟。从笔者与萱萱的对话可以看出，萱萱参与班委会竞选目的实质上是为了实现个人利益的最大化，即在获得班委荣誉或者权力的同时尽可能地减少时间与精力的付出。她参与班委会竞选既有荣誉、权力获得的目标也有个人发展的目的。班委会角色附带着好学生标志的光环，还赋予部分学生管理者的角色。班委会竞选不排斥也不能排除这种意在满足虚荣心、自我保护、自我锻炼、自我展现的竞选心理，但是把竞选目的禁锢在个人利益的达成，这显然说明学生认识不到或者有意忽略了班委会的公共性。与基于个人立场竞选目的相对应，高年级班委会竞选还存在着相应的个人立场的竞选行为——利用人际关系拉票。在接受访谈的过程中部分学生说到下面的情况。

> 在我们班几乎每次班委会竞选都会有人去拉票，给别人草稿纸啦或者带东西给人家吃啊等等这些小恩小惠的方式让人家去选她，虽然有的同学根本不买账，即使吃了他们的东西也不选他们，但是有的人就会因为不好意思就选他们了，我感觉这样的选举真的很不公平，凭什么那些成绩不好还没有特长的人能够当选啊。②

基于个人立场的落选者往往会产生非常负面的情绪状态。如班主任胡老师所言，大多数落选者都会很难过，甚至会出现当场无法控制情绪而失声痛哭的情况，这是没办法避免的。很多学生在多次竞选失败后，会选择退出班委会竞选，在下面做一位消极的投票者。受访的几位曾经落选的学

---

① 本案例源自《2015 年 3 月 2 日星期一的访谈记录》。
② 本案例源自《2015 年 3 月 10 日星期二的访谈记录》。

生有的告诉笔者他们的感受。

> 落选后很难过,感觉很没面子,总是反思自己哪里做得不好,哪里不如别人,现在我都懒得上台丢那个脸了;我觉得很不公平,凭什么大家只选择和自己关系好的人。①

笔者也目睹过一位竞选者鑫鑫在落选之后,回到座位之上将自己准备的并未派上用场的演讲稿撕碎,失声痛哭起来。下课了,当笔者试图与其沟通时,她突然愤怒地说:"我倒是要看看他们选出的这一群人能够干出什么好事来,早知道都不喜欢我,我在四年级的时候就应该转学到我爸爸的学校,省得在这里被人家讨厌。"从鑫鑫愤怒的话语中笔者可以体会到她对这次竞选的极度不满,对于班级学生和新一届班委的一丝排斥和敌意。虽然这很有可能是鑫鑫在气愤的情绪状态下说出的气话,但是多少也折射出他内心的真实想法。基于个人立场的竞选心理导致部分落选者自觉离开了只属于成绩好、人缘好的人的"舞台"。归因于自己能力差、不讨人喜欢的学生在集体中感受不到自己的力量与价值,自然无法形成集体意识。归因于选举者不公平选举的落选者由于不服选举结果,在班委会的工作中往往不愿意配合班委会的工作。这对于班集体建设与学生集体意识的培养无疑又是一大阻碍。

较之于基于个人立场的班委会竞选现象,部分学生基于个人立场的不竞选是经常被忽视的一个现象。但是它在班级中确实存在着并成为班委会选举活动集体意识教育价值流失的又一主要表现。这一现象在低、高年级都存在,而且随着年级的升高,这部分学生的人数也会随之增加。学生不参与竞选分为两种:一种是没勇气、没信心而不敢参与班委会竞选;一种是担心影响学习、不想付出而不愿参与班委会竞选,后一种就是笔者所说的基于个人立场的不竞选。通过调查,笔者了解到乙班有 6 位学生将自己不愿参与竞选的原因归结为"班委会事情多,影响学习"。担心担任班委影响学习的学生在面对班委会竞选时同样将个人发展摆在首要位置,而他们的个人发展追求是学业的发展而非能力的提升。教师出于民主、自愿的

---

① 本案例源自《2015 年 3 月 10 日星期二的访谈记录》。

原则并未对他们进行些许引导，就如胡老师所言："很多学生其实很有能力的，但是他们不愿意参与竞选你也没办法啊，毕竟参选这种事情是学生自愿的，老师也不好多说什么，就像我们班的小卓他成绩好，沟通能力强，但是人家从一年级到现在都没有一次参与竞选，平时要求自己坐一个位子，班里的大事小事他也不是非常关心。年级越高越有很多学生根本不愿意参与班委会竞选，到了初中想参与班委会竞选的学生会更少。因为班委需要承担责任啊，加上初中的学习任务较重，家长也不允许学生继续参与班委会竞选。"教师看似对于学生个人的尊重，但是不加一丝引导而听之任之的尊重，实则是对部分学生个人意识的放任。

投票者基于个人立场的选举心理也已经成为班委会选举的常态。低年级学生选举的个人立场主要体现在以关系亲疏与个人喜好为标准参与选举。高年级个人立场的班委会选举心理主要表现为两方面，一是将关系亲疏、个人喜好作为选取的标准；一是将男女性别作为投票的依据之一。

乙班的一位学生在日记中这样描述了自己的投票心理：

"和我一同竞选的还有欣欣、黎宇、言之、青青，我倒是不担心章晓生，因为她上学期就是班长，把班级管理那么好，这次反倒是有一些大材小用了，果不其然，她获得了36票。这时候我却有点担心青青了，因为只有稀稀落落的几个人举手了，我正在犹豫要不要举手，一咬牙，算了，举了吧，怎么说我们也是朋友，念念旧情吧。"[①] 日记的作者小姚既是宣传委员这一岗位的竞选者又是这个岗位的选举者，与她同时参与竞选的还有与她平日里的好友。面对仅剩的一个岗位，她既希望自己能够成功当选又不希望自己的朋友落选，于是便出现了以上的心理斗争。从日记中可以看出，最后她选择了友情，自己为青青增加一票。上述小姚对自己选举心理的描述很好地呈现了将个人利益置于集体发展之上的班委会选举与竞选心理。除了这一竞选心理以外，随着学生的性别意识逐渐增强，这种男女有别的性别意识，在班委会选举方面得到了大肆张扬。一个学生告诉研究者相关的情况。

老师，我告诉你，我们班级的选举大多数学生的票都不会超过25

---

① 本案例源自《2015年9月10日星期四的学生日记摘录》。

票,因为我们班很多人都是选自己的人,男生选男生,女生选女生,如果我们班哪个男生选择了女生,大家就会开始传绯闻,谁谁爱上了谁。很多男生一看一个岗位都是女生在竞选干脆就选择弃权不选了,有时候女生也是,比如看到体育委员都是男生竞选就干脆不选了。①

学生在参与班委会选举时并非将班集体利益与集体发展放在首位,而是将班委会选举当作男、女群体之间的博弈和证明自己"清白"的方式。班委会选举不仅没有增强学生的集体意识,反而将班集体划分为性别不同的两个阵营。基于个人立场的班委会选举虽然满足了学生个体根据自己意愿参与选举的民主选举方式,却也同时使班委会选举沦落为个人化的不公正选举。班委会选举在选举者与竞选者个人的情感面前实质上变成了一场利益的争夺与分配。无论是男女有别的选举心理还是拉拢关系的竞选行为都说明学生将班委会竞选与选举的权利完全私人化了。个体在行使自由权利的过程中忽视甚至无视了班集体利益与价值取向,在班委会选举活动中扮演的既是参赛选手又是啦啦队或者亲友团的角色,没有扮演好集体一员的角色。

2. 无立场的班委会竞选与选举

无立场即他们并非以满足自己的个人需要而参与班委会竞选与选举,也不是从集体发展的立场出发看待班委会选举与竞选,这部分竞选者往往并不知道自己为什么参与竞选,似乎参与班委会竞选仅仅是为了完成事情本身,并无什么外在的目的。在低年级这种现象较之于高年级更为常见,当被问到为什么想要参与班委会竞选的时候,这些学生经常给的答案是:"不知道。"最初,笔者以为这些学生的回答是为了隐瞒自己参与班委会竞选的私人目的,但在进一步的访谈中,笔者发现确实存在这样的学生,他们的竞选是不存在什么目的的。以下是笔者与学生小易的对话。

  问:你为什么想要竞选体育委员这个岗位啊?
  小易:不知道。
  问:是不是觉得当体育委员非常有面子,可以给大家带队啊?

---

① 本案例源自《2015年3月10日星期二的访谈记录》。

小易：不是的。

问：那老师再猜猜，是不是你爸妈希望你做体育委员呢？

小易：不是的，就是我自己想到了就想参加了。因为我体育比较好，就可以参加体育委员竞选，还有的人音乐好就能参加音乐委员竞选。

问：那你是不是想用自己的特长来为班级做事情啊？

小易：哈哈，不知道，班长才要做好多事情。[①]

尽管笔者试图从一些可能的目的来引导小易说出自己竞选的真实目的，但是却并没有成功。他参与体育委员竞选并没有什么目的，他只知道体育好可以参加竞选于是就参加了。他在参与竞选的时候既没有想到集体也没有想到个人，他并不知道参与竞选就意味着个体愿意承担集体所赋予的责任。与小易一样无目的参与班委会竞选的学生还有很多，他们的共同特征就是不将班委会竞选当作一个公共性的事件，他们的竞选并非出于服务集体的目的。

同样，班委会选举也存在着这种无立场的现象，选举者在选举过程中不掺杂个人的情感，也意识不到作为选举者他们同样是集体一员的身份，需要对集体负责。他们在选举的过程中往往以一名旁观者的身份存在，他们的选举不需要激烈的思想斗争，有时候是人云亦云的跟票，有时候置身事外的弃权，还有的时候是不负责任的乱选。这部分学生在选举者中的比例较低，但又确实存在。在笔者所观察的两个班级中都有这样的随意选举与不选举行为。以下是笔者与学生小玉的对话。

问：刚刚上课的时候，胡老师说有人弃权了，我看你好几次都没有举手，你为什么总是不选啊？

小玉：有的岗位我不想选了。

问：为什么突然不想选了？

小玉：也不是突然不想选，感觉没什么意思，选来选去的。

问：作为选举者我们不是应该积极地参与选举吗？

[①] 本案例源自《2015年3月12日星期四的访谈记录》。

> 小玉：反正对我来说谁做（班委）都一样，又不是我。
>
> 问：那你这样不就是不负责任的行为了吗，你也是班级一员啊。
>
> 小玉：不负责任就不负责任，总比一些人乱选好吧。①

小玉是班级中成绩中下等且人际关系非常一般的学生。在整个班委会选举过程中，她一直低头改着自己的数学作业。当胡老师清点票数的时候，笔者看到她偶尔会举手表决，而很多时候都直接弃权，似乎整个选举现场与她并无多大关系。在班委会的选举过程中他们始终扮演着旁观者的角色。

在实际的班委会选举活动中，"集体"一词早已被学生抛之脑后，这是笔者在研究的过程中非常不解的一个问题。通过进一步的访谈与思考，笔者发现，低、高年级的学生无集体立场的班委会竞选与选举现象产生的原因不同。低年级的学生往往是认知上并未将班委会竞选及选举与集体联系起来，选举者们只知道在这个活动中自己可以投票决定选谁，而竞选者只知道自己可以通过自己的演讲来获取一个职位或者一份荣誉。再加上班委会岗位这一资源有限，难免使得整个班委会选举活动带有一定的竞争性，这些因素的总和就导致了部分低年级学生集体立场缺失的竞选与选举行为的出现。与低年级学生不同，高年级学生无集体立场的班委会竞选与选举并非源于认知的缺乏，而是由于个人态度的不端，他们已然能够认识到班委会选举与班集体以及个人之间的关系，虽然这一认识还不十分明确。但是他们已经懂得了班委会选举是为了班集体发展需要这一道理，但是面对资源的竞争他们要么仍然以个人愿望的达成为出发点，要么仍然继续置身事外。无论是低年级学生认知的局限还是高年级学生认知模糊或是意志不坚定所导致的个体无集体立场的选举与竞选行为，班委会集体意识教育价值的流失都与教师疏于引导密切关联。在整个班委会的建设过程中，学生成为完成班级建设的帮手而非教育的主体。不论是基于个体立场的班委会竞选与选举还是个体无立场的参与班委会竞选与选举，他们都没能扮演好集体一员的身份，承担集体所赋予的责任，班委会选举活动不但未能够促进部分学生集体意识的发展，反而淡化甚至是消解了学生的集体

---

① 本案例源自《2015年9月9日星期三的访谈记录》。

意识，助长了学生的个人意识。

（五）班委会管理无益于集体意识培养

在管理本位思想浓厚的班级，教师直接将普通学生界定为被管理者。普通学生只需要"管好自己就好"，而不需要参与也没能力参与班委会的管理工作。在日常的班级生活中普通学生游离于班委会管理活动之外，成为了班委会管理工作的局外人，班级中呈现着层级管理的现象。而在部分民主氛围浓厚的班级，学生的监督权与评价权受到充分的尊重。教师鼓励学生参与班委会监督与评价，却时常疏于对学生的监督与评价方向的引导。学生基于个人立场随意进行班委会监督与评价，班委会的监督与评价成为了双方矛盾的制造者。而部分班级根本不重视班委会的管理工作，班委会选举活动的结束也就意味着班委会建设工作的终结。以上三种表现的班委会管理根本无益于学生集体意识的培养。

1. 普通学生未涉足班委会工作的监督与评价

普通学生未能涉足或者不愿涉足班委会管理工作是班委会管理集体意识教育价值流失的主要表现之一。在乙班中，70%的普通学生未涉足班委会的管理工作，这一方面源于胡老师偶尔的刻意回避，一方面也有部分学生不愿意参与班委会管理工作。

> 乙班的班委会管理工作只在每周一次的班委会会议上进行，乙班的班委会会议定在每周一中午12：30召开，几乎从不无故取消。但是一个比较奇怪的现象是，B班的班委会会议从不在本班进行，而是选择隔壁班级进行（该班学生中午不在班级午休），而且胡老师每次都会叮嘱普通学生做好自己的事情不许到隔壁班级偷听。后来得知，班委会会议地点选择在隔壁班的目的就是避免学生偷听班委对学生表现的汇报以及班主任对于班委会工作"技巧"的指导。每周一中午班委们匆忙吃完饭，12：30准时召开班委会会议。会议第一项是从班委中选出一个代表，汇报一周以来学生的表现情况，包括遵守纪律的情况和做眼保健操的情况，并将严重违反纪律并不配合班委管理学生的名字写在黑板上。第二项是班委对本周工作情况进行简单的汇报，即哪些学生做了哪些事情，有的时候由于班委并未进行相关工作，这

一环节就取消了。第三项往往是班主任对班委工作情况的一个简单总结与评价，评价往往是基于班委工作态度的优劣进行，并对班委管理班级尤其是管理班级纪律的方法提出一些建议与要求，并告知一些管制学生的方法，偶尔胡老师不在，这一项工作也就无法进行。而在日常的班级生活中胡老师除了针对班委会工作不到位的某个具体问题，对部分班委进行批评以外，几乎不对班委会工作进行管理。普通学生更是没权参与班委会管理，部分喜欢伸张正义的学生偶尔"举报"班委，也会经常被胡老师一句"管好你自己就行了"打发掉。①

班委会民主选举方式确保了普通学生在班委会选举环节民主参与。但是随着班委会选举工作的结束，"民主"一词也就随之消失。班委会的管理工作本应是全体学生参与的公开性的班委会建设工作，教师根据普通学生的反馈进一步引导班委会的工作，并根据班委会的工作汇报，引导学生明确自己在班集体中所扮演的角色，自觉地配合班委会从事班集体建设。然而，由于实际生活中教师对班委会的管理往往是对班委会进行如何控制学生的策略培训而非对班委会集体责任感、与普通学生合作技巧的引导，直接导致班级普通学生非但不能够平等地参与班委会的管理，反而成了班委会管理工作有意回避的对象。班委会管理工作成为班主任与班委会之间私密性的双向交流，让普通学生成为班委会管理工作的局外之人。

班委会的管理工作进一步划分了班委会与普通学生的管制与被管制的身份。在班级生活中，班委会对普通学生享有单方面的话语权。班委会与普通学生在班级工作中实质上是两个不平等的群体。普通学生作为一个具有平等权利与尊严的独立个体，他们的主体地位在班委会管理这一工作中并未得到集体的认可。然而，班集体只有承认学生"所拥有的主体性地位以及以选择权、表达权、休息权、获得荣誉的权利等为代表的公民权利，才能获得他们的对等承认"。② 班委会管理工作对于普通学生局外人身份的定位，使其失去了参与班级公共事务的机会，这既是对于学生自主

---

① 本案例源自《2015 年 6 月 12 日星期五的观察日记》。
② 崔振成：《"承认"的教育正义价值》，《中国教育学刊》2015 年第 3 期。

性的束缚也是对其权利的否定，这种束缚与否定削弱了普通学生对于班集体的认同感。

班级还有部分学生根本就不愿意参与班委会的管理工作。班委会选举活动一结束，他们便撇清自己与班委会的联系，既不主动监督班委会工作也不积极配合班委会的工作。他们往往只专注于自己的学习、自己的"圈子"，而不愿意参与班委会的监督与评价，正如一个同学所说"我是懒得管那个闲事"。以下是笔者与学生小南的对话。

问：你平时有没有主动地去监督班委的工作？

小南：没有啊，我是懒得管那个闲事（笑），而且胡老师也没让我们监督他们啊。

问：如果胡老师鼓励大家积极地监督班委会工作的话呢，你愿不愿意去监督班委的工作。

小南：我感觉我还是不愿意，除非胡老师非要我们监督。

问：为什么不愿意呢？

小南：没时间啊，天天好多作业，他们的工作他们自己负责，我感觉也没有什么好监督似的。

问：我发现并不是每个班委都能负责好自己的工作的。

小南：那我们监督就更没什么用了，你看明明，他虽然是宣传委员可就是不做事，胡老师都拿他没办法的。①

这部分不愿参与班委会管理工作的学生多是在班委会选举环节无立场的学生。这样的学生在很多班级中都存在。他们把自己圈在个人狭小的领域中，忙着自己的学习关心着自己的朋友，而唯独对集体的事务表现出漠不关心的态度。对于这部分学生来说班委会管理不是自己的责任，自己当然也就不愿意去承担这份责任。教师本可以通过班委会管理工作参与的引导来培养学生的集体意识，但是他们多选择无视，这就导致了班委会管理的集体意识教育价值无法得以发挥。

---

① 本案例源自《2015年6月16日星期三的访谈记录》。

2. 监督与评价不以集体发展为目的

并非每个班级都不鼓励普通学生参与班委会管理工作。部分较为民主的班级中教师鼓励普通学生积极地参与班委会的监督与评价工作，并在此基础上进一步进行班委会的培养工作。一方面，利用普通学生对于班委会工作的监督来保障班委会工作的落实。另一方面，联合普通学生对于班委会工作的评价来提高班委会工作的积极性。但是由于教师疏于对班委会监督与评价集体立场的引导，普通学生对于班委会的监督与评价背离了集体发展这一根本目的，未能够实现对学生集体责任感的培养。

部分学生监督班委会工作与集体无关，或片面地将监督理解为监视他人，在监督他人的过程中并不做任何自我审视。与集体无关的班委会监督在具体情境中一方面表现为个体为了监督而监督，将班委会监督工作视为一种任务或者将班委会监督本身视为目标。监督的目的指向问题的发现以获得教师的表扬。另一方面还表现为个体为了自我保护而进行监督班委会，这里的监督多是普通学生对于个别班委工作的监视，监督演变成了找茬。班委会工作方式的强制性势必会导致班委在工作过程中与个别学生发生冲突，而普通学生班委监督权利的获得恰恰为其"反击"提供了机会。一般情况下，教师把普通学生的监督当作促进班委会积极工作的捷径，对于普通学生班委会监督行为背后目的，教师则较少主动挖掘。在面对部分班委愤愤不平地反驳时，教师多会以批评双方的方式，来平息双方的不快，而并未从集体立场对班委会的监督工作进行引导。对于普通学生来说，基于个人立场的班委会监督或者监视心理，并不能使个体在监督他人的过程中实现自省并形成集体责任感。

普通学生在评价班委会的过程中经常会出现两个问题，而这两个问题也是导致普通学生评价工作不能充分发挥集体意识教育价值的原因。一是评价价值立场不当，正确的价值立场是保障班委会评价工作促进学生集体意识发展与工作效率提升的前提。班委会工作的评价立场本应当是班委会之于集体（成员）发展的价值分析。然而，由于对班委会角色认知的局限，部分普通学生在班委会评价的过程中将目光集中于班委对于学生管理是否到位，而非班委的工作对于集体发展的利弊。还有的学生将价值立场局限为班委个人的性格好坏，性格好而对班级工作不太认真的同学往往能够得到同学的好评，而性格直爽奉献较大的学生反而得不到好评。在观察的过程中，笔者还发现一个有趣的现象就是在班主任看来工作非常认真的班委往往得不到普通学生较高的评价，还呈现一定相反的趋势。如乙班的班长沈潇在胡老师看来是个不负责任不尽职尽责的班长，在与笔者闲聊的时候胡老师经常提及这位班长的不尽责的行为。而在同学们的口中，他就是最好的班委，很多学生觉得他是个好班长主要是因为"他待人较为温和，人品较好"。此外，普通学生在班委会评价过程中带入个人的情绪色彩，如倾向于对自己喜欢的班委给予好的、正面的评价，而对于自己不喜欢的班委给予坏的、负面的评价。这样的班委会评价对于班委来说是不公正的，而普通学生在评价班委的过程中也未形成班委会之于集体发展价值的认同感。

集体立场是有身份的人的基本立场。学生在班委会监督与评价过程中对于集体立场的偏离，对于集体发展的不顾，体现了学生集体身份意识的淡薄。由于教师对于班委会管理工作疏于引导，班委会监督与评价工作并没能够实现学生集体意识的培养。

四 班委会组织集体意识教育价值流失的根源

班委会组织集体意识教育价值的流失是多种因素综合作用的结果，但教师的教育理念与教育行为直接决定了班委会组织的集体意识教育价值的发挥。

（一）管理主义思想根深蒂固

"管理主义"一词最早出现于公共管理相关的研究文献中。管理主义思想以效率为中心，把高效率地实现组织目标作为管理的目的所在，认为"效率原则是衡量任何组织的基础"。[1] 管理主义思想移植到学校班级生活中就使得班级组织演化成为生产加工的"工厂"。在管理主义教育思想的影响下，教师致力于追求班级生活的一致性，试图通过强制而非人文关怀来实现学生对权威的服从，旨在创造出一个安全的、有序的环境以保障学

---

[1] ［美］哈罗德·孔茨·西里尔·奥唐奈·海因茨·韦里克：《管理学》，黄抵石等译，中国社会科学出版社1987年版，第379页。

校的中心任务——教学工作正常高效开展。在管理主义思想盛行的班级生活中，学生是被剥夺了自由缺乏自主性的个体。教师对于学生的控制涉及学生的时间、空间以及行为等方方面面。

笔者所观察的两个班级蕴含着浓厚的管理主义思想。教师重管束与控制、轻教育与关怀，班级中存在着诸多限制学生自由的规则。如课间禁止在班级中大声说话、禁止在走廊追逐打闹，午饭结束后应尽快回到班级学习或午休，午休期间禁止随意出入班级、禁止在班级中说话。面对学生的违规行为，教师多以斥责来暂时结束学生的不良行为。然而，教师个人的力量是有限的，且较之于教师，班委有更多的时间和机会与普通学生交往。管理控制学生，实现教学工作高效开展这一利益诉求就直接导致了教师将班级管理的任务部分转嫁于班委会。在管理主义思想的影响下，教师多将班委会角色界定为管理控制学生的工具。班委会听命于教师的规定，以完成任务为目的直接对普通学生实施管制。班委会作为一种协助管理的工具性角色而存在于实际的班级生活中已经成为一个理所当然的事实。班委在教师管理主义思想的影响下倾向于使用管制这一机械的工作方式来达到维持秩序的目的。这些因素直接导致了班委会角色集体意识教育价值的流失。

在近一年的观察过程中，笔者曾对该小学两个班级11位教师（包括班主任和普通教师）针对班委会的角色界定做了访谈。调查结果显示，9位教师将班委会的角色界定为班主任管理班级的小助手。只有2位教师将班委的角色进行实然与应然的区分，并指出班委会成为管理学生小助手这一实然处境。教师对班委角色的认知直接影响到班委会以及普通学生对于班委会的认知。下表是笔者通过访谈总结出的不同年级不同主体对于班委会角色认知的代表性观点。

表9　　　　　　　不同个体对班委会角色的认知

	教师	班委	普通学生
低年级	1. 教师小助手 2. 普通学生的代表和管理者	1. 帮助老师做事的学生 2. 帮助老师管理班级表现不好同学的学生	1. 帮助老师管同学的好学生 2. 为同学做好榜样的好学生

续表

	教师	班委	普通学生
高年级	1. 应然：协助班主任做好班级管理，服务学生 2. 实然：管理班级纪律，协助教师完成相关工作	1. 帮助老师管理班级的学生 2. 帮助班主任做事情的学生	1. 帮助班主任管理班级的有特长的学生 2. 帮助老师管理纪律的能力较强的学生

从表中可以看出，低年级与高年级中不同主体对于班委会的认知虽有所不同，但又有内在的一致性。在身份上他们都倾向于将班委会界定为与普通学生身份不对等的管理者，在工作范围上都将其主要限定在班级纪律的维持方面。这种角色定位在一定程度上割裂了班委会与普通学生和班集体的联系，班委会的公共性被忽视。这样，班委会就从带领普通学生进行班级公共事务处理的集体带头人的角色转变成了代表教师对普通学生实施控制的教师代言人的角色。教师对班委会的角色定位还会直接影响到班委会建设集体意识教育价值的挖掘，管理为本的思想观念直接导致教师以功利主义为主导的价值取向。体现在班委会建设方面则是教师将班委会建设仅仅看作一个班委会完善的过程，而并非对学生的教育过程。在一定意义上，基于集体立场的班委会角色定位就等于抓住了利用班委会进行集体意识教育的源头。集体立场模糊的班委会角色定位也就使得通过班委会进行的集体意识教育失去了根基。

所以，尽管普通学生在班委会的选举环节具有平等的参与选举的权利，但是教师对班委会"控制者"身份的界定就决定了通过民主选举方式所选出的并非是学生利益的代表者，反而是个人行为的约束者。在以管理为本位的班级生活中，无论是民主选举方式、班委会双轨制还是轮换制等都不能摆脱班委会对于个体的控制功能。教师对于班委会角色，不愿也没能从班级成员集体意识的养成价值角度进行解读与开发。班委会的设置是基于班级管理的需要，班委会的工作方式以简单高效的控制而非疏导为主，班委会的工作集中于班级秩序的维持和部分简单事务的解决，这不仅削弱了班委会之于班委集体意识的养成价值也剥夺了其对于普通学生集体意识的教育价值。

（二）教师集体意识教育观念薄弱

近些年来，尽管小升初考试已经取消，但是教育行政部门对于学生成绩的重视依然让学生成绩成为考核学校和教师的重要指标。胡老师在接受笔者的访谈时曾说道："自小升初考试取消之后，一直有个全市质量监控考试，考试结束之后，教育部会对各个学校进行一次排名。尽管排名并不直接对外透露，但是社会多有传闻。学校的排名直接关系到学校的荣誉以及家长对于学校的满意度，谁都不敢放松学生的学习成绩。况且部分学校内部还会对教师的教学能力进行一个排名，教师本身出于满足自尊心或者是竞争心理也会集中精力抓学生的成绩。这样一来，学生的学习成绩就被放在第一位，其他的自然就得靠后了。"学校给予教师的压力，以及对于道德教育位置的次要性摆放，就直接影响到了教师的道德教育观念。从家长层面来说，在高考这一大背景与传统观念的影响下，大多数家长仍然将关注的重点集中于孩子的成绩而非道德的发展情况。不少教师反映，在多数家长看来，自己的孩子在道德方面并不存在任何实质性的问题，相对于教师对于学生道德发展的评价，多数家长更愿意听到的是对孩子成绩的反馈。此外，从教师自身来说，由于道德教育缓慢性以及功利化心理的驱使，多数教师并不愿意花费较多的时间与精力对学生进行思想道德方面的引导。

教师道德教育观念薄弱，作为道德教育主要内容的集体意识教育自然也同样得不到教师的关注。教师对于集体意识教育不仅是行为上较少作为，而且在态度上也并不重视。他们不愿意深入地挖掘学生集体意识教育的方法，而是将更多的精力放在班级秩序的维持与教学工作的完成。对于班级中存在的部分集体意识非常薄弱的学生，只要他们不违反学校规定、不制造班级矛盾，多数教师并不会给予过多的干预。乙班的小卓是笔者所接触的个人意识最强的学生，他不愿意与他人同桌、不愿意参与班级的集体性活动、不愿意为班级做出任何奉献。对此，胡老师与笔者沟通的时候也会抱怨这个学生的个人意识太强，也曾与小卓的父母沟通过这个学生个人意识较强的问题。但在班级日常生活中由于胡老师忙于教学工作并没有对他的个人意识心理做出过多的引导。在胡老师看来，"小卓的性格特征与家庭和遗传因素紧密相连，毕竟班级的学生多，教师的力量是有限的"。胡老师觉得改善学生性格的任务应由家长承担。面对班级生活中经常出现的由自私自利心理引发的矛盾，教师习惯于从公平公正的角度对事情本身做一个是非曲直的客观评判，并对学生的不当行为做出批评，却很少从集体意识的角度对学生的心理做出引导。

教师对于学生集体意识教育的不重视也就直接导致了他们对于班委会集体意识教育价值有意或者无意的忽视。他们不关注也不愿探索班委会的集体意识教育价值，更不愿意探索开发班委会集体意识教育价值的方法。在论及班委会及班委会建设活动是否有集体意识教育价值的时候班主任胡老师直言：

> 班委会选举活动的直接目的肯定就是全体学生民主参与，选举出一支优秀的班委会队伍，使学生在选举过程中形成公平、公正、民主观念，至于你所说的班委会选举活动的集体意识教育价值我认为还是值得肯定的，虽然之前并没有过多的关注。班委会是全体学生选出的能力较强的学生，他们的集体意识教育价值往往能够通过班委会工作凝聚力方面得以体现，而且班委会的集体意识教育价值发挥还是要看班委个人的能力和个人工作的积极性和责任感。所以班委会的集体意识教育价值是通过班委会每天的日常工作体现出来的，而不是通过短暂的班委会组建工作过程来体现的。一节课40分钟的选举的时间有限且是固定的，根本没有过多的时间进行集体意识的引导。而且还有一些老师可能根本没把班委会往学生集体意识教育方面去靠。①

20世纪80年代，由于市场经济对人主体性的呼唤，伴随着自主管理思想与民主教育理念的深化，对于班委会教育价值关注的呼声开始出现。我国的班委会开始在产生方式、岗位设置以及职责规定等各个方面做出相应的调整。如班委会竞选轮换制的出现、民主选举方式的使用、班委会双轨制的提倡、班委会服务性职责的规定以及增加班委会名额让更多学生得到锻炼等无不阐述着班委会所蕴含的公平、民主、平等教育价值渐渐受到一定关注这一事实。但是教育者对班委会教育价值的关注尚未涉及班委会

---

① 本案例源自《2015年5月20日星期三的访谈记录》。

的集体意识教育价值，班委会的教育价值局限于对于个体发展的关注。从胡老师的言语中，可以看出班委会的集体意识教育价值并未被教师真正全面的认识。部分教师仅能够认识到班委会某些方面的集体意识教育价值；而多数教师往往把关注的重点集中于班委会选举本身或班委会对学生公平民主观念的促进，却根本未意识到班委会的集体意识教育价值。仍有教师即使在认知上能够认识到班委会存在的集体意识教育价值，而迫于班委会选举课堂时间有限、教师工作繁忙、精力有限等外在的客观原因，而选择了对班委会集体意识教育价值的不关注。造成这些现象的主要原因便是教师集体意识教育观念的薄弱。

（三）教师集体意识教育能力不足

教师道德教育能力不足成为了困扰学生集体意识教育的又一因素。当大家把目光集中于学生的学习成绩的时候，教师的教学技能自然就成为学校管理者关注的重点。对于刚入职的青年教师，学校会通过组织教学技能培训，教学技能大赛等方式来提高教师的教学技能，少有学校对教师的道德教育技能进行专门的培训，教师自身也并不非常关注自身的道德教育能力。作为道德教育重要内容的集体意识教育在实际的学校生活遇到了颇多问题。首先，在集体意识概念的界定上，部分教师往往将集体意识简单地理解为集体荣誉感、集体责任感，也有的教师将集体意识直接地理解为群体本位意识。于是，在进行集体意识教育的时候，他们往往只强调学生对于班集体的荣誉感与责任感，而很少关注学生个体的需要。其次，在集体意识教育方式上，他们习惯于用口头命令与否定的方式而非引导、疏导的方式来实现学生的集体意识教育。每次做眼保健操甲班的班主任李老师总会在做操前用略带威胁的口气说一句："我看看谁没有集体荣誉感。"胡老师在面对学生不关注集体利益的时候也会训斥学生："我们班有些学生一点没有集体荣誉感！"除了口头上的一遍遍强调与批评之外，教师很少通过其他方式进行学生的集体意识教育。

集体意识教育能力的不足，导致他们不能通过班委会实现学生集体意识的教育。在班委会选举活动中，他们一边哀叹学生的个人意识浓厚，一边却在为学生的个人意识保驾护航。班委会选举的制度设计上，他们将班委会岗位分正副，并不加任何引导地盲目鼓励学生自由竞选。"一旦宣布可以自由竞选，马上就像菜市场挑萝卜白菜一样，有人选班长，有人挑纪律委员，也有人看着人多凑热闹，也有人看着人少找机会。如果这时候某个岗位没有竞聘者，班主任往往会指定某位同学，建议大家鼓掌通过此岗位。"① 在班委会选举活动中面对学生个人立场的班委会竞选与选举行为，教师的干预也仅仅停留在对学生不当行为的阻止。班委会选举活动结束之后，教师仍旧把目光集中于参与竞选的学生，祝贺竞选成功的学生顺利当选，鼓励竞选失败的学生继续努力，而却在无意间忽视了为此次选举活动付出同样劳动的选举者。在班委会管理环节，学生基于个人立场不正当的监督与评价往往只会招致教师批评而不是让他们反省制度设计存在的问题以及对学生基于集体立场的引导。部分学生不愿配合班委参与班级公共事务的时候，教师往往会批评他们没有集体荣誉感。部分班委工作积极性不高，教师往往会批评他们没有班级责任感。总而言之，教师并没能够很好地运用班委会进行学生的集体意识教育。通过之前的交流尽管胡老师肯定了班委会的集体意识教育价值，但是在具体的实践中，胡老师仍未能够在班委会建设的过程中实现集体意识的教育。以下记录的是乙班的班委会选举活动的现场情况，它很好地反映了教师集体意识教育能力的不足的问题。

　　今天下午第二节课是班委会换届选举的时间。班级同学较之于平常显得较为兴奋，上课铃声响起之后同学们还在大声的议论着这次竞选的事情。直到班主任走到教室，课堂还是无法立即安静下来。胡老师敲了一下讲台，并大声地吼了一句："都不要讲话！上课了还没听到吗？"接着，便指着黑板上写的"责任与坚持"五个字，转身说到这次的班委会选举就是要选出有责任能坚持的班委会。班委会选举之前胡老师将笔者与之交流的班委会选举的意义以及集体立场的思想传达给学生。接着班委会选举便正式开始了。首先竞选的职位是班长，参与竞选的7位学生轮流读了自己准备的演讲稿，明明结合"舒适区与痛苦区"的图用幽默的演讲方式，引来了同学们一阵阵的笑声。18分钟之后7位学生的演讲结束，胡老师

---

① 辛治洋：《从工作到教育：辨明有关班干部的三个认识问题》，《班主任》2016年第5期。

让大家举手表决选举对象，令人意外的是参与竞选的明明竟然以26票成功竞选上了副班长。（明明在上学期是班级的宣传委员，班级学生向我反映自明明当选上宣传委员之后并没有履行宣传委员的职责，上学期一个学期都没有参与过班级的任何事物包括黑板报的更新）明明的当选引来了部分学生的异议。其中上届的副班长就直接表示反对，她以明明上学期的表现推断明明并不能够胜任副班长一职。而另一位学生徐则认为犯错误是每个人不可避免的，我们要给犯错误的同学一次改过的机会。班主任胡老师则中和了二人的意见，决定给明明一个月的试用期，并由此对于上届班委会管理不到位的情况提出了批评，再次强调了班委责任心的重要性。接着，在核算了总票数之后胡老师发现7位竞选者得到的总票数是91票，而班级一共52名学生，每人两票，那总票数应该是104票。胡老师带着批评的口气指出班级里肯定有部分学生不懂得珍惜自己的选举权利的弃权行为，并指出这是缺乏集体荣誉感的行为，但并未深究。班长选举结束共花了22分钟的时间，接下来的劳动文员、宣传委员、体育委员、纪律委员、文艺委员、宣传委员的选举就只有不到17分钟的时间了。于是，班主任胡老师临时决定接下来的几轮选举，学生不读演讲稿，学生直接举手表决。临近下课了，最后一轮宣传委员的竞选还没有完成。因为班级里没有学生愿意从事宣传委员的职位，大家一致推荐的竞选班长落选的小唐也不愿意做宣传委员。最后，上届的副班长欣欣和小姚（上文提到的特殊个体）等四名学生参选了宣传委员。班主任胡老师发现这次浩然还是没有选副班长欣欣，便顺口说了一句"我发现某位学生这次还是没有选欣欣，人家管你还得罪你了"。最后一个岗位人员确定下来之后下课铃声便响起了，胡老师让大家鼓掌祝贺竞选成功的学生之后便直接宣布下课。新学期的班委会换届选举工作在紧张而又愉快的氛围中完成了。①

班委会选举工作在短短的40分钟内仓促地完成了，而整个班委会选举

---

① 本案例源自《2015年9月9日星期三的听课记录》。

流程中教师对学生集体意识的引导仅仅限于班委会选举活动开始之前的一分多钟。由于班主任在选举前并未对竞选者的演讲时间做出规定，明明的演讲占用了八分钟的时间。这样一来，后面竞选其他岗位的学生根本没有时间进行演讲，这就使整个选举过程变得更加紧张、混乱。班主任在整个选举过程中主要的工作就是维持课堂纪律、清点票数、搜集图片，而对学生的集体意识教育工作除了对集体责任感的强调以外并无其他。课堂纪律的混乱无疑为班委会选举带来了困扰，面对这一问题，胡老师选择一次次的批评和斥责来换取学生几分钟的安静。对于选举过程中出现的多次集体意识教育机会，如学生在选举过程中出现的多次弃权、对于明明这样的学生是否应当当选班长的质疑、竞选班长失败后不愿参与宣传委员竞选的问题以及以个人立场选举班委问题等，都为教师提供了集体意识引导的契机。然而，胡老师并没有把握这些集体意识教育机会，对学生进行集体意识的引导。新一届班委人员确定之后便意味着整个班委会选举工作落下帷幕。班主任胡老师除了让大家对于当选者表示祝贺以外并未关注到作为选举者的普通学生，他们的存在似乎变成了产生班委的工具性存在。对于因为落选而情绪失落的部分竞选者，班主任也已习以为常并未对他们进行相关引导。

五 依凭班委会组织进行集体意识教育的建议

已有的访谈与调查已然说明，班委会角色与班委会建设工作的集体意识教育价值并未受到应有的关注。在以管理为本位的中小学班级中，班委会组织仅仅是班级管理的工具，班委会建设工作仅仅是组建与完善班委会的班级工作。班委会非但不能够培养学生的集体意识反倒为部分学生提供了"假公济私""公报私仇"的机会，滋养了部分学生的个人意识。以下是笔者在参与班委会组织建设这一实践活动中所总结出的依凭班委会组织进行集体意识教育的建议。

（一）开发班委会角色的集体意识教育价值

1. 在班委会选举前还原班委会的应然角色

班委会组织是具有一定公共性、利他性的班级组织。公共性体现在班委会的设置目的和班委会的建设方式上，即带领学生建设良好班集体的设置目的与全体学生参与的班委会建设方式。利他性则体现在班委会工作的服务性这一性质上，即班委会工作是服务于班级全体学生的思想、学习、生活的工作。因此，在进行班委会建设之前教师应当引导学生认识到班委会角色的公共性与服务性，知晓班委会是普通学生的服务者而非控制者，班委会的服务范围涉及学生的思想、学习、生活各个方面。与此同时也应当注意到，由于班委会在班级工作中所扮演的带领者角色，班委会自产生之日起便对班级普通学生进行某种程度的支配。对其他个体的支配是班委会角色的又一属性。然而，这种支配并不意味着凌驾和控制。教师应当引导学生认识到班委会权力的有限。此外，班委的来源与班委会的性质决定了班委会的职责，它并非是协助教师实现对普通学生的管束甚至控制的组织，而团结了班级同学，带动普通学生平等地参与班集体公共事务，维持班级公共秩序、追求公共利益。在这一过程中，班委会与普通学生享有同样的权利、处于同等的地位。

笔者通过课下交流与课堂讲解引导学生端正对班委会角色的认知与定位。端正的内容包括班委会的来源、性质、职责这三个方面。第一次的引导，因笔者对于学生的语言理解水平和学生对班委会相关词汇的已有认知水平把握不清，结果以失败告终。李老师听取了研究者的选举引导设计之后，针对笔者设计中出现的问题，建议笔者在引导的时候结合班级具体实例调动学生的积极性，尽量少使用学术化语言。在与李老师进一步沟通之后，笔者在甲班进行了第二次班委会角色的课堂引导，从学生的反馈来看这次的引导取得了一定的成效。以下是笔者对第二次引导现场录音的整理。

  问：上节课，老师给大家讲解了什么是班委会，我们为什么需要班委会，大家是不是还不太理解啊？

  小杰：是的，老师你说得太"刻薄"了，我们不懂。

  问：你的意思是老师说得太深刻了，不好理解，是吗？那我们这节课就结合我们班级的一些小事，再来学习了解一下班委会，为我们下个星期的班委会选举做好准备好吗？还记得我们上节课说为什么要选举班委会吗？

学生：是为了帮助老师们更好的管理班级，管理学生，维护班级纪律（有的学生基于自己的认识）……

问：对，这些都是班委会要做的事情，其实归根结底都是为了一个目标——让我们的班级变得更好。同学们试想一下，如果班级只有一个人、两个人或者三个人，这个时候我们还需不需要班委会呢？

学生：不需要，因为那样我们可以自己管自己。

问：是的，我们大家聚集在一起组成一个班级，这样班级里就会出现一些事情，这些事情需要专门的人员来负责，比如班级里需要一个同学专门收发作业，需要一个同学负责老师来了喊起立坐下，还需要一个同学来提醒大家按值日表打扫卫生……大家想想班级里还有哪些事情需要一个专门的学生来做呢？

学生：（反应了一小会儿）喊老师来上课，有的时候老师忘了来上课。

问：是的，比如一位老师忘记来上课了，那影响的并不是一个同学的学习，而是班级里每位学生的学习。但是如果我们全班同学都跑出去喊他，情况会怎么样？还有如果老师来了，全班都喊起立坐下，又会怎么样啊？

学生：（大笑）这样会很乱，教室里就没有一个人了。

问：对啊，会很乱，所以这就是为什么我们要需要班委会的主要原因了。选班委会就是为了从同学们中选出一些代表来为大家解决类似的这些公共的事情，让我们的班级的形象变得更好，取得更多的荣誉。所以班委会就是因为大家和我们班级的需要而产生的。我们为了让班级更好而选举班委会，这是不是说班委只要负责好教师分配的这些事情就好了呢？

学生沉默。

问：不是，为了让我们的班集体变得更好，班委会还要做好我们这个班集体的榜样，不仅要关心自己还要关心班级和班级里其他的同学，比如哪些同学有学习的困难，班里哪些同学没有朋友，我们能不能够帮助他们？关心班级的利益，帮助班级同学的学习，团结班级的同学，让我们班变成一个文明礼貌、团结友爱、互相关心，学习优秀的好班级。我们来对比一下我们班的班委会，想想他们哪些地方做得好,哪些地方做得不好。

学生开始议论起来。

问:谁来说一下?

小吕:我的同桌韵韵(劳动委员)上课的时候会说话,有时候还不打扫卫生。(韵韵急忙反驳说小吕有时候也会说话)

问:作为劳动委员我们不仅要带领大家做好班级的环境卫生,提醒值日生及时打扫班级卫生,保持班级干净整洁,还要做好大家的榜样。不能说其他同学说话我就可以跟着说话,而是要提醒身边的同学遵守课堂纪律。对不对?

学生:对!

问:老师知道很多学生都想当这个代表,感觉当同学们的代表很有面子,有时候还会用班委会这个身份去欺负身边的同学,这些班委是不是合格的班委啊?

学生:不是。

问:对,班委会因为要配合老师做好班级的一些工作,有的时候需要同学们积极地配合班委会完成班级的工作,比如体育课上体育委员提醒大家站好队不乱说话的时候,我们应该去配合体育委员的工作,但这不是说班委们就和大家不平等了,就有权利随意地指使甚至是欺负其他同学是不是?

学生:是!

问:今天带大家又了解了一遍班委会,那大家现在明不明白什么是班委会了?现在大家来说一说你们现在理解的班委会是什么样子的。

学生:明白(大多数)班委会就是要帮助班级变得更好,班委会就是要带领大家好好学习,班委会要乐于助人,帮助班里的其他同学。

问:那好,下节课我带领大家学习班委会的竞选与选举。[①]

对于低年级学生尤其是刚入小学的学生来说,班委会是一个新鲜的事

---

① 本案例源自《2015 年 3 月 4 日星期三班委会第二次选举前的指导记录》。

物，对它的理解处于一个似懂非懂的阶段。大多数学生并不能够认识到班委会角色与班集体以及普通学生之间的应然联系。利用班委会选举前的指导进行班委会的角色界定，阐释班委会与班集体之间的联系是培养学生集体意识的第一步。课堂时间有限制，针对部分课堂上表现较为消极、似懂非懂的学生，笔者利用课下的时间与他们进行单独的交流。经过进一步的调整，第二次的班委会角色引导取得了一定的成效。在课后与学生的交流过程中发现，他们大多能够将班委会与班集体发展、班级共同目标的实现联系起来，而不仅仅将班委会与班主任等教师联系起来。此外，他们对于班委会与班级同学的关系也有了一定的认知，不再简单地认为班委会就是用来管同学的，而是认为班委会是做好表率带领大家建设班级的班委会。但是由于低年级学生的理解力有限，第二次的引导也并没能够让班级学生都彻底理解班委会角色的内涵，还存在一些机械记忆班委会职责、片面理解班委会角色的问题。这些问题在后期进行班委会选举活动时能够明显体现出来。

2. 在班委会培养中强化班委会角色

为了确保班委会角色在实际的班级工作中能够培养学生的公共精神和集体归属感。教师除了需要在班委会建设之前还原班委会的应然角色，从集体立场对班委会角色进行界定以外，还应当在班委会管理环节结合普通学生对于班委会工作的反馈，在班委会的实际工作中进行针对性的指导和专门的培养来强化班委会的角色。首先，利用班委会的培养工作来引导班委会改善工作方式。班委会的工作方式是影响班委会与普通学生人际关系的主要因素。班委会工作方式反映着班委会对自己所拥有权利的认知，以及自己与普通学生关系的认知。在班委会培养工作中，教师应当引导班委正确认识自己的权利与身份，以合理的方式进行班委会工作。为了确保班委会工作的有效性，教师还应该引导普通学生主动参与班级公共事务，积极配合班委会工作。其次，利用班委会的培养工作来提高班委会营造良好班级心理氛围的能力。较之于具体的班级公共事务，班级良好心理环境的营造则较为困难，它要求班委具有较好的沟通与调节能力。这需要教师在班委会管理环节进行针对性的培养，强化班委团结班级同学的意识，培养、锻炼班委创造班级良好心理环境的能力。

（二）班委会建设过程中的集体意识教育

笔者结合甲班学生对于班委会了解的现状，草拟了一份甲班的班委会建设方案，将集体意识教育工作融入班委会建设过程之中。笔者就集体立场下的班委会建设与李老师进行了沟通，李老师对此表示认可，并支持笔者将这一理念用于甲班的班委会建设工作。笔者用了两个课时进行了集体立场下的班委会建设工作，并通过实践中的总结与后期的完善提出几点的建议。

1. 基于集体立场的选举前指导

（1）班委会选举规则与岗位的引导

个体对于集体规则的遵守可能源于两个方面的原因，一是希望通过大家对于集体规则的遵守，更好更快地实现自己的目标。此时个体对于规则的遵守是基于一种互惠的心理，个体之间是以利益为中介的合作关系。二是希望通过大家对于集体规则的遵守，更好地实现集体共同目标，在实现共同目标的同时完成个体的个人目标。这时个体对于集体规则的遵守是具有集体意识的表现。学生对于班委会选举规则的遵守也可能会出于这两种心理，教师从个人立场出发，引导学生认识到规则遵守与个人利益实现的直接相关性。这虽然在结果上为学生遵守班委会选举规则提供了可能，但是却不利于共同目标的实现且容易滋生学生的个人意识。教师应当从集体立场出发，让学生认识到规则意识与实现共同目标之间的相关性，共同目标与个人目标之间的紧密联系。从正反两个方面的结果引导学生以集体一员的身份去遵守集体规则，从而更好地实现集体共同目标的同时实现自己的个人目标。

除了可以通过班委会选举规则的引导培养学生的集体意识以外，还可以通过班委会岗位来源与性质的解析形成学生集体思维。班委会岗位是教育者根据班集体发展需要而设置的，群体性是班委会岗位的根本属性。岗位之间并无优良中差之分，而仅仅存在履行职责的不同。教师在班委会选举前的指导环节应当让学生认识到班委会岗位的群体属性，引导学生把班委会岗位放到班集体中去看待，以自己的能力范围，而非以个体的兴趣爱好或者班委会岗位职位的高低为标准来选择班委会岗位。另外，既然班委会岗位是因集体发展需要而设置的特殊角色，教师在进行班委会岗位引导的过程中就应当淡化班委会的岗位划分，将班委会不同岗位视作一个整体进行讨论。这样一来，一方面会淡化学生选择班委会岗位的个人偏好，另一方面也会强化集体利益在个人心目中的位置。

(2) 班委会选举与竞选的引导

班委会岗位是集体成员所共享的竞争性资源，学生只有从集体立场出发参与班委会选举与竞选才能够实现资源价值的最大化开发。集体意识引导下的个人选举与竞选行为既能保证选出理想班委会这一共同目标，也能实现班委服务同学的互惠性目标以及个人成功当选的排他性目标。在班委会选举前的指导环节，教师应当引导学生以班委会选举的共同目标统领个人目标，引导学生认识到班委会选举与竞选过程中集体思维的必要性，减少甚至避免学生在班委会选举环节出现的基于个人立场与无立场的班委会竞选与选举行为。

首先，教师解析班委会民主选举的内涵，培养学生的身份意识。20世纪80年代，我国中小学班级对班委会的设置进行了一些改良，民主选举方式已经成为班委会产生的主要方式。它意味着班集体全体成员具有平等地参与班委会权利授予的机会。学生的选举权利是集体赋予的，这意味着每个学生都是集体不可缺少的一员，这既是对于学生是班集体一员身份的认可，同时也是对于集体成员责任的赋予。集体成员在班委会产生过程中不再是被动的个体而是被赋予权利的自由主体。在班委会选举活动中，每位集体成员都对应着具体的角色与相应的义务。无论是作为选举者的普通学生还是作为竞选者的个别学生，他们在选举活动中扮演角色的实质都是参与班集体的建设。班委会民主选举方式在集体中的运作代表着班集体对班级每位成员平等、自由、自主性的尊重以及集体成员资格的认可。

其次，教师引导学生基于集体立场进行班委会选举。班委会选举是班集体建设活动，班集体赋予每位集体成员平等的选举权利。教师应当引导学生尊重集体赋予自己的权利，积极地参与到班委会选举活动中，客观公正地进行班委会选举，从而实现集体共同目标。客观公正的班委会选举应从集体立场出发，客观地衡量个体之于集体的建设性作用，以集体利益的最大化为目的进行班委会选举。班委会选举活动的结束并不意味着普通学生参与班委会事务的结束，它仅是个人行使权利与履行义务的一个开始。

"对于选举的所有同学来说,选举不仅意味着对班级的责任,也意味着对流程和结果的认同。"① 选举者对于选举对象的确定,意味着选举者对自己所选对象的支持与配合。

最后,教师引导学生基于集体立场参与班委会竞选。班委会设置的目的是为了满足班集体发展的需要,学生参与班委会岗位的竞选应以集体发展为主要目标,追求班集体的公共利益。对于竞选者来说,参与竞选意味着个体对于集体做出服务的意愿。竞选者若以获取岗位为根本目的而参与竞选,利用个人人际关系拉帮结派、威逼利诱等方式来实现个人竞选目的,只会导致选举活动成为无序的争夺,所选出的班委无益于集体的发展,不能很好地服务学生。

基于以上分析笔者进行了班委会选举与竞选的引导。以下是笔者对 A 班一次班委会选举与竞选引导的实例。

问:上节课,我们认识了班委会,那么这节课我们就一起来了解一下班委会的选举与竞选。我们现在最经常用的就是民主选举,那么大家知不知道什么是民主选举?

李杰:民主选举就是同学们给参加的学生投票。(大多数学生说不知道)

问:对,民主选举就是把选择的权利交给同学们让大家自己来决定选谁,作为我们班级的同学每个人都是集体的一个成员,都有民主选举班委会的权利。但是大家也要知道民主选举可不是说同学们就可以随便使用自己的选举权利,把自己的票专门投给自己喜欢的或者与自己关系好的小伙伴,而忘了想一想这个同学能不能为我们班级发展做出贡献。大家想一想身边有没有这样的同学。

学生:有——

问:我们选某位学生做班委,就代表着我们信任也愿意支持这位学生的工作。比如你选小水做我们班的班长,就意味着你愿意配合小水的工作,与小水同学一起完成班级的任务。现在大家明白民主选举的意思了没有?

---

① 辛治洋:《从工作到教育:辨明有关班干部的三个认识问题》,《班主任》2016 年第 5 期。

学生：我们自己投票选班委，但是要选对班级有好处的同学。

问：对，在班级中我们每个人都是平等的，都有权利决定选谁做我们的班委。但是不能随便使用自己的选举权利，如果那样的话，选班委会还能有什么意义呢。还有需要强调的就是班级给了我们权利，我们就要积极地为班级选出代表，可不要小瞧你们选举者的身份哦，没有你们的投票，班委会不能产生，所以我们大家都在为班级做事情，那同学们觉得我们在选举班委会的时候应该怎么做呀？

学生：应该积极一点，应该公平……

问：那这是不是说我们只能选择成绩好的同学，而不能选择成绩一般的同学呢？

学生沉默。

问：有些同学尽管成绩一般，但是他们有可能有某方面的特长，大家仍然可以支持他，给他一次展现自己服务于大家的机会。就比如，小言他的体育非常好，虽然他成绩不好，如果他愿意做体育委员我们同样可以给他一次机会。

小雅：原来成绩不好也能够做班委啊！

问：当然了，不是只有成绩好的学生可以作班委，我们鼓励学生都能够根据自己的能力积极地参与班委会竞选。和班委会选举一样，班级的每位成员也有平等的竞选权利。但是在其他班级老师发现有的学生在竞选的时候带东西给其他同学吃，让人家选她。这样的行为对吗？

学生：不对，因为这样不公平。

学生：对，大家要公平竞争。

问：是的，老师理解他们想要当上班委的心情，但是这对其他参与竞选的同学来说确实是不公平的，而且我们竞选者是作为集体的一个成员加入竞选，我们心中不可以只想着自己，不想着班级和班级里其他同学。我发现还有的学生是为了能够得到班委会的荣誉来参与班委会的竞选，这样好吗？

学生：这样是不好的。

问：对，上节课我们说了班委会代表着集体，我们参与班委会竞选应该抱着为集体做贡献的心态，而不能为了得到一点点荣誉就参与班委会竞选是不是？

　　学生：是！

　　问：这些都是我们在下星期的班委会选举中，大家要注意的事情。①

虽然甲班的学生对班委会选举已经有过接触，但是教师并未对其做过相关的引导。学生对于班委会角色的认知是模糊的，只知道班委会是班级中的一个组织，大家要一起参与活动，选出这个组织来配合教师管理自己。集体立场下的班委会竞选与选举理念对于二年级的学生来说更是一个陌生的领域，所以班委会选举指导都是以笔者说为主，学生很难与笔者形成很好的互动。

基于集体立场对班级学生进行班委会选举与竞选的引导，并不意味着班委会选举活动拒绝个体利益、否定个人思维。它只是对于班委会选举与竞选应然状态的回归，强调学生对于班委会公共性的认知。基于个体立场的班委会选举与竞选心理和行为有时候并非是个人主义的萌芽。处在低年级的学生往往并不了解班委会与集体之间的关系，班委会本身具有的光环极容易使得学生基于本能而从个人立场进行班委会的选举与竞选。由于认知的局限性而导致的个人立场选举并不会对学生的集体意识的发展带来阻碍。但是基于集体立场的引导，却能够让学生关注到集体的存在以及集体利益，在个人利益与集体利益之间做出恰当的取舍，同时也能够避免部分学生个人主义思维的养成，培养学生的集体观念。

2. 利用选举情境培养学生的集体意识

（1）选举活动中针对具体问题的集体立场引导

班委会选举活动是全体学生真正参与其中的班集体建设活动，也是学生集体意识教育的关键一环。在研究的过程中笔者发现，班委会选举前的指导工作并不能够保证全体学生从集体的立场进行班委会选举和竞选。或是基于对笔者所引导理念的机械理解，或是由于对笔者所述理念的遗忘等，在班委会选举活动中学生仍旧会出现诸多笔者意料之外的现象。选举活动的现场不能完全被预知，选举过程中问题的出现恰好为教师提供了集

---

① 本案例源自《2015年3月6日星期五第三次班委会选举前的指导记录》。

体意识教育的契机。在班委会选举环节，教师要善于发现班委会选举活动现场出现的问题，抓住具体问题进行及时针对性地引导。让学生在巩固集体认知的同时理解个人立场思维的局限性以及集体立场思维的优越性和必要性。针对甲班班委会选举现场出现的问题，笔者利用具体情境对学生做了进一步的引导，以下是笔者记录下来的课堂引导实例。

情景一　混乱的班委会选举现场

班委会选举活动是在室内进行的一次学生集体性活动。班委会选举的课堂纪律维持问题成为绝大多数班级班委会选举活动都要面临的难题。与其他形式的课堂教学不同，它难以看出有什么具体的学习任务，多数学生状态很放松。选举权利的赋予以及活动本身具有的竞争性，学生情绪难免激动。尽管在班委会选举指导环节，部分教师可能已经提及班委会选举的规则与纪律问题，但是到了选举现场，这些提醒早已被学生的热情所淹没。大多数教师面对课堂纪律问题多会选择直接的斥责与禁止，如"不要说话！"然而，事实证明这并不是一个有效的方法，它能够取得的仅仅是学生为了逃避惩罚而出现的短暂的平静。纪律作为集体生活有序进行的保障，它不应成为控制学生的利器，而应该成为一种集体意识教育的因素受到应有的关注。通过纪律进行集体意识的引导不仅能够实现教师保持课堂纪律的个人目标，还有利于班委会选举这一共同目标的实现。教师应当通过班委会选举过程中出现的纪律问题培养学生的身份意识与共同目标意识。在尊重学生自由的前提下，让儿童意识到自身行为方式的不妥之处。

今天下午第一节课，是甲班班委会选举活动。与往常一样，我在第一节课前30分钟到教室与学生们交流。很多学生围着我问关于选举的事情，根本无法掩饰自己内心的喜悦。学生们这种亢奋的状态一直持续到上课铃声响起还未有所收敛。第一轮是班长竞选，在竞选者竞选的过程中，下面的学生有的议论着、有的在玩自己的小玩具、还有的学生在看窗外。在台上排队竞选的学生也你推我我推你的玩耍起来。当竞选结果公布之后，部分支持者不约而同地发出一个声音"耶"来庆祝自己所支持的小伙伴成功当选，课堂一度处于失控状态。

针对这一情景，我抽出了五六分钟的时间专门对他们进行了纪律的引导。首先，让他们明白在竞选者演讲的时候，其他学生偷偷玩耍或者做自己的事情是对于竞选者的不尊重。在集体生活中，人与人之间的尊重是必不可少的，良好的集体生活环境离不开人与人之间的互相尊重和关爱。其次，结合班委会选举前的指导环节对于学生的引导，指明部分学生不守纪律的行为同样是缺乏集体意识的表现，丑化了班集体的整体形象，是对集体的不负责任。个体的行为影响着整体的形象，同样整体的形象也会对个体的形象产生影响。个体应当尊重作为集体一员的身份，适当控制自己的行为。最后，让其明白个体不守纪律的行为阻碍了集体共同目标（班委会选举工作）的完成。集体共同目标的完成需要班级每位成员的参与和配合。班委会选举活动不是一场可有可无的游戏，它是为集体选举带头人的班集体工作。无论是作为普通学生的选举者还是竞选者都应该为这一集体共同目标而有所为有所不为。

　　让我意想不到的是在李老师不在场的情况下，我对学生的纪律引导竟然真的有几分效果，在接下来的30分钟内，说话的学生少了很多，整个课堂也没刚开始那么混乱。尽管仍有几个学生（班级里比较特殊的三个学生）偶尔在下面偷偷地玩自己的小玩具，还有部分学生忍不住的说几句话，但课堂纪律的整体情况足以让我感到非常惊喜。①

　　纪律问题是班委会选举活动中的显著问题，但同时也是在班委会选举活动中进行集体意识教育的有利时机。教师应当抓住这一时机进行集体意识的引导，通过选举现场出现的纪律问题培养学生的集体意识。教师让学生明白个体行为对于班集体的影响，以及班集体形象与个体形象的直接相关性，不仅能够促进班委会选举活动的顺利进行，还能够在纪律维持的过程中强化学生的身份意识与共同目标意识。

情景二　"她进步了"与"装睡"的小成

　　在班委会选举前的指导环节，笔者引导学生基于集体发展的角度客观

---

① 本案例源自《2015年3月11日星期三的观察日记》。

公正地参与班委会选举。但是到了实际的班委会选举现场，仍旧有学生基于朋友的身份参与班委会选举，有意或无意地忽略个体在进行班委会选举时的集体一员身份。教师需要积极应对具体选举情境中学生的个人立场。首先，教师应当结合情景让学生明白何为基于个人立场的班委会选举。其次，引导学生认识基于个人立场的班委会选举对于实现班委会建设这一集体共同目标和个人目标的阻碍。最后，从个人发展与集体发展的相互依赖性的角度，启发个体认同集体思维的优越性和必要性，在集体建设者角色的扮演过程中形成集体一员的身份意识和集体共同目标意识。

当竞选班长的几位学生读完演讲稿之后，我要求同学们分组举手表决自己所支持的候选人。在我清点第三组学生支持小水票数的时候，发现第四组一个女生小希用笔戳着坐在自己前面正在睡觉的男孩小成。我以为她是在提醒小成准备举手选班长，当我走进才知道原来他是问小成这次能不能选小阳做班长。于是我问小希为什么希望小成选择小阳，她回答道："因为我感觉她学习进步了，她可以给我们做榜样，而小水一直都是班长，表现一直都很好，我希望小阳也可以做上班长。"从小希的话语中可以看出，她认为能够成为榜样的学生就是好学生就能够做班长，而她希望小阳能够成为班长的根本原因是小阳是自己的好朋友。当我问到班里谁是她的好朋友的时候，小希兴奋地指着小阳说："她。"这时候有几个学生小声地说："我们不能选自己的好朋友。"接着我问刚刚在睡觉的小成，为什么刚开始选举就困了，他说自己不困就是想趴着。针对这两个问题我对学生们做出解释：班委会选举并不是要求大家不选自己的好朋友，而是要看看自己的好朋友能不能够有能力做班委。如果我们因为某个人是自己的好朋友就选择那个学生，这就是自私自利的选举行为。当然有能力不仅仅是学习优秀、学习进步了或者能够成为榜样了。比如小希你在选小阳的时候就要考虑这位学生是否有能力带领大家让我们的班级变得更好。不能因为某生是自己的好朋友就有意偏袒，也不能去影响别人的选择。我们选班委会是为了班集体也是为了我们大家选班委会而不是为了我们个人。选举合格的班委会是我们的共同目标，需要我们大家共同的努力。如果我们每个人在班委会选举的时候都从自己的目的出发选自己喜欢的人而不管这个人是否能够有能力,那么所选出的班委并不一定能够让班级有所发展,班级不优秀也会影响我们自己的形象。还有,大家看到我在清点票数的时候,小成刚刚一直在假装睡觉,这样的行为对不对啊?一个学生回答:"不对,上课时候不可以假装睡觉。"另一个竞选班长的学生小杰回答:"不对,我们要有集体意识,因为班级里的成员,每位成员都有自己的工作,都应该积极参加集体活动。"显然小杰的回答是受到了我在班委会选举宣传引导环节的影响,我随之肯定了小杰的回答,并针对小成的行为进行了引导:小成同学虽然并没有睡着,但是并没有积极地参与到选举活动中来。你看他好像并不关心谁得了多少票,哪位学生成为我们班级的班长。如果每个人在班委会选举的时候都趴在座位上装作睡觉,那样的话我们根本就没办法选出班委会了。这样班级就更乱了,我们就没有一个良好的学习环境。我们虽然没有参与竞选,但是班级也给了我们一个角色,我们也要扮演好自己拥有的那个角色,好好认真地对待自己的选举工作。每个人对班级来说都是重要的,只有大家都好好地参与选举,我们才能选出最好的班委,对不对?①

甲班班委会选举过程中呈现出来的问题表明:低年级部分学生的理解力有限,多数学生对于集体观念的理解是机械、片面、不连续的。结合具体情境对其进行身份意识的引导更易于完善学生的认知,促进学生从集体的立场出发积极地参与到班集体活动中。而对于高年级由于道德意志的薄弱而出现的集体立场缺失的班委会选举或竞选行为,在班委会选举活动中,教师应该针对具体问题从正反两个方面向其阐述集体意识的必要性。在班委会的相关引导过程中发现,有个别学生则根本不受笔者引导观念的影响,如在班委会选举活动中假装睡觉的小成,在班委会选举前的指导课堂上,他就趴在桌子上。当笔者走近与之交谈又发现他确实理解笔者所引导的理念。而到了班委会选举环节,他仍旧置身事外。这是笔者在研究过程中遇到的难题。

---

① 本案例源自《2015年3月11日星期三的观察日记》。

(2) 选举活动后面向全体成员的整体性总结

一般情况下，班委名额的确定也就宣告班委会选举活动的基本结束。在班委会选举活动的最后，教师喜欢以普通学生对竞选成功者热烈的掌声来为班委会选举活动画上一个"圆满"的句号。教师将目光仅仅锁定在竞选成功的几位学生身上，而忽略了参与此次选举活动的普通学生和部分落选者。选举活动的最后，教师对于学生的选择性关注实质上让参与选举的普通学生在无形中成为见证竞选者成功的一个背景性存在。普通学生及部分落选者作为此次选举的重要参与者，理应受到教师平等的关注，也只有教师对他们平等的关注，才能够强化他们的集体身份感与集体责任感。在班委会选举活动结束之后，教师应当抓住时机对于参与此次班委会选举活动的所有学生，做一个整体性的总结评价工作。总结评价工作既应该有对当选者的祝贺与期待，也应当对参与选举的所有学生表示感谢，还应该对落选者进行安慰与鼓励。整体性的总结是教师对于全体学生参与班集体建设行动的认可，对学生集体成员身份意识的强化大有裨益。但是在笔者所主持的甲班班委会选举活动并没来得及进行此项工作，由于当天下午第二堂课是实践活动课，班主任李老师提前了几分钟到班级组织学生排队上课，班委会选举的总结工作并未完成。以下是笔者在活动前草拟的班委会选举活动总结提纲。

班委会选举活动的总结环节

(1) 选举活动现场的总体评价

根据现场学生的表现情况，进行随机总结。

(2) 对于当选者的祝贺与期待

对于这几位成功当选的同学，让我们用热烈的掌声对他们表示祝贺，恭喜他们成为我们班集体的带头人。

成功当选的学生希望你们也要感谢其他同学对于选举活动的参与。没有普通学生认真负责的选举便没有你们的当选，没有其他竞选者的积极参与你们参与竞选也就失去意义了。班委不仅仅是一份荣誉，它还是一份责任。班委会是班集体发展的带动者，不仅需要协助教师还要团结带领普通学生。希望你们这几位同学能够以身作则，做好大家的好榜样，做好班集体的带头人，带领大家一起前进，用更好的表现来回馈同学们的支持。

(3) 对于选举者的感谢与要求

我们要感谢一直认真负责地参与这次班委会选举活动的选举者们。你们很好地完成了班集体交给你们的任务。没有你们认真负责地支持配合班委会选举活动，我们班级无法产生班委会。你们是班级合格的小主人，让我们给这些选举的学生们热烈的掌声。

虽然班委会选举结束了，但是并不是说作为选举者你们的工作就这样结束了，班级的工作以后就由班委全权负责了。不同时期你们有不同的角色和任务。在班委会选举的活动中你们要做一名合格的选举者；在班委会产生之后你们仍需要做一名合格的小主人，积极地监督班委会工作，配合自己选出的班委会参与班集体的事务。班级的发展光靠班委会的努力是不够的。比如即使每个班委都做好表率、遵守纪律，但是其他学生若不配合班委，不以良好行为为表率，缺乏班级集体意识，我们班级仍然不能成为最好的班级，取得最多的小红旗，自然也得不到老师的夸奖。每个学生都是这个集体的一位成员，都应该为集体的发展约束自己的行为，配合班委会建设一个美丽的班级。

(4) 对于落选者的安慰与鼓励

至于落选的几位学生，老师知道你们内心应该有几分难过和遗憾，或许还会感觉很没面子。有竞选就会有落选，你们想为集体做事情的态度是值得大家学习的；你们走上台来的自信与勇气是值得肯定的。虽然你们失去了岗位，却赢得了公平参与的体面和尊严。班委的岗位有限，不可能人人都来做带头人，做一名普通学生你们仍然可以通过自己良好的表现来为班级增光添彩，从而取得其他同学的信任。[1]

3. 通过监督与评价的引导实现集体意识教育

(1) 提高学生参与班委会管理的积极性

笔者在观察与访谈的过程中发现，较之于低年级，高年级学生表示不愿意参与班委会管理的人数明显更多。这部分学生多将监督与评价班委会

---

[1] 本案例源自《2015年3月9日星期一班委会选举活动总结提纲》。

工作视为"闲事"。普通学生认为班委会工作对自己来说是一件"闲事"，这就意味着他们在情感上直接否定了班委会工作与自己的相关性，间接地否定了自己与班集体之间的相关性。普通学生对于班委会监督与评价工作"闲事"的界定，体现了个体对自己是班集体一员身份和班集体目标的不关注。在集体中，有身份意识的个体总是处于积极主动的状态，能在不同的时间不同的场合扮演不同的角色。部分学生对于班委会管理工作的不闻不问很好地折射出他们薄弱的集体身份意识。学生对于班委会管理的不愿参与，与教师本身对其话语权的剥夺紧密相关。教师应当引导学生参与班委会管理的积极性，培养学生集体一员的身份意识与共同目标意识。杨小薇认为，个体意义生成的条件之一便是让个体"具有'话语表达权'，即有话要说，有话能说"。① 针对这一问题教师首先在态度上应对学生参与班级管理表示认可和鼓励，让学生在认知上意识到班委会监督、评价工作不是与个体无关的"闲事"，而是与个体关系密切的班集体公共事务。其次，教师要通过实例证明公共事务的解决决定着班集体发展的好坏，也在一定程度上决定了个体发展好坏。最后，教师可以扩大集体的范围，使学生在理解班集体与自己密切联系的基础上，认识到自己与学校甚至大集体之间密不可分的联系，以及个体对于集体应负有的责任。针对乙班很多学生将班委会监督与评价工作视为"闲事"这一现象笔者做了如下的引导。②

  问：大家知不知道"闲事"这个词语？
  学生：闲事就是与自己无关的事情呗！
  问：部分学生将班委会监督工作看作是"闲事"，显然他们的意思肯定是觉得班委会监督是与自己无关的。因为与自己无关，所以感觉自己就不需要参加，多一事不如少一事，省得吃力不讨好对吧？
  学生：对，有的人是这样想的。
  问：乍看起来班委会的工作有的时候确实与我们每个人的关系不

---

① 杨小薇：《价值资源开发与个体意义生成——当代学校课堂教学中道德价值的形成过程探讨》，《思想理论教育》2006年第2期。
② 班委会管理环节的引导实例均来自B班的活动。

大，比如劳动委员监督值日生做好值日，做与不做好像都是他们自己的事情，对于我们个人好像并不会造成什么影响。但是如果由于劳动委员监督提醒不到位班级因此丢分，这将影响到整个班集体的荣誉。作为集体的一员，我们自然也会受到影响。况且有的时候班委会的工作是与我们直接相关的，比如班长是否维持好晨读纪律会直接影响到大家每个人的学习效率。这些表面看起来与集体中每个成员都无直接关系却通过影响集体来影响个人的事情，我们把它叫作公共事务。每个集体中都存在一定的公共事务，这些事务的解决需要每个集体成员的积极参与。班委会监督与评价工作是班级这一集体中的公共性事务。如果大家都能够以集体一员的身份来看待自己，班级中自然就不会存在完全与自己无关的"闲事"。只有将班级中这些公共的事情做好，班级才能够变得更好，每个学生也会从中受益。当然班委会的监督工作也是一样，如果大家都不做，班委会的工作不一定会很差。但是如果大家都积极地参与进来，班委会的工作就会表现得更好，参与班委会工作的监督既是为了集体也是为了作为集体一员的我们自己。在班级生活中，对于班委会工作的关注是大家集体责任感的一个体现。同样，我们也有关心学校公共卫生，遵守学校公共秩序的责任，希望每个同学都能够时刻意识到自己是集体中的一员，可以积极地关注集体的公共事务，对集体的事情有一份强烈的责任感。

学生议论纷纷。

笔者关于班级中"闲事"一词的分析，引起了部分学生的兴趣。围绕"闲事"一词，学生开始小声议论起来。个别学生（班长）带头承认班级中存在着一些这样的学生，有的学生在指责班级中部分不积极的学生不应该只管自己不管班级里的事情，并回忆自己是否有类似的"不管闲事"行为，还有的学生抱怨老师根本不让自己参与班委会管理，似乎是希望笔者能够改变这一现象。不过仍有部分学生置身事外，听完了笔者的引导，便低下头继续做自己的事情。但是从学生们的整体反映可以看出，笔者的引导在当时的情况下对于多数学生起到了一定的作用。

(2) 引导学生以集体发展为目的进行班委会监督

基于集体立场的班委会监督体现了个体对于班级公共事务的关注，是个体有集体意识的表现形式之一。普通学生只有明确班委会管理的目的，把班委会监督的目的指向班委会工作的进步，才算真正扮演好了这一角色。部分学生在监督班委会的过程中公报私仇，或者希望通过自己对于班委会工作不当行为的指正得到教师的夸奖，这些都偏离了班委会监督的本意。教师应当通过对班委会监督目的的引导使学生形成集体立场，以集体发展为目的参与班委会监督。针对乙班级中很多学生偏离了集体发展目的的班委会监督，笔者进行了如下的引导。

> 我发现部分班委在工作的过程中会出现一些比较强势的行为，态度不好或者管理同学的方式比较蛮横，这可能会得罪到部分学生。有的学生就会通过班委会监督的方式来"回击"一下，挑剔他们工作中的一些小瑕疵，"举报"他们等。这种行为实质上就是公报私仇，脱离了班委会监督的本意，班委会监督的目的就是让班委更好地进行班级工作，带领大家为集体的共同目标而共同努力，而不是为某个人解决个人与班委之间恩怨提供机会。班委会工作态度强势，我们可以针对其工作方式实事求是地进行监督与反馈，以使其端正态度平等友好地与班级普通学生相处，这样的监督就是符合集体发展目的的监督。它不仅能够让班委会工作方式有所改善，也利于班级良好干群关系的形成。还有的同学监督班委实际上就是假公济私，希望通过班委会的监督来谋取一些好处，这是自私的表现，与班委会监督促进集体发展的目的完全是背道而驰。在监督别人的过程中还要时刻提醒自己想想自己作为班委会工作的配合者，我们自己是否做到尽职尽责，这才是我们需要的监督。如果每个人在进行班委会监督的过程中都是为了达成自己的一些不可告人的目的，那样班委会监督就只会为班级带来更多的矛盾，班委会工作只会越发消极而不会有所改进。这对集体对大家每个人都只有坏处而没有好处。①

在笔者引导的过程中不时有学生迫不及待地插话，举例子说明身边这些不当监督现象的存在。有个学生感慨："原来班委会监督还有这么多道

---

① 本案例源自《2015 年 5 月 18 日星期一的引导记录》。

道啊！"显然笔者对于班委会工作监督目的的分析对于大多数学生来说是新鲜的。不少学生事后告诉笔者，他们有时候并没有意识到自己的监督行为存在些许问题。诚然，在班级生活中，很多不被教师禁止的想法与行为往往被学生误认为就是合理的。纵使教师禁止了某类行为，而若不加以引导，学生仍旧不知问题究竟出于何处。面对小学生在班委会管理中出现的不以集体发展为目的的监督行为，教师首先应该让学生知晓班委会监督的应然状态，指出学生实际监督过程中出现的问题及招致的后果。其次，引导学生认识到班委会监督工作是旨在促进班集体发展的班集体公共性事务，作为集体一员的个体应该以客观公正负责的态度面对集体的公共事务。在监督他人的过程中审视自己作为班集体一员职责的履行状况。最后，从班委会监督与评价的公共性角度出发，从正反两个方面引导学生客观公正地面对班级公共事务，不做集体公共事务中假公济私者和公报私仇者。

（3）引导学生以班委会工作为评价的价值立场

只有以集体发展价值实现为基本标准的班委会评价工作才是公正的班委会评价。学生根据班委纪律管理的好坏，班委的性格好坏或者与自己关系的亲疏而对于班委会工作做出或好或坏的评价是对班委会评价价值立场的偏离。学生对于班委会评价价值立场的有意或者无意偏离，会直接影响到评价的效果和学生在评价他人过程中集体一员身份意识的养成。笔者根据B班学生在班委会评价过程中出现的问题进行了如下的引导。

班委会是代表着班集体的，对班委会进行评价的时候不能够忽略这一点。班委会评价是大家共同参与的班级公共事务。班委会评价，评价的是班委会的工作，评价的是班委们有没有很好地扮演班委这样一个角色。班委会角色是服务于集体，带领大家一起实现集体的目标，而不仅仅是管纪律。所以，大家评价班委的时候应该多方位的进行综合评价。一个班委管人很严格不一定就代表他（她）就扮演好了班委这样一个角色。比如我们班的小含，我看她对大家的管束很严格，但是她对自己的要求就不严格，眼保健操的时候经常不好好做。当然，也不能够认为一个班委为人大度比较友好就是一个优秀的班委。虽然班委的为人处事是评价班委优秀不优秀的一个标准，但是它只是班委综合表现的一个方面。评价班委的过程中最不应当的就是根据个人与班委的关系好坏对其进行或者好或者坏的评价。这对班委来说是不公平的，也不能很好的激发班委更好的工作，反而还会激化同学之间的矛盾。班委会评价是一件公共性事务，面对班级公共事务，你们需要以集体一分子的身份参与到班委会评价工作中，不应当掺杂过多个人的情感色彩。以某某朋友，某某同桌的身份进行班委会的评价这一集体公共事务，是一个人缺乏集体意识的表现。这种自私自利的行为定将会影响到整个集体的发展。要想让集体获得更好地发展就需要每位同学充分地尊重集体一员的身份，认清集体的共同目标是什么，为集体的发展共同努力。①

在很多班级中，班委会的评价工作并没有一个严格的标准，学生会以班级主人翁的身份随心所欲地对班委会工作进行点评，而全然不顾班委会评价的目的所在。普通学生在评价班委的过程中将"公共"一词抛之脑后的现象已是屡见不鲜。教师若不加以引导，班委会评价不仅不能够促进学生的集体责任感，反而容易让公共事务强化了个体的个人意识。为了避免这一极端现象的发生，教师应该引导学生客观公正地进行班委会评价。使学生明白班委会评价是以班委会工作为评价价值立场的班级公共事务，个体作为集体的一员应当紧紧围绕班级工作对于班委进行或好或坏的客观评价，而不应当掺杂过多个人的情感色彩，或者有意偏离班委会评价的价值立场。

班委会管理工作是班委会建设工作的最后一环。班委会选举结束之后，教师应该利用班委会管理环节进一步培养学生的集体意识，鼓励学生积极参与班委会管理工作并针对具体问题进行耐心的引导。让学生在参与班委会管理的过程中认清班委会的本质，以集体一员的身份参与班委会的管理工作中。减少甚至避免学生在集体公共事务面前的无集体意识行为，培养学生的集体身份意识和共同目标意识。

---

① 本案例源自《2015 年 5 月 18 日星期一的引导记录》。

第六章　奖励中的集体意识教育

奖励是"对个人或集体正确、良好的思想行为给予肯定或表扬"。[①]学校中的奖励形式多样，种类丰富，主要包括有形奖励、社会性奖励和活动性奖励三种类型。有形奖励又包括物质奖励和符号奖励。铅笔、本子属于物质奖励，分数、作业本上的对号属于符号奖励。社会性奖励往往指向人际关系，比如教师对学生的一个微笑，一句夸赞，对该学生作为榜样的认同或肯定。再举例说明活动性奖励，比如学生表现好就可以获得观看动画片的机会、可以获得提前下课休息的机会。

无论是何种奖励，教师都需要对奖励进行集体意识角度的解释，这种解释在一定程度上使学生对奖励有了合理而清晰的认识并且能够在集体立场上端正心态、正确看待奖励，从而使整个班级良好地运转。奖励在集体意识的指导下持续发生，其所蕴藏的价值观就会渐渐对集体产生激励效用。

一　研究对象与资料收集

（一）研究对象

奖励多发生在中、低年级，这些年级的学生活泼好动，乐于接受教师的各类奖励。但是一、二年级的学生尚处于集体意识萌芽阶段，并且语言表述能力有限，笔者很难与一、二年级的学生谈论和沟通集体意识教育。因此，笔者将研究对象限定于小学三年级。在三年级的任课教师中，笔者选择了喜欢运用奖励手段的班主任余老师。余老师担任班主任有两年了，且是笔者所在高校的硕士，与笔者有着天然的

[①] 顾明远：《教育大辞典》（第一卷），上海教育出版社1990年版，第135页。

亲近感。同时，余老师到安徽师范大学附属小学的时间不长，作为青年教师，对于管理班级有时仍感到力不从心，"我感觉自己进学校时间不短了，但是教育教学效果上提升还是不大"。余老师经常向经验丰富的教师讨教，以提升自己的教学能力。因为余老师迫切希望提升自己的能力，所以也希望与笔者合作。"希望你能在观察中把发现的问题记下来，也能够给我提提意见。"正是在这种相互影响中，笔者通过与余老师的合作开始了对集体意识教育的探究。

(二) 资料收集

本章采用的资料收集的方法主要为观察法、访谈法。资料搜集的时间跨度超过 18 个月，从 2014 年 2 月到 2015 年 10 月，所收集的资料主要包括如下四个方面的内容。

40 节课的课堂记录和 10 次学校奖励活动的记录。奖励中的集体意识教育不仅发生在课上的教学活动中，还存在于学校举办的部分活动中，因此笔者记录了课上和课下的奖励活动。课上奖励活动包括教师组织的竞技比赛奖励活动、课堂积极评价活动、各类学习奖状颁发活动等，课下奖励活动包括学校组织的三好学生奖励活动、美德少年奖励活动等。

对余老师的访谈。笔者研究的班级是余老师做班主任的班级。笔者与余老师的谈话内容包括研究内容和计划、研究中的问题与困惑、被访谈者对集体意识教育的看法。谈话的地点在教室内、办公室里、操场上。

对其他人员的访谈。部分老师对笔者的研究也感兴趣，尤其是年轻老师很乐意与笔者交谈，分享他们对于奖励和集体意识教育的看法。另外还有对学生的访谈，访谈内容涉及对教师奖励行为的理解、内心的感受以及对被奖者的看法。

实际物品的收集。包括教师的奖励物、学校奖励的宣传海报以及前期的宣传资料、学生日记。

二 缺乏集体意识教育意蕴的奖励

在该校，奖励的方式颇多。小到班级笑脸奖章，大到校级的荣誉奖励。有时仅仅是老师的一句鼓励和表扬，有时却是手上沉甸甸的奖品。而在学校的各个班级内，都贴着诸如"蚯蚓比赛加加油"的小组竞技表、"星星榜"等优秀学生展示表、"班级小达人"的个人事迹展示。在这些琳琅满目的奖励背后，教师到底是如何理解奖励的呢？奖励是教师管理的权杖还是教育引导的辅助？而学生又是如何看待它的——是为了获奖而努力还是不为奖励"折腰"？奖励在集体意识教育中到底扮演着什么样的角色、起着什么样的作用？

（一）有集体意识教育意义的奖励

奖励涉及教育教学中的方方面面，但并非任何奖励都有道德意义。杜威经验论给出了道德行为的三个判定标准。一是自愿性：行为主体的行为必须出于本人的自愿，该行为才可能具有道德意义。即行为主体是有着自知之明的人，自己的选择遵从了自己的意志而非被他人强迫，并且这种行为具有稳定的品格而不是偶然发生的行为。二是选择性：道德的情境中行为主体面临两个或者两个以上的选择，选择之间有冲突和矛盾，从而构成了问题情境。比如在去散步和去赴约这两个情境中，行为主体必须做出选择，而且选择其一就不能选择其二，其中就蕴含了道德的意义。三是社会性：人与人交往的道德行为的社会环节要满足两个条件，其一是该行为必须在社会脉络中发生，其二是该行为的选择必须与他人的利害相关。比如开窗行为，如果在知道开窗后会使他人着凉的情况下坚持开窗，那么开窗行为便具有了道德意义。这样的行为不顾及他人的利益，是自私的行为，因而也是不道德的。如果只是因为自己需要新鲜空气而开窗，且开窗不影响他人，那么这个行为则与道德无关。[1]

诚然，奖励是道德教育的途径之一，也是集体意识教育的重要途径，但是奖励的行为如果不发生在社会环境中，不基于人与人的关系，也就不可能产生集体意识教育。因此我们不能一概而论，认为所有的奖励行为都必须要实现集体意识教育。结合杜威给出的道德意义的三个判断标准，我们可以总结出具有道德经验的行为的含义，即在由价值观念引起的自觉自愿的活动中主体面临冲突和矛盾的情境而作出谨慎选择的外显行为。因

---

[1] 参见单文经《杜威道德教育理论研究》，博士学位论文，台湾师范大学，1988年，第58—64页。

此，我们有必要厘清教育中奖励的不同目的，澄清在什么样的奖励情境中可以实现集体意识教育，点明什么样的奖励行为并不必须和集体意识教育绑定。鉴于此，通过在学校中的观察，我们发现教师往往基于以下四个目的来实施奖励行为。

给予反馈。奖励的反馈功能在课堂教学中被教师经常利用，学生行为需要得到教师对应的信息回馈，学生下一步的行为才有方向。教师经常对回答正确的学生给予掌声是在告诉学生"你回答得对"，朝着这个方向继续努力，对回答错误的学生给予更多思考的时间则是告诉学生"你的回答可能有误"，需要改正。

维持秩序。小学生活泼好动，喜欢新鲜事物，因而让他们一直在学习中保持安静是一件难事，于是奖励便成为使活动秩序维持正常的措施之一。教师为了维持班级秩序的良好状态，往往会对秩序良好的小组或个人进行表扬，通过表扬的方式以期获得整个班级的安静状态，保证活动或教学的顺利进行。当教师利用奖励维护秩序时，学生往往面临着两种选择，一方面希望得到教师的奖励，另一方面难以克制活泼的天性，冲突情境给予道德意义一定的空间。而教师在实施奖励时一方面希望通过奖励使班级安宁，另一方面要考虑班级中个人与个人以及小组与小组之间的利益冲突。因而维持秩序的奖励可以被集体意识教育渗入，并且是渗入的良好契机。

树立榜样，创造氛围。在班级中，教师也通过奖励为班集体树立榜样。榜样的树立，一方面赞扬和肯定榜样，另一方面激励他人效仿班级榜样。教育中的奖励不仅要促进学生个体的发展，也要激发班级甚至学校形成积极向上的氛围，学生在教师的激励和肯定下形成积极乐观的学习态度以及力争上游的氛围。比如奖励关爱他人的学生，在班级中营造了道德文明的氛围；奖励课堂中积极回答的学生，在班级中营造了进取竞争的氛围。榜样的树立牵涉到一个人与一群人的关系，因而以树立榜样为目的的奖励也为集体意识教育的开展提供了便利。

激发兴趣。丰富的奖励手段激发了学生学习的浓厚兴趣。当学生对某一事物产生初步的兴趣后，教师的奖励行为会增加学生的喜悦感，进一步强化这种兴趣。比如科学课上讲授地球公转和自转时，学生答出问题后，教师就将属于该学生的小星星贴在地球仪上，学生兴趣大增，课堂十分活跃，想要回答问题的人也络绎不绝。

通过以上分析可以得出结论——学校教育中的奖励行为并非都能提供集体意识教育的机会。奖励如果只基于单向的信息反馈和激发兴趣的目的，不存在冲突与矛盾的情境，不涉及道德考量，也就不会提供集体意识的教育机会。而当奖励被运用到课堂管理、气氛激发、榜样树立中时，有些教育者却人为制造竞争环境和竞争目标。我们无法否认竞争客观存在，但当前的教育工作者往往通过限制资源的供给（如三好学生的指标有限）或增加竞争性资源和机会（如谁坐得端正谁就有发言机会）进行奖励，从而影响了受教育者的社会认识的客观性。这就需要教师对集体意识进行合理的解释，从共享性、分享性和独享性的角度全面分析资源的特征，引导学生用共同目标统领个体目标，用身份意识统领"身份证"意识，从而实现德育的时代使命。

（二）奖励时忽视了集体意识的教育机会

在对教师的质性研究中可以发现，教师往往把课堂和教学作为教育的主战场，而把班级的奖励活动看作教育之外的附加品。在奖励活动中，有的教师会无意识地错失集体意识教育机会。比如下文案例中，李老师将奖励看成控制学生的工具，余老师将奖励看作课堂里激发学生积极性的手段，办公室里其他老师将奖励看成学校布置的一项工作任务。教师对集体意识教育的漠不关心也使学生被奖励手段控制而最终丧失对奖励的兴趣，有的学生为了获得奖励而"不择手段"，学生对于奖励的理解片面。教师往往归咎于"学生的性格调皮""家长的不理不睬""教学任务繁重"等外部因素，忽视了从教育理念的角度为学生树立集体意识的教育目标。

1. 任务性的奖励使教师忽视奖励的教育功能

评选三好学生是学校每年的大事，但是落实到班级中则变成了老师的难事。对于每年一次的三好学生评选的程序和方式方法，教师们的手段是多种多样的。在办公室里，教师们也向笔者说起了他们班的处理方式。

> 王老师说："我最多就花一节课来公布下三好学生和积极分子的名单。以前都是我直接指定，不然太麻烦，学生们不会选，我就自己看着表现优秀的把他们勾画出来，然后依次分派为三好学生、体育标

兵、文艺标兵等。"

问："那学生们没有怨言吗？没有他们的参与，您直接选出来？"

王老师说："没有啊，因为我每年的名单都轮换，这样只要表现有进步或者不是特别差的都有荣誉。你看比如我们班宋小成绩不是很好，我这次给他弄上社会积极分子奖，他们都没意见。而且之前这个班级的老教师也用这个方法，她还告诉我就用这个方法，这样省事。"

余老师说："我们班自己选，我就让他们自己选，大致把评选的细则讲下，比如就投票啊什么的，然后大家就选，选出来是谁就是谁。"

问："那您有跟学生在选的过程中说清楚三好学生的意义、过程、教育性吗？"

余老师说："这……因为学校催得急，我事情也太多，我也就赶快选出来交上名单，其他的没想多，选出来就行了。"

张老师则在一旁开始抱怨："真的不知道怎么选，我感觉我们班的学生都达不到我心中的'好'，没一个真正像三好学生的，又成绩好、体育好、品德好，真没有！太难选了。"

只有刘老师告诉我："我们班选三好学生时，我先把规则给每个人传阅看一下。因为选的过程也是教育的过程，对照标准他们自己也知道自己的不足，然后他们自己推选符合标准的人选，基本上他们推选的人数也正好就是一个班级所要求的三好学生人数，所以就容易选了。"

评优，不仅仅是通过"评"选出"优"，其本质目标在于实现"评"与"优"之间投射出的教育的反馈功能。评优的最终目的在于促进儿童的发展与整个集体的发展。学生并非仅是个体的独立存在，一人独评没有优，唯有存在于集体中才有优，一个人只有在群体的互动联系中才能显现出卓越。通过评优在集体中树立榜样，身边同学的榜样力量更清晰，也更容易使人产生认同感，获得奖励的学生也能更好地展现并保持"社会我"的身份，实现个体的成长。

任何集体都需要先进人物，在班级中每个学生都渴望被认可与鼓励，希望自己成为成功者并得到赞誉，就像学生王勇说："我当然期盼（成为）三好学生了，得到它说明我优秀啊。"三好学生评选是每个学校的一次大规模的奖励活动。这种评优式的奖励，不仅关乎评选出来的对象，更是关乎集体的事，关乎每一位参与其中的班级成员。这样大规模的活动被大部分教师理解为"麻烦事""走程序""选出来就行"，将评优仅仅当成一项学校派下来的任务。"怎么事情这么多，又要评三好学生""上次才弄完美德少年什么的，麻烦死了，又有事了，今年催的还这么紧"以及教师口中的"这样做省事""反正选出来就行了"，体现了教师对奖励的两种看法。

（1）奖励是一项需要完成的任务。

很多时候，教师认为奖励与思想教育是不搭边的，奖励就是奖励，教育就是教育。"奖励也就有一些反馈、激励的效果，教育的话效果应该不明显。""有些事情不是奖励能解决的吧，你看家长不配合我们，我们再教育也不行。"上述观点认为，事务繁忙或家长的不配合等外界因素导致学生的一些问题。殊不知，奖励过程中一些难得的教育契机就这样被错过了。学者黄向阳认为，我们学校的德育不仅仅是德育室的事、班主任的事和仅仅在班会上的事，人人皆是教育者，事事皆是教育事。学校是教育的场所，德育工作、教育工作无不渗透在教学工作的方方面面，教育中的奖励和惩罚更是教育教学的一部分，而教师大多把奖励教育当作例行公事。这导致了集体意识教育处境的尴尬与困窘。

（2）学生是集体中不可信赖的群体。

在评奖过程中，集体意识难以深入的原因还有难以破除"学生是不可靠的"的思想壁垒。"学生们不懂"，"他们有时候不会选，不能放手给他们"，"我们老师选方便些"。老师们嫌麻烦体现了老师对学生的不信任和不放手，老师们往往自己大包大揽，以减少后期不必要的麻烦。殊不知，这样丧失了集体教育的机会。那么，学生是否真得那么"懵懂无知""不可信任"呢？在与学生私下的交流中，当笔者问到三好学生怎么选、选哪些人的时候，学生纷纷献策："我觉得选三好学生应该公开公平公正，有时候我不知道为什么老师就选他了，是不是因为成绩好呀，可是我也有进步啊。""老师，我觉得三好学生只是个称号，真心为班级干实事的才能当选，我支持他们。""凭什么三好学生就选成绩好的呀，成绩好的人不可能永远好下去，有责任心才是最重要的。""三好不仅靠嘴巴，还要靠实力。"从学生的言论中我们得知，尽管他们对三好学生的标准与意义不清楚，但是他们都对三好学生的标准与意义有一定的想法与见解。正因为他们对三好学生的标准与意义模糊不清，才需要教师洞悉学生内心的真实想法并加以正确引导，更需要教师结合学生的想法将奖励置于集体讨论中，让奖励能"看得见""摸得着"。教师"放心不下"学生，奖励的标准、奖励的过程、奖励的方式都是由教师一人说了算。这样的教育思想使教师在实施奖励的过程中难以民主和平等，集体意识的教育机会白白被浪费。

2. 奖励的速效性特征使教师忽视了奖励应具有集体目标

由于小学生活泼好动，教师需要管理和规范小学生的日常行为。用余老师的话说："管孩子比教孩子难多了。"对于学生行为的管理不仅在于维持良好的教学和生活秩序，保证教学活动的顺畅进行，更在于培养学生在集体中的良好行为习惯。余老师所在班级中的学生大多调皮好动，这让许多教师头疼不已，而李老师就是其中一位。李老师是该班级的信息技术老师兼副班主任，对于管理班级学生的方式，李老师除了利用说教就利用奖励的方式，"奖励是他们的软肋，能够镇住他们"。一次班会课上，上课铃打响后学生们仍在打闹，但是李老师吼了半天仍然无济于事，于是李老师又拿出了撒手锏——奖励诱惑。

"怎么班级还不安静，怎么会这么吵，好，我要给每个小组画五星。"

"第一小组，安静了没有！"

第一小组迅速安静了下来，李老师满意地给了第一小组一颗五星。

"好，接下来，第三小组我给一颗星。"

"第二小组，你们有没有坐端正！还没坐端正？好，第四小组一颗星。"

"第三小组呢，第三小组呢，还是这么吵？还有第一小组，怎么又有声音了？"

奖励的威慑力在今天似乎只起到了几分钟的缓解作用，虽然画星活动仍在继续，但是仍然止不住爱说话的学生说话，教室里的气氛由之前的安静变成了喧闹。

课下，笔者继续就课上的事情追问李老师：

"老师，您刚刚上课画星了，为什么要通过画星来解决问题呢？"

"因为奖励能管住他们啊，学生们为了得到星星会安静下来。"

"那您在课堂上会经常用到奖励吗？"

"经常用啊，笑脸贴纸、五角星、小组钩什么的很管用。只要一用，他们就立刻安静。"

"那您用奖励的目的是什么呢？"

"管理他们的行为啊，就管住他们就行了，不来点诱惑不行。"

"那今天奖励似乎没用啊！"

"这个说不好，这个班级的学生就是调皮，没办法！"

对于李老师的奖励诱惑，学生们吃不吃这一套呢？于是笔者也到学生中去了解情况：

"李老师给你们的奖励你们喜欢吗？"

"喜欢呀！"

"那李老师有时候给小组画星、让你们安静，你们安静了吗？"

"有时候会吧，我也不知道。"

"那你们知道为什么要安静吗？"

"老师希望我们安静啊，而且我们得到星星我就很高兴，我也不知道为啥老师让我们安静。"

"那现在为什么有奖励也不安静了呢？"

"习惯了呗，而且星星也不吸引我了，大家都吵我也就跟着吵。"

毋庸置疑，李老师利用了奖励的速效性特征，奖励的速效性体现在奖励对行为的迅速控制上。奖励的控制功能早已被斯金纳和巴普洛夫的研究所揭示。20世纪初，美国心理学家桑代克提出了三大学习定律，即准备律、练习律和效果律。其中的效果律则对应了上述的满意变化，在获得满意的变化（即奖励）后，学生在类似的环境中就会重复同样的动作。桑代克看重奖励在改变学生行为中的作用，认为奖励就是使人感到愉快或进行强化的物品。桑代克与斯金纳的研究认为，奖励提供使人们愉悦的刺激，从而令人更好地进行之后的行为，而惩罚则激发人们的厌恶之心，行为只被暂时抑制而不会永久改变。奖励的管理与控制功能被广大教师所利用，教师也尝到了奖励所带来的甜头，但奖励的行为塑造理论使教师将奖励只看成机械性的工具，将其利益化。教师利用学生想要奖励的心向，急功近利地实现班级管理和行为塑造的目的。而学生容易在追求奖励的过程中为了奖励而急功近利，一旦目的达到或是对奖励厌倦，奖励的控制效用也就消失殆尽。

教师这样的做法，实质上将奖励的目标具体化为个人而非集体的目标。教师往往利用奖励以实现做"此"就得"彼"的目标，即给予星星就能使学生即刻安静。为了控制学生做出教师自己所想要的行为，教师会给学生他们所想要的奖励物品。这样使学生慢慢遗忘集体，教育活动中剩下的只有学生依赖和受控于奖励。因为学生对分数重视，所以将分数与行为挂钩；因为学生想要这类活动，所以将奖励与学生想要的活动挂钩。这无非一步步地让学生个体慢慢地依赖奖励，对奖励上瘾。学生对奖励的依赖体现在两个方面。一是做事的动机与奖励挂钩，一有奖励就动，没有奖励就动不了。比如案例中的奖励失灵，教师归咎于学生生性顽皮，实则是学生"习惯了呗，而且星星也不吸引我了，大家都吵我也就跟着吵"。二是对事物的评判标准受教师奖励的引导。凡是教师奖励的或表扬的行为就是好的行为，没有奖励的或表扬的行为就是不好的行为。"恋上"奖励的学生所犯的错误就是太"重视"教师的反馈信息了。他们一直依赖教师的评估，依赖教师对优劣的判定，而没有形成他们自己的判断。比如当笔者问到为什么每个人需要保持安静时，他们所言"老师希望我们安静啊，而且我们得到星星我就很高兴，我也不知道为啥老师让我们安静"。这些奖励诱惑让学生自身缺乏理性思考，缺乏对奖励的集体意识目标的追求，而以外在的物质奖励作为评判标准。教师对奖励中的集体意识目标不加解释，只是一味地享受奖励所带来的速效管理效果，最终即便使出浑身解数，课堂仍是嘈杂一片，更谈不上集体意识教育了。

3. 奖励的竞争性特征使教师忽视集体中的规则引导

举手是学生在课堂上的惯常之举，把举手机会作为奖励手段也是老师调节课堂气氛、激发学生积极问答的方式之一。比如余老师在课堂上喜欢把举手当作奖励争夺战的战利品。而小学生们往往争强好胜，乐于显示自己知识渊博,将举手发言看成一种你争我抢的比赛,将举手被老师点到看成竞赛获胜的象征。因为教师是这场举手问答竞赛的裁判和导演,只有教师能左右学生们参加举手问答竞赛的结果,才能选择给予关注还是撤销关注。①比如,小学三年级语文课《画风》这一课时中,老师问同学们:"作者是怎么把风画出来的?"问题一出,立马小手如林。教师先点了李强回答问题,李强同学刚说到一半,未被点到的王刚同学立马迫不及待站起来说:"老师,他说的不对,我来说正确答案。"学生张林也按捺不住,把手高高举过头,急忙站起来说:"老师,我也知道答案,老师,你快叫我啊。"显然其他举手未被点名者已经顾不上回答问题的规则和回答者接下来发言的内容,抓到了李强同学的一个错误,仿佛抓住了一个难得的机会,也顾不上老师的点评,只是一味地打断别人的发言来获取属于自己的发言特权。在一句句的"老师,我,看我""老师,我会,快叫我"的叫喊声中课堂由老师提问题前的安静一下子转入混乱。尽管老师不断提醒"同学们小点儿声""大家安静点儿",仍不能让兴奋的未被点到的学生平静下来。教师原本希望通过举手的公平与秩序增强学生的集体意识,却让整个班级变成一团乱麻,集体意识荡然无存。这也使笔者好奇,对于为什么争抢发言机会,学生们的回答是:

"因为发言好啊,老师会表扬你。"

"因为老师说小朋友要学会积极发言,这样老师会喜欢我。"

"老师说积极发言评选三好学生的时候会考虑的。"

"只有我会啊!"

"我知道我就想回答啊!"

从以上回答可知,学生举手仿佛不是单纯为了发言,而是为了竞争,为了打败举手中的其他竞争者,"其他人只是衬托'我'之优秀或思维正确的工具"。② 他们往往夸大举手回答的价值,将原本公平的举手发言行

---

① 参见 [美] 埃尔菲·艾恩《奖励的惩罚》,程寅、艾斐译,上海三联书店2006年版,第91页。

② 高德胜:《竞争性学习观的道德审视——由"别人发言我举手"现象引发的思考》,《教育科学研究》2007年第9期。

为片面地理解为在教师心中被认可,理解为在班级中地位的提升。于是,举手行为从发言的提示信号变成了教师对学生的一种无形的内在奖励,成为学生们眼中的稀缺资源,从而引发了学生之间不良竞争的局面。对于用举手发言来吸引学生回答问题,余老师又是怎么想的呢?

问:"老师,您为什么喜欢把举手当作吸引学生回答问题的小诱饵?"

余老师说:"其实,学生们比较在意老师们喊谁,感觉你在关注他(她),这样他们的积极性就提高了。但是你也能发现越是让学生们举手,就越管不住学生们了,比如我们班的吴晓华,举手时比谁都激动,就怕我不叫他,而且嘴里还哼哼唧唧的。"

问:"这也是我观察到的一个现象,'举手'一出,学生都在抢,反而破坏了秩序。"

余老师说:"这个没办法,小学生本来就好胜心强,我也跟他们说过很多次了,让他们遵守规则,没办法,他们就是克制不住,这怎么解决?"

奖励的稀少必然引起竞争,每个人都想赢是必然的,有竞争就会有争抢,难道奖励这样的特点破坏了集体意识?在《我们时代的神经症人格》中,霍尼从社会学的视角解读社会中的人们的焦虑的产生。当"焦虑""竞争"这两个词在笔者脑海中盘旋时,笔者似乎理解了卡伦·霍尼对由病态竞争等非正常竞争带来的焦虑的解读。卡伦·霍尼说:"对他来说,只有一件事是重要的,这就是能否超过其他人。这种态度必然会使得他对任何事业都丧失真正的兴趣。他真正关心的问题并不是他所做的事情的内容,而是通过这件事他可能得到什么样的成功和名望。神经症病人可能意识到自己爱与他人比较的态度。"[①] 卡伦·霍尼称这种竞争为病态的竞争,而当下稀缺资源的争取也是病态竞争。教师以稀缺资源激发学生的斗志来获得自己理想的课堂效果,而没有任何教育性解释,导致种种病态的后

---

① [美]卡伦·霍尼:《我们时代的神经症人格》,冯川译,贵州人民出版社2004年版,第48页。

果。一是使学生将自己的目标扩大化，认为自己要发言的目标高于保持课堂秩序稳定的目标，并且以个人的目标为傲。这种类似野心的目标掩盖了集体的目标，学生不仅要取得成就，而且还要让自己显得独一无二。二是学生会显示对对方的敌意。正如举手问答一样，学生把老师的喜欢当作自己的珍宝，其他人都是与我无关甚至要抢夺珍宝的敌人。对于举手回答的机会，争抢总比自己失去机会要好得多。于是学生抱有"只有我知道，老师最喜欢我"的态度。在个人主义的视域下，破坏性的打断别人发言比自己按秩序发言更好。"我的成功建立在别人失败的基础上"的心态将我与他人割裂，将自己在集体中的身份遗忘，对竞争倾注了过多的个人主义的情绪。三是学生对学生身份的焦虑。每个人都希望通过自身的奋斗和不懈的努力来获取身份的证明，但若这种身份稀缺，人们不得不为身份而竞争。在课堂上自己在教师心中的身份地位、在同学心中的身份地位直接与教师在课堂上几次叫我发言、发言后教师又奖励了我几次有关。

诚然，有奖励就会有竞争，正当的竞争能够激发集体的积极性与创造精神，在与比自己强劲的对手竞争时人会不断地提升自我。竞争并不必然是集体的对立面，病态竞争无论在共同目标上还是在个人身份上都基于个体私利，追求个体的胜利而非集体的胜利。我们应摒弃这样的个人主义的竞争方式，建立集体意识下的竞争规则，使奖励具有集体意识的教育机会。

（三）在奖励中曲解了集体意识的教育内涵

在调研中，并不是所有的教师都对集体和集体意识熟视无睹，也有教师有意识地利用奖励来加强班集体的凝聚力和团结力。比如在以下案例中，宋老师希望通过均衡奖励实现人人有奖，每个人都笑逐颜开；余老师关注落选者的心理感受，用安慰奖、鼓励话来使他们重新拾起信心。但是教师所认为的集体意识是宋老师口中的"每个人都没有输赢"，余老师口中的"让落选者还有机会"以及"合作"，教师脑海中的这样的"集体意识"并非是真正的集体意识。教师这样的理解曲解了集体意识的真正内涵，将集体意识中奖励的共同目标曲解成了"平均""机会""合作"，将集体意识错解成对集体中每个人的照拂，实则落脚于集体中个人的利益。这样的目标使学生忽视了奖励所能给个人带来的自身发展与给集体带来的进步动力，而使学生在奖励中丧失了集体目标，没有了竞技的积极性。学生要么在奖励后仍将目标局限于下次奖励的获得，保留自己独有奖励的排他心理；要么在合作中保留保护自身利益的个人意识。

1. 在奖励中将集体意识教育曲解为实现集体中每个人的均衡发展

宋老师喜欢"人人有奖，皆大欢喜"的局面。有次上课的内容是认识克和千克。还没开始上课，教师早已在黑板上写下了五个小组的名字，原来这节课教师要以每个小组的表现来画星评比。教师依据该小组的发言次数和安静程度来给每个小组画星。小组里有人发言一次，就能为小组加一颗星，小组在教师教学过程中始终遵守纪律，也能为小组加一颗星。因为教师的小组评比，各个小组的成员都踊跃发言，并且当有小组成员不遵守纪律时，教师会适时提醒，课堂秩序都能立马恢复正常。就在课快要上完的时候，第一、三、四小组有四颗星，第二、五小组有三颗星，剩下的几分钟里各小组鼓足干劲，一个个小手几乎同时高高举起。但是笔者注意到教师只从落后的两个小组中挑选学生发言，最终每个小组星星一样多。下课时教师高兴地宣布每个小组星星一样多，不分胜负，但是各小组都不约而同地发出了哀叹声："唉，没意思。""怎么会这样！"对于这样的局面，笔者也感到好奇和诧异，明明领先的小组中的学生先举手，也更活跃，怎么最终结果正好是平局？难道是教师刻意减少竞争、尽量减少小组之间的差距而平衡各小组的星星数？于是笔者赶紧找该课的任课教师宋老师了解情况。

"老师，最后每个小组都有五颗星星，是您所期望的吗？"

"是的，不能让有的组太优秀，也不能让差的组太差，所以得最后弄个平局，这样大家皆大欢喜。"

"那老师这样做的目的就是平衡各小组的心态吗？"

"是的，新课程改革的教学理念不就是不能让孩子太过有竞争性吗？不然容易挫伤其他学生的积极性，所以我每次弄小组竞赛结果都是平局，没有输赢，这样输的小组也就不会灰心失望。"

宋老师所进行的集体中每个小组、每个人都有奖的设置似乎合情合理，人人有奖，不存在竞争与对抗，也就不存在我们之前所说的个体主义的竞争手段。而且宋老师的话表明其目的也是指向集体的，"大家皆大欢喜"。一开始笔者甚至认为这样的"人人有奖，皆大欢喜"的方式能够促进学生集体意识的良好发展，但是与学生的一次聊天却使笔者发现情况并不是这样的。

"真没劲，本来我们小组一直是领先的啊，为什么后来老师就不叫我们小组回答问题了？"

"好失望，下次再也不那么积极了，到最后还是平局。"

"真幸运，本来我们组倒数，结果跟他们有一样多的星星，这样也行呀。"

"我无所谓呀，反正积极与不积极，都是平局，我又不想发言。"

数学老师宋老师抱有的思想是"人人得奖，皆大欢喜"，这似乎照顾了集体中每个小组的感受。但从学生的角度看，人人得奖等于人人没有得奖，最终想要努力取胜的人失去了信心，不想凑热闹的人搭了便车。这样的"平均主义"无形中造成了两个弊端。

一是社会惰化，"社会惰化是指个体在群体内工作比自己单独工作付出更少努力的倾向"。[①] 在这堂数学课上，有的学生有"无所谓"的心态及"窃喜"的心态。其成绩不是自己努力得来的，而是教师为了平衡给予落后的小组机会而得来的。仔细分析，这样的"搭便车"并不是集体意识，而是类似于"不劳而获"和"小人得志"的个人意识。宋老师这场看似利于集体公平的奖励活动实则出现了反效果：想平等地对待奖励活动中的每个小组，给予每个小组相同的权利并使每个小组享受相同的成绩，反而造成实际上的不平等。教师搞平均主义，好的小组怨声载道，差的小组暗自窃喜。教师为了达到自己心中所想的平等，要么阻碍某些小组回答，要么赋予某些小组回答的特权，最终造成了真正的不平等。

二是低廉的奖励导致学生对奖励失去兴趣。学生们怨声载道："真没劲，本来我们小组一直领先啊，为什么后来老师就不叫我们小组的同学回答问题了？""好失望，下次再也不那么积极了，到最后还是平局。"学生

[①] 徐晓华：《竞争氛围中个人奖励方式与团队奖励方式的研究》，硕士学位论文，华东师范大学，2009年。

对下次奖励也失去信心。奖励的竞争性在于在集体中个体因为有限的资源而不得不在竞争中不断地提升自己，以自己的提升来带动整个集体的发展，这是竞争的魅力。竞争中的人看到自己的不足、竞争中的人获得了提升自我的目标与途径、竞争中的人享受着竞争所带来的奋发与欢喜，这是集体意识教育所追求的竞争效果，也是竞争的价值所在。但事实上教师这样刻意降低奖励的门槛，人为地使奖励平均化，不但抹去了奖励本该有的竞争性，也让严肃的奖励竞争贬值，让荣誉变成了儿戏。孩子们逐渐看淡奖励，甚至对奖励彻底失去兴趣。当然，教师认为孩子只有拿到奖励才能体现孩子的价值，这种看法本身就在传递有悖于集体意识的价值观。

苏联心理学家维果茨基研究发现："个体道德成长和能力发展均表现出渐进性特征，处于'最近发展区'的教育要最有助于实现个体的发展。"[①]"最近发展区"的学生通过跳一跳就可以摘下果子，奖励的发展性目标就在"最近发展区"。发展性目标是大家共有的，这样在集体意识的牵引下，每个人获得了自身的发展。教师息事宁人的均衡奖励掩盖了奖励的集体意识竞争价值诉求，也使学生个体不再相信奖励。

2. 在奖励中将集体意识教育曲解为对集体中落寞个体的安慰

教师总希望得奖的人实至名归，但是在奖励实施过程中，结果往往并不如人所愿，比如去年的三好学生评选。学生沈阳是老师心中也是公认的三好学生人选，得到了同班学生的赞同："沈阳学习勤奋刻苦，对人又热情，特别好，沈阳很优秀。"而沈阳也表示："我觉得我去年一定会当选三好学生的。"但是结果却是沈阳以一两票的微弱差距落选了。对于被选上的人，同学们的看法也在笔者意料之中："我选的王林，因为我喜欢跟他玩。""黄浩然上次选了我，所以我这次选了他。""我和陶乐是好朋友啊，我选他。"去年痛失三好学生使学生沈阳变得郁郁寡欢，过了很长时间才慢慢走出来。余老师十分关注和喜欢沈阳，笔者向余老师寻问这个学生的情况。

问："余老师，沈阳情绪低落，您做了哪些工作？"
余老师答："我就是一直安慰他，还是需要他自己的调节。我有

---

① 刘磊：《论教育中的奖励》，《教育研究》2011年第2期。

时单独把他叫到办公室来,我告诉他失败一次并不可怕,下次还有评选,要重整旗鼓、力争上游,他妈妈也时常安慰他。"

问:"除了安慰,老师您还做了哪些工作?"

余老师答:"这次的学习委员我就直接任命了他,这孩子对奖励比较看重,上次的三好学生没有获得,所以这次我就直接任命他为学习委员,他也挺开心的,怎么说呢,算是弥补吧。"

问:"您觉得这样有效果吗?"

余老师答:"应该有点吧,他妈妈做工作也是一方面,你看,这次的三好学生评选他也申请了。"

这样的事后安慰,余老师不止一次地实施过。余老师认为对于没有获得奖励的学生,或者对奖励过于看重的学生,适当的事后安慰是有必要的。余老师认为:"这有利于弥补学生内心的失落,毕竟,有总比没有好。"问题是,这样的安慰是否有用?这样的安慰指向的是集体还是"个别人"?"下次还有机会"的学生到底有没有机会?于是,笔者试探着寻问沈阳关于这次评选三好学生的事。

问:"沈阳,你这次为什么又要竞选三好学生?"

沈阳答:"上次我没选上,老师说还有机会,所以这次我势在必得,一定会选上!"

问:"那你知道三好学生意味着什么吗?或者说它对你有什么用处?"

沈阳答:"就是证明我学习好啊什么的,证明我是优秀的,我要向别人证明自己,我就是要选上。"

再次审视教师的"安慰话""下次还有机会,一定是你,老师看好你"以及教师的"安慰奖""作为弥补,这次我让他当学习委员",我们不难发现,教师对于奖励的理解仍然停留在让"谁"得奖励、选出"谁"配得上这个称号的阶段,指向"选出谁"的问题而非"教育了谁"的问题。在行为主义的指导下,教师使用安慰的言语以及作为弥补的奖励,通过刺激—反应发挥作用。教师抛出奖励,只希望符合自己心中期望的人选获得奖励,不论是事后的安慰还是任命为班干部的弥补,无不向该学生传达着这样的理念:"这个奖本该属于你,下次这个奖励你仍然势在必得。"这样的奖励目的在于"获得"而不在于"发展",奖励指向个人而非集体。学校是教育的场所,"教育领域中的奖励不同于社会活动中其他领域的奖励,后者主要以最大限度推动生产力和劳动效率为目标,而前者必须服从并服务于教育的根本目的,以促进学生的发展为宗旨"。①"'优秀干部'和'三好学生'这些奖项原本是要激励和陶冶学生追求崇高、向善的生命理想,鼓励和褒奖他们承担更多的社会责任。"②

如果设置奖励的目标仅仅被锁定于选出应该得到奖励的人,那么设置奖励的意义也就仅仅局限于在个体视角下选出得到奖励的个体,这并非奖励的最终旨趣,这样的奖励失去了集体意识教育的机会。学生沈阳的目标是"一定要选上"和"势在必得",仅仅着眼于"选"与"得",这样的奖励目的观使得儿童的个人本位意识被肆意强化,进而使儿童走进了对奖励的认识误区,儿童过早地着眼于"功利"和"利益",也使他们的道德判断能力一直处于低水平的发展阶段而很难向高层次迈进。

(四) 奖励背离了集体意识教育的初衷

在笔者的观察中,奖励与集体意识教育有时出现了完全背离的状况,即部分教师实施的奖励,不但没有促进学生集体意识的萌发,反而在一定程度上促进了个人意识的滋长,导致学生越来越自私自利。设置某些奖项的目标仍然局限于某些理想学生获得奖励,某些优秀学生享有某些资源的优先权,奖励的实施由教师一人主宰。这样的个人本位思想制约着教师实施奖励的效果。有的老师经常私下里叫一些优秀的学生到办公室来进行言语奖励"老师很看好你",这样的私下奖励只让部分学生"独乐乐",没有使大众受到教育。教师在这样的奖励行为中将奖励看成个人的事,奖励指向个人的"独舞",关注的是这个人的"奖励感受",奖励的实施过程则只是"选出"获奖人选的过程。教师以个体意识为主导的奖励思想会导致学生对集体意识的背离。

---

① 刘磊:《论教育中的奖励》,《教育研究》2011 年第 2 期。
② 刘磊:《现时代我国教育中奖励的困境及其应对》,《教育科学》2015 年第 2 期。

1. 为得奖励而在集体中做好事

在调研期间，学生王然在班级里的行动引起了笔者的极大兴趣，因为她乐于助人，比如常常在课下帮助同桌王婷婷补习功课和抽背课文，但往往都是任课老师在班上时她才帮助同桌。这个学生的"乐于助人"是故意为之还是无意为之？为了求证，笔者特地找到了她的班主任。

"老师，我观察到王然好像出奇得热心，这个孩子在班级里是不是很乐于助人啊？"

"嗨，她才不是呢，你在的时候她就当着你的面做，你不在的时候她根本不这样。"

"还有这样有心思的学生吗？"

"有啊，她可鬼精呢，还有一次做早操的时候，别的人都下去了，她最后一个走，竟然主动把教室的灯关了，还特地跑到我面前说：'老师，我把灯关了。'平常我们教室每次都没人记得关灯，那次正好我在教室看着他们下去，你说她精不精。"

"她为什么这么做呢？"

"这个学生非常希望得到老师对她的关注，做什么好事都喜欢当着老师的面做，不就是希望老师表扬她啊或者知道她做了好事啊。"

"那其他学生对她这样的行为有什么看法吗？"

"其他人我不知道，王然的同桌王婷婷反正对她的帮助非常反感，有时候我看到王然当着我的面帮助她，她反而不怎么理睬王然。"

而余老师的话也从王婷婷那里得到了证实：

"王婷婷，老师看到下课后王然帮助你抽背书、听写单词，你高不高兴呀？"

"还好吧。"

"什么叫'还好呀'，有人帮你还不高兴呀。"

"我不是很喜欢她帮我。"

"为什么呀？"

"好假！"

"咦，她可是在真帮你呀，怎么假呀？"

"她都是装的，余老师下课检查作业的时候，她就帮我，余老师去办公室了她就出去玩了。"

而其他同学对王然的评价也大同小异——"成绩挺好，就是太爱表现""就喜欢老师说她好"。

三年级的学生能有这样的"精明"确实让笔者感到惊奇，她不仅善于表现，更会在争取奖励心理的驱动下做出不少小聪明的举动。毫无疑问，这个学生在外在动机的驱动下做着给别人看的事情，但是为什么会形成这样的现象呢？余老师认为"这个孩子的性格可能就这样"，但据笔者观察，班级中有这样行为的学生不在少数，只不过王然的行为太过于明显，难道这些学生每个人都是这样的性格吗？

而在后面几天的观察中，笔者发现了一个有趣的现象——余老师是个特别喜欢奖励学生的老师。奖励其实无可厚非，但是余老师却事事奖励，奖励太过频繁。比如刘东同学主动把纸屑捡了起来，余老师非常高兴地在班级里表扬了他；闫磊同学把教室打扫干净了，余老师让大家来夸一夸他；作业连续五次认真完成的学生可以获得五角星奖励。这样大肆宣扬与夸赞学生自己分内的事情（或者说学生本应该做的事情），是不是导致班级中作秀的群体心理形成的根源呢？苏霍姆林斯基说："把美好的东西看作是应该的，这是道德教育中一条最富有真理的原则。夸奖、爱抚非常必要，但必须非常恰当地运用。"① 如果学生应做之事被教师不断地激励，那么应做之事是否就变成了刻意之事？

带着这样的疑问，笔者向学生们讨教。"老师，我告诉你一个小秘密吧，我们一年级的时候老师说在读书课上认真读书就能得一朵小红花，于是我就把书天天带着放在我面前，老师根本不知道我并未在看书，还夸我爱读书，我得了好多小红花，嘿嘿。""还有交钱，有次我捡到钱交给老师，老师夸我，我特别高兴，然后你知道吗，龚飞有次就把他吃早饭的钱交给老师说是捡到的，我太鄙视他了。"学生的反馈表明，泛滥的奖励成

---

① ［苏联］B. A. 苏霍姆林斯基：《怎样培养真正的人》，蔡汀译，教育科学出版社1992年版，第218页。

了学生们作秀的诱因。在集体中做好事应出于学生良心的呼唤，而教师的夸大奖励将做好事变成了学生讨好教师的工具。有时学生在表扬和奖励的驱动下，做事给别人看，表面上做着的对集体负责的事却未基于内心深处向善向上的自觉意识的。这并不是说不能奖励孩子，而是应该利用奖励让孩子明白做自己本分的事不应获得奖励，不能把帮助集体和他人当作自己爱慕虚荣的手段。

2. 把高分数当作在集体中优胜的代名词

考试是教师评价学生的常见手段之一，对于在评价学生的方式中占主导地位的考试，学生格外重视。2班刚刚结束了一场考试，老师在改完卷子后也立即公布了分数。事后笔者与学生聊天时总是有意无意地聊到最近的这场考试。

"最近一场语文考试你们考得怎么样啊？"

"考得不是很好。"

"老师说你们了吗？"

"没有。"

"我没有超过我的同桌杨强，他考了97分。"

"那你考了多少？"

"我才考了93分。唉，我怎么老是考不过他，真是的，我作业做得比他还认真啊。"

"那你可以向他讨教啊？"

"我才不呢。老师我告诉你吧，我有本习题册，特别好。这次考试还考到一道上面的题目，我妈妈给我买的，我才不跟他说呢，不然他又超过我了。"

"你为啥怕他超过你呀？"

"因为只有考好了才能被选上班干部，才能选三好学生，我这次又没戏了。"

这个时候旁边的王秀突然哭了起来。

"老师，怎么办，我回家妈妈肯定要打我！"

他考了85分，是班级倒数的分数。

我在一旁忙安慰他，学生李力走了过来，欢喜地跟我说："老师，我这次考差了，才考了96分，我妈妈让我考100分呢。"

我说："你考96分还差啊，考这么好！"

学生李力嘿嘿地笑了起来，很显然，此时王秀的头埋得更深了。

我意识到学生李力似乎在失败者面前炫耀自己，严肃地说：

"分数高意味着什么，你知道吗？"

"说明我优秀啊，我好啊！"

"那一个人能够一直优秀下去吗，有常胜将军吗？"

"不知道！"

"一次的优秀能代表永远优秀吗？同样地，一次失败能证明这个人会一直失败下去吗？"

李力摇了摇头，但还是笑着离开了。

考试并不新鲜，学生们对考试结果的反应也大同小异，有的为胜利而骄傲，有的为失败而恐慌，有的为不公平而愤懑，分数在集体中到底意味着什么？余老师很重视分数，但在笔者所观察的大大小小的班会中，余老师总是就分数谈分数，缺少对学生树立合理分数观的引导。分数对于儿童来说，是隐形的奖励，不是物品，不是荣誉，但在儿童心中却胜似荣誉与奖励，就像李力说的："考试分数就决定着我的心情，考得好我就特别高兴，考得差我就特别伤心，我爸妈不满意，老师也会把我叫到办公室。"分数如奖励般左右着儿童的心情。教师对于考试仅仅提供"订正"与"判断优劣"的指导，而学生则把分数当成一种符号。"分数"这类符号承载了某种规范和文化的意蕴，代表了人们的一种期待与要求，也代表了符号背后的价值与标准。这样的符号能给学生提供更多的鼓励，成为激励他们的手段和方式。如果能多设立一些奖励的形式和符号，比如班级之星、小小发明家等，就有更多的学生能获得不同形式的鼓励，由此促进他们的成长和进步。但是我们不得不承认，这些我们认为有用而且琳琅满目的教育符号，发展到现在已经不单单是纯粹的符号了，它同时还在学校教育中被不断地放大，并发生变异，实实在在地衍生出了许多实际的价值和利益，蕴含了两种功能。

一种功能是集体中的区分功能。在某种层面上说，奖励（如分数）所发挥的作用已经超越其本身所具有的激励作用，奖励被人为地赋予了权力、地位、资源的意义。由于分数总是有高有低，集体中不可能人人是高手、个个是满分，有"考得好"的就有"考得差"的。考得好的慢慢地就会给自己贴上好学生的标签（"我考得好说明我优秀啊"），考得差的就会给自己贴上"差生"的标签（"老师，反正我就是不行"）。奖励连接着教师的权威和学生的自我评价，就像学生王秀所说："三好学生什么的跟我什么关系都没有，我的成绩就这样，老师能想起我也就是让我参加运动会。"奖励也影响他人对某人的评价，从而实现区分功能。"老师，我们都不喜欢和她玩，她上课睡觉，成绩又差，老师经常批评她。老师，你也不要理她。"学生会意识到奖励的区分功能，进而在集体中自我定位。就如学生告诉笔者"考不好就被叫到办公室啊，要么老师就说我啊，我挺难过的"。奖励在集体中的区分功能，把集体中的人人为地分割为好的和坏的两个部分。甚至在学生的心中，会产生他人的"好"预示着自己的"坏"、他人的"赢"意味着自己的"输"的想法，集体相对闭塞。

另一种功能是集体中的优势功能。对于高分的学生，这种符号的获得常常产生"马太效应"，分数的提升使自己获取了更多的资源。比如在余老师的班级中，分数与评奖评优挂钩，而余老师班上的数学老师则喜欢将小组长的分配与期末考试的加分相联系。学者王海英认为："奖励有利于儿童资本的获得。有奖励的儿童不仅拥有有形的荣誉，更重要的是，奖励的获得意味着人际关系的改善。"① 奖励在无形中带给学生"身份"上的利益，并形成了一个循环：奖励使获得奖励的学生拥有更多的资源，进而获得更多的奖励。其他没奖励的学生很难进入优势者的圈子。

分数的作用到底是什么？在集体中分数是学生能力发展的助推器，还是教师控制个别学生的"指挥棒"？分数是对集体中优秀学生的褒奖，还是对集体中落后学生的责罚？我们应该使每个分数都具有教育意义，都成为学生前进的一种动力，这便是我们倡导的崭新的现代分数观，是有集体意识的分数观。"每一个分数都应该成为一种动力，应该引起学生正面的反响，否则分数就失去了它的教育意义。"② 教育家沙塔洛夫的话值得我

---

① 王海英：《学前教育社会学》，江苏教育出版社2009年版，第227页。
② 余文森：《"取消分数"抑或"奖励分数"——以评分制为焦点的现代教学评价改革比较研究》，《比较教育研究》1994年第6期。

们思索。旧的分数观不具备集体意识所要求的内涵，对学生没有区分，没有发挥集体资源的优势，有的只是个人发展的动力。

三 在奖励中开展集体意识教育的建议

通过以上调研可以发现，集体意识教育的现状并不乐观。在奖励中，教师往往会忽视集体意识的教育机会，曲解集体意识的教育内涵，背离集体意识教育的初衷。奖励本应该促进集体意识教育，但是到底怎样做才能赋予奖励以集体意识教育的功能呢？通过笔者与余老师的合作，本研究认为应在以下三个方面进行努力。

（一）在奖励中对学生集体开展集体意识教育

如前文所揭示的，学生与学生之间要么是个体与个体之间互相独立的关系，要么以合作的关系相处。在合作的关系中，每个人都基于自身利益而做出投入多少的判断，同时为了诱导对方在合作中尽量满足自身的利益需要而刻意伪装自身的合作心态和状态。在合作中，如果制度公平且有序运转，那么每位参与者都是他人实现个人利益的工具；相反地，自己都是他人的敌人，他人是自己实现自身利益的阻力，需要被转移甚至消灭。从前期的调研结果看，一个突出的问题就是师生在奖励中对集体意识的概念理解不清，对集体意识的内涵把握不透，对集体意识有一种"剪不断、理还乱"的感觉。可见，引导学生形成集体意识思维是实现奖励的集体意识教育功能的第一步。

1. 奖励时澄清共享性、分享性和独享性目标的关系

集体意识教育试图使受教育者明白，一个人除了有属于每个人的利益尤其是物质利益外，还有一种超越个人、超越利益的特殊需求。这种需求不排除其他参与者，恰恰相反的是，参与者越多，越能增加参与者追求该特殊需求的价值和信心。集体意识教育不排斥对个人利益的关注，但更强调每个人的思想和行为与其在集体中的身份相配。也就是说，"合作意识教育强调的是妥善处理好个人与个人之间的关系，而集体意识教育看重的是个人与一切人的关系，即每个人的自由发展是一切

人的自由发展的条件"。① 在奖励中，区分集体目标中的共享性目标、分享性目标和独享性目标尤其重要。

马卡连柯"在集体中，为了集体和依靠集体"的教育思想指出了集体意识培养的一个理念：面对集体来进行教育。在集体中进行教育指教育整个集体，让集体中的每个人都受到同等教育，把教育变成集体的事来引导学生形成集体意识。具体到班级中，在集体面前怎样进行奖励才能赋予学生集体意识，使他们理清共享性目标、分享性目标和独享性目标呢？巧合的是，笔者在调研期间正好经历了该校一年一度的三好学生评选活动，大部分班级都已经选出了三好学生，而余老师所在的班级迟迟没有选出三好学生。当笔者与余老师沟通、希望合作开展三好学生评选活动时，余老师欣然同意。余老师隐隐感觉到之前的评选总是"走过场"，没有什么实质意义，现在又苦于该怎样选。而笔者则想通过三好学生评选来寻求在奖励中让奖励发挥集体意识教育功能的手段。带着这样的目标，笔者帮余老师拟定了一份评选前的引导文本。

三好既是自己的，也是大家的。

三好学生不是对学生进行等级区分，而是整个班级的参照物。要向学生说明的是三好学生不是选出成绩好的学生当三好学生，不是颁发荣誉证明三好学生的成绩优秀，而是班级需要一批各方面素质优秀的学生来为大家做出榜样、提供参考。这就牵涉到了一个人与一群人的关系：如果没有班集体或者班级只有你一个人，你的成绩、你的品德、你的其他种种能看出好坏吗？显然，没有比较就看不出好坏，如果班里只有你一个人，没有其他人，没有参照物，你总会以为自己是最好的，那么你也没有进步的空间。有了班集体，就有了比较和参照物，你也明确了自己进步的空间。如果人人都是三好学生，人人都自我满足，那么整个班集体就不会进步了，所以我们需要三好学生来给大家做参照物，让整个班级都进步。

三好学生不是坐收渔利者，应是整个班级的推进力。三好学生不

---

① 辛治洋：《从"合作意识"到"集体意识"：当代德育目标的应然转变》，《教育研究与实验》2017 年第 6 期。

仅仅等着被模仿、被崇拜，更需要在自己好的基础上带动他人好。这就体现了三好学生的第二个作用：带动作用。我们不仅需要普通大众学习三好学生，也需要三好学生影响普通大众。可以向学生说明：如果我们班级有一批人成绩优秀，但是这批人只顾自己优秀却不顾他人和整个班级的优秀，那么我们的班级还能整体进步吗？既然每次的进步只是这些三好学生的进步，那么这些三好学生对班级的作用不大，我们还需要这些人吗？显然，这样的三好学生评选只促进个别人的进步而不促进集体的进步，只满足了个人而没满足班级。

非三好学生并不是班级不需要的人。三好学生是用来带动大家学习的，并不意味着自己不是三好学生，就没有义务帮助他人学习。三好学生是班级发展的榜样和促进者，其他人作为班级的一员，仍然要做好自己应该做的学习工作，甚至协助三好学生帮助落后的学生进步。

结合之前对班级为什么需要三好学生的分析，大家可以集体讨论三好学生的标准。（可以说说曾经被选上三好学生的学生做过哪些事，配不配三好学生的称号；有哪些同学虽然之前不是三好学生却也事事体现出三好学生应有的面貌。这样可以提高学生对三好学生的认知。）最终落脚在两点上：一是被选者自己要好（德、智、体等方面都要好，这些可以体现在学习成绩、班级活动、学生相处中），二是被选者带动他人在德、智、体等方面进步，发挥带动作用。但是要避免两种错误标准。一种标准指向亲密度。评选三好学生不是选择与自己关系亲密的、与自己交好的，而是要为班级选择出参照物、助推器、动力源。不应考虑狭隘的哥们儿义气，而应考虑班级的共同目标。另一种错误标准指向个人，选择班级中个人成绩优秀的学生，认为个人进步就是"三好"，过于片面，不考虑整个班级的进步。

评选后应进行疏导说明。（1）投票者为班级选出了进步的动力源，你的一票很有价值。今后应该像三好学生一样，不但努力提升自己，更去带动大家。（2）被选上的学生要珍惜集体给予你的信任和责任（因为你获得了超过半数的支持），没有集体就没有三好学生。集体赋予了你荣誉，你更要为集体服务并帮助班级中的其他学生实现各方面的提高。（3）落选者遵守了相关程序，使整个活动有条不紊地进行，并且和大家一块参与评选，同样为你们鼓掌。

对于这样的引导，余老师没有任何异议，也同意在班级内按照这样的引导来进行评选前的教育。下面是余老师的评选前教育课堂实录。

余老师："首先宣布2013—2014年度三好学生评选即将开始。我们班一共有5个三好学生名额，当然了，我们所有学生的眼睛都会盯着三好学生，对不对？"

生："对。"

余老师："谁都想当三好学生，是不是？"

生："是。"

余老师："老师一贯以来都强调，三好学生不是一个结果，而是一个过程，我们始终要以三好学生为灯塔，朝着这个方向努力，靠近三好学生的标准，是不是？"

生："是！"

余老师："我们很多同学应该知道，我们在电视上会看到各种各样的比赛，这些比赛里面会涌现出很多很多非常出色的选手，这些选手的才艺各不相同，根本没办法进行比较。这不像我们的跑步，你跑得快就是冠军，这种评比是看实力的，也看运气，也看偶然，对不对呀？你赢了，是一件很欣喜的事情，你输了，并不代表你不行。对不对啊？"

生："对。"

余老师："所以我们要清楚，三好学生是我们努力的方向，没有得到没有关系，毕竟只有几个名额呀？"

生："5个。"

余老师："就像我们班级要去竞争全年级的两面红旗一样，没得到难道我们就不活了吗？"

生大笑。

余老师："没得到难道我们就放弃努力了吗？"

生："不能！"

余老师："对，这两面流动红旗和三好学生一样，是我们努力的一个目标，以这些目标为指引，去努力地靠近。"

生："是！"

余老师："第一，首先我们要达成一个共识：这是一个目标，是我们努力的方向。第二，三好学生只是一个参照标准，比如我们班的沈阳，如果放到其他班里面，也许毫不意外就是三好学生，但也有可能拿到其他班里面去只是那个班普通的一员。我们这5名三好学生是相对于我们班的51名同学来说的，他们相对要比其他同学优秀，要更努力点，品德要好一点，这是一个相对的标准。当我们全班都很强的时候，当选三好学生就显得特别得不容易，对不对！当我们全班都很弱时，那么这个三好学生选出来也没有什么代表性，知道了吗？三好学生的荣誉听起来很好听，但是得到三好学生荣誉的同学要清楚：是全班同学把这项荣誉给了你。如果我们班只有10名同学，那么我们班只能有1名三好学生；如果我们班有40名同学，那么只能有4名三好学生；是因为我们班有51名同学，所以我们班有了5个三好学生的名额。所以你选上三好学生，你要感谢谁？"

生："全班同学的支持。"

余老师："懂了吗？"

生："听懂了。"

余老师："好，第三点，如果你得到了三好学生的荣誉，你需要明白的是这不是一个结果，不是说你的努力就到此为止了，因为你明年很可能就被其他同学超越了。也就是说，对于去年的三好学生我并不能保证今年你还是三好学生，今年涌现出来了很多很努力的同学，是不是呀？"

生："是。"

余老师："那你今年评上了，明年就不一定评上，但是你今年评不上，明年有没有机会评上呀？"

生："有！"

余老师："前提是你得——"

生："努力！"

余老师："要加油。你哪些方面存在不足，要努力地把这些方面补起来。那接下来说一说三好学生的标准：思想品德好，成绩好，体育好。思想品德方面要怎么评价？比如你会不会爱护同学，当班级有同学需要你帮助，你是踩他一脚不愿意去帮助他，还是乐于伸出援手？这是第一种。第二种，你看，我们班有51名同学，老师在调整座位的时候会考虑各方面的因素，你周围是你能匹配的、能互相帮助的。比如说刘镜文带张臣涛，陈维在带余陈磊，张崇乐于帮助尹子恒，李玲和黄浩，徐阳和陈飞，陈小曦和陈豪。你看看，这些乐于助人的同学都是有很好成绩的。你们都将成为三好学生的竞选者，因为你们不挑座位，乐于帮助同学。没有利用其他同学的短处来展示自己的长处，总是尽可能地超越自己，这一点我觉得特别重要。接下来我们看学习成绩，我会依照这两个学期的总分列出前20名作为参考，所以什么很重要？"

生："学习成绩很重要。"

余老师："体卫标兵在打扫卫生的时候有没有嫌脏怕累啊？"

生："没有！"

余老师："跑步的时候有没有不想跑了啊？"

生："没有！"

余老师："当然课外的实践活动也是是否爱好体育的判断标准。今晚开始准备你的竞选宣言，讲明自己在成绩和品德方面为班级做的贡献，将体卫的成绩和获奖证书复印件带给我，时间截至下周二。先写自荐信，先写想获得哪一项荣誉，然后写明参与竞争的理由，让其他同学为你投票，好不好？"

生："好。"

余老师："最后一点，也是我特别想强调的一点，全班有51名同学，我们有多少同学竞争不到三好学生呀？"

生："46名。"

余老师："那这46名同学要不要停止努力呢？"

生："不要。"

余老师："要不要伤心难过呢？"

生："不要。"

余老师："那要怎么样？"

生："加倍努力！"

余老师："如果评选三好学生让这46名同学伤心难过、停止努力，这5名三好学生，我宁愿不要。"

生："啊？哇……"（吃惊状）

下课铃响。

在老师的这番引导后，学生们怎么想呢？他们也积极地给予笔者反馈。

"原来三好学生是这三好呀，以前我从来不知道。"
"老师，原来只有学习好还不行，还要为班级负责呢。"
"老师真这么想吗，如果我们难过，她会不高兴呀？"
"老师这么在乎我们的感受呢。"
"我觉得奖励不重要，做个好学生最重要。"

当笔者将学生的反馈告诉余老师时，余老师表现得很惊讶，之前她没有做过类似的宣传引导，也不知道学生对奖励的概念是模糊不清的。余老师说："学生能有这样的想法，已经达到我的目的了。"余老师的引导在笔者提供的材料的基础上又加上了自己的想法，她的想法主要有以下几点。一是强调荣誉对个体的意义在于过程，强调荣誉并非最终结果。二是将个体成绩的价值维度建立在集体的价值维度上，让学生明白三好学生的价值含量取决于整个班级的整体实力。三是强调三好学生对整个集体的参照意义，弱化了三好学生的区分功能。四是强调非三好学生在班集体内的主体地位。余老师最后说如果5名学生让46名学生伤心难过，她宁愿不要三好学生，让学生大吃一惊，这点在学生的言语和表情中表现出来。

2. 奖励时帮助学生形成集体身份感

余老师在评选前的引导厘清了集体意识的基本概念，但缺乏对身份感的解释。应该让学生有一种身份立场。有身份的人的身份指该人属于某个特定集体，没有特定的集体就没有特定的身份。所以，集体立场是有身份的人的基本立场。有身份的人能在不同的时间与场合扮演不同的角色，因为时空变化带来所属集体的转换。在集体中有身份的人在实现自己最大价值的同时也实现了集体最大的价值。对于有身份的人来说，思考问题的出发点首先是集体行动的便利与每个人价值的实现，而不是自己该如何取舍。所以，"有身份的人关注的是集体中每个人的尊严和价值，为了尊严和价值，有身份的人制定或遵守规则，然后依据规则做自己的分内之事，承担分内职责"。① 在引导时，教师应当注意身份在集体教育中的重要性。

一是利用奖励引导学生注重集体中不同个体身份的关联性。在各种奖励活动中，余老师总是担心选上的人骄傲、未选上的人失望。虽然学生们很少直接找余老师倾诉对奖励结果的各种不满，但是私底下每个人都有自己的想法，要么觉得余老师偏心、要么觉得程序不公、要么觉得选上的人不够格。奖励、集体、班级在学生心中没有任何关联。班级里的奖项把班级的人划分为获奖者、未获奖者、旁观者。获奖者沾沾自喜，未获奖者黯然神伤，旁观者则旁若无人地观看。这样的局面源于教师并没有解释清楚奖励与集体的相关性，教师要说明奖励不仅仅利于某类人，更利于与自己相关的整个集体。迈克尔·沃尔泽指出社群中有两种供给：一种是一般供给，一种是特殊供给。一般供给的内容是公共的利益，比如班级的公共资源（例如图书角），是每个人都享有的权利；而特殊供给则供给非排他的个人利益，从表面上看特殊供给是将利益给予了某些人，但是这些人又能反过来带动整个集体，这样的利益供给也可以说是一种公共利益供给。班级的奖励活动更像是特殊供给，需要把获奖者与集体关联起来，使获奖者明确获得权利的同时也要履行义务。集体赋予了获奖者得奖的机会，那么获奖者获奖后更要对集体负责并服务于大家，让集体涌现出更多表现得更好的人，得奖的人不只停留在骄傲和自豪中无法自拔而忘却了自己肩上沉甸甸的责任。与此同时，教师还要关注集体中未获奖者的定位与价值。对于未选上的人，余老师之前从未关注过。因为这场评奖评的是获奖者，至于未获奖的人，用余老师的话说："总是不自然地认为可能他们自己也认识到自己不够格，所以我也没想那么多。"但是在评奖中，忽视未获奖的参与者就将未获奖者排斥在集体之外，仅仅把未获奖者当成"投票器"，集体中的集体意识荡然无存。

二是引导学生学会自检与反思。评选三好学生的集体共同目标不是一

---

① 辛治洋：《从"合作意识"到"集体意识"：当代德育目标的应然转变》，《教育研究与实验》2017年第6期。

定选谁当三好学生,而是让学生形成关于三好学生的标准、表现好的学生的特征的共识。评选的重点在于促进个体形成一种身份感(对照标准的自检意识)。如果这样的标准不是学生自发产生的,那么这种标准也不能让学生进行对比。所谓"三好学生",就是方方面面都要好的好学生。因此还要细化"三好"的集体意识内涵。在方式上,可以加强学生之间的讨论,让学生自己得出结论。可以让学生结合自身情况说说自身离三好学生的差距。有学生提出上课不迟到是好的,但是自己上课却经常迟到。这样对照自身情况,学生慢慢形成三好学生的标准。每个学生可以说说自己离好学生的差距,或请别人说说自己离好学生的差距,最后教师进行引导。这样的交流不针对某个人,而是针对整个集体。三好学生的标准在学生心中形成,每个学生也反思了自己的不足。

(二)在奖励中对学生个体开展集体意识教育

在奖励实施之初,笔者期待达成集体意识方面的目标,期待这个班级中的每个人都能够在笔者的引导下朝着为集体荣誉而"战"而非为个人利益而"战"的方向努力。与此同时,受到集体意识教育调研的影响,余老师开始倾向于把班级的公共事务置于集体视域中讨论。在班级里的各种奖励活动中,余老师总是将活动的内容、方式一一告知学生,耐心地向学生解读活动,在解读中渗入集体意识教育的内容。余老师希望大家的争取是为集体而争,避免之前自己内定某个人或者不公开地给予某个人奖励的情况。余老师的做法让笔者欣喜,但是现实往往不尽人意。余老师班里有51个学生,学生众多,个性迥异,这也让笔者头疼不已。余老师也向笔者说出了她的疑惑:"学生很多,每个学生对集体意识的理解不同,不能面面俱到,大家怎么可能都共享一个想法呢。"余老师的话不无道理,对于集体意识教育,笔者过于希望学生能够整齐划一地向着共同目标前进。这理想化了,学生不是模型,不是教师想要他们具有什么样的共同行为和共同目标他们就会有什么样的共同行为和共同目标。笔者过于关注集体的大方向,却忽视了集体中每个人的想法和个性。但是照顾到学生的自由,集体还能够凝聚吗?笔者担忧:自由与集体之间是相容的还是相悖的?现实证明,让每个学生都认同你的引导是不可能的,因为每个学生有自己的个性与特点;让每个学生都赞同你的解说是不可能的,因为每个学生有自己的立场。然而,正如学者杨建朝所说,"承认每个个体的自由选择、自我努力和自主担责才是获得个人幸福与集体和谐的真正途径"。①整齐划一屏蔽了集体中个人的自主、自由和个性。

1. 学生对奖励的不同态度:必得、渴望、胆怯、抗拒

老师大锅饭式的集体引导只能影响到部分学生,大部分学生并未接受老师的引导。只有充分了解班级中每个人的个性,才能发挥集体引导的效用。于是,从学生个性出发,各个击破,区别引导,成为笔者开展集体意识教育的突破点。在与学生的交谈中,笔者发现并不是所有的学生都如笔者所想的那样对奖励"垂涎已久"。而一个班级中的学生对待奖励的态度是人以群分的,集中体现在该班级的不同学生对奖励的喜好程度上。下面笔者以五位学生对奖励的不同态度分析学生的不同类型。

(1) 学生沈阳:为保持身份而对奖励志在必得

沈阳是余老师特别喜欢的学生之一,也是内心比较脆弱的一个孩子。余老师认为:"沈阳去年以一票之差落选,性格内向,但是非常踏实,声望很高。当时没有选上,他又是完美主义者,考试只要没考到100分,眼泪就掉下来。那次没选上三好学生使他低迷了很长一段时间,我一直告诉他有些东西你没得到,反而是一件好事。同时他妈妈也一直在引导他,但是这件事对他来说是一个非常大的打击。现在应该好一点了,看淡了吧,这跟他妈妈的努力分不开,给他的情绪辅导很多。孩子对待荣誉的态度是不一样的,有的没心没肺,有的一蹶不振。所以我让他自己写自荐信,自己读读念念。他很不乐意我在班级提'三好学生'和'沈阳',我一再引导——你一时的得失不能说明什么,要保持积极向上的自己。我都是把他当作典型来培养的。"

沈阳是极其看重荣誉的学生,也是完美主义者。基于他之前的情绪状况,笔者没有过多地询问他之前对三好学生的感受。但是从余老师的话中可以看出,沈阳将奖励看成自己完美的象征。没有得到奖励、没有考100分都是不完美的表现,表明自己是失败者。他将奖励当成自己的终极目标,完全忽视了自己在一次次争取奖励过程中的努力和提升。

---

① 杨建朝:《从虚假到真实:集体主义教育反思》,《教育学报》2011年第5期。

(2) 学生王东东：为得到回报而渴望奖励

王东东也很看重三好学生，但是他的出发点不是沈阳那样的完美主义和苛求，只是感觉自己优秀，优秀就要有回报。用余老师的话说："王东东这孩子还挺好的，各方面表现很好，对荣誉没有看得那么重，但是也没有特别无所谓的态度，还是想要变好的。当我问他是否想竞选三好学生时，他很肯定地说想，而且很想得到。我又问他要是这次没选上三好学生会难过吗，他说自己依然会努力，不会失望，而且他觉得这次他肯定能选上。"

(3) 学生张玉涵：因不自信而对争取奖励胆怯

张玉涵在班级中的名次为三十名左右，属于中等。在余老师引导后，对于三好学生的竞选，她不好意思地摇摇头："我不去选啊，我又不行。"与其成绩相当和更着一点的刘湘和刘舒畅，也纷纷摆手表示不去竞选："我比不上他们（指之前评上三好学生的那些优秀同学）。""听了余老师的话，我觉得我差得远啊，你看我们班有的读书好啊，有的学习好啊，我就没他们好。"当笔者把学生的这类话告诉余老师时，余老师很坦然地告诉笔者："这些学生还是很有自知之明的，知道自己评不上。"因为感觉评不上所以不参与，用同学们的话说就是"每年还是那几个人去参评"。笔者感觉评选的参与度过低，与余老师看法不同。现在反思，笔者未考虑实际工作状况，犯了为了调研而调研的错误。

(4) 学生王小元：专注于个人发展而抗拒奖励

对于典型个案的确定，余老师对笔者帮助很大。余老师对每个学生的性格了如指掌，王小元也成为余老师首先推荐给笔者的研究对象。余老师告诉笔者王小元很奇怪，余老师对他的评价是："我知道他是完全跟随自己内心走的人，他不会因为三好学生是荣誉就想着当三好学生。他的目标特别清晰，对于整个二年级所有的评优评先，除了书香家庭，他全不申请。他自己很有主见，比如我说你这篇习作很好，我要读给全班听，他不让我读。他觉得你知道我好就行了，干嘛要在全班宣扬，他不喜欢这样。班里面的学生都喜欢各种奖励，但是王小元确实满不在乎，这让我感到很奇怪，你可以去调查调查。"

带着余老师的困惑和对王小元的好奇，笔者与王小元进行了一番交流。"三好学生就是学习劲头更足、更勤快、听话、认真、有荣誉感，但是不能用来炫耀。我不想被选上三好学生，自己好不就行了，干嘛要摆这个面子在那里炫耀呢，自己做好就行了啊。如果落选了，可是还有好几次机会啊，管他啊，下次努力就行了啊。我不想得荣誉，难道荣誉就有用吗？（旁边的同桌补充到：可是在初中三好学生可以加分的。）那这叫完全不平等，下面还有其他人呢。"王小元这样对笔者说。

王小元一开始就选择不竞选三好学生。尽管余老师不断地劝说，他最终也没有参选三好学生。王小元是个书虫，这是大家对他的一致评价。他爱读书，在整个二年级他只参加了书香家庭的评优活动。笔者本以为小学生都急切地渴望荣誉，但是王小元表现出了对荣誉的淡然。用余老师的话说，他不是不追求荣誉，而是不会为了荣誉去做自己不情愿做的事。书香家庭的评选是王小元喜欢的事，就算没有任何奖励，他也会参加，因为他喜欢。

而班长赵凯阳也表现出对奖励的不在乎。用她的话说："我家的桌子上摆着、墙上贴着好多奖杯奖状呢。"本以为她会对这次的奖励活动信心满满、准备充分，结果她告诉我："我根本就不想参选班级的什么奖励，但我爸妈非要我去参加，我也不知道为什么，反正我不想参加，好麻烦，还要写稿子。""不缺奖状"透露出班级里还有一类人既不是因为与奖励的差距大而不想参加，也不是因为害怕失败而不想参加，而是因为自己的奖励"多一个不多，少一个不少"而不想参加。这类学生在班级里也不在少数，本身多才多艺，家中的全国舞蹈大赛奖杯、诗歌朗诵奖状琳琅满目。所以每次问他们为什么不参加时，答案总是"因为我不缺啊"。

由以上观察可知，学生对于奖励并不都如我们所想的那般热情与渴望，也不都如我们所想的那般抗拒与排斥。在以上五位学生中，王东东和沈阳都非常想参加班级的奖励活动。王东东想参加是为了让自己的付出有回报，可以说奖励是对自己的鼓励与证明，没有获得奖励可能会丧失信心。而与王东东相比，沈阳的目的则有些极端，他把奖励看作身份的象征。他是班级中成绩的第一，觉得奖励必定是自己的囊中之物，参选三好学生最终变为自己和自己在班级中的地位较劲，自己和班级中其他学生对他的看法较劲。奖励带给他一种类似于身份与荣誉的外在物，这样的外在物使他失去了内在的目标。一旦没有得到奖励，他便会对集体丧失信心，进而消沉下去。不想参加奖励活动的学生一般对奖励毫不关心，有的明确自己与获得奖励的标准差距过大而主动放弃参选，有的因为已获得的奖励较多而对新奖励不感兴趣。他们没有将奖励看成自身发展与提高的途径，没有想过自己在集体中应该扮演进取者、引领者甚至带动者的角色，集体身份在他们心中没有存在感。抗拒奖励的学生在班级中所占比例很小，他们自身没有受到奖励的外在驱动的影响，一切行动以自我"想要做"为内在驱动。他们认为争取奖励是炫耀，他们不愿意在公众面前炫耀。这样的学生虽然不会因为过于重视奖励而导致内心抑郁，但独乐乐不如众乐乐，他们缺少对集体的身份认同。

2. 利用奖励对个性不同的学生进行集体意识教育

（1）对于极其看重荣誉的学生：肯定其自身努力，强调奖励的发展性

以沈阳为例，此类学生把荣誉看得极重，若教师在班级中公开以奖励激励大家，容易导致这类学生过度消沉。余老师也说："有的事情并不能在班集体中公开讨论，有的孩子很敏感，比如沈阳。如果你把有关奖励的字眼和他的名字放在一起，他会感到特别不舒服，也很抵触。"这个时候教师一般要单独地开导这类学生，待该类学生情绪调节好后，再在集体中进行教育引导。教师对于沈阳的引导，强调的是胜出不仅仅是胜出者的胜出，也是集体的发展。"对于胜出者而言，他不仅可以沉浸在自己的喜悦中，还应该感激其他的参与者。这并非感激对方的谦让，而是感激对方的参与。因为正是所有人对'更快'的追求和共同参与才赋予了胜出价值，也正是所有人对规则的遵守才使胜出成为可能。对于其他参与者而言，参与不仅仅是为了自己胜出，也是对共同规则的维护和对'更快'的向往和追求。"[①] 这样的引导既肯定了胜出者的成功，又使胜出者的成功在集体中具有价值。而在对集体的引导中，教师可以使用胜出者进步的事例来做典型并加以宣传，在鼓励该学生的同时也使其他学生通过该学生事例得到教育。在选三好学生之前余老师对学生们进行了一番引导，课后笔者简单问了沈阳对于三好学生的认识。笔者心有余悸，担心余老师之前说的"三好学生""沈阳"这两个词会"刺伤"敏感的他。但是笔者抛出问题后，他的表情很轻松，也没有回避这些词，他说："如果落选了，机会还有的。我会全面发展，做同学的好榜样，再接再厉。三好学生与普通学生

---

① 辛治洋：《从"合作意识"到"集体意识"：当代德育目标的应然转变》，《教育研究与实验》2017年第6期。

区别不大，选上了只不过多了份荣誉而已。"看来沈阳在父母与老师的引导下，似乎对这些荣誉看淡了。笔者向余老师转述这些话，余老师说："这样看来，他对待三好学生理性一点了。"

在几天以后的三好学生评选活动中，沈阳走到讲台前，大声地念起了他的自荐书。在临近放学、学校里很吵闹的情况下，笔者仍能听清他的自荐书的内容，而且他的"自荐"声情并茂。最后一句话尤其打动人："荣誉既是对我勤奋努力、追求进步的肯定，更激励我勇攀高峰、不断进取。不论能否选上，我都会感谢你们。选上，说明我有优点值得大家来学习；没选上，说明我还有缺点，我还不够优秀，还要继续努力。谢谢大家。"沈阳说完这些，大家报之以热烈掌声，余老师随即补充道："我必须说，沈阳上次以一票之差未选上三好学生，当时排第六名，但是这次我非常惊喜地看到他处理自己情绪的能力大大提升。我知道沈阳作出了很多努力来平衡自己的心态，这一年大家也看到了沈阳的转变。所以呢，希望大家以沈阳为榜样，无论选上或未选上，都把竞选当作一个很好的成长机会。"笔者看到了沈阳灿烂的笑容，余老师告诉笔者沈阳在之前的竞选中都没有说过类似的最后一句话："沈阳今年自信多了，声音大了，敢说话了，对荣誉有了理性的看法。"

（2）对于想要得到回报的学生：及时安慰并突出奖励中的不可控因素

这类学生各方面都很优秀但是容易被一些偶然因素影响而无法得到奖励，若教师对这些偶然因素不进行说明，那么未得到奖励很容易使这类学生怀疑自己的能力，进而产生对集体的不信任，丧失对集体的关心与信心。以王东东为例，教师在这类学生竞选的前期和后期引导中要重点说明奖励评选过程的偶然性，并肯定这类学生的努力和优秀。当王东东在竞选中说自己是班级的小组长和图书管理员时，台下有几个人在笑。余老师随即说："我听到王东东说他被选为值日小组长、图书管理员的时候同学们在笑，我不知道这种笑是什么意思，在我心中这两个岗位在班级中最重要，保障了你们每日的健康与学习，我建议大家再给他一次掌声。"余老师的话给了他信心，也使学生们开始严肃起来。但是很遗憾，由于各种偶然因素，王东东未当选三好学生。本以为他会在结果公布时表现出如他所说的那般淡然，但是放学后他难过地跟在接送他的父母身旁，一言不发。如果不是余老师及时看到他的情况，笔者恐怕会忽视这个学生。余老师在走廊上开导他："王东东，你还是很不错的，平时乐于助人，这次的评选没选上没说明你不优秀，评选过程中的不可控因素很多，比如你演讲的时候声音太小了，同学们听不清啊，我们可能都会选择跟自己关系好的朋友啊，所以不能因为没选上就觉得自己不好了，你仍然是我们班级的好学生。"

在评选过程中，拉帮结派在所难免。在评选之前，笔者曾经问过很多同学会选哪些人，同学们的回答与笔者所想的相悖。他们并未选择公认的好学生，而是选择"我的兄弟啊""我的好朋友啊"，并直言"其实选三好学生就是看谁朋友多啊"。三年级孩子的这种哥们儿义气是司空见惯的，尽管笔者一再强调评选时应当考虑"真正的好"而不是"朋友的好"，但他们只会点点头说："老师，我都知道啊，但是我还是会选我的朋友啊。"于是笔者意识到，评选的结果受很多偶然因素的影响，投票者的思维很难被改变，他们认定的选择就是朋友。学生黄浩然说："选三好学生的那一天就是我最痛苦的那一天，为什么啊，因为你要得罪一大批人啊。"因此，教师要重点对王东东这类学生进行疏导，这类学生未被选上，很难意识到在评选的过程中有这么多偶然因素——他能知道自己没选上到底是因为自己还不够努力还是因为自己群众基础不够好？余老师强调评选过程中的不可控因素，就是在告诉王东东看淡评选，因为自身努力的价值不是由评选来决定的。

（3）对于不重视奖励的学生：强调奖励中的责任感

班级中的一些同学只认可自己因为班级身份而拥有的权利，忽略了班级身份带来的义务。这些人的目标"在于参与者能从利益最大化的角度出发，平衡自身的个人利益与其他参与者的个人利益，在双赢的整体氛围中保证个人利益的最大化，从而避免'囚徒困境'式两败俱伤的局面出现"。[①]

以王小元为例，他在集体中只想着自己"不参加"，不考虑"不参加"对集体的影响。该类学生有自己的主见与目标，把荣誉当作浮云。王小元认为，奖励加重了人与人之间的不平等。这类学生已经有一套自己的思维，私下的"堵"没用。余老师临时有事让笔者帮忙看班，恰好是

---

① 辛治洋：《从"合作意识"到"集体意识"：当代德育目标的应然转变》，《教育研究与实验》2017年第6期。

班会，笔者把奖励这件事拿到了台面上讨论。与往常不一样的是，这堂课的主人不再是教师而是学生，笔者请王小元到讲台上来说说自己的想法。王小元一开始犹豫不决，但还是上来了。在台上王小元还是坚持他的"奖励无用论"，认为自己好就可以，不用宣扬。台下有的人同意他的观点："你说的很好，每次得不到奖我都很失望。"有的人有不同的看法："奖励不是目的啊，自己在获得奖励的同时获得提升才是目的。""自己进步了、努力了就好，不过有奖励会让我们感觉得到了回报啊。""奖励怎么是炫耀呢，赵凯阳年年都是优秀学生，但是她不仅让自己更好，而且对班级也好，这也不是炫耀啊。"看到学生们的讨论越来越深入，笔者抓住机会进行引导："如果你不参加奖励活动，我也不参加奖励活动，大家都认为只要自己好就行了，会出现什么状况呢？""大家都不参加奖励活动。""对，大家都不参加又会怎么样？""我们班的人都不想参加，然后整个班级都不积极。""我们班级给别人的感觉就不好了。""你看，你一个人的不参加往往会影响整个班级。"这个时候，学生赵凯阳若有所思地站起来说："老师，我不想参加这次的评奖活动，是不是也有影响呢？""如果你是因为其他因素不能来参加，当然不会有影响，但是如果只是因为嫌麻烦，或者看不上而懒得参加，你想想，其他学生会不会也被你的做法影响到，也懒得参加了呢。""哦，对，怪不得我同桌说我不参加，她也就不参加。""而且你还是班长呢。""对啊，我还是班长，应该带动别人参加。"此时，台上的王小元也被我们热烈的讨论感染，思想开始转变："本来我还觉得我说的对呢，你们这么一说，我都开始迷糊了，怎么我还能影响班级啊？"见到王小元的思想开始"打架"，笔者抓住机会引导："对啊，当然有影响了，在奖励中，你的每个行为都会对班级产生影响，奖励可不是你说的那种得到了就自己偷着乐的东西，你自己好了是不是还要带动大家一起好？而且你参加奖励评选的行为会带动大家一起积极参与，让咱们班级更好啊。""老师，好像是这样的，我得下去再想想啊。"集体意识牵涉到个体，要厘清一个人与一群人的关系。同样地，奖励过程牵涉到个人获奖，同样要厘清一个人参加评选与一群人获得提升的关系。王小元和赵凯阳对奖励的不屑和排斥表明他们面对奖励时以自我为中心，虽然抱有不争不抢的心态，却与集体脱离。设置奖励不仅仅为了给出奖励，更重要的是在奖励活动中激发每个参与者的积极性与热情。这样的热情能够感染整个集体去团结一心为集体争光。教师应引导王小元和赵凯阳厘清其中的关系，使这类学生更理性地参加集体性的奖励活动。

（4）对于不自信的学生：明确奖励的意义与价值

教师的前期引导在张玉涵这样不敢参加奖励评选活动的学生身上，效果显著。张玉涵认为，她对当选三好学生不抱希望是因为她觉得三好学生遥不可及，自己本身条件达不到三好学生的标准要求。余老师在之前的奖励活动中从未进行过活动前的宣传或引导。在这次引导中，余老师说明了三好学生的大致标准。余老师对标准的解读没有面面俱到，但关于标准的说明对学生来说很有意义。课下学生们主动找笔者说："老师，我知道了原来三好学生不光是成绩好，还要在帮助同学上、班级服务上也要好，我感觉我自己在这方面没做好。""老师，原来三好学生还要体育好啊，我体育好差的啊，估计离三好学生还差得远着呢。"这类学生原来并没有形成关于标准的概念，教师稍加引导，这类学生就会立马形成对自身与标准的差距的初步认识。但是这样的认识仅仅局限于教师所说的内容，仅仅是大脑中留有的对于这个奖励的印象，学生并没有在脑海中形成关于奖励的明确概念。余老师在笔者的提醒下又进一步简单说明了三好学生中"好"的含义："不是说你一次考试成绩好就叫好，也不是说你体育好就叫好，三好学生是我们前进的灯塔，代表着我们前进的方向。"虽然余老师并没有再具体细致地解释三好学生的意义，但是张玉涵对于奖励的认识比之前更明确了："老师，我还有进步的机会？""老师，只要进步就能选上吗？"之前这类学生觉得自己根本搭不上奖励的边，但是当余老师将奖励比作可以触及的东西后，他们开始产生想要竞选的念头。这样的念头表明他们开始愿意相信自己，也愿意在班级中进步，为下次参与集体性的奖励活动做准备。对于"集体意识教育"，我们应该试图使受教育者明白，"一个人除了属于每个人的利益尤其是物质利益追求外，还有一种超越个人的、超越利益的特殊需求。这种需求不排除其他参与者，恰恰相反的是，参与者越多越能在质上增加每个人所追求的价值和信心"。①

从以上分析来看，集体立场并非单纯指向集体而消除个体差异，而要

---

① 辛治洋：《从"合作意识"到"集体意识"：当代德育目标的应然转变》，《教育研究与实验》2017年第6期。

包容个性。学生个性多样，因此集体式的引导也要面面俱到。在集体引导后教师应积极地对某些特殊个体追加引导，让具有不同个性的学生都能在奖励中感受到集体的存在。

（三）在榜样学生与其他学生的互动中开展集体意识教育

在集体中，学生学习榜样，提升自我；榜样以身作则，带动集体。苏霍姆林斯基称之为建立在"崇高思想基础上的互助"，是"社会性的互助"，是"学生集体生活最重要的方面之一"，又是"最具体的、最容易为孩子理解的"。[①] 在之前的观察中，无论是余老师的奖励，还是李老师的奖励，都让学生为了奖励激烈竞争。这些奖励像一块块诱饵般抓住了孩子的心，孩子忘却了自己对班级应尽的责任。在笔者的建议下，余老师不再以外在的诱惑为奖励，而利用榜样等精神奖励促进学生之间互相学习。树立榜样可在班级中"扶正祛邪"，榜样身上优良品质的传播，一方面为班级输入良好的风气，从榜样的身上其他学生可以知道什么是对的、什么是不对的，另一方面又能够有力地对抗留存在班级中的不正之风。

余老师一直认为奖励的一个重要作用是激励作用，即在集体中可以通过奖励个人来激励集体。余老师奖励某个人不仅为了奖励这个人，更欲通过奖励某个人来带动整个集体的进步。余老师经常在班级读某些同学的习作，表扬其习作的优美语句以及这个同学良好的习作习惯，让大家都能学习这个同学的优秀之处。余老师总是突出班级中的优秀学生来激励大家朝三好学生的方向努力与进步。但是一段时间的榜样教育并没有收到笔者和余老师预想的效果。不是说树立榜样有利于集体氛围的创设吗？不是说树立榜样能够激发班级进取心吗？榜样的力量怎么不灵了？问题出在了哪呢？笔者再次深入学生之中，和他们探讨对于榜样的看法。讨论后笔者发现，原来学生并不像教师所设想的那样乖乖学习榜样，学生都有自己的想法。

1. **不被认可的榜样：榜样不是群体自发形成的，而是教师主导确定的**

当笔者问到班级中的哪些同学经常被老师夸奖时，学生们报出了三四个人的名字。这三四个人中，有爱好阅读的王宇，有认真为班级服务的李

[①] 张庆远：《苏霍姆林斯基的德育理论与实践》，四川人民出版社1992年版，第86页。

玲，有知识面广、学习成绩优秀的陈东。但是学生们也会向笔者吐槽："老师经常夸王宇，因为老师跟王宇妈妈关系好，而且他考80分老师都会夸奖他，真不公平。""陈东最近表现最不好了，上课老说话，我们都不喜欢他。""有时候他们做的事不一定是对的，所以我就不能向他们学习了"。这些经常被老师夸奖、被老师当成班级榜样的学生在其他学生心目中的形象与在老师心目中的形象不尽相同。因为老师与学生位置不同、立场不同，看到的东西不尽相同。教师想利用自己认为的"优秀学生"来激励其他学生，奈何其他学生能看到教师未看到的、这些"优秀学生"的真实面貌。

有些学生对于榜样有着自己的想法。比如学生王玲对被教师经常夸奖并被树立为典型人物的同学不屑一顾，"我觉得我比他还好啊，我才不学他"，"我觉得他还没我好"。有的学生决心学习周围朋友的一些优点。好几个学生告诉笔者一直很崇拜朱义新的字，"他写的字真好看"，"我的字要是跟他的字一样就好了"，"他对人很好"。笔者疑惑地问："那他是老师经常提起的榜样吗？""不是，以前还说，现在就不说了。""为什么啊？""老师说他上课不怎么发言。""那你们为什么还学习他啊？""上课不怎么发言又不是什么大事。会就发言，不会就不发言啊。但是我还是会学习他的啊。"

学生王小敖是成绩处于班级中等偏下位置的学生，虽然成绩不好，但是很乖。他上课很少做小动作，而且也不乱说话，作业虽然不是那么工整，但是每次都认真完成。当笔者问他老师喜欢树立谁为榜样时，他一下子报了一大串的名字："沈阳，徐阳，李轩然，还有王朝阳。""你怎么一下子说出那么多人，他们都在哪些地方好啊？""成绩好呗，但是我恨他们。""就成绩好啊，那你为什么恨他们啊？""成绩好我就恨啊。老师老说他们好啊，好像班里面就只有他们好一样，凭什么啊！"这时候旁边的朱义新也愤愤不平地补充道："对啊，余老师好像只喜欢成绩好的，好像只有他们最好一样。"不仅如此，笔者观察到余老师虽然经常在班级里强调要重视学习过程而不要过度重视结果，但往往在实际班级事务中仍然将成绩与各项奖励挂钩："谁今天在班里说话，其竞选三好学生的资格被直接撤销。"还有学生说："语文考试我们班要是考差了，余老师就安慰我们要努力，要是考好了就重视成绩、表扬成绩好的。"看来余老师突出成绩好的榜样学生，无形中孤立了班级里的其他人，导致了王小敖的"恨"。

由此可见，教师认可的榜样不一定是学生认可的榜样，学生认可的榜样又不一定是教师重视的学生。教师将王力树立为榜样，满以为学生都会认同，但是学生内心却认可吴玲。同样地，对于之前选出的三好学生，学生们也看法不一。有的学生说："他也就是成绩好，平时喜欢取笑人。"可见教师认可并不代表着学生认可，只有内心认可，学生才会心甘情愿地去学习榜样。

2. 被认可的榜样：集体中个人利益与共同目标的交织

榜样是否应该被强调，这是我们一直考虑的问题。如果不被强调，学生们怎么知道哪些事要做，哪些事不要做？有一天笔者利用课间时间和一些同学聊天："有些同学上课不迟到，作业工整，这些是不是都是好学生的表现？你们是不是应该向这些好学生学习呀？"一个学生突然提出疑问："老师，这些都是每个学生应该做到的啊，为什么需要学习他们？"这让笔者一时语塞，也让笔者进一步思考：作业工整、上课不迟到是每个学生应该做到的，这些应该做到的事需要被强调吗？如同雷锋被无数老师当作典型人物宣传，但是真正在现实生活中，学生们想的却是这是我应该做的事而不是因为我要学习雷锋所以去做这件事。作业中字迹工整是因为学生觉得小学生就应该要写字工整而不是因为班级内某某写字工整且某某是榜样学生所以我要学习某某而写工整。在集体事务中，有些本是义务的事却被拿来当作典型来强调，怪不得学生们也对这样的学习榜样不屑一顾。笔者并不是说学雷锋是学生的义务，而是指出有些教师的宣传会让学生觉得学雷锋是学生的义务，教师或许未进行区分。

（1）榜样身上的优势在集体中没有排他性

很多学生特别佩服学生王小元，为什么学生们一直想学习王小元？那几个学生一直强调"他读书读得多，而且无时无刻不在读书，写的作文特别好，他就是个书虫"。王小元十分爱读书，下课后别的学生出去玩，他自己则在座位上安安静静地读书。同学们对王小元的评价很高："他各方面表现都好"，"我觉得他什么都好"。同学们爱向他学习是因为虽然读书是学生的职责，但是读得多、读得勤却是大部分学生做不到但是又想极力实现的目标。"他读书很多，好厉害，我回去也想像他那样多读书"，"读书这点我们都比不上他"。学生王婷告诉我："我要是比某个人好，我就不向这个人学习，我要是哪一点不如这个人好，而且这个人在这方面又特别强，我肯定向这个人学习。"

(2) 榜样学生的确定取决于老师的个人判断

还有一部分学生会学习榜样，是因为老师重视对榜样的学习。他们认为，凡是老师重视的学生就应该去学习，因为老师肯定有重视的理由。有些三年级的学生没有形成独立的判断力，所以会以教师的权威判断为标准。在没有形成自己的判断力时，学生以老师所认为的好学生为榜样是没有问题的，但需要教师以后慢慢引导其形成判断力，避免其唯教师"马首是瞻"。

(3) 学习榜样基于功利目标而非集体目标

一部分孩子告诉笔者："向他学习，下次我就能被表扬了。"将榜样与奖励挂钩，使学习榜样变成一种急功近利的事情。余老师的出发点是使学生享受追求目标的过程，享受努力和进步的感觉，这样的目标不具有排他性，因而有利于集体意识的发展。但是学生却把奖励看作实际目标，弱化了学习榜样的本来目标和努力方向，突出了榜样的功利价值。一个学生告诉笔者："我会向之前被选上三好学生的人学习，因为学习他们我才能东山再起。"

学习班级中被认可的榜样会面临以上三个问题，这些都需要进一步解决。

3. 在集体中科学树立榜样，引导学生间集体意识的自我教育

(1) 在集体中全面讨论榜样

陈桂生在《聚焦学生角色》中认为："学生集体应该是教育的主体。我们教师往往容易反客为主，以自己的观点为主体。"[①] 榜样应该是什么样子的，榜样需要具备哪些品质，榜样的哪些行为需要被强调，这些问题的答案往往被教师一厢情愿地决定，好像学生们只要去学习这些答案就可以了。学生怨声载道：有些学生品质很差，结果老师将其树立为榜样；有些学生优点很多，只是有着教师不喜欢的缺点，导致老师没有将其树立为榜样；有些学生是其他学生心目中的榜样，但是老师却不认可这些榜样。

---

① 陈桂生：《聚焦学生角色——现今学生价值倾向的问题》，教育科学出版社2011年版，第7页。

症结在于榜样的树立是集体的事情,需要得到集体的认可和支持。榜样需要被放置在集体中讨论,榜样的一言一行需要得到集体的认同,集体才会心甘情愿地学习榜样,集体对榜样的监督必不可少。

在集体讨论中学生需要明确几点。一是被奖励的个人的优秀不是片面的优秀,这个人应全方位地被大家认可。如果经过一段时间大家发现其身上有他们并不认可的特点,那么榜样就不再是榜样。二是被奖励者的一般行为不应被拔高,这里的拔高指将学生应该做的事拔高为优秀。三年级的儿童对于小学生应该做什么、不应该做什么已经有了清晰的认识,教师过度强调应该做的行为等于没有强调任何行为。三是教师要兼顾学生内心认可的榜样与教师内心认可的榜样。榜样的树立要从群众中来到群众中去,让学生讨论班级中哪些人值得学习,而不是由教师一人决定哪些人值得学习。学生的交流也会带动一些还没有形成判断力的学生在讨论中形成对于"学什么""学谁"等一系列问题的认识。在讨论中,榜样也会更加注重自己的一言一行,更加明确自己成为榜样需要具备哪些条件。

(2) 教师引导的重点在于实现集体的共同目标

过于强调个人的教师引导容易导致学生排斥榜样,加剧集体中个人意识的蔓延。教师要让学生明确学习榜样的目的与方向,这样也更容易激发大家的集体意识。学习榜样不是只眼望着教师口中最好的学生的光彩,不是只带着怨恨的情绪来看教师口中最好的学生,而是知道榜样成功的地方和自身与榜样的差距,努力成为下一个榜样。教师往往用"最好""最棒"等"最"字眼突出榜样的优秀以激发学生学习榜样的兴趣,殊不知这些"最"已经将其他人排除了,榜样的"好"没有带来我的"好","最"只能更加凸显榜样的"好"。在这种情况下,学生们学习榜样的兴趣渐渐减退。

(3) 注重集体中普通学生的榜样力量,关注大多数人的身份感

关注普通学生的榜样力量的原因在于普通学生身上也有很多优秀的品质,他们也许成绩不好,但是在其他方面或许比成绩好的学生更胜一筹。比如学生们口中的朱义新、王可心,都不是老师心目中的榜样学生,却是学生心目中的榜样学生。关注普通学生的榜样力量,也就关注了班级中大多数学生的身份感。这些接地气的榜样拉近了自己与榜样的距离,同时自己的进步也不是那么遥不可及的目标。

(4) 让集体中的每个学生都有成功的体验

要让处在每一个集体中的每一个学生都有引以为豪的东西，要让每个学生看到自己的长处，也能看到别人的长处。① 学生会把学习榜样与获得奖励挂钩的原因在于学生渴望获得表扬与奖励。当学生体验成功的快乐时，该学生才会想到努力没有白费，才会更加重视努力。学生李强告诉笔者："我知道努力很重要啊，但是获得奖励说明我的努力得到回报了啊，我很高兴啊。"

在笔者调研过程中，余老师撤除了班长张其②的职位。对于张其当班长，余老师一开始抱有期待，张其成绩一直在班级里名列前茅。借着对榜样教育的调查，笔者发现张其是不得"民心"的班长。大家对于余老师口中的这位"好榜样"抱怨很多："下课追逐打闹"，"上课爱说话"，"喜欢捉弄人"。余老师免去张其的班长职务，同学们都表示赞同以及肯定，很多同学跑到笔者身边表达自己的看法。

"张老师，你知道吗，张其已经不是我们班班长了。"
"那你们失望吗？"
"不会啊，因为他自己上课都说话，喜欢打人，就应该被撤职。"
"那你们还会向他学习吗？"
"只要他表现好了，变优秀了，我们依然会学习他好的地方。"

余老师在课堂上注重榜样学习方面的科学引导。一次语文课上，余老师让大家看书写字，写好字后可以举手示意。很多学生写完字就立马迫不及待地举手，然后坐在那里看着老师什么也不做。对此现象余老师开始了引导。

咱们班有的同学手举起来、迫不及待地想要给我看的时候，我看到余靖文在一笔一画地描，她把她认为容易错的字描了一遍。我看王曦并没有急着举手，他把他认为容易错的字或容易写混的字用着重号

---

① 参见闫学《跟苏霍姆林斯基学当班主任》，教育科学出版社2010年版，第9页。
② 赵凯阳是现任班长，张其是前任班长，张其被撤掉班长后赵凯阳当选了班长。

标了出来。陈飞飞呢，做得也很好，他把每个字的拼音都写在了语文书上。我看到陈大豪马上就学会了王曦的好方法，选择对自己有效的方法去学生字、去学字音。

在榜样教育中，余老师变得更加注重"怎么做"，不再过度重视个人的"做得好"，而且余老师的关注对象不再仅仅是榜样，还包括学习榜样的其他人。学习榜样的人也能成为班级的榜样，比如陈大豪，学习了别人的方法，也被老师夸奖了一番。这样的良性循环也激发了大家学习榜样的兴趣。对于余老师的引导，课下同学们纷纷围过来发表自己的看法。

"你会向他们学习吗？"

"会啊，他们的方法很好啊，我都不知道可以打着重号。"

"我觉得余靖文的描字真得很好用，怪不得我老抄错，呵呵。"

课下，笔者还询问这些被教师树立为榜样的学生："余老师特地点你为班级小榜样，你有什么感受？"学生们迫不及待地告诉笔者：

"心里很开心，我也能当榜样！"

"原来我写好了，老师也会关注我啊！"

"开心啊，我感觉我也能帮助同学呀。"

余老师改变了方法，从学生角度来树立榜样，效果较好。但树立榜样也不能只看重眼前，要着眼于长远。还有哪些因素会影响榜样教育，进而影响榜样教育中的集体意识教育内涵，都需要我们在以后的研究中不断摸索。

第七章　批评中的集体意识教育

在教育教学情境中，教师对学生的教育方式一般呈现出两种形态：一种是教师通过"告诉"的方式对学生进行教育，例如对学生进行知识、价值观的灌输；另一种是教师通过评价的方式对学生行为进行反馈。学生的行为表现符合教师预期的目标，呈现良好的发展态势，教师给予学生积极的、正面的反馈——表扬。反之，学生的行为出现偏差，学生的表现不能达到教师的预期目标，教师可能给予学生一种负面的反馈——批评。教师在学生行为的"刺激"下做出的批评行为，也被称为"批评教育"。

笔者在对具体班级的观察中发现，有时候许多教师对批评教育的认识仅仅停留在为了批评学生而批评、为了解决问题而批评的层面上，并没有将批评教育和集体意识教育关联起来。这样的批评只会让学生机械地按照教师的要求行动，学生既不能自己认识到共同目标的内涵和自我在集体中的身份意义，也不能通过自己的发展促进集体的发展。

一　研究对象与资料收集

（一）研究对象

本章的研究对象是教师评价学生的问题行为时使用的批评话语[①]。批评，指教师用话语指出学生行为的问题，是"指出学生行为的不可接受

[①] 批评本身是教师用口头语言进行的，后文使用"批评"一词来代替"批评话语"。

性,以督促学生改正的手段"①。教师的批评主要有以下三种表现。第一种是情绪的发泄,这种发泄有可能是教师希望用严厉的话语督促学生改进自己的行为;也可能是教师单纯的发泄情绪,在批评学生的时候没有考虑批评的教育意义,只是将批评当成一种常用语言。第二种则是教师就事论事的批评,有教师在面对学生行为问题时经常采用的解决方法是就事论事,就问题解决问题。今天小安作业没交让他补齐了上交,明天小安上课说话老师就批评他态度不端正,批评没效果或效果弱,慢慢地教师就会认为小安是一个自我控制能力差、学习态度不端正、影响班级形象的学生。第三种为教师在班级中提出问题和所有学生一起讨论如"我"该怎么办、"我"为了班级该怎么办等问题,然而教师只是借用了集体意识教育的外衣,这种教育并不是真正意义上的集体意识教育。

教师是否应批评学生的判断标准并不是单一和不变的,而是要视行为发生的轻重缓急、学生的情况、环境等因素而定。例如,一年级的学生被批评的行为主要有随便下位、上课乱动说话,而五六年级的学生被批评的行为则集中在作业、课堂表现、课间行为等方面,同时随着年级的增高教师对学生的批评力度也越来越大。笔者在观察中发现,可以将被批评行为发生的情境分为课下和课上。课下行为包括作业不准时上交、课间休息时追逐打闹、班级值日不到位、学校集体活动中不听指挥等;课上行为包括上课不听课做小动作、随意打断教师话语、随意下位、干扰其他同学听课等。如果要给行为的轻重定标准的话,每个老师的标准不尽相同。本书按照收集到的学生被批评的行为次数多少的信息,将被批评行为为在公共场所破坏公物、在课间打架、集体活动(值日、两操、春游等)中不听指挥、试卷没签字没订正、不按要求完成作业、上课随便说话做小动作等。

(二) 资料收集

收集的资料主要有访谈资料和观察资料两种。

1. 访谈资料。访谈能够帮助研究者围绕研究任务通过口头问答的方式收集资料,可以促进受访者自由表达其想法或意见。笔者利用录音笔、

---

① 曹凯声:《变革社会中的教育权与受教育权:教育法学基本问题研究》,教育科学出版社2003年版,第400页。

笔记本等记录工具记录与师生之间的访谈对话内容。通过访谈，一方面和几个年级的老师们建立了友好关系，他们愿意讲出自己的想法；另一方面和数位教师进行长期交流，他们的真实想法在研究的后期改进的过程中发挥了重要的作用。此外，笔者在和学生建立友谊的过程中，大部分学生积极给出他们自己的想法，甚至有的时候毫不顾忌地迅速说出对教师行为的看法。

2. 观察资料。整个观察从 2014 年 3 月开始到 2015 年 6 月始末，接触二年级到六年级的学生，并在后期深入两个班级进行观察。一方面笔者和该校教师建立了良好的工作友谊，数位教师能在观察中对研究提出问题并给予积极的帮助；另一方面，笔者深入教育实践基地，既对课堂上的教师批评学生的行为进行了实时跟踪，又对课下学生行为进行观察，甚至长期驻扎在某教师办公室中，对办公室所有教师批评学生的过程进行记录，收集了大量资料供以研究。

二 缺失集体意识教育意蕴的批评现状

教师在日常教学过程中经常面临这样的问题：学生违反班级和学校规则时，教师如何对学生的行为进行评价以及采取有效的教育方法和手段进行纠正。评价的目的在于促使学生认识自己行为之错误，然后纠正自己错误的言行。教师认识并解决学生的行为问题，对问题行为给予批评，既是教育教学的需要，也是教师控制班级秩序、进行集体意识教育、引导学生和集体健康发展的有力保证。例如在某班课堂上，教师经常采用的一种班级秩序控制手段是以小组为单位，小组表现好就加分，小组表现不好就减分并点名批评。教师在班集体中使用的批评话语能不能产生促进集体发展的力量？面对整个班集体中的其他同学，学生又是如何思考和应对教师的批评话语的，是否认真改正，批评话语是否具有一定的时效性？既然批评教育是一种教育手段，为什么教师在班级里屡屡批评有行为问题的学生却没有效果？如果从集体意识教育的角度出发，不同的学生在集体中接受教师的惩罚时，思想和行为上是怎样做出反应和评价的，这些反应和评价又是怎样对教师的集体意识教育观念产生影响的？带着这些问题，笔者进行了观察。

（一）集体中的他人成了被批评者的对立面

下午眼保健操时，学生 ZLJ 被张老师喊到办公室

张老师：你说说你刚刚上英语课都在干什么了？一整堂课，大家都在记笔记，就你一个字都不写。你看看班上在小饭桌的同学，有谁和你一样的态度啊？作业都还没有写完，你也好意思交过来？我总共教三个班，你表现是最差的。昨天的数学课，一整节课大家都在订正试卷，你在干什么？就你东张西望，现在你的订正纸呢？让你回家签的字在哪呢？你告诉我，你到底想干什么！不想上学就回家让你家人打个报告。

学生 ZLJ：……我忘了……

张老师：忘了？你下课人到哪去了？我下课的时候找了那么多同学叫你，就是没见你过来！看到你的试卷，我都不好意思看。你也不是一年级的学生了，你自己看看你现在的学习态度，看看谁现在还考 0 分？这完全就是态度的问题。你觉得这样很合时宜是吧？如果大家都像你一样不想做什么就可以什么都不做那还要不要进步了？你还想不想在这个班上课了！

学生 ZLJ：想——

张老师：今天中午 12：30 到我办公室来，订正好了再去上课，把试卷带着，听到没有！

学生 ZLJ：知道了。

张老师：前天上午早读课的时候我就和你说过要认真学习。这马上都要进入六年级了，你的态度再不端正起来真的不行。这几天布置的抄写作业，昨天和今天的作业为什么都没交？你到底写没写作业？考不好，我是不怪你的，前提是你真的要去努力一次！你看看你现在这个样子，我真想把你的头打爆！

学生 BGY：我没记住作业是什么……

张老师：你就不会问吗？为什么总是把问题归结于你无法抵抗的因素呢？你说，像×××，虽然学不好，但是看得出来他们已经尽力了！你呢？你还是回家好了，回家看看电视，上上网，反正在学校也是学不

到东西的。你说你来学校干嘛？一天有 6 个 40 分钟，你还要起早贪黑来学校，来了是 0 分，不来也是 0 分，你还不如不来！作业你记不住？我们有校讯通，还有你妈妈，还有小饭桌，这么多办法，你都记不住作业？你如果想学习，昨天在课堂上布置作业的时候你会不听？不问其他同学吗？五年级的学生了，怎么记作业还依靠小饭桌？不要告诉我，你连记作业都不会！老是指望别人、依靠别人，你说你能做什么事情！

　　张老师：以后，你每天记作业，放学排路队的时候给我看。作业不知道，你不会问吗？这是一个学生学习的本分，这么基础的事情你都做不到，你现在是完全失控了。上次陈老师（实习生）给你们上课，我看你前 10 分钟都不在状态，一节课才多长时间？①

　　作业、试卷的完成和签字问题是最容易引发教师批评的问题。能不能按教师要求给试卷订正和找父母签字，能不能按照教师要求完成作业，是教师判断学生学习态度和学习能力好坏的标准之一。上述两个典型案例表明，教师话语中明确地向学生传递了这样一个暗示：只要学习态度不端正，就会出问题；而 ZLJ 和 BGY 被老师严厉批评的原因恰恰在于学习态度不端正，总是依靠他人。这就给学生留下一个印象——老师批评我是因为我的学习态度不端正。前一个案例中，学生上课不认真，试卷没有订正，教师将其考试结果归因为平时上课态度不端正，所以考 0 分也是"种豆得豆"。后一个案例中，学生没有写作业的行为同样被教师定义为态度不够端正的结果——学生根本没有把心思放在学习上面，因而学习成绩不好也是理所当然的。然后，两位教师解决学生问题的办法，一个是让学生在午休时订正作业，一个是老师监督学生写作业。这样的解决办法比比皆是，然而却根本没办法做到一劳永逸。

　　根据这两个典型案例，我们再做进一步梳理。教师分析学生行为的思路如下：学生因为学习态度不端正，加上平时在课堂上不认真听课，做作业马虎，所以其考试成绩是 0 分是必然结果；只有学生学习态度端正了，才能改变其考 0 分的结果。而这种思路也是学生们受到批评后普遍认识到

---

①　因是对当时教师批评与学生回答的记录，口语化表述的情况明显，但为保证原汁原味，未作书面语的修改，下同。——编者注。

的解决办法。在进入 303 班观察的过程中，笔者询问了全班 53 位学生，收集了如下几个问题的数据。

表 10　　　　　　　　　　引发教师批评的问题整理

问题①	数据总结	分析
你忘记过试卷和作业签名吗？	忘记试卷签名的有 17 人；忘记作业签名的有 25 人；两者都曾忘记的则有 13 人。	通过后期对全班学生的深入了解，研究者发现有过这些经历的学生，有两位是班里的前十名，其他都是排名中等靠后的学生。而这些学生中，又有十来位经常会被老师点名批评或是叫去办公室。
老师知道你作业没签字是怎么说的？	老师让学生回去补签；老师直接打电话或让学生父母打电话解释原因；老师对解释不清楚原因的学生进行批评或请家长来，同时要求补签。以上三种作法中，第一种最多，每一个学生都经历过。第二种较少，除非很多学生都没签字老师才会这样。第三种只发生过两次，因为那几个学生很"过分"。	超过 2/3 的学生经历过前两种状况，只有 4 名学生有过数次因为作业问题而被叫家长来的经历。
老师知道你试卷没签字并说了你之后，你是怎么处理的？	解释清楚原因，老师能接受就被批评一下，然后回去补签字；被动等待老师打电话到家里或叫家长到学校。	有签过字仍被老师要求打电话的状况，"因为成绩和表现没让老师满意"。

教师通过学生不认真听课和记笔记，经常无法及时按质按量的完成作业，依靠小饭桌、校讯通等外界辅助力量记作业等表现来判断学生的学习态度：在这么多外界辅助力量的帮助下，学生仍然不能在学习上有所进步，所以学习态度不端正应该是导致了学生学习水平低于班级平均水平的首要因素。

课后笔者和张教师进行了如下交流。

问：学生 BGY 平时上课也很积极发言，表现比较活泼的，老师

---

① 为了让小学生理解问题，问题是口语化的。师生交往时教师被学生称为"老师"，"教师"的范畴用于论述分析中，"老师"的范畴用于案例中。——编者注

您为什么这次在课堂上严厉地批评了他的行为？

张老师：他是一个聪明的学生，可以这样说我们班的学生除了那几个，谁不聪明？他们都有自己的优点，但是有些同学的优点却不能运用到学习上来，还是停留在一二年级时候。下半年就要进入五年级，你看现在学生 BGY 的学习态度还和一年级的新生没什么两样。有些同学是年龄和心智一起成长，有些却还是像刚出幼儿园一样，需要你天天叮嘱他这该怎么做那该怎么做，实在是令人头疼，老师哪有那么多时间将精力放在一个人的身上。

在这个集体中，张老师对学生 BGY 做出了一个基本的判断：BGY 并不是一个一无是处的学生，而是一个"很聪明"的学生。这也就表示张老师认同学生 BGY 在班集体中的位置（学生 BGY 对班集体有无归属感后文会记录），"我们班的学生哪个不聪明"。但是从张老师对学生 BGY 的评价如"一年级的新生"等话语中看，张老师似乎认识到集体中的每个个体都是不同的。这种现象较普遍：教师试图对班级学生进行集体意识教育时，首先将所有学生的认知水平放在同一个水平上；教师在面对现实中学生的问题行为时，又认为问题学生自身导致了问题行为。

问：那之前对 BGY 的批评真实有效吗？能持续多长时间呢？

张老师：和班级里其他同学相比，这种批评只能让他维持几天时间。主要是他没有认识到学习的重要性，还有他的家庭教育。你看看，他父母把他放在小饭桌里，学习上有什么问题他父母也很少和他交流，这样就难以和孩子在学习上产生共鸣和促进。单凭我们老师在学校里也无法让他有更多的进步。你看学生 ZXG，他其实还没有学生 BGY 聪明，但是他父母会主动和我们交流，问孩子在班级里的表现。虽然学生 ZXG 进步很慢，别看 ZXG 的成绩在班级里没有多好，但是他的各方面发展都比较平衡。学生肯定有的（学习）能力强，有的能力弱，但我认为只要他有兴趣，有能力，他的父母配合，就没有教不好的学生。

后来我对另一个老师也问了同样的问题，他是这样回答的。

曹老师：小陈，你也看到我们班主任每天不仅要负责教学任务，同时还要管理学生和班级，把精力都放在一个人身上对其他学生也是不公平的。

可以看出，教师可能并不认为批评这一教育方式能非常有效地帮助学生认识到错误原因。批评只能在一定的时间段内控制学生行为发生的频率，教师对学生 BGY 改正行为问题并未有很大的期待。可以说，教师将学生 BGY 和学生 ZXG 比较能证明教师做到了"就事说事"的程度，而在学生个人的习惯和道德教育上缺乏长期有效的引导。教师只是针对学生的行为问题给予解决问题式的控制，没有签字就补上、没有写完作业就补上，而教师对学生屡犯不改的行为并没有进行深刻的思考。屡次批评都没有效果那为什么以后在同样的问题上，教师还是采用老方法呢？教师只是用"你可真为我们班增光添彩"让学生知道集体利益受到伤害，但对具体解决办法确实一无所知。所谓集体的发展，是每一个个体都得到了发展，这样才能称为集体的发展，才符合我们所说的集体意识教育。

问：对于这样的行为问题，老师您是怎么想的呢？

张老师：主要还是心态。谁又比谁笨到哪里呢？他们只是不愿意认真学习。

问：老师您看，进入新学期我发现班上有些学生还是有很大变化的，上课很少讲话干扰周围同学了，也能在课堂上积极发言了。当然也会发生上课说话走神的情况。

张老师：是呀，他在讲话这个问题上的确有了进步，但是相比其他学生来说，他需要克服的问题还有很多。我们班也有一些同学与他有类似的问题，其实每个学期开始我都会发现他们有很大的进步。对这样问题不断、缺乏家庭关怀的学生，我们教师只能辛苦一些盯着他们。在不影响其他人发展的前提下，让他有一定的发展。

在教师总结自己使用的批评话语时，"辛苦"一词未尝不能说明教师渴望解决学生行为的心态和压力。在办公室里和老师们聊天的时候，也能经常听到他们的感叹："唉，现在的学生和家长太难应付了，总是想着把责任推到老师身上，希望老师严加管教自己的孩子。"教师批评学生的目的在于希望通过严厉的语言帮助学生认识行为错误,但是就事论事的批评最多只能让学生认识到下次不能再犯类似错误。"确保不影响其他人发展的前提下,让他有一定的发展"也似乎暗示了教师在班集体中引导学生还是需要一定的努力,而这种辛苦似乎是教师觉得矛盾与不公平的来源之一——因为学生不能按照教师所要求的去做,其行为违反了集体规则,那么他所受到的批评还需要教师"我"去赋予。这种批评虽然可能并没有多少效果,然而教师却为了班集体的发展必须要去批评学生。

在曹老师对该学生结束批评后,班主任也对该学生进行了批评。

张老师:每天的英语作业多不多?(学生摇摇头)既然你自己都说了不多那为什么不能圆满的交作业?总是要老师在后面追着你要作业?你已经是五年级的学生了,老师在后面追着要作业和你爸妈追着你吃饭有什么不一样呢?是你真的不会吃饭吗还是不想吃饭?

曹老师(从批改作业的办公桌上抬起头看着学生):与作业多不多真的没有多大关系,主要就是态度的问题!他就是不想写。整个班不交作业的学生里面,他是频率最高的!你以后想怎么办?

张老师:以后上课有什么听不懂的就要问教师,不要一下课就和疯子一样到处乱跑!

曹老师:体育课过来到办公室把作业补好了再去上课。

张老师:你这种态度,体育教师也不会欢迎你的。

从上述的交谈中不难发现,两位教师是这样思考学生未完成家庭作业的行为。

第一,教师个人认为作业没有问题而是学生个体的态度出了问题。教师站在自己的角度来认识家庭作业的重要性,并且也引导学生认识到不交家庭作业的严重性。例如,曹教师认为学生不写作业和教师无关,而是学生的态度出了问题。教师遇到该生不交作业的行为并不是一次两次,对于这次大家都交作业,就该生没交的情况下,曹教师用"就是不想写"来判定学生行为问题的原因。

第二,教师个人认为布置的家庭作业并没有超过学生自己能力范围,并用"每天作业多不多"让学生自己承认没写完作业不是教师的问题,而是自己的问题。通过一系列连环式的引导批评，教师间接向学生传递了这样一条信息：完成作业应该是学生必须遵守的一项规则。在其他学生都能完成作业的情况下，不能完成的个人就成为不被其他人所认可的对象。同时，结合该名同学上课和下课的表现，教师更加确定地将问题归结为学生自己的态度问题，认为学生只要是改正了态度就可以基本解决所有的问题。

通过上述对教师批评话语的分析，我们大致能整理出这样一些结论：教师个人面对学生的问题行为较容易将行为者和集体其他个人进行横向比较。对于经常犯错的学生，教师第一反应一般是学生自己的态度出了问题，例如作业不交是学生不想写，卫生不打扫是学生态度不认真，上课说话不认真听课是学生自己不愿意听课等。与之相对的是，别的孩子之所以受表扬，是因为态度端正。在这种态度对比中，集体的他人只是教师用以证明"批评是恰当"的标尺，而无形当中成了被批评者的对立面。

（二）批评未能很好地阐释个体与集体的关系

今天两个孩子在教室里用毛笔相互打闹。
老师："毛笔是用来做什么的？"
学生1："毛笔是用来写字的。"
老师："谁能说说毛笔是用什么做成的？"
学生2："竹子，木头和动物的毛"
老师："竹子、木头哪个打人更疼？"
学生3："毛笔不能够用来打人，会伤到同学的。"
老师又说："那老师想要问问同学们，你选择毛笔是为了什么？玩具？工具？"
学生们："写大字！""画画！""老师，玩具打人不疼的，毛笔不是玩具。"
老师："那你们说说如何让他们认识到这种行为？"
小朋友们大声喊："扣小红花。"
"你们觉得扣几朵比较好？分小组讨论后告诉我结果。"
第一、三、四、五组的同学认为应扣光两个孩子在红花榜上的红花。第二组则认为应扣五朵。

"那以后你们犯了错误,我们也用同样的方法扣红花,你们愿意?"

大部分学生沉默不言,只有一两位小声地说了一句:"不愿意"。

"再给你们大家一次机会,讨论一下到底该扣几朵花?"

讨论一番以后,孩子们的结果发生了转变。第一组、第三组、第四组、第五组认为应扣一朵花,第二组认为应扣两朵花。

……

老师又开始提问:"同学们,一开始你们四个组的同学赞同把他们的花朵扣光,为什么当老师说用同样的标准对待所有的同学以后,又开始有很多人转变了想法赞同只扣一颗,这是为什么呢?"

孩子们沉默了一会,有孩子举手说:"老师,我害怕以后我们犯了同样的错误,我的星星也会被同学扣光。"

临下课前,老师这样总结:"大家有没有这样的感觉,当我们生病的时候感觉健康特别重要,特别羡慕那些身体健康的小朋友们;然而当我们健康的时候,很多同学却开始忽略了身体健康,比如刚刚上完体育课一身汗,大家就把电扇打开到最大,不顾忌其他人。我们对于他人的错误行为,总是觉得不可原谅一定要严厉批评他们,惩罚他们;但是当我们自己犯了同样错误的时候,却希望能够减轻,这是为什么呢?因为你们可以允许自己犯错误,却容不得别人犯错误,不是么?"

教师在结语中这样写道:"我想今天孩子们会出现这样的表现,应该是人性使然,我们总是觉得别人犯的一个个错误是不可饶恕的,但是自己犯了同样的错误却希望减轻或逃脱惩罚。教会孩子们体谅别人、原谅别人,我想也是我应该考虑和重视的。"

这位教师意图在于如何通过一次打闹事件而帮助学生认识到"体谅"的重要性,在他的结语中我们可以看到"人性使然"是教师的归因,而"教会孩子们体谅别人,教会孩子们学会原谅我想也是我应该考虑和重视的"则是教师的解决方法。这位教师和学生探讨某种行为问题的时候是站在集体的立场出发,引导学生思考作为集体中的一员"我"如何换位思考他人的感受。但是我们要注意的是,首先这位教师没有考虑到换位思考的前提是大家的利益是平等的。如果只有一个苹果,只有一次参加比赛的机会,大家愿意体谅他人吗?其次是教师没有和大家讨论集体发展和个人发展的内在联系。如果孩子们只能做到表面上的体谅,而内心并不认同某行为,最终可能导致对集体的归属感和身份感的降低。

  熊老师:××,从上课到现在我就一直在观察你已经十分钟了。你的笔到底修好了没有?你到现在书本都没有打开,你的学习态度怎么这么差!你看看××,以前你还看不起他,人家甚至还没你表现好。但是现在他的状态比你好很多!如果你再不端正学习态度,以后可怎么办!

  下课后,我又和曹老师进行了一番交谈。

  问:"老师,您为什么会在课堂上批评他而不是下课后呢?我看你往常很少会在课堂上为这类事情批评学生。"

  曹老师:"对学生在课堂上的表现,我的宗旨是大事化小小事化了。上课十五分钟我已经看了他三四次,但是他一直将注意力集中在自己手上的事情。甚至是我走到他面前时,他还会把笔攥着装作听课的样子,但他的心不知道跑哪去了。如果不批评他,他还会继续玩铅笔橡皮。"

  在上述教师对学生做小动作行为的批评中,可以发现教师为了解决学生行为问题时提出的一系列判断,是教师试图分析学生发生该行为的原因并期望解决学生行为问题的表现。然而从这些一系列问句的背后也可以发现教师评价学生行为的话语更像是教师一种情绪的宣泄。"从上课到现在我就一直在观察你",教师对于学生的行为是由一开始目光注视的方法无效进而发展成了一系列批评话语,于是在教师既想要学生认真听课又考虑到要尊重学生个人的面子不愿意点名的前提下,教师直接将目光注视上升为严厉的口头批评以期获得学生对自己行为的认识和改正。教师对学生的行为采用"你的学习态度怎么这么差?""你怎么还不如班里其他同学?"的责问,表明教师此时已将学生的行为问题和学习态度直接联系起来。表面上,教师采用了"班里其他同学"来判断行为的发生,实际是向学生传达了这样一种信息:你的行为影响到了集体,给集体丢脸。教师并未意识到他口中的"集体"和学生意识中的"集体"有什么区别。教师认为班里学生就是一个集体，这种"集体"和群体并没有区别，与我们研究的"集体"有本质上的区别；而学生认为"集体"不单纯是一群人生活在一起，集体更像是荣誉、增光的代名词。

  被斥责后的学生不再弄笔，翻开书本，表面上开始一直低头听教师讲课，然而其注意力却似乎游离于课堂之外。
  下课后我和该同学有了一定的交流。
  问：还有能写的笔吗？教师这里有笔。
  学生ZLG：没关系，反正笔修好了，凑合用。
  问：这节课说的内容你喜欢吗？
  学生ZLG：（点点头，随手翻了几页课本把他记的笔记指给我看）在这里。
  （我随口提了几个老师在后半段课堂上说的问题，他并不能完全回答出问题，如段落大意、某些语句如何表现人物感情等问题。）
  问：你真的进步了许多。你看有的问题回答的很不错。不过刚刚教师说话的时候你害怕吗？担心老师说你。
  学生ZLG：没关系啦，我都习惯了。
  问：习惯？也就是说老师批评你都不在意吗？昨天我听z老师说你学习态度不好，你自己是怎么想的呢？
  学生ZLG不说话，玩手里的笔。
  学生同桌：哎呀，老师，他必须要把笔弄好才能安心上课的，其他老师都说过他好几次了根本没什么效果，就是强迫症。
  学生ZLG：你才有强迫症呢，我又没打搅你学习激动个什么劲啊。切！爱干净怎么啦，爱干净怎么就不是好学生。
  学生同桌：什么爱干净，你就是一个娘娘腔。
  我赶紧制止了他们俩人的争执（问学生BGY）：你觉得上课整理东西，可不可以？
  学生BGY：老师都说过的，说上课就应该听课不能做小动作，我们要认真听课。
  学生ZLG：整理东西怎么就是小动作了，你桌上乱七八糟的吗？我怎么没听课？我也举手回答问题了啊。

学生 BGY：切，反正你被老师批评了，就是你不对。

从后面与学生本人和其他同学的交流可以看出，学生对教师的批评在一定程度上还是能够接受改正的，然而改正的前提并不是他认识到自己的行为不应该发生在课堂上，而是他完成了自认为是正确的事情后再遵循教师的指令。同时，对于教师认为他学习态度好不好的评价，他从内心是不能完全认可的，尤其是当其他同学说他有"强迫症"时候，他迅速予以反驳"爱干净，怎么就不是好学生"说出自己的心里话。这个学生平时是一个特别注重细节的男生，例如书包一定要正面朝自己放在座位的左边，下课整理好了整个书包再去洗手间，按照学生自己的说法"整理好了才能安心做下面的事情"。一方面，他的父母认为太过注重细节并不是一个好的学习习惯，"好像这世界上就没什么能让他着急的，每次写作业都是慢慢悠悠的。我问了他们班其他同学的家长，别人写作业只要两个小时八九点就写完了，他天天都要写到晚上十点。说他多少次了，他也没多少改变。"希望老师能帮忙改正学生这个缺点。另一方面，这位学生被询问"是否所有的老师都会批评你的爱干净"之后说道，有的教师会在上课前，如眼保健操的时候提醒他尽快做好准备，也有的教师如前文中的曹老师对他不认真听课的行为作了批评，但从学生仍然不紧不慢的态度来看，他并不认为这种慢是不好的。从最后学生接受教师批评的反应来看，批评话语并没有产生教师期望的功效；而班集体中其他成员对该生受到教师批评的事情则表示一种与我无关的态度或是看热闹的心态，甚至对其表示嘲笑。可见，教师的批评并没有达到预期效果，甚至本应该在班集体中为大家所警示的问题也没有得到很好的解决：部分学生认为"这是××自己的问题和我无关"。在该生看来整理学习用品是一种良好的行为习惯，同时这种行为习惯未干扰到集体其他同学；而在教师看来这反映了学生不认真听课，注意力不集中的态度，对集体产生了不好的影响。除此之外，一部分学生认为教师的批评是正确的，和上课无关的事情是不被允许的。

我们发现，教师在班级中的批评多数时候是针对个人的，但在集体这个环境下，实际所有师生都参与了这样一个教育契机。以一个班级为单位，多个个人组织成为一个集体，这意味着这个集体的利益是大家所认同的；然而集体利益获得的同时，个人利益的地位就变得比较微妙。一方面，大家在这个集体中成长，势必是希望自己的家越来越好；另一方面，如果没有教育者的引导，那么个人利益和集体利益很容易发生失衡。上述案例中，有的学生漠不关心或者是偷偷嘲笑恰恰反映了一个问题：他被批评了，与我无关，我的利益并没有受到损害。可惜的是，教师如此严厉的批评未能让班集体其他的同学在课堂上做小动作的时候引以为鉴。因为教师批评的并不是他们。作为一名集体中的学生，"我"的行为应该怎样，"我"的行为会不会影响到集体中的其他个体，这种影响是好还是坏等类似的问题教师未曾引导学生思考。是教师自己认为没有必要，还是没有考虑都需要观察。

何老师：×××，我刚才点你的名是在提醒你，我现在走到你面前，敲你的桌子，就是在警告你，你应该懂得吧？你是一个聪明人，上课怎么老是喜欢和××说话？你自己玩也就罢了，还影响了别人。你这样的态度除了××，以后还有谁愿意和你同桌。

笔者对该教师所处的四年级办公室一共十位教师们做过访谈[①]。这些教师们认为他们最担心的学生问题行为主要有两个，一是上课讲话，其次是学生注意力不集中，上课做小动作。在处理这些问题时，教师们都要坚持尊重学生，不能随意批评和惩罚学生。面对学生犯错，首先应该做出目光或是动作的提醒。所有的教师愿意相信绝大多数学生会在无声提醒后做出改正，因而无声批评会被教师们视为首选措施。当然面对屡次示意仍然无动于衷的学生，教师会直接点名批评，甚至采用更严厉的办法来解决学生的问题行为。"我认为要尽可能减少因无效措施带来的中断课堂过程、部分学生转移注意力的影响"，语文组长最后总结道。

在案例5中，学生上课说话的行为已经影响到了周围的同学，教师在目光注视或警示动作提醒无效的情况下直接批评该学生。"你这样的态度以后还有谁愿意和你同桌"，教师的这句话一方面暗含了个人的情绪；另一方面也向学生传递了两个信息：一是你的行为已经影响到其他人上课；二是以后和你同桌的同学都有可能会受你影响，爱学习的学生不愿意和一个不

[①] 这十位老师中，七位的教龄还未满六年属于青年教师，有两位是语文和数学教研组长，还有一位是有二十年教龄的老师。担任的科目有三位数学教师、五位语文教师和两位英语教师。

听课的同学同桌。教师用"你这样的态度"表明集体的权威向集体成员传递了这样一条信息：上课说话的行为影响周围的学生，因而说话者周围的学生首先感受到的是对上课说话行为的羞愧，进而对被批评学生的感受有了消极的评价。这种评价可能在短时间之内可以体现对学生的影响，然而对集体发展的影响，既需要时间验证也需要时间来减少不良影响。一旦出现集体成员不能解决的矛盾时，涉及矛盾的学生曾经被教师批评和惩罚的经历就会被成员用作衡量的标准。"老师我也不是有意说话，就是觉得想说话控制不住自己，有的时候想说就说了。"像这样因为上课随便说话而被教师批评的，每天都有发生，那么我们要思考的是为什么学生明明认识到这种行为是不被集体甚至是他自己认可，最后仍然会违反班集体秩序呢？

（三）批评指向个人的态度而非集体中的方法

曹老师：×××，刚才和你一组的××在发言的时候你没有好好听。和你同组的同学你都没有尊重的态度，我觉得你也不配得到其他同学的尊重吧。大家都在努力地遵守课堂秩序，怎么就你还老是慢慢吞吞的拖班级后腿呢？现在全班同学一起朗读课文，你就要禁言了。今天你也没有发言的机会了，纪律不好的话，谁都没有发言的机会。

坐在后面的一个男生立刻说道：都怪你，谁叫你多嘴的。

对于该班的学生来说，能在语文课堂上朗读课文甚至是当着所有同学面发言是一件很值得骄傲的事情，然而因为×××没有在发言的时候认真听其他同学的发言，教师便采用了禁言的方式来对学生的行为做出引导。这个时候，教师提出禁言是因为学生没有尊重他人，实际上是向集体成员传递了这样一个信息：尊重他人，你就能获得他人的尊重。大家坐在这个教室里，都是上课听讲的学生，因而都要尊重参与教学活动的人，遵守了课堂规则的人才能获得参与课堂活动的权利。无论教师有没有意识到他这样批评学生意在体现整个班集体要尊重他人，实际全班并不是所有学生都能理解教师批评背后的意图。从其他学生对老师批评×××的反应来看，至少那位说"都怪你，谁叫你多嘴的"的学生只是把教师的批评当作是语言上责备，而没有考虑到有可能自己的行为本质和×××一样。

第二节课是队会课，少先队活动结束以后教师用最后的十分钟和大家开了一个简短的班会。

……

曹老师：这学期除了交作业的问题需要强调以外，还有纪律的问题。为什么仍然有同学在上课的时候不遵守课堂纪律？为什么我们班课间追跑打闹的情况还是屡禁不绝？下课的时候我们能做哪些事情呢？这个我们大家是有讨论过的，比如散步、看书、聊天都是可以的，还可以去上厕所。但是我仍然发现有部分学生总是喜欢在临上课的时候才去解决个人问题，特别是眼保健操的时候，难道这些同学认为做眼保健操对身体有伤害吗？你难道就没影响教师上课吗？难道就没影响你的同桌吗？下次第二节课上课的时候我就站在班级的门口，我要看看是谁还在上课铃响的时候往外冲。不要看这些只是小节，但是小节是会影响大节的，同学们应该要养成良好的习惯！

上述教师对班级学生行为的评价中可以看出，教师在引导学生对课间认识上意在让学生充分认识课间十分钟的用途。然而这种一股脑式灌输的效果有多大呢？

午休时候，我和几位留校的学生交流了一番。

问：谁能说说自己对眼保健操和课间的认识？

学生1：让眼睛得到休息，顺便睡一会。教师说了，课间不能下棋、不能剧烈运动、不能追逐打闹。

学生2：保护眼睛，每次做完眼保健操我的视线就是绿的，我下课喜欢看课外书。

学生3：没什么感觉，我视力很好的。

问：为什么我看到有些同学会在眼保健操时候出去呢？

学生1：志愿者要去检查眼保健操。

学生2：上厕所，那时候没人不挤。

学生3：他们就是不想做。

交流中，可以发现大多数的学生是了解眼保健操和课间应该做哪些事情的。而对那些不遵守教师规定的行为，他们又是怎么看的？第一种观点是超过一半的学生将问题行为与班级的荣誉相联系（"老是那几个人，真有损我们班形象"，"就因为他们其他班都说我们班最差"）；第二种观点主要是认为违反班级规定就要接受严厉惩罚（"老师，上次他们还和隔壁班的同学打架然后被w老师叫家长了"）；第三种观点则主要是赞同教师的批评，对于被批评的行为持否定看法（"我们不和他们玩的，他们都不好好学习"）。比较上述三种观点，我们可以发现班集体中其他学生对于教师的批评话语最多停留在影响到班集体的荣誉和发展的层面，而没有人提到具体这些行为如何避免，"我"作为一名五（1）班的学生什么是该做的什么是不该做的呢？对此老师并未能给予引导，学生似是而非地知道什么该做、什么不该做。

4. 小结

上述场景只是发生在教师日常生活中的一小部分，然而从教师对学生行为的判断和施予手段却可以一窥话语背后教师对学生行为的认识和如何解决学生行为问题的思考。例如有的教师针对学生的行为经常使用的"你这是什么态度？""你还想不想继续学习了？"等口头禅直接评价学生的行为问题，加上教师在学生心中的权威地位导致学生不敢随意解释自己的行为，有的学生课后会告诉我"就是很怕老师"。有的教师直接判定学生行为有损班级形象和集体荣誉，有的教师甚至没有考虑到学生行为和集体的关系，对学生批评一味加以指责。这种师生交流的过程本身就存在了问题：教师单方面的评价和学生一味地接受并执行是否能带来教师期盼的结果？以上教师批评学生行为的案例虽然是众多批评场景中最普通的几个，然而他们都反映了教师批评话语的典型问题。学生在日常的学校学习中几乎每天都有可能遭遇教师对自己或对他人的批评：未能及时交作业、未能完成家庭作业事项而被教师指责，课堂做小动作、不认真听课而被教师批评和罚站，集体活动时不遵守规则而被教师批评……类似的情况充斥在学生的成长环境中。因而，我们说教师对学生使用批评是教育教学过程中再普通不过的一种现象。然而，这样常见的批评却因其效果不尽人意，常常遭到人们的质疑：批评是否值得使用的以及价值何在？教师对学生的问题行为进行了话语批评，然而学生对此并不完全认可。一方面，教师认为是学生态度和认知出了问题；而另一方面学生却疑问自己的习惯真的不好吗？自己对问题的认识方向真的出现问题了吗？如果不整理好自己的东西那么上课万一需要什么再找会不会影响听课呢；教师对学生讲话行为的批评，让其他同学对该生在集体中的地位产生了怀疑，不能同进步也不能影响其他人的发展；教师虽然让学生认识到自己的身份地位，却是用"尊严""态度"这样的词语对其他个体产生消极的影响，而不是通过鼓励的方式让所有的人都认识到他人在回答问题时，作为一个班集体"我们"都应该听他的回答。在集体教育中，教师很少能做到引导学生思考如何行为才是符合集体的利益。

（四）批评成为教师个人主观判断的传递途径

午休时间，张老师把学生 ZLG 喊到办公室。据说今天午饭后学生 ZLG 和班里的其他几名同学一起喝汤的时候，不锈钢的汤碗和勺子都往天花板方向扔，看谁扔的高。这情景让校长看到了，校长知道他们是哪个班级的，就直接找到了张教师，和张教师谈了很久。下午第一节课上课前，张老师找了学生 ZLG。

张老师：你知道你刚才做了什么吗？

学生 ZLG：不知道。

张老师：不知道？吃午饭的时候你在哪里？

学生 ZLG：我吃饭很快，吃完就和其他人在后面喝汤啊！

张老师：仅仅是喝汤吗？我怎么听别人说你喝完以后还把碗和勺子扔到天花板上？

学生 ZLG：没有吧。

张老师：没有？没有的话校长怎么会找到我这边？你怎么会出现这样的问题？这样恶劣的行为和态度不是被别人看到，是校长！校长问都不问你的名字，就知道是我们班的，直接来找我了。你看看你都给我们班带来什么好处了？出名了啊！都吸引校长来关注咱们班了？你自己还不承认。前天的班会课还讲到了少先队的仪式和集体荣誉，你这是少先队员应该有的行为吗？非要出这样的状况！你看哪个班的学生是像你们这样的态度？也只有你们能做出这样的事情了！也不知道你平时脑子里都在想些什么？上午上课的时候，大家都在听课，就你在折纸，你就不能安安分分做点正经的事情吗？每天都不在状态！天天都要来办公室报道一次是不是？很有趣是吗？你是来学校学习的，不是来捣乱的，你上课有带脑子来吗？

学生 ZLG 没说话。

张老师：你以后吃饭的时候就跟着我。中午你也不要参加班级活动①，直接去我办公室写作业。

上述的行为里面，教师认为学生的问题主要是午餐时在公共场所恶劣的使用公共餐具，违反了就餐环境守则，同时在全校师生面前造成了不良影响。正如在班级里面不能损害公共用具如桌椅、讲台等，在食堂里不能破坏餐具、浪费食物。用餐礼仪一直未被教师明确的在班级中提出，然而一旦学生犯错的时候，教师就会给予学生严厉的谴责。教师分析学生的行为问题时，用"你看哪个班的学生是像你们这样的态度""你就不能安安分分做点正经的事情吗？每天都不在状态！"来评价学生的行为表现。一方面反映了教师在思考学生为什么犯错这个问题中，容易将行为问题和学生的态度认知放在一起，也就是说教师认为学生总是犯同样问题行为的原因一是学生自己没有认识清楚行为的严重性；二是学生根本没有"端正的态度"，没把教师的话放在心中，常见的一边教师不断地苦口婆心的劝说，一边学生表示知错就改，过一阵子又开始犯错。另一方面，这也正能体现当前仍然有部分教师对如何帮助学生解决行为问题存在困惑。正如上述案例中的教师，他最后提出解决学生不再犯错的方法是一起吃饭以及不参与午后的集体活动。这样能让学生不再犯类似的错误吗？这样的问题解决方法能让班集体中的其他人引以为鉴吗？

下午 402 班的眼保健操时间，曹老师刚站在讲台上询问班委眼保健操的状况怎么样，班长立刻站起来向教师报告："曹老师，下课后学生 BGY 在班里乱跑把好几个同学的水杯的水都打撒了！"

---

① 每次轮到张老师带自己班学生吃完午饭后去操场上运动，如跑步、做游戏等。张老师解释说一方面锻炼学生的身体健康，另一方面是为了发散学生的精力。

学生BGY立刻站起来:"曹老师,是其他人一起打闹,先把我的水弄洒了,我不是有意的。"

学生CXQ站起来辩驳:"是你自己洒的,不是我做的。"

这时候有其他同学举手说:"是学生BGY自己打翻的,他旁边的同学可以作证。"生BGY的同座点点头。

曹老师严肃地说:"学生BGY到底是怎么回事?下课不许在教室里跑闹,不知道吗?"

学生BGY:"老师是他们下课打闹,经过我们这的时候,我正在喝水。他们互相一推就把我的水全弄撒了衣服也湿了。"

组织委员这时候说:"老师,眼保健操的时候CXQ老是在那里玩不做操,我让他做他还不做。"

教师严肃道:"你为什么不做操?"

学生CXQ不答话,靠在墙壁。

教师:"站好了!你看你这是怎么站的?靠在墙上是站不好吗?"

"老师,CXQ做操的时候老是在那里和后面的男生打闹,还在吹口哨。"学生CXQ的前座位向教师报告。

"老师,还有纪律委员,做操的时候老是说节奏好吵人。"

"老师,学生DZB的作业还没交!"

"他也没交。"

其他人也开始向教师报告同学们之间犯的错误。

"行了!五分钟眼操你们就闹出这么多事!(我们班)怎么这么没纪律性啊?从你们做眼保健操的态度就能够看出来,你们一点集体荣誉感都没有,我们班还要不要拿小红旗了?你们这个态度这个月还能拿到吗?纪律委员的袖牌自己送到讲台上来,什么时候想好了什么时候来拿;其他人今天每节课下课都到我办公室来,不想课间休息就不要休息了,今天每节课下课都要来,没交作业的同学下课赶快交来,现在上课!"

从上述的场景描述中我们总结了这样三种教师评价和解决问题行为的方式。一是教师如何评价学生的行为问题,是从个人角度出发还是集体角度。对于发生行为问题的学生,教师先是用"到底是怎么回事""不知道吗?"了解学生个体发生的行为。二是教师用"……看起来一点都没有集体荣誉感,还要不要小红旗了?""你们这个态度"来评价班级学生没有集体荣誉感,也就是说学生的行为表现是没有集体荣誉感或是集体感薄弱。最后则是教师剥夺了几名学生的课间休息时间来解决班级学生的行为问题。可见这位老师批评话语中透露出来的思路是:个人行为问题——集体荣誉感——个人态度端正。我们可以发现,教师只对学生个人进行了批评,而对整个班集体的引导却未做出实质性的应对,只是几句话一带而过。带着教师是怎么认识学生的行为问题的?将班级学生的问题都归结为态度不端正是教师的真实想法吗?态度被用来评价学生的行为是否具有价值?带着这三个问题我对教师进行了访谈。

午休时,我向曹老师询问为何选择在课堂上花费这么长的时间来处理眼保健操的问题。

曹老师这样回答:"眼保健操虽然时间很短,但从此短短的五分钟内就能看出班级学生到底是怎么样看待该集体的。你看,很多同学会认认真真地做操,但是总有那么几个不愿意和大家节奏一样。本来学生做小动作是一件小事,但是如果没有控制好学生讲述不合理问题的时间的话,我就要花费很长的时间来控制课堂秩序。402班一直是一个比较乖的班级,但是你看,再乖的班级也会发生这种现象。"

问:"老师您为什么要求那几个人去您办公室呢?"

曹老师:"他们怕去办公室,这样就能控制他们,让他在眼保健操的时候不再犯类似的错误行为。这件事情可以说是由一件小事引起的,但是反映了班级内部存在的不好现象,我一直想找个机会好好说一下纪律,正好借此机会告诫班上不要太放松自己。"

问:"那这个事情为什么要用态度来判定呢?"

教师:"这我还真没有很注意。如果真要问一问学生的态度是什么,我认为态度是影响学生行为产生的重要原因之一。你想想如果学生的学习态度端正怎么会学不好?如果思想端正又怎么会做出打架、不写作业等不良现象呢?"402班学生在眼保健操上检查的分数一直很低,后来我观察发现只要有老师在他们班的纪律才会好一些。你看这次,连纪律委员也犯错。(后来我注意到该教师在对学生的话语批评中多次使用"态度"一词来归纳学生行为问题的原因。)

短短五分钟却让我明白了为什么班主任每次都要来看堂。在班级观察的现象中,教师无法做到随时随地保护学生安全、管理学生纪律,比如眼保健操时间,在食堂吃完饭回教室的途中,课间十分钟等。这些都是老师不放心学生却碍于现实无法分身,所以如何让学生遵守班集体秩序尤为迫切和需要。组织委员和班长看堂的眼保健操似乎有点儿混乱,有的学生并不理睬组织委员的"约束",喜欢对着干,结果经常出现组织委员亲自上阵将某位学生的身子放正。课间休息,部分男生们总喜欢在班级后面的墙角推推搡搡、追逐打闹,只有在看到老师的时候才停止打闹。这种打闹行为又极容易和其他学生们产生碰撞,进而产生事故。这个时候如果教师抓住教育时机引导学生对行为问题的思考,会有不一样的效果。例如可以通过大家对眼保健操作用的认识进而触发到安全话题,从安全话题引导大家思考在教室里追逐打闹对谁(我、他,还是整个集体)的危害最大等问题。教师从集体意识教育角度出发有指向性的引导学生思考,不仅能够帮助学生充分认识行为问题本身,也能促进班集体行为规范的养成;既能促使学生认识到自己是集体的一员,在集体中生活,同时也能为集体发展贡献一份力量。

(五)批评忽视集体意识教育的意义

学生 ZLG:老师,你喊我?

夏教师:你现在知道喊老师了?你刚才下课挺活力四射的啊?上课的时候我让你精神振作,我看你其实也不需要别人孤立,你这个人啊,精神一直特别振作!我知道你,没事干的时候就喜欢趴在别人的身上,或者是抱着别人。只有这样你才能满足自己的心愿吗,只有这样你才能得到心灵的安慰是吧?班里哪个同学像你这样?还申请红领巾志愿者。你知道当志愿者需要哪些条件吗?能够管好自己!我观察了你很多次,我行我素。上书法课的时候,你和××两个人,哪一次不是什么字都不想写,哪一次不是抱在一起?第一,本来拥抱是件好事情,但是你时常这样做,就不是好事情了。下课玩也就算了,这学习上的缺点你们两个人还喜欢抱一块呢；第二，你知不知道你还有什么问题？

学生 ZLG：喜欢跑……

夏教师：你还知道这个毛病啊？学校是怎么规定的，下课不要乱跑，你一天到晚在走廊里，我听到的都是你的声音。就凭你今天还是这么不守规矩，下午的书法社团我就可以不让你参加。你说你参加做什么？你这样的态度和别的班级在一块上课不丢我们班的脸吗？开始之前你就已经在跑了嘛，静不下心。再说，你去抱别人，也要看看别人是不是欢迎你去抱他，对不对？他们不是你的爸爸妈妈，你的爸爸妈妈恨不得你天天抱他们。可是你的同学不是这样，同学有自己的事情要做，你这样做影响别人的正常行动知道吗？你还喜欢在楼梯口抱成一团，要是这个时候有人推你们一下，那你们就抱团滚下去了！好玩吗？今天下午的活动课，我就给你一次机会，要是还有同学来反映你还是像以前一样，以后的活动课你可以不用去上了。

对教师批评话语过程进行分析发现教师认识学生的行为问题有两个：一是课间不分场合的按照自己的兴趣和同学打闹，没意识到自己已经是一名五年级学生了，"没有学生样""想怎样就怎样"；二是社团活动课的时候不遵守纪律影响班级形象，在社团里上课时候必须遵守社团纪律。对于学生的第一个缺点，教师认为"一点也不像五年级学生"。这就引发第一个疑问，教师是如何定性学生的行为和年龄是否符合的？对于这个问题正做三年级的某班主任回答了我："其实这个问题答案在学期开始和结束的时候会更直接地呈现在学生面前，老师都会告诉班级学生并引导他们对于学生身份的认识。然后，平时的话当学生犯错的时候，我会问问他们，行为可符合一名小学生（红领巾）的形象。"也就是说，学生除了在重要场合中会受到教师们的引导以外，更多的是他们对自己的控制。部分学生认为只要听老师的话就不会被批评，"因为老师说的都是对的"。这也是为什么班级中某个人犯了错，被老师批评却又不被集体中的其他人所放在心上的原因之一——因为教师并未从集体的角度出发告诉班级学生，每个人的行为都会对集体和集体中的个人产生影响。

第二个问题则是教师将学生的行为问题上升到了影响整个班集体的层

面上，试图通过集体荣誉受损来影响学生。"你这样和别的班级在一块上课不丢我们班的脸吗？"这句话向学生个人传递这样一条信息：你个人的行为代表着我们整个班级形象，表现不好就会降低其他班级学生对我们班的印象。对于教师经常在批评过程中对学生暗示"你要再用这样的态度就别参加春游/晚会节目/社团/课堂游戏"等，学生的心理状态有三种：一种是表示会改正错误，遵守秩序；一种是反正班里还有人和我一样，不参加就不参加；还有一种是无所谓，我一个人也挺好。不可否认，教师的这种"恐吓式"批评有一定教育效果，对于平时热衷于参加集体活动的学生，他们的反应会达到教师的预期效果；而对于另外一些不喜欢参加集体活动的学生来说，"恐吓式"批评并不能达到目的，教师的教育重心应该是引导他们认同集体目标和集体身份。

（六）小结

在该校的整个观察过程中，大部分教师批评话语背后透露出来的认识却让我不得不思考集体意识教育对于批评的意义。那些我观察过的学生，每一个都有其优点和不足之处，然而不少教师的批评话语中都透露出这样一条信息：教师的权威不容侵犯，即使错了，学生也不能在公开场合当面反对。甚至有学生告诉我："千万不要解释，越解释老师越认为我们是狡辩"。具体到批评教育这一点上，教师有两种值得改进的问题：

1. 教师对集体意识教育内涵的误读

笔者在观察中发现，既有教师会从班集体的立场去批评学生，引导学生树立对集体的荣誉感；也会有教师就事论事，只针对学生的个人问题进行批评和引导。同样一位教师会选择某些时候站在集体的立场，例如班集体活动不遵守秩序、雨雪天气的剧烈行动去批评学生的行为；而某些行为则会站在个人的立场去评价学生的行为，例如课间几个人追逐打闹，没完成作业等。通过和数位老师的交谈，他们认为集体意识教育就是"让学生认识到班集体的重要性""不能够丢班级的脸面"，这些认识都不是我们所说的集体意识教育，而是一味强调集体的重要性却并未让学生认识到集体和个人的联系。而对于什么是集体，老师们给出的答案无外乎是"整个班级"等类似的答案，也能反映教师对于集体和集体意识教育认识之浅。这样的理解似乎也就能解释为什么学生都知道集体，要为集体争光，而对于自己个人的发展和集体的发展的联系却并不知道。教师持有这样的集体理念对学生进行批评教育，一方面多半会造成学生只知有集体却不知如何发展集体，另一方面学生对集体的反映也只会让教师忽视或者是弱化集体意识教育的地位。

2. 教师对树立学生身份感的忽略

笔者观察发现，教师对学生身份感建构的认识比较薄弱。这种薄弱表现在一是未能及时抓住机会对学生进行集体意识教育，只是将事情停留在"就事论事"的层面上；二是表现在教师对学生的批评话语中、对学生身份感的引导上，这种引导更多的是出现在学生行为不符合集体要求时。教师对学生的批评话语停留在"你这样的态度还想上学吗？""你看你的态度究竟还想不想待在我们班？"等层面，而真正能达到从集体出发帮助学生分析问题，引导学生行为发展的批评话语少之又少。

有些教师在批评中，经常用"你都是一个五年级大哥哥了，怎么还像一年级的弟弟妹妹们那么不懂事"等话语，认为学生对自己的身份根本没有一个明确定位；而在一些团体活动中，这些被批评的学生中很大一部分学生愿意承担重任，帮助其他同学减轻负担，这难道不能证明这些学生对自己的身份认识吗？前文有提到过，个人的生存与发展是受到他生活的社会关系的影响的，那么当教师在试图认为学生没有身份感的时候，是不是应该思考一下，或是询问学生自己内心对身份地位的认识。

三 在批评中开展集体意识教育的建议

教师批评学生本意在于帮助学生认识行为问题上的错误，进而改正缺点，培养学生的理性认识。马卡连柯提出运用腔调、表情，举止适度，对教育者是非常重要的[①]。特别是低年级的小学生，教师的表情和情绪很容易影响到他们的情绪。教师微笑面对学生时，学生就会表现得很轻松；当学生遇到难题时，如果教师运用加以支持的话语，他即使出现问题内心害怕也仍然会努力尝试；如果教师向孩子施以责备的语气，更多的是增加学生内心惭愧、不好意思、胆怯等情绪。而对于高年级学生，尤其是教师所

---

① [苏]马卡连柯：《论共产主义教育》，人民教育出版社1981年版，第389页。

说的"老油条",没有立场的批评是无法让学生认识到行为错误的。

(一) 引导学生树立集体共同目标
1. 学生表现:集体的共同目标不明确

  一进303班我就注意到了这个坐在最后一排的男生。
  问:为什么WH一直坐在这个班级的最后面,一直是一个人呢?
  全老师:这个学生是这个班人缘和学习最差的学生。以前给他安排过同桌,但因为他的个人卫生实在太糟糕,同时不断有学生和家长向我报告说他干扰周围的同学上课。再加上其他老师也和我多次说了他上课不认真、做小动作的表现,所以就把他放在教室的最后边。他一个人坐在后面至少不会干扰其他同学学习。

  教师安排WH一个人坐的直接原因是多次有家长、学生向她反应WH的卫生情况,班级里没人愿意和不爱卫生的孩子坐一起。很多人的反应让全老师做出设置特殊座位的决定,这样既可以缓解班集体对全的抵触情绪,也可以促使WH能积极改正自己的行为问题,例如,促使学生自己改正上课说话、做小动作和个人的卫生问题,最终达到全班同学都能接受她的目的。然而在观察前期WH一直是班集体里的一个独行者。这个特殊座位的设置似乎对WH自己的问题行为并没有帮助。WH似乎已经习惯了一个人坐在这个位置,上课他还是会做小动作,老师对他行为的忽视都证明了特殊座位对WH已经失去了应有的效果了。

  问:老师您当时设置这个位子觉得能帮助WH改正缺点吗?他会一直坐在这个位置上吗?
  全老师:一方面是为了激励他,让他注意个人卫生,起码班级里的其他同学不会排斥他;另一方面,也是不想他干扰其他同学的学习。但他态度一直就那样,大家都不愿意和他坐同桌,这就比较麻烦。你想想,班级同学都是有同桌的,如果他一直没有同桌那么他的心态总会出现不平衡或是无所谓的时候,到那时在想帮助WH树立好的行为习惯就很困难了。他的消极状态是会影响到整个班集体的发展，我不希望看到所有的同学去排斥班里某位或者是某几位学生；如果他的表现有进步，有同学能够不排斥他的话，就安排他和其他同学同桌。

问：具体到WH身上，哪些表现算是进步呢？个人卫生进步算不算？

全老师：这也是可以的。当然还有学习态度端正呀，上课听课，完成家庭作业。个人卫生只能算一个小点。

这里，老师用其他学生"不排斥"的话语似乎向我传递这样几种暗示：

教师是为了班级里的其他同学才让WH一个人坐在后面，如果总是有人向教师报告WH的行为问题，教师的批评或是无视就会造成集体中其他同学对他的排斥，而且在批评似乎不能缓解问题状况的前提下，单独一个人座位是教师目前能够采用的最好办法。至于以后，教师将问题的解决办法抛给了WH自己。我们可以看到，教师对于WH自己的行为问题采用了单独一位的方法，看似解决了WH的问题，然而这个方法却带来了很多的问题：一开始，其他同学只是单纯地觉得WH卫生不好，并没有将他所有的表现行为视为不好；然而随着时间增长，当同学都开始排斥和WH同桌的时候，WH的一切行为都成为被大家评价的对象。观察一段时间后，我发现WH个人的卫生似乎并没有干扰到集体中其他人。

问：WH为什么一直没人和他做同桌呢？

学生1：老师，他脏乱差的样子没人愿意。每次都穿的脏兮兮的，肯定没人管他。

学生2：上课不听课还干扰其他同学，学习态度不行。

学生3：反正我们班同学都不愿意和他同桌。

问：你们有谁曾经和他同桌吗？

学生1：我。二年级时做过同桌，他身上好难闻，特别是夏天，我都快吐了。上课还老在玩小动作，找人说话很烦人。

问：他现在穿的算不算干净呀？如果上课也不干扰你们了，你们还愿意和他同桌吗？

学生3：那我也不愿意。让其他人和他去。他现在还是一个人做后面，可见他还没改呢。

问：我们大家都是同学，都在××班学习成长，那w遇到困难了你们愿不愿意帮助他？

学生2和4：那要看是什么困难，能帮我就帮。

随即我对班里学生做了一个调查，对于如果老师需要有同学和WH同桌的问题，大家反映如下：

表11　　　　　　　　同学对WH的意见整理表

观　　点	人数	解释
直接同意	3	"WH现在好多啦"；"其实WH挺好的，上次他还借我书看呢"；"除了学习，WH没什么不好的"
摇头拒绝	9	"我以前和他同坐过，那味道我再也受不了了，我现在都不敢经过他"
需要考虑	31	怕同桌会被人嘲笑；干扰学习；持观望态度按老师安排
其　　他	11	学习、老师是否强制性要求等

经常和他玩的学生直接表示同意和WH一起同桌，因为"WH现在好多啦"。不愿意的学生是一听到和WH同桌的问题就直接表示拒绝，其中有六名学生有过和WH一起同座位过的经历，班级里近六成的学生遇到这样的问题表示还需要考虑考虑是否和WH同桌，"老师，我不是不想和WH同桌但是我觉得他会干扰我的学习"这是其中一名担任班级干部的学生表示。还有一部分学生认为如果老师强制性的要求他们和WH同桌，他们还是会接受的，但不会主动要求老师和WH同桌。有同学甚至告诉我班里谁和WH同桌，其他同学就会一起嘲笑他俩，试问会有什么学生愿意天天因为别人而被同学笑话呢？

由此，通过对班里其他学生对于该生的行为反映，可以看到WH在集体中处于一个人人漠视但又得共处在一个集体中的局面。集体中其他人对于WH的印象主要集中于个人卫生和上课表现两方面，下课的时候也会有同学①和 WH 一起追逐。可以想象，处于这样一个其他个体都忽视自己的集体中，WH 对于自我在集体中的价值和对集体的目标认识的缺失，让他很难有和其他同学一样的动力来提升发展自己。

一次课间，数学老师要求大家把订正好的数学本送上来，我看 WH 正在玩铅笔就开始和 WH 进行了交谈。

问：今天穿的衣服很漂亮呀，谁买的？

WH：舅舅（声音很小）

问：你舅舅对你真好。

WH：（笑了一下，继续玩手中的铅笔）。

问：我注意到你的手上有钢笔墨水的痕迹，是上课写字弄得嘛？

WH：钢笔漏水，不过修好了。

问：那数学课的课堂作业写好了？

WH：（他开始翻书包拿作业本，最后拿出的一个数学本子上很多都只是打了一个日期，没有勾号和差号）

问：老师说的能听懂吗？

WH：（沉默了一会儿，见我一直看着他，最终摇摇头）

问：来，我来帮你看看

而周围同学对于我帮助 WH 写作业的事情表现反应不一样

学生1：哎呀，老师在帮 WH 写作业呢（很多人就凑上来）。

学生2：WH 真幸福（周围一片笑声和附和声）

WH：（无所谓的表情面对班里面对其他同学的笑声）

问：哎呀，老师喘不过气了，能不能散开呀（大家才慢慢散开）。

学生3：老师真好。

后来我把题目和知识点很详细的跟他说了一遍，他就会慢慢做出其他的题目。

问：你真的很聪明呀，老师只是讲得仔细了一些，你就都会做了。

---

① 这几位学生平时也经常因为各种行为问题和课堂说话、做动作等不好表现被老师点名批评。

WH 不好意思地笑了一下便低头把写错的地方重新擦了一遍后上交了作业。

中午午休时间数学老师在班里批改学生订正过的数学练习册，他们班的规矩是中午放学之前必须把上午数学课上发下来要求订正的题目全部订正好再上交。到班的时候我发现课代表的桌子上已经胡乱堆放了很多的练习册。我随手拿起几本作业，其中一本订正没有按照数学全老师的要求写。正好他们的数学老师也看到了本子。

全老师：这是谁的？（翻看了作业本）怎么都没有按照我要求的去写？是 WH 的吧？

问：嗯，是他的。

全老师：（本子简单批改了一个日期就放在了一旁）这我看这个字迹差不多是他的，这些题目怎么订正上课也不听。我上课反复说过好几遍，怎么还是什么都不会。

问：是他本来就不会还是上课没听讲造成的？

全老师：他本来就不会，每次都是这样的。现在他交不交作业，试卷签不签字我都无所谓了。

问：WH 是基础弱听不懂还是故意不听课呢？

全老师：你看看他上课的态度，哪次是认认真真地听课的？玩小东西，在课本上画来画去的，真不知道他以后上初中怎么办？什么都不会。他的本子放一边去吧，能交过来就不错了不用管他。

这次，就 WH 个人情况我和全老师进行了沟通。

问：老师，这学期 WH 有没有进步？

全老师：嗯，但是和别的同学相比还是有很大距离，如果他能端正学习的态度就更好了。

问：我下课和他进行过几次交谈，他的基础并不是很好，这会不会和他上课听不懂有关系呢？

全老师：WH 刚进我们班的时候还是和大部分同学一样，基础差不多。但是随着时间他的问题越来越多，上课做小动作还让同座位陪他一起玩，作业也是马马虎虎的，最后也是因为他不爱干净班里同学都不愿意和他坐。有一次刚换了座位,当天晚上学生家长就打电话要求换座。这种情况并不少见。

  问:那他现在在学校表现有了一定进步,老师您看还有没有更好的办法促进他学习?

  全老师:我来想想,WH就是学习态度不行,基础太弱了你看现在落后了班级很多。

  从之前和老师的交谈中,老师似然未曾关注WH的表现,但能从他的作业和上课举手发言的表现中肯定了WH的改变,例如上课愿意举手回答问题,个人卫生有了一定进步至少衣服没有难闻味道;然而透过老师用"学习态度不端正"来评价WH并没有进步到换座位的标准来看,似乎老师将学生问题的归因由一开始的个人卫生转变成为学习态度不端正。也就是说,按照教师的思路只要学生的学习态度端正起来,那么他才有机会和班集体中其他同学同桌,班里同学才有人愿意和他同桌。因为第一个归因并没有解决问题,虽然学生有了一定的改变,但教师的不满足又将问题归结于另一个还没有改变的行为。这从另一方面未尝不能证明教师设置特殊座位的不合理。之前教师安排WH一个人坐的时候,老师并没有向其他学生解释清楚特殊座位和WH的关系,所以班级学生很容易将行为问题的原因归结为:因为WH个人的表现,所以特殊座位是他的。而不是老师设置该座位的初衷:为了促进WH的表现改变,而设置特殊座位。WH在集体中成长,他所接受到的来自于其他同伴和师长的信息是多方面的,要求也是不断变化的;对于他个人来说,没有老师的帮助单凭他个人的能力,WH是无法达到全老师的要求。持续的消极和失望情绪让他渐渐没有了前进和改变的动力,例如我刚进班的时候他在所有课堂上总是做与上课无关的事情,而且老师并不管他。

  可以发现,很多时候教师面对是否设置特殊座位的初始目标大多是为了解决一些行为问题,例如上课说话做小动作干扰其他同学;在班集体里的行为经常受到其他老师的批评;上课不听讲等。然而随着时间的转变,特殊座位成为教师衡量一个人的行为问题是否改善或解决的标准。如果一个人没有改变自己的行为,老师会认为这是他的态度没有转变,那么学生就会一直坐在固定座位上,最后这个座位会被集体中的其他成员打上标签。试问，如果学生受到其他成员的消极评价后，是努力改正缺点还是无所谓的态度呢？

2. 明晰我们的共同目标

什么是共同目标？即"我们希望成为一个什么样的班集体"。

第二学期开始，我和全老师关于借着如何改善 WH 在班级里的学习和人际关系的状况进行了一定交流。为了让该生在班级里面尽快获得大家的支持，我为全老师在班会前拟定了一份引导思路。这个问题旨在通过老师和学生共同探讨班集体的定义，在学生心中树立班集体的明确概念和形象。班集体意味着大家生活在一个共同体里。在这个共同体里，每一个人的进步和退步都与其他同学息息相关，例如考试分数的第一名和最后一名指的是班集体中的第一名和最后一名，如果将分数放在其他班级甚至是整个年级，第一名和最后一名或许都要改变；再比如通过对班集体目标的探讨可以明确集体中个体对于集体目标的认识，进而达到行为上的表现，如果我们想成为友爱的集体，那么每一个人在行为上都要有所体现，这样才能被称为友爱的班集体。在初期我和全老师沟通如下。

表 12　　　　　　　　集体意识在班集体中的体现

什么是班集体？	通过对班集体的认识让学生对集体有一个初步的概念，同时建议教师要将现在的班集体与以往的班集体的区别对同学们做一个明确区分。教师要提醒学生有什么改变了，有什么仍然保留，加强学生对问题的理解程度
班集体的共同目标	我们班在大家心中希望成为一个什么样的班集体？（引导词：积极、快乐、友爱、互帮互助……）班集体意味着每一个人都是集体中的一分子，"我"的发展意味着集体有了发展的可能，然而有一位同学的退步都会对集体的发展造成影响，只有当每一个人都获得了进步才是真正的进步，个人的价值才真正得到了体现和尊重。"我"的发展才是有意义的 注意：班级目标可以有很多，每个学生可以有不同的定义，但是共同目标是第一位的，其他目标要让位于第一目标
集体赋予身份感	个人身份感：作为一名三年级学生，我在集体中应该怎么作为？教师引导学生对具体行为有所认识进而当学生自己处于这样一种情境的时候该如何行为，而不是将认识停留在表面。例如，上课时候我该如何发言举手；别人发言错误的时候我又该如何表现等。

后来经过讨论，全老师提出在具体实施过程中可能会重点考虑后面两个问题，因为这样的问题更能让学生开动思维，第一个问题太过宽泛，对于三年级学生来说，可能课堂效果达不到预期。具体实际过程记录如下。

师：同学们，开学已经过去两周了，老师将这两周被各科老师批评的行为作了列举：上课说话；不交作业；课堂作业没订正；没打扫干净卫生。（有几名男生说"WH肯定要被批评，哈哈"）

师：当然，直到这堂课之前，我们班所有同学对自己行为的认识还是很诚恳的。上课表现，两操的纪律，还有其他老师对我们班的反馈，都不错。这些表现都与大家分不开，但是我刚刚听到了有同学将批评的行为与人相联系，认为某些行为一定是某位或者某几位学生做的。那我们就来好好讨论讨论。我们一听到哪些行为就会把它和某人联系在一起呢？

生：比赛获奖；运动会比赛；作业不交，上课表现差，形象差影响我们班级形象。

师：我刚刚听到有人认为某人影响了我们班的形象。那么现在老师想问问同学们，我们班是一个什么样的集体，或者说你对303班集体的未来有什么想法？

生：和平的班集体；互帮互助的班集体；模范班集体……

师：有这么多的目标，如果我们都做到，会不会很难？

生：我觉得可以；还要做一个就行；老师，一个一个来！

师：我觉得我们可以从基础开始，然后一点一点地提高我们的目标。如果一开始，我们就想从0分冲到100分，有的同学很容易就放弃了。如果这样，你们觉得最核心的应该是什么，和平？友爱？互帮互助？共同进步？

（经过一番讨论和表决，大家认为共同目标应该是建立互帮互助、共同进步的班集体。）

目标树立催生的行为表现——"哪些行为符合班集体的要求？"

既然学生对于集体目标有了一定的认识，那么老师可以继续追问学生：集体目标要求每一个人怎么表现？通过集体的追问，让每一名学生都能认识到身在集体中，在不损害自己利益的前提下，如何互相帮助、互相进步。实际如下。

师：既然已经确定了我们班的目标，那么哪些行为值得我们鼓励，哪些又会被大家讨厌呢？大家来具体说一说吧。

表13　　　　　　　　　　学生行为的正反评价表

鼓励支持的行为	讨厌消极的行为
上课坐姿端正，积极回答老师问题	说话，干扰同学，小动作
在比赛中为班级争光，获得荣誉	打架，下课追逐打闹
班干部发挥职责	对老师撒谎
对同学友善，有困难尽力去帮助，热爱劳动	老师布置的作业不按时完成，试卷不签字，（两操或公众场合）不遵守纪律

学生个体的身份感意味着班集体的发展——"我该怎么做？"

"鼓励"与"讨厌"的问题引导学生站在集体的立场思考问题，为了自己班集体的改变和进步，为了达到目标"我"该有哪些表现，进而具体思考"我"作为一名303班的学生该怎么做，作为一名303班的学生，"我"的行为是否能在个人利益得到满足的同时也不损害其他个人的利益。这主要是引导学生思考，作为一名小学生，哪些行为符合集体的利益，哪些行为在某些场合牺牲他人的利益来满足个人的利益。教师需要从集体的立场引导学生思考这些行为该如何界定。

师：好，既然大家都有了一定的讨论结果，那作为一名303班的学生，我该怎么做才能让我们班成为一个互帮互助、共同进步的班集体？发言的同学说出最重要的一条。

学生观点如下表14所示。

表 14　　　　　　　　　学生对班集体的认识

	内容	分析与评论
观点 1	运动会上我要带领我们班男生拿 4×100 第一名，我觉得这是一种进步	学生没有说清楚"进步"指的是集体的发展还是个别（或者是一些）人的发展
观点 2	帮助大家出黑板报	每次出黑板报的同学比较辛苦，尤其是个子较矮的同学站在课桌上写字还是比较危险的。所以有的时候会请人缘好、个子高的同学帮忙写字画画
观点 3	上课认真听课，不做小动作	有的学生解释上课做小动作"干扰其他同学"
观点 4	看到老师打招呼，同学间互帮互助	很多学生都提到了这两个观点，尊师爱友是很多学生希望达到的目标
观点 5	不嘲笑同学，不和同学打架	

师：好，我们刚刚听了很多同学的想法。比如汪道清的跑步能力很强，他愿意和其他男生一起在运动会上为我们班级争光，张浩风也提出了看到老师要打招呼、看到同学有困难就要帮助。是不是？

生：是。（为我们班争光呗）

师：老师有困难，你们愿意帮助我吗？

生：愿意！

师：真好，你们有困难老师也愿意帮助你们，但是我们是一个班集体，所以我需要大家共同帮助集体中的每一个学生，可不可以？

生：可以！

师：好，既然大家愿意在力所能及的情况下帮助每一位有困难的同学，那老师就需要大家来帮我思考这样一个问题。这个学期开始呀，我们发现有些同学长高了，如果坐在原来的位置就有些不合适。现在我需要调动一些同学的位置，可能是因为他的视力不好，也可能是因为他的身高暂时妨碍了后面同学的视线。但是，位置调动了并不意味着某些同学一直坐在后面或是前面，我们每一周都会一组一组的滚动式调位，每一位同学都能有机会距离黑板更近。当然，可能有的同桌坐久了会不愿意调动位置，但是我更希望每一位同学都能在小学里和所有的同学都是同桌，你们都能帮助和督促你们的同桌。真正互帮互助的班集体是无论集体中的哪一个人有困难，你都愿意力所能及地帮助他。

学生纷纷表示自己愿意接受安排。

师：当然，如果有同学不满意自己的位置，可以私下表达自己的意见，好不好？

生：好！

课后，我又采访了几位学生对于此次大家的讨论和老师调动座位的感想。

生1：我觉得班集体和我之前想的不同。我以前觉得任何一个班级都可以叫集体，但我现在更觉得有目标的集体才是真正的集体。我没换座位，但我希望同桌应该是能够互相帮助、互相进步的。（该生在班上的表现属于优秀生的一员）

生2：我觉得老师讲的"大家都进步才是真的进步"这个道理是我第一次听说，也很有道理。我觉得老师以后能多讲讲具体的表现，今天讲的只是一小部分，那如果我考试没考好怎么办？作业没带但我写了也算不好吗？（该生在班级上属于表现平平，较少受到老师表扬和批评）

生3：我觉得老师将张浩风和WH一同座位说明老师相信他们呗。我觉得WH这个学期好多了，除了学习跟不上大家的进度，其他的也没什么缺点。（该生热衷于集体活动，积极参与课堂环节，但学习上表现不尽人意）

这三位学生的答案代表了班级里大多数人的想法，从这些想法里我觉得此次教师批评方法的改变还是有一些不足，一是目标解释不够现实。例如对于有些平时学习习惯和个人行为表现大大咧咧的学生，显然此次教师解释的"目标"需要更多的现实事例来解释。二是教师需要在教育过程中对学生行为随时加以关注和引导，对于小学生来说，他们心智还没有发展健全，有的时候他们很难控制住自己的行为，更需要教师耐心引导学生对行为的认识。

然后全老师对班级的位置进行了调动，同时给WH安排了一名同桌。

课后，我对 WH 的同桌进行了访问

问：愿意和 WH 同桌吗？如果实在不行，可以和我或者是和全老师反映，我们可以再调动。

学生：老师，没问题的。我愿意和 WH 同桌，下午最后一节课的时候还好。

问：你之前和 WH 同桌过吗？

学生：没有，但是听同座们说他上课不听课做小动作，身上好难闻。而且每次考试都垫底。

问：不怕他干扰你上课听课吗？

学生：还是担心，如果实在不行就和老师说呗！至少我现在还是愿意的。

问：好，如果影响到了你就要和老师说，好吗？

学生：好。

第二天，全老师和 WH 进行了交谈

老师：你应该知道其实你在同学心目中的印象并不太好，但是老师相信你是可以改变自己的学习态度和行为表现的是不是？

学生点了点头。

老师：其实你已经有很多的进步了，也有老师向我反映你上课愿意举手回答问题，作业也开始每次都交了，你现在的态度有了很大的改变。原来还有同学老师向我反映你的个人卫生问题，但是现在就好多了。你看你在改变的同时，班里的同学对你的印象是不是也在慢慢改变？

学生点点头。

老师：所以要勇于接受他人的意见。这次你的同桌也真的愿意和你坐一起。正如老师在班会课上说的，每一个人都进步，我们 303 班这个集体才是真正的进步，你说是不是？如果有一个同学表现得不好，其他的同学都表现得很好，你想象别的班级会怎么评价我们班？是说说这个班怎么怎么样还是说这个班的某某某不行？

可见学生经过老师在班会课上的解释以后，对班集体以及个人和集体的联系有了一个新的认识。新认识是建立在全班同学对集体目标的共同讨论上。而且全班学生对于那些表现不好的学生也有了新的认识，毕竟谁不想进步呢？

3. 蕴含集体意识的批评——在集体中解决问题

通过和全老师的一次交流合作，此次在全班进行的批评教育既可以看成是一次对全班的集体意识教育，也可以看成是对个人的一次集体意识教育。反观过去，教师更倾向于就事论事的批评，如眼保健操不遵守纪律就批评个别学生的行为态度不符合班集体要求，严重的甚至惩罚。现在我们也看到了，学生更喜欢、更容易接受这样的批评，甚至还有同学认为这次的批评根本就不是批评，而是老师给大家开的一堂活动课。

然而这节课也仍然存在其缺点，例如有的学生反映忘记带作业而不是没做，没人给试卷签字等行为是一种不可控的因素，如果因此被批评总觉得有些委屈。这就需要老师在布置任务的时候需要向学生讲清楚规则，例如如果家长不在家怎么办，电话证明或是其他方法。全老师自己也承认，这是第一次清晰、明确地站在集体意识角度上引导学生思考行为表现，既担心学生对于班集体的接受和认可程度，也担心学生是否真正能将认识化为行为，但从课后两周的班级表现和学生的反应来看，全老师表示基于集体意识的批评还是有其价值和道理的，甚至可以更好地推广到更多地方。

（二）培养学生对集体身份感的向心力

午休时候，如果没有学生在办公室里面，很多教师都会这样抱怨：事情怎么这么多？怎么这么累？为什么学生这么不懂事，就和刚进小学一样等。他们中有的是骨干级别的老师，也有刚入校没几年的年轻教师，他们绝大多数都热爱自己的工作岗位，尽可能地关心和照顾每一个学生。然而为何自己对学生的苦口婆心，而学生的反应却不如预期？为什么学生会越来越难管，是因为叛逆期提前到了吗？在这些问题很难或是无力解除的情况下，成绩的进步成了核心目标。对于屡次劝说仍然不改的学生，教师会选择性的漠视其行为表现。而这样选择的结果，便是教师在现实的教育情境中，常常出现情绪泄愤等难以控制的情况。最后教师就会将自己无法排除的消极情绪转化为对学生的消极话语，这不仅损害了师生关系，同时也伤害了学生在班集体中的身份感和归属感。

1. 学生表现：缺失集体赋予的身份认同

303在整个年级来说是一个调皮捣蛋学生众多的班级。我甚至在校车上听到过高年级对该班的评价是"出了名的差""很多不好的学生都在那个班上""世上最疯狂班级"等来形容他们班。

老师：你要是觉得好玩你就继续闹吧，反正你的名声也很差对不对，你应该也不在乎这些吧？（对全班同学）有时候我只是不愿意点名批评你们，但是我不说不代表我没有限度，我们有些同学啊，你们的态度已经超出我的限度了！

老师：最近为什么每天都要我来强调行为规范和卫生的问题？最近我每天中午，不管是在办公室里还是在班上看班，都能听到我们班的几个男生在走廊里面追跑打闹，抓到以后你们还问我为什么抓你，我也想问你们，为什么每次都是你们故意被我抓到？（同学们哄笑）

老师：作业本发下去以后还有同学每天都不交作业的。你们上课听的效果如何我都没有强求，但是你们作业至少应该要完成！我将会横向比较几天来不交作业的同学的名单，你们要是再不交作业的话，我就要找你们的家长了。

上周在二班上作文课，ZDY上课捣蛋。中午时，我对他说："其实你在何老师的课上有时表现真的挺好的，一节课举手好几次，老师觉得你很棒，你得坚持下去啊！"他没敢看我。"这样吧，我们来个短期目标，明天上课先克制自己，想捣蛋的时候就改成举手发言，说错没说错都没关系。"这个约定看起来很搞笑，但还是有一定的约束效果的。第二天语文课他见我坐他身边听课，不由得有些紧张，虽然不捣乱，但也没能放开思考和听课。我用眼神示意他举手争取读材料的机会，他犹豫了，下意识地咬手指，最后还是举起了手。虽然他读书时身体不停摇摆，也不怎么通顺流利，何老师还是表扬了他。我心里很高兴。但没过多久，他又开始游离课堂之外了。这节课是作文指导《父母的爱》，我知道ZDY六岁时父母就离异了，他们都另组家庭，过去都把他寄养在亲戚家。在此之前我也在二班上过这单元的作文指导，当课件中放到一位父亲指导孩子写作业和一位母亲在风雨中接孩子回家时，ZDY 在教室后面大喊："我去！这不是小饭桌老师带我的样子吗?!"同样，到了何老师让他们当堂练习写一个小片段，讲述父母的爱，或者写写想对父母说的心里话。这时候 ZDY 又犯难了，他把本子翻开又合上，始终不肯提笔写。前一天公开课校长上《落花生》时也有当堂小练笔，听何老师说 ZDY 和 WH 他们写得很好，被校长用来朗诵作为对他们的奖励呢！而提到父母，他却沉默了，左看看右看看，就是不愿写。

我问他："从小到大就没有一件让你觉得难忘的事吗？"

他一副无所谓的样子，"我六岁他们就分开了。"

"六岁以前呢？"

"忘记了！"

"周末家长会谁来参加？"

"我妈。"

"那你有没有想对妈妈说的话？"

"没有。""你觉得她对你太严格，可以写，你觉得她对你关心不够也可以写。"

"我没什么想说的。"下课铃响了，他混着铃声怪腔怪调地边哼边走了出去："我是一个垃圾桶里捡来的小屁孩，小呀小屁孩……"

ZDY 平时在班级里的表现也很积极，尤其是语文和数学课堂上，他会更活跃地回答老师问题。因为 ZDY 的性格非常活跃，上课随意下座位被老师批评，老师批评某人他就会幸灾乐祸地嘲讽他人等。这样有个性的学生在 604 班级只是其中一个，可以说这个班级的学生各有各的问题行为，各有各的行事风格。在他们班长期驻扎的一名实习老师告诉我，"这个班级真的很有特色，没有老师看就会出问题"。根据我的观察，他们特色之一（有些学生还用自豪的语气告诉我）是全班同学都知道自己班级在全校是出了名的；第二是越是严厉的老师他们越喜欢也越怕，越是和蔼的老师他们越是行为不受拘束。我曾经对他们班语文老师的批评次数做了计算。一周所有的语文课上，老师只有一节课没有批评同学。最长一次老师甚至花了半节课的时间来批评班级学生上课随便说话的行为。而他们班的数学老师没有哪一次是不批评学生的①。

今天中午教师在办公室对课代表 XRS 和乱扔本子的学生 BGY 进行了批评。

某日午休结束以后，老师批评了他们班的语文课代表 XRS。

老师："今天的课堂作业本有没有收齐？"

XRS："齐了。"

老师："那怎么有同学下午还在交本子给我？"

XRS："不会吧，组长都交给我啦！"

老师："四个组长都是你亲手收的？"

XRS："第二组、第四组组长是直接放在我的桌子上的。"

老师："你刚成为语文课代表，你想想你在班委竞选上是怎么说的，你这样做是算是尽到了课代表的责任了吗？刚刚有同学下课向我报告说他的语文本被人到处乱扔。"

XRS："谁没有交本子会跟我说的。"

老师："你可以向老师保证，作为一名语文课代表每次说收作业的时候，你都不会忘记没有交的同学吗？每一个课代表都有一个记名本子，你的呢？我都看到好几次班里的同学在乱扔本子，你看到的时候有没有制止？这次是有同学向我报告别人乱扔本子的事情，那下次会不会同学们都向我报告你这个课代表不负责呢？真到那个时候你会怎么想呢？"

XRS 沉默不语

师：让你发本子的时候你都是直接把每个组的本子放在组长的桌子上，然后就什么都不管了，不止一次有同学来向我要本子，那我该向谁要本子呢？你把本子交给组长是可以的，但是你要保证每一个组长都能及时把本子发到每一个同学的手上，如果你一转身组长就不管

---

① 在这个班级我观察了近三个月的时间。这个班的数学老师是特级教师，为人和蔼，喜用奖励和表扬的方式，语文老师和英语老师则较为严肃喜用批评的方式教育学生。但是面对于这个复杂的班级，只有最"凶悍"的英语老师是他们都害怕的，而最和蔼的数学老师是他们都不害怕的。可以说，英语课堂很少有人被老师批评，而数学课堂有的时候连老师都控制不住。

这些本子了，岂不是效率更低？那课代表究竟是发挥什么作用的？"

XRS："帮助老师和同学。"

老师："那现在有同学反映他的本子被别人扔到水里去了，你觉得是那个扔别人本子的人的原因吗？语文课代表的责任就是协助老师把和语文课有关的东西搞好，像收语文作业，发语文本子等。老师既然选了你来当，就是相信你可以明确自己的责任，能比其他的同学更有热情和积极性来完成这些工作。所以这个职位就是一种责任啊，你就是这样理解自己的责任？"

XRS："……"

老师："你要知道，语文课代表这样的职务并不是所有的同学都可以担当的，很多同学想要帮老师发本子我都没有让他发，我就是相信你可以做好这些事情，虽然发本子是一件小事，但是小事做好了也是有意义的。发本子是服务各位同学，我给你服务大家的机会，希望你能够珍惜。"

XRS："老师我下次不会了。"

事件的发生当然有其背景原因。中午午休，XRS 并没有督促班上同学及时收本子，而是和其他男生一起打打闹闹要给某位女生拍照，"因为她很漂亮，我爸爸想看看她有多漂亮"。整个午休 40 分钟的时间就这样过去了，直到上课前 10 分钟 XRS 才开始督促组长收作业，有的学生来得迟，有的组长把本子放在 XRS 的桌子上，并直接口头告诉他谁没来谁没交。XRS 在班上平时表现还是很不错的，加上他喜欢语文所以本学期被选为课代表。

后来 XRS 告诉我

XRS："老师，其实我真不是故意不收本子的，主要是因为当时人太多了，我忙不过来。又必须按组收，所以快上课了我才收好。"

笔者："那你觉得老师批评你并不是完全正确的？"

XRS："我是很认真地对待每一件事情的。这次的确是我的问题，但上升到整个班级没那么严重。何况不止我一个人这样干。"

从学生 XRS 的角度来说，他认为收发本子是一件很简单的事情。一开始课代表的确能够——按组按人收发到位，但是时间长了以后，如何处理作业本这件事无疑让他感觉比较麻烦，占据了他的空闲时间，故 XRS 开始寻找省时又省力的办法来节约时间提高"效率"。因为他同时也看到班级中其他人，将作业本发到每个人的座位上和让组长来发是同样的结果——每个人都能拿到本子写作业，但这两种方式同时也意味着两种碰撞——一是不同职责的碰撞，即语文课代表职责和小组组长职责的碰撞；二是职责和信任的碰撞，即集体中成员和成员信任的碰撞。在班集体中，这两种碰撞其实是常见现象，例如纪律委员和班长在管理班级纪律方面的碰撞，各科课代表和组长的职责碰撞，成员评价换届的卫生委员还不如之前的卫生委员有责任心等。上述这些对一个人的身份感的分析，不仅意味着教师在进行班级职责分工的时候并没有说清楚每一位学生的身份，也意味着在集体成员内部发生职责碰撞的时候会有学生分不清谁的行为是正确的谁的行为又是无效有害的。

从 XRS 的回答"把本子交给组长的话，发下去的速度比较快呀"，其中用词"速度"可以看出，他采用这种做法的初衷在于重视速度，可以迅速解决这个"简单"任务。这种做法他已经做了一段时间了，而且在他本人看来实施的效果还不错，没有出现师生询问他发作业本的事，或是没有发生严重的问题。所以如果没有这次的师生谈话，他仍会将这种做法一直持续下去。之前老师第一次说到个别同学向他反映未拿到作业本的时候，XRS 仍然肯定自己的做法是正确的，给出了"谁没有交本子会和我说的"的回答。这说明他对于发作业本这类不轻不重的任务是不够重视的，或者是说没有认识到任务背后承担的是集体对个体的身份赋予，单纯地认为发作业本就是发本子而已，只要发完了就可以；同时也暗含 XRS 认为"我将我的职责尽到位了就是我发完本子"。后来他私下告诉我他的想法"我把本子发给组长，但是组长没把本子发给组员不在我考虑的范围之内，那是组长的责任，老师应该去找组长"，也就是说其他人是否尽到责任不在 XRS 使用这种方法时所考虑的问题之内。

从教师的角度来说，首先教师可能知道学生 XRS 发本子会直接将本子发给各小组长这一事，"我知道有很多次让你发本子，你都是直接把每个组的本子放在组长的桌子上，然后就什么都不管了，不止一次有同学来向我要本子，那我该向谁要本子呢？"在观察中发现，教师在和学生对话中倾向于采用"这事其实我早知道你做过很多次，导致了……问题，经常有同学来向我反映，如果不是这次……你是不是就会一直做下去？"的问题来引导学生思考自己的行为是否恰当。实际上，我们仔细思考就会发现这种对话式的前提意味着，老师是允许这种事情的发生而且默认了在没有出现问题的情况下学生可以继续做。可是一旦出现了问题，受到了集体成员的质疑就是学生自己的责任，因为学生没有经过老师的口头承认就采用了这种方法。这个时候的师生对话就会产生新的问题：学生是否会责怪老师未曾说明职责的前提，造成师生关系紧张？学生真的明白老师谈话的意图吗？老师真的和学生将问题分析清楚，学生会修正自己的行为吗？类似集体成员职责问题的对话适用于每一位集体成员吗？这些都应该是我们在开始对话前就应该思考清楚的。

而在师生的对话中，教师多次用到了"责任""明确责任""意义""服务"等词语来提示 XRS——教师对课代表的重视。基于上述对师生对话的分析，可以思考这样的问题：学生 XRS 究竟怎么了？根据背景介绍，XRS 在应该履行自己职责的时候，却拉着同学四处照相，将和同学照相放在了第一位。他对课代表的身份真的有思考吗？从行为表现上来说，他并没有严格履行自己的义务——看似不起眼的发作业本一事也是象征集体其他成员和领导者对个人的信任，但是却出现其他成员反应作业本被乱扔的问题——信任危机。他没有尽到课代表的责任吗？从老师的话语中"多次有同学向我反映"可以看出 XRS 对自己的职责没有他人的指引，只是单纯的停留在表面——收发本子，停留在哪些能做哪些不能做的层面上。而这样的责任认知会让个体单纯地在做事中锻炼熟练度，锻炼自理能力，而更深层次的情感和思维上没有得到指导和开发。我能做什么？为什么可以这么做？这种行为能给集体和我带来什么样的影响？

这里，我们要引导学生思考一个问题：站在集体的立场，他的行为和身份相符吗？如果是单纯考虑作为集体中的一员，他竞选中队委并被大家所认同成为语文课代表，这就意味着集体成员认为他能够更好地为集体付出一份力量（相对来说他能够更好地协助老师完成语文课代表这方面的任务），为其他集体成员的发展做一份助力，换句话说集体赋予了他的身份而他对于这个身份认识并不强烈。集体荣誉的背后更需要每一个人的付出，一个模糊自己职责的人，可以猜想在自愿竞选成为集体中队委的时候他并未考虑清楚"我"对于这个职位在集体中意味着什么、为了完成这个职责应该付出什么。在对职位背景、内容含义模糊的基础上，XRS做出上述行为和反应似乎也在情理之中。

2. 触发学生对集体中个人身份的维护

基于前期对该班级老师和学生的观察，以及在303班积累的经验，笔者和该班老师就讨论如何实行一次有效的行为规范作了交流。

师：你说的集体意识教育究竟是什么？我们不是一直在讲班集体吗，难道不是集体教育吗？

笔者：准确地说，现在我研究的集体意识教育强调的是树立学生对集体共同目标的认识，和自己在集体中身份感的确立。老师，能说说你希望你们班能成为什么样的班级吗？

师：能安安稳稳的毕业就行了。一开始我接手这个班级的时候心里是有抵触的，毕竟这个班级其他老师也说了是个问题多多的班级，但我还是认真对待这个班级。没办法，很多学生的学习和行为已经形成了一种惯有的态度，有些学生很难完全改变，但是也有一些学生进步了很多。

何老师一开始接手这个班的确很积极地帮助学生，引导学生的行为问题，然而见效很慢。他们班学生更怕教英语的全老师，是因为全老师特别喜欢批评学生而且说得非常严重，动不动就惩罚学生。×学生告诉笔者，其实何老师很多时候批评学生是因为学生的行为非常严重，比如下课玩着玩着就开始打架，考试没有老师只有实习老师看堂学生就会说话，上课说话做小动作是常有的事情，"所以不是何老师不作为，而是他有的时候真的太累了，有时候也像是情绪的发泄"。通过对何老师和303班级学生的了解，我向何老师提出自己的想法。

表 15　　　　　　　　303 班集体意识教育思路设计表

题目	解释
班级学生是怎么认识303班级？	此问题需要教师引导班级学生对集体的认识。因为 x 班级很多学生都认为自己并不是一个土生土长的 3 班人，所以格外需要老师对此做出解释和引导。只有帮助学生真正认识这个集体的样貌，才能促进学生讨论出集体共同目标
我们303班级集体的共同目标是什么？	根据前期采访，学生对班集体的目标并不明确，有的学生认为目标是没有目标，有的学生则认为班集体目标是 303 班级发展成为民主的班集体，有的学生希望成为活泼的班集体等各种不一样的答案。通过学生对班集体目标的想法可以归纳出两个方向：一是学生希望 303 班级成为行为表现符合老师要求的班级，原因在于老师和其他人对于 303 班级的印象不好；二是学生对于班集体目标的模糊甚至没有集体目标，只是将 303 班级看成是一个短暂学习的地方，而并没有归属感，自然难以在表现的时候顾忌行为是否符合集体要求
确定目标后，我们应该怎么做？	引导学生思考有哪些问题行为是我们可以改正的，而哪些是需要互相督促的。这需要老师结合本班学生实际情况加以改变

　　看完这份思路后，何老师也向我提出了他的想法。一是如何让学生认识班级，指的是班级的整体形象还是细节，包不包括学生的表现；二是共同目标的确立是否需要同学的认可，考虑到课堂时间，怎么才能更有效更准确的确定共同目标；最后一个则是如何监督学生的表现。所以经过交流，何老师决定先在前一天将三个问题布置给同学们进行思考，然后将第二个问题作为家庭作业写在本子上，将第三个问题留到课堂上进行讨论。
　　当天我们对学生的回应进行了统计。

表 16　　　　　　　　学生的班集体意识统计表

对学习上的期望	"学习进步""每个人都能考高分""英语（某科）最棒" "认真完成老师作业" "上课积极回答老师问题" "老师最喜欢"
对行为上的期望	"没人犯错"（课间不追逐打闹不打架不做剧烈游戏、上课不做小动作） "遵守小学生日常行为规则" "模范班级"（卫生、黑板报、运动会等集体活动） "被人敬仰的班级" "出名的班级"

统计发现大多数学生将期望集中在学习和行为表现上，但是基本上开始思考作为一个班集体，我们应该有什么样的目标。针对这些反映，何老师认为结合本班实际状况，总结出最能得到大家共识也是平时老师都会强调的目标，做成 PPT 供大家选择更好。这样既可以节约时间，如果每一条都拿来讨论，班里学生就很难控制住，多次上队会课的经历让何老师不太放心将课堂完全交给学生。我们选择了四个关键词：学习班级、老师喜欢的班级、模范班级（学习和行为）、被人敬仰的班级。

课堂记录 4 月 15 日下午

师：上节课我们上了队会课"安全在心中"，我们需不需要安全？

生：需要的呀。

师：但是也有同学认为我们也需要上课认真听课，行为表现符合小学生日常行为守则上的那样。

生：怎么还有人知道小学生行为守则，哈哈。我们班要遵守的太多了，看看。

师：安静！为什么要在我们班确定集体目标？我想看看在这个目标下面，我们班能不能做出新的改变和进步。这个集体目标的确立意味着我们大家以后在做事情的时候要多想想，你的行为是否符合目标允许，你在集体中的身份又是否允许你做某事。比如，作为一名班长，他的职责是什么，他在班上对同学应该怎样，他能不能不交作业，上课说话？

生：班长怎么会？

师：谁会没有犯错的时候？但是我们要知道，班长是你们大家所有人集体投票的结果才确定是他，他的票数是 35 票，那就证明还有十几位同学认为还有人更适合当班长，所以我们是因为班长吗？不！谁都有机会当班长，当课代表，当大队委，但是我们评价一个人是因为他在集体中的表现是有目共睹的，他真的能带动一些学生改正缺点发挥优点，是不是？

师：我们都是 303 班的一分子，就是在班级中学习成长。通过此次讨论，我想我们可以研究我们班的目标是什么。既然大家都有话说，那么我们就来说说我们班到底要成为什么样的班级，是安全还是友爱，是尊师爱学还是行为规范？屏幕上只显示了四个，但是也可以有自己的想法。

10分钟后，在老师的干预下大家勉强控制住了自己的情绪。

师：你看看你们怎么做的，给你们讨论时间不是吵架时间，怎么z还跑到其他组去了，你不是第四组的吗？

学生们大笑，有的互相嘲笑，课堂一时控制不住。

师：好了，好了。我说过多少次了，讨论的时间尽情讨论，但是发言的时间要安静！请各位组长说说自己的意见。

表17　　　　　　　　学生的班级改造意向表

组1	模范班级：因为我们班的行为表现最差，而且有些同学总是屡教不改
组2	模范班级：和第一组一样。老师总是因为上课说话，下课打闹批评我们班不行
组3	行为规范：选这个目标是因为我们第三组认为只要大家愿意改还是可以的
组4	尊师爱学：其实有些同学表现不好是因为他不尊敬老师，所以课堂表现差；如果能做到尊敬老师那肯定在学习上不会差的

师：好，现在有三个答案。那么听了他们的意见，大家再想想如何确定一个集体目标。

生：老师，我觉得我们班可以在一定时期之内先设置一个目标。（其他学生纷纷附和）

师：好，我们就先设置一个短期目标。

生：行为规范。（出奇的一致）

师：嗯，大家也都知道我们班最大的问题是行为规范，那我就要问问大家，你们想过行为规范指的是哪些吗？

生："太多啦""不被老师批评""不打架""不玩剧烈游戏""上课不随便下位"。

师：好，既然大家都很清楚，那么我想问问为什么仍然会出现有同学随随便便插嘴？难道别人发言的时候你们不应该认真倾听吗？这是尊重他人的态度吗？

教室一片安静。

师：我看有些同学并没有把集体放在心中。你希望有人在你家里面打架吗？说脏话吗？随地乱丢脏物吗？既然不愿意，那为什么在我们班，有的同学上课随便说话，下课心情好就玩游戏，心情不好了就想动手呢？集体就是我们的另一个家，为什么？每次黑板报都是不同的人出的，每次卫生都有同学来打扫，每次我们班的运动会大家都能积极报名参加，那为什么这些表现有的时候被某些同学忽视呢？食堂里乱丢碗筷，剩饭剩菜到处撒，在走廊里到处跑。当老师批评你们的时候，你们想得最多的是我以后怎么怎么样，几个人能自发想起我的行为影响了班级形象呢？

师：既然想成为行为规范的班集体，那我们就要认识到哪些行为是可以做的，哪些行为是不可以的。下周三的队会课我就来讨论讨论，这一周有哪些同学出现行为问题。好，现在下课！

因为时间问题，老师只进行了前两个环节，但是何老师课后这样告诉我。

"我更想看看这个班级能改变到什么程度，而不是完全改变，我们班根本达不到那样的目标。重点关注一部分同学看他们有没有变化。因为他们平时就很难控制自己的行为，你也看到了一节课肯定不会完全达到预期效果，对于我们班学生来说也很难达到百分百的效果，能有一半的效果就不错了。你看，当说完集体目标后，有些同学仍然在下面说小话。我们班的一部分学生肯定是没有问题的，但是还有一些人，需要时时加以关注和提醒。"

对于何老师的意见，我在之后的集体时间里进行了跟踪。正如何老师说的那样，第二周一开始，有些同学又开始故态复萌，早读课的纪律也开始懒懒散散。

课堂记录4月22日

师：大家感觉这一周的表现怎么样？

生：还是有人表现不好。

师：什么是表现不好？上周大家不都很善于表达吗？上课不乱插嘴，干扰老师上课，下课不在走廊里打架。我看到你们周四周五的纪律还不错呀。

生：周一上午升旗的时候，全老在后面推我。早读课WH不好好读书，老师说他他还不听……

师：你们这样让我觉的共同目标就是一张纸。早读课是干嘛的？读书的；课间干吗的？解决个人问题的。可是有的同学早读课上厕所，眼保健操做作业，你们说这样的同学他的目标是什么？

生：玩！不想上学！不知道！

师：这次我不想再批评那些同学，我再给你们一次机会，有些同学要特别注意你们的表现和态度。我真希望我们班至少能变成行为规范的班集体。

3. 个性的发挥更需要集体的维护

后期何老师不在担任 303 班班主任，他和我交流是这样了解他们班的学生。

> 我们班学生都很聪明，或者说都很有自己的个性。这种个性形成的原因有很多，但是最主要的是他们从小学一年级开始没有形成对班级的归属感，没有一个稳定时期和稳定的老师来教导这个班。用你研究的问题就是没有形成对 303 班级的认同感。而且我觉得这种认同感是需要时间和老师的精力，才能在一番努力之下让学生慢慢有一个意识就是"哦，我应该保护我们班的荣誉"。对于一部分学生来说，撇开他们自身的素质和能力来说，他们认为同学不遵守纪律不交作业总是被老师批评，是一件习以为常的事情。他们只要求达到自己做自己的，不去干扰别人，也不被他人干扰的目标就可以了。还有一些同学是偶尔会被老师点名，但是他们有努力改正的心态，能够慢慢进步。另外个别学生则是属于"油条型"但你不能让他有种被放弃的感觉，否则周围学生都会排斥他，只能天天盯着他。我觉得那一次的集体意识教育还是有其效果的，或许放到别的班级可能效果会更好，但在我们班学生更需要持之以恒的教育方式，否则好的学生会更好，不能坚持的学生只会原地踏步，最后造成差距越拉越大。这个班本质上还是原来一样，没什么变化。

在接受过一次集体意识教育后，我对他们班的学生的行为变化也进行了为期一个月的跟踪观察。

  前段时间 SBS 被何老师批评以后总是不服,经常问为什么不止他一人犯错却总是他受罚。我对他说:"老师批评你是因为对你有更高的期望。"有错误立即指出并帮助学生改正,显然比正眼看着不理会更有利于他的成长;此外作为 303 班的学生,显然何老师认为 SBS 的行为在班级里是典型,他的改变可以激励一部分学生将其作为行为榜样。今天早上,领读生问我能不能让 SBS 来试试带大家早读,我同意了,但由于是第一次领读,他读得多少有些磕磕巴巴(平时说话一紧张就坑坑巴巴)。今天早上,他刚到班即拿出书来读,李老师当众表扬了他。另外一个学生当即表示不服,大声嚷:"凭什么表扬他,他才刚来!"李老师对学生说:"课代表表扬你们是为了让到班的同学向你们学习,即便 SBS 不值得表扬,你也不该这样激动。你这一嚷,不仅显得你不够大度,还破坏了班级早读的秩序,更是配不上刚才的表扬。"他不说话。SBS 已经捧着书到领读边上准备像昨天一样领读,我转身对他说,"WH 认为你刚才不值得被表扬,你现在应该怎么做?"他对我点点头,大声投入地读起课文来。

  事后笔者和 WH 做了交流。

  笔者:你为什么这么生气呢?

  WH:老师们都说过大家机会均等。既然我们都是一样的,为什么没我的事?我也能领读呀,读得还要好。

  笔者:既然你说大家都是一样的,那他被表扬让你受到什么伤害了吗?首先,你知道老师为什么要请同学来带读?

  WH:就是看谁读得好呗。

  笔者:恩不错。既然你明白老师的想法,那你说说他读的好不好?

  WH:(犹豫几秒钟)还不错。但我读的更好!

  笔者:可是,如果没有与他读的相比较,你怎么知道你自己读书是什么程度的好呢?只有大家都来比一比,我们的努力才能显而易见。如果你只是一味地说他抢了你的机会,老师不公平,那么你读书的时候何尝不是抢了其他想读书同学的机会呢?你仔细想想是实习老师还是 SRS 的错误？

WH：都不是

笔者：既然你说了都不是，那我可不可以理解你也是希望被叫起来回答问题呢？

WH 点点头

笔者：老师觉得你课堂上说的那番话是可以理解的。但是第二点，你没有经过李老师的同意就说话，是谁的错误？如果大家都像你这样，那么早读课的时间被浪费了会是谁的损失？

WH：我不应该插话的。

笔者：好。那我们再来想想，如果 SBS 被老师表扬了，让你更有目标也想获得老师的表扬，那你觉得 SBS 被表扬，你有没有损失？

WH：没有。但我没有拿到表扬。

笔者：你知道老师为什么要表扬 SBS 吗？是因为他来得早还是读得好？

WH：……都有吧。

笔者：你也来得早，你认为你读得比他好，或许明天就会让你领读，你也会有表扬，那个时候比你到的更早读得比你更好的同学说你，你会怎么想？你知道大家都是×班级的一分子，每个人都有机会发挥自己的长处。既然这样，你可以坚持做下去，做得更好的同时，也帮助更多读书没你好的同学，到那时你说老师不表扬你吗？难道你帮助其他同学获得进步不开心吗？你能够通过自己的努力帮助别人，带动大家的发展，老师会更喜欢你的。

WH（点点头）：老师，好像你说的的确是这样。

后来，他们班的实习老师向笔者反映他的表现有所改善，"懂事了许多"，表现在早读课上的认真读书，以及很少和其他男生在走廊里追逐打闹，更喜欢去班级的图书库里读课外书。

对于集体意识教育，很多老师一开始听到这个词就表示了抵触情绪，并提出这样的疑问：你说的和我们现在教给学生的集体教育有什么不同？通过沟通和进一步交谈，最终也只有两位老师愿意尝试在班上寻找契机试行集体意识教育。在后期观察过程中，笔者总结了两点认识。

首先，立足集体是解决学生行为问题的最基本立场。在两次准备过程中，两位班主任都向我询问过："为什么不能就事论事呢？难道就事论事解决问题不好吗？"对此，笔者认为就事论事的解决方式的确可以帮助老师直接回应学生的过错，因为他的优点之一就是能够不针对学生的品行，迅速帮助学生。就目前来看，很多教育实践者似乎都对就事论事的批评原则加以赞赏和支持。因为教师通过自身的努力是可以将这个原则运用到批评话语中去的。然而，就事论事的批评却存在一定的局限性，教师把握不好度就会将问题行为看成个人的思想意识出了问题，而较少考虑到问题行为是不脱离集体存在的。有教师反映，部分学生对他们"就事论事"的批评根本无动于衷，甚至还有极个别学生因为教师的"温柔"而更加无所谓。这就会使教师在"就事论事"无效的情况下，采用更严厉的手段来控制学生。最终，个人问题就可能会成为学生个人发展的契机，而与集体教育无关，教师的集体教育形同虚化。

其次，教师要促使学生通过自身行为来证明共同目标和身份感的重要性。有的时候老师认为"我们班就是一个友爱的班级"，而对其班级学生进行访谈时，有些同学却认为"我们班就是一个普通班级""班里有好多不好的学生"。很多学生告诉我，他们知道平时表现应该怎么样，上课又要怎么样，但是一旦问到为什么要这么做或者是这些表现要达到什么样的目标的时候，有的学生表示不清楚，有的学生则说"就是优秀班级"等。一旦确立共同目标，教师要能够抓住时机积极引导学生思考，通过身边的实际事例，引发学生的思考：作为某个集体的成员，我什么样的具体行为，才是最符合集体身份的行为？要成为一个优秀的班集体，每个具体的个人应该有哪些表现？

结　　论

集体意识是基础教育的德育目标。本研究试图揭示集体意识教育及其相关概念的内涵，研究少年儿童集体意识的具体内容和形成规律，探索开展集体意识教育的制约因素，探讨集体意识教育的有效途径和方法，尝试开展贴近少年儿童思维特点和生活实际的集体意识教育，从而为推动少年儿童集体意识教育提供操作性建议。本研究有三大结论。

一　从集体主义教育到集体意识教育

集体意识与集体主义是很容易被混淆的两个概念。理解这两个概念需要从三个方面入手，分别是理论观点、思维模式和行动原则。前两者是怎么想，后者是怎么做。前两者中，理论观点属于"想"的内容，而思维模式属于"想"的方式。主义是人对行为和生活方式所持有的系统的理论观点、思维模式和行动原则，意识是人对环境及自我的认知能力以及认知的清晰程度。从形式与内容的角度看，主义是对具体的生活和行为抽象后表现出的普遍性的思维方式和原则主张，而意识则有具体的情境观点和行为表征；从社会与个体的角度看，主义以文化理念和社会结构的方式存在，而意识以个体有机体系存在；从系统与稳定的角度看，主义是成熟的、坚定的行为原则，而意识是初步的、不稳定的心理状态。基于上述比较，集体意识指少年儿童对集体的目标、信念、价值与规范等的认同感，表现为少年儿童有共同的理想信念和价值追求，对集体具有荣誉感、责任感和信赖感。集体意识是少年儿童对集体主义的朴素感情。集体主义以集体而非个体作为思维的基本单位和行为原则，认为每个人的自由发展是一切人的自由发展的条件。集体意识教育是培养少年儿童朴素的集体主义思想感情、珍爱集体生活、具有初步的集体认同感的教育，是集体主义教育的初步形态。

作为集体主义教育，其最终目的是让学生理解其理论的相对优越性，并在实际生活中熟练运用其公式。但对于发展中的儿童而言，其思维发展的阶段性决定了其理解集体主义的局限性。因此，教育工作者要正确处理好集体主义教育与学生思维发展的阶段性之间的关系。对于少年儿童而言，具体的比抽象的更好把握，实体的比虚拟的更好理解。因此，集体主义教育的萌芽状态应该是基于真实集体的集体意识教育，基于受教育者真实生活情境的教育。为此，集体主义教育在程序上必须赋予少年儿童生活群体（家庭、社区、班级、小组等）的优先性，让他们在真实的群体生活中理解到集体主义的价值和运行规则。而所谓集体意识教育，那就是让少年儿童在集体生活中形成初步的共同意识和集体身份感。在真实集体的基础上建设集体，在建设集体的过程中凝练集体意识的基本价值内容，这既增强了集体主义价值观念的感性认知和真切感受，又赋予了该观念充分的物质基础。

集体意识教育就是在建设和维护真实集体的过程中实现的。集体主义作为一种道德原则，其反映出的应该是一种价值观，而不能具体规约为一种教育形式或内容。"热爱集体"的教育，如果价值观发生改变，既可以是利己主义的教育，也可以是集体主义的教育，还有可能是个体主义的教育。基于真实集体的集体意识教育必须引导学生形成对真实集体的两个层面上的超越。第一个层面的超越即实现"不以减少集体中每个人的福祉为代价"，实现集体与个体的辩证统一，实现"一切人的自由发展"的"每个人的自由发展"的条件。第二个层面的超越即能实现与虚拟集体（职业、民族、国家、世界）、想象共同体的通约，能在更大层面上保证集体思维的正当性。

二 从合作意识教育到集体意识教育

在当前我国中小学的德育实践中，"集体意识"及其相关概念却逐渐被边缘化。耐人寻味的是，"培养团结互助的良好品质""形成合作意识"

"合作意识教育"等词汇频频出现在政策文本和教学用语中①,合作意识教育以让学生形成"乐于合作""团结互助"的形式而显现出来,在学科教学中,往往通过寓言、诗歌、童话等多种文学体裁,向学生传递着关于合作的基本意识,即每个人的力量是有限的,所以我们要团结和合作;每个人又是具有独特存在价值的,所以我们要相互尊重并学会帮助对方的方法。完美合作的意境耐人寻味,而缺少合作所造成的伤害是对所有人的伤害。在这样的课文主旨中,合作关系就是人与人之间的最佳关系,合作意识自然也就成了德育的核心目标。

然而,无论是合作意识教育的具体路径,还是合作意识教育的教育目标,在逻辑和事实上都与集体意识教育背道而驰。作为一种行动意向和行为事实的"合作",只是个体理性为实现利益最大化的博弈行为。既然是博弈,教育只可能从以下范围发生:一是提供或引导学生丰富博弈双方的各类信息、辨明各种信息的真伪。二是提供或引导学生的博弈策略。三是进行制度设计,确保博弈双方的合作关系不止一次发生。然而,上述合作意识教育充其量只能算作"技术培训"和"制度设计",它不含有任何道德向善的内涵。集体意识教育从一开始就超越于某个具体的个人,但最终又能在具体的个人身上得以体现;但合作意识教育却首先基于个人需要的分析,并将随着个人需要的动态汇集而成为某个时期内一群人的行动指向。同时,合作意识的教育目标仅仅在于参与者能从利益最大化的角度出发,平衡自身的个人利益与其他参与者的个人利益,在双赢的整体氛围中保证个人利益的最大化,从而避免"囚徒困境"式两败俱伤的局面出现。与此相反的是,集体意识教育试图使受教育者明白,一个人除了属于每个人的利益尤其是物质利益追求外,还有一种超越于个人的,超越于利益的特殊需求。集体意识教育不排斥对个人利益的关注,但更强调每个人的思想和行为是否配享在集体中的身份存在。也就是说,合作意识教育强调的是妥善处理好每个人与每个人的关系,而集体意识教育看重的是每个人与一切人的关系,即每个人的自由发展是一切人的自由发展的条件。

---

① 《基础教育课程改革纲要》提出"培养学生……交流与合作的能力";《品德与生活》(2011版)提出"关心他人,友爱同伴,乐于分享与合作""获得合作、协商、对话、分享、尊重的思想方式和行为方式。"《品德与社会》(2011版)提出"养成……热爱集体、团结合作、有责任心的品质""与他人平等地交流与合作,积极参与集体生活"。

集体意识教育是对人类存在形式和核心价值的实现。按照马克思的思想，对人类存在的科学认识，既不在于整体，也不在于个体，而在于人与人之间的关系。从人类的存在方式来看，人与人之间的关系除了排他性关系外，还有共享性关系的存在。每个人的存在不仅可能需要与别人共享物质基础，更需要与别人共享价值目标。这种共享性关系不是靠人类的刻意合作而实现的，其本身就是人类的存在形式。任何一个人，即便长大后能自给自足，其生存的意义也只有在别人的共享与认可中才得以实现。

集体意识教育也是与中国特色社会主义制度相契合的思想道德建设。用伦理学的眼光观照当今中国，我们正在共同致力于实现"两个一百年"的宏伟目标，共同致力于实现中华民族的伟大复兴。集体意识教育秉持的是人与人之间是一种共在关系，人们在共在关系中寻求美好生活的伦理学思路。在中国这个巨大的命运共同体中，国民思想道德建设只有超越"冲突—合作"的政治哲学思维方式，回归集体意识教育的伦理学主张，才能实现中国精神的弘扬和中国力量的凝聚。

三　从集体意识现状到集体意识教育

虽然我国少年儿童集体意识教育的政策地位比较巩固，但多种非集体意识在少年儿童生活中渗透且影响深刻复杂。了解学生集体意识现状是集体意识教育行之有效的前提，剖析不同学生个体的集体意识境况能够使得集体意识教育更具针对性和实效性。通过对两位典型个案分析得知，两人对集体及集体意识概念的认知模糊，对集体及集体意识意义的认识既不全面也不深刻；在理解集体与个人的关系中，两人多以个人利益为出发点，从集体立场考虑问题的逻辑思维并不显著；两人在集体中都扮演着一定的角色，需要承担相应的责任，履行特定的义务，但两人的行为与集体所赋予的使命并不匹配；在观念上，两人对仪式等集体规章制度的重要性表现出一定的认识，但在实际情形中，两人轻视仪式，抵触规则，违反纪律的情况时有发生。归纳起来，两人集体意识薄弱的现象具有如下特点：时有时无，断断续续，以片段化的情景出现；半途而废，浅尝辄止，以停留在表面的状态呈现；言行不一，口是心非，呈现出说辞与行动的矛盾性；兴趣为主，情绪左右，呈现出以自身利益为主的功利性。

课程、文化、活动、实践、组织与管理都是开展集体意识教育的重要途径。开展集体意识教育，并不需要专门的课程，而是需要教育者在日常的教育中有着集体意识的引导、指导和疏导。具体来说，在单科课程中，需要开展集体意识的引导活动。在引导活动中，教育者和受教育者因为置身之外，往往能排除个人利益和个别情绪的干扰，在一般情境下做出较为客观的理性判断。在综合课程中，需要开展集体意识的指导活动，从人的使命与担当、事务的性质与功能的角度阐发原理，从规避伤害与促进发展的角度阐发理由，从行动的步骤和方法的角度分析行为。在活动课程中，需要开展集体意识的疏导活动，从对尊严的维护、对兴趣的引导等方面，使儿童既认识事情的性质，同时又尊重儿童的自由。开展集体意识教育，需要教育者乃至教育管理者避免人为制造竞争环境和竞争性资源。虽然我们不可否认竞争的客观存在，但当前的教育工作者往往通过限制资源的供给（如三好学生的指标有限），或增设竞争性资源和机会（谁坐得端正谁就有发言机会），从而影响了受教育者对社会认识的客观性。即便是面对不可避免的竞争性资源，教育工作者也应该从共享性、分享性和独享性等全面分析资源的多重性质，引导学生用共同目标统领个体目标，用身份意识统领"身份证"意识，从而实现德育的时代使命。

参考文献

《马克思恩格斯文集》（第一卷），人民出版社2009年版。

《马克思恩格斯文集》（第十卷），人民出版社2009年版。

邓小平：《邓小平文选》（第2卷），人民出版社1994年版。

《中共中央关于加强社会主义精神文明建设若干重要问题的决议》，《求是》1996年第21期。

安方明：《社会转型与教育变革：俄罗斯历次重大教育改革研究》，社会科学文献出版社2006年版。

[美]奥尔森：《集体行动的逻辑》，陈郁等译，上海三联书店1995年版。

北京师范大学外国问题研究所：《苏联教育法令汇编》，北京人民出版社1978年版。

[苏]彼得罗夫斯基、施巴林斯基：《集体的社会心理学》，卢盛忠等译，人民教育出版社1984年版。

卜玉华：《我国中小学班级工作的传统与当代变革》，《教育研究》2004年第11期。

蔡伟、张志坚：《教育社会学视域中的奖励》，《中国教师》2012年第20期。

常晓红：《苏联集体主义教育理论在新中国的传播和影响》，硕士学位论文，华东师范大学，2002年。

陈传东：《奖励隐喻及其在小学课堂教学中的表现》，硕士学位论文，华东师范大学，2012年。

陈桂生：《从"赏识教育"谈起》，《思想·理论·教育》2004年第4期。

陈桂生:《中国德育问题》,福建教育出版社 2002 年版。

陈丽萍:《中苏政治教育比较研究》,博士学位论文,中共中央党校,2010 年。

陈桐生:《中国集体主义的历史与现状》,《现代哲学》1999 年第 4 期。

东北教育社:《苏联教育工作的基本问题》,东北新华书店出版社 1949 年第 12 版。

杜鸿林、赵壮道:《国内外集体主义思想研究综述》,《道德与文明》2011 年第 3 期。

[美] 杜威:《民主主义与教育》,王承绪译,人民教育出版社 1999 年版。

[美] 杜威:《人的问题》,傅统先、邱椿译,上海人民出版社 2006 年版。

方涛、李萍:《八九十年代小说的集体主义认知视角嬗变》,《小说评论》2007 年第 6 期。

冯坤:《奖励与惩罚对儿童社会化的功能分析》,《青海师范大学学报》(哲学社会科学版) 2007 年第 1 期。

冯利花:《20 世纪 50 年代中国学习苏联建设经验的研究》,硕士学位论文,陕西师范大学,2011 年。

[德] 弗洛姆:《健全的社会》,孙恺详译,贵州人民出版社 1994 年版。

[法] 福柯:《规训与惩罚》,刘北成,杨远缨译,生活·读书·新知三联书店 2007 年版。

傅根跃、陈昌凯、胡优君:《小学儿童集体主义意识研究》,《心理科学》2002 年第 5 期。

傅维利:《论教育中的惩罚》,《教育研究》2007 年第 10 期。

高德胜:《超越群体的自私——全球化时代道德教育的新课题》,《教育研究与实验》2008 年第 1 期。

高德胜:《竞争性学习观的道德审视——由"别人发言我举手"现象引发的思考》,《教育科学研究》2007 年第 9 期。

高德胜:《奖励的本质与滥用的后果》,《教育科学研究》2006 年第

9期。

宫青：《班级生活中学生权力意识的生成——对小学生班干部制度及实施的社会学分析》，硕士学位论文，首都师范大学，2012年。

龚乐进：《略谈集体主义》，《哲学研究》1990年第1期。

顾红亮：《为他责任：走出自我责任与集体责任的困境》，《南京社会科学》2006年第10期。

顾明远，梁忠义：《苏俄教育》，吉林教育出版社2000年版。

郭峰：《集体教育与个性教育的辩证关系——马卡连柯的"集体—个性"教育思想对当前个性教育的启示》，《中国教育学刊》2002年第6期。

何国华，燕国材：《马卡连柯教育思想研究》，湖南教育出版社1956年版。

[德] 赫尔巴特：《赫尔巴特文集·教育学卷》，李其龙译，浙江教育出版社2002年版。

胡春光：《规训与抗拒：教育社会学视野中的学校生活》，华中师范大学2011年版。

华东师范大学教育科学中心：《苏联1984年的教育改革》，华东师范大学出版社1985年第4版。

[英] 怀特：《再论教育目的》，李永宏等译，教育科学出版社1997年版。

黄仁国：《政治、经济与教育的三向互动》，博士学位论文，湖南师范大学，2010年。

黄向阳：《德育原理》，华东师范大学出版社2000年版。

[英] 霍普：《个人主义时代之共同体重建》，沈毅译，浙江大学出版社2012年版。

[苏] 加拉什尼科可：《三十年的苏联教育》，徐警青译，中外出版社1950年版。

贾文华、高中毅：《苏联教育》，河南教育出版社1989年版。

江山：《论苏联的教育》，苏北新华书店出版社1950年版。

姜树卿：《关于学习苏联教育经验的认识与评价》，《中国高教研究》2002年第7期。

［苏］杰普莉茨卡娅：《苏维埃教育学讲义》，华东师范大学教育系教育学研究班翻译室译，华东师范大学出版社1957年版。

［苏］凯洛夫：《教育学》，沈颖，南致善译，人民教育出版社1951年版。

［苏］康斯坦丁诺夫等：《苏联教育史》，吴式颖等译，商务印书馆2013年版。

［美］科恩：《奖励的惩罚》，程寅，艾斐译，上海三联书店2006年版。

［苏］克鲁普斯卡娅：《克鲁普斯卡娅教育文选》（上下卷），卫道治译，人民教育出版社2006年版。

［美］拉塞尔：《群体冲突的逻辑》，刘春荣等译，上海人民出版社2013年版。

兰维、高德胜：《略述国外关于强化、奖励和内在动机关系的研究》，《教育研究与实验》1997年第2期。

李伯黍等：《小学儿童集体观念发展研究》，《心理科学通讯》1985年第1期。

李春雨：《俄罗斯社会变迁中公民教育观的变换》，硕士学位论文，南开大学，2014年。

李合敏：《毛泽东集体主义思想述论》，《毛泽东研究》2014年第11期。

李芒：《论综合实践活动课程与教师的教学能力》，《教育研究》2002年第3期。

李伟：《从中苏两国政治体制改革的对比看我国政治体制改革的路径选择》，硕士学位论文，中央民族大学，2006年。

李学农：《社会主义市场经济与集体主义教育》，《南京师大学报》（社会科学版）1995年第1期。

李雅君：《俄罗斯教育改革模式的历史文化研究》，博士学位论文，东北师范大学，2010年。

李玉非：《建国初期学习苏联教育经验的回顾与反思》，《教育史研究》2009年第9期。

李稚勇：《〈品德与社会〉课程与教学》，高等教育出版社2006年版。

李子卓等：《苏联的教育管理》，文化教育出版社1983年版，第7页。

刘波：《当代中国集体主义模式演进研究》，博士学位论文，复旦大学，2011年。

刘春荣、陈周旺：《集体行动的中国逻辑》，上海人民出版社2012年版。

刘慧、刘惊铎：《社会变革时期中国小学生道德价值观调查》，教育科学出版社2013年版。

刘家和，陈新：《历史比较初论：比较研究的一般逻辑》，《北京师范大学学报》（社会科学版）2005年第5期。

刘建荣：《公共秩序——人类的德行与理性之维》，《道德与文明》2008年第3期。

刘磊：《现时代我国教育中奖励的困境及其应对》，《教育科学》2015年第2期。

刘磊：《论教育中的奖励》，《教育研究》2011年第2期。

刘晓燕：《集体主义与团队精神——中美集体意识之比较》，《探索与求是》2001年第9期。

刘洋：《前苏东国家与中国经济体制转轨模式的比较研究》，硕士学位论文，吉林大学，2014年。

龙静云：《建国以后三十年我国坚持集体主义的经验教育及其启示》，《华中师范大学学报》（人文社会科学版）1998年第1期。

鲁洁：《品德与生活》（1—12册），江苏教育出版社，2010年版。

鲁洁：《回归生活——"品德与生活""品德与社会"课程与教材探寻》，《课程·教材·教法》2003年第8期。

鲁洁：《再论"品德与生活"、"品德与社会"向生活世界的回归》，《教育研究与实验》2004年第4期。

鲁洁：《转型期中国道德教育面临的选择》，《高等教育研究》2000年第5期。

鲁洁：《道德教育的根本作为：引导生活的建构》，《教育研究》2010年第6期。

罗国杰：《坚持集体主义还是"提倡个人主义"》，《求是》1996年第14期。

罗国杰：《马克思主义伦理学》，人民出版社 1982 年版。

吕达、周满生：《当代外国教育改革著名文献》，人民教育出版社 1989 年版。

［苏］马卡连柯：《马卡连柯教育文集》（上下册），吴式颖等译，人民教育出版社 1985 年版。

马维娜：《集体性知识：中国教育改革的社会学解释》，广西师范大学出版社 2011 年版，第 66 页。

马宗亮：《论涂尔干集体意识》，硕士学位论文，华东理工大学，2012 年。

［苏］麦丁斯基：《马卡连柯的教育学说》，天浪译，五十年代出版社 1951 年版。

［苏］帕纳钦：《苏联的教育管理》，李子卓等译，文化教育出版社 1983 年版。

彭方：《俄罗斯政治体制改革的演进逻辑》，硕士学位论文，郑州大学，2013 年。

［瑞士］皮亚杰：《儿童的道德判断》，傅统先、陆有铨译，山东教育出版社 1984 年版。

戚万学：《活动课程：道德教育的主导性课程》，《课程·教材·教法》2003 年第 8 期。

钱广荣：《关于坚持集体主义的几个基本理论认识问题》，《当代世界与社会主义》2004 年第 5 期。

钱广荣：《怎样看"中国集体主义"——与陈桐生先生商榷》，《现代哲学》2000 年第 4 期。

人民教育社：《苏联的初等教育》，人民教育出版社 1951 年版。

［苏］萨利莫娃：《国际教育史手册》，诸惠芳等译，人民教育出版社 2012 年版。

邵士庆：《社会主义经济条件下集体主义的研究》，硕士学位论文，中共中央党校，2005 年。

苏霍姆林斯基：《苏霍姆林斯基选集》（五卷本），蔡汀等译，教育科学出版社 2001 年版。

孙少平：《新中国德育 50 年》，福建教育出版社 2002 年版。

檀传宝：《奖其当奖罚其当罚》，《北京：人民教育》2005年第12期。

天津教育：《学习苏联改造我们的教育》，天津教育社1950年第8版。

[法]埃米尔·涂尔干：《社会分工论》，渠东译，生活·读书·新知三联书店2000年版。

[法]埃米尔·涂尔干：《道德教育》，陈光金等译，世纪出版集团2006年版。

[法]埃米尔·涂尔干：《教育及其性质的作用》，张人杰等编，华东师范大学出版社1989年版。

王海明：《集体主义之我见》，《上海师范大学学报》（哲学社会科学版）2004年第9期。

王丽：《7—15岁儿童集体责任观的研究》，硕士学位论文，上海师范大学，2003年。

王小章：《从"自由或共同体"到"自由的共同体"——马克思的现代性批判与重构》，中国人民大学出版社2014年版。

王义高：《苏联教育70年成败》，北京师范大学出版社1999年版。

卫道治：《中外教育交流史》，湖南教育出版社1998年版。

[苏]沃尔柯娃：《苏联的国民教育》，龚远英译，人民教育出版社1958年版。

吴潜涛：《价值观多样化势态与坚持社会主义集体主义价值观导向》，《道德与文明》1999年第4期。

吴式颖：《俄国教育史》，人民教育出版社2006年第4版。

[苏]西尼亚叶夫：《怎样进行集体主义教育》，林冬等译，五十年代出版社1954年版。

向祖文：《苏联经济思想史》，社会科学文献出版社2013年第9版。

辛治洋：《学校德育存在方式探寻》，《中国德育》2015年第1期。

辛治洋：《从"合作意识"到"集体意识"：当代德育目标的应然转变》，《教育研究与实验》2017年第6期。

辛治洋：《从工作到教育：辨明有关班干部的三个认识问题》，《班主任》2015年第5期。

辛治洋：《道德内容的绝对性与相对性——兼论道德教育中"对话"的基本内涵》，《教育研究》2012年第6期。

辛治洋：《回归道德教育的"集体主义"原则》，《西南大学学报》（社会科学版），2016年第3期。

新教育学会：《苏联教育介绍》，人民教育出版社2001年版。

徐警春：《三十年的苏联教育》，中外出版社1950年版。

徐俊：《蒙尘的遗产》，硕士学位论文，华东师范大学，2012年。

徐晓华：《竞争氛围中个人奖励方式与团队奖励方式的研究》，硕士学位论文，华东师范大学，2009年。

许美德、李军、孙利民：《世界教师教育发展的历史比较》，《教育研究》2009年第6期。

阎国华：《当前集体主义教育实效性探讨》，《江西农业大学学报》（社会科学版）2006年第9期。

杨焕梅：《现代西方集体主义教育研究》，硕士学位论文，华东师范大学，2007年。

杨建：《论功利主义与集体主义》，首都师范大学，2000年。

杨建朝：《从虚假到真实：集体主义教育反思》，《教育学报》2011年第5期。

杨黎鸣：《苏霍姆林斯基集体主义教育思想对我国中学集体主义教育的启示》，硕士学位论文，南京师范大学，2012年。

杨韶刚：《集体主义与个体主义道德文化的教育反思》，《教育学报》2011年第5期。

杨中芳：《如何理解中国人》，重庆大学出版社2009年版。

余文森：《"取消分数"抑或"奖励分数"——以评分制为焦点的现代教学评价改革比较研究》，《比较教育研究》1994年第6期。

赵存生：《市场经济条件下的集体主义教育》，《中国教育报》2008年3月25日。

赵鸿志：《苏联教育现状》，百城书局1935年版。

赵纪梅：《列宁苏维埃制度建设思想研究》，博士学位论文，山东师范大学，2012年。

赵汀阳：《第一哲学的支点》，生活·读书·新知三联书店2013年版。

中央教育科学研究所：《发展中的苏联教育》，教育科学出版社1989年版。

钟鸣：《20 世纪 80 年代中苏政治现代化进程的比较分析》，硕士学位论文，河南大学，2006 年。

朱光明：《表扬与批评的意义——教育现象学的视角》，博士学位论文，北京大学，2008 年。

朱小蔓，鲍列夫斯卡娅：《20—21 世纪之交中俄教育改革比较》，教育科学出版社 2006 年版。

后 记

人与人，应该是什么关系？实际又是什么关系？是前者规范后者，还是前者出自后者？这既是哲学问题，也是教育学问题。本研究努力从教育学角度对此问题作出回答。在本研究看来，人与人的关系有四种范式的解读，每一种解读都直接影响着人的行为的群体价值；在本研究看来，每个人的行为又可以分为三种彼此交叉重叠的目标，这些目标的背后是每个个体对人与人关系的不同理解。现实行为基于潜在意识，潜在意识又要有现实的解释力。基于此，少年儿童的集体意识现状如何？在各种不同教育途径中，集体意识教育的存在状况和改进空间如何？这本书记录了我对上述问题的回答。

这本书同时记录的也是我研究的转型。虽然之前也发表了一些论文，走访调查过一些学校，并因此拿到学位、获得职称，但隐忧却越来越深。2013年，我女儿辛若水上小学一年级，我也申请到了在安师大附属小学挂职锻炼的机会，从此与基础教育中的教师和学生结下了不解之缘。在五年多扎根基础教育学校的过程中，我深切地理解了理论研究在教育科学研究中的精神支柱地位。"如果忽视了理论，就会导致乱用模型，或者导致概念界定的错误、盲目使用数据库，无法为知识增长做出贡献。"[1] 但同时，我也深切地感受到了研究范式转型的迫切性。正如《中国青年报》在2009年11月12日所报道的曾任教育部副部长的韦钰对教育理论研究的批评那样："60年来，我们习惯了教育研究就是谈感想，就是写文章贯彻领导意图。"[2] 基于研究和基于实证是国际教育学现代化的特点，也是

---

[1] 《没有理论，你的研究将一无所有》，2018年11月14日（http://www.sohu.com/a/275403263-659080）。

[2] 李斌：《教育前副部长：教育改革不能碰运气》，《中国青年报》2009年11月12日第6版。

克服直觉和经验的弊端、提升教育的主体性和科学性的必由之路。

这本书是全国教育科学规划国家青年项目"少年儿童集体意识教育的理论与实践研究"（CEA130141）的主要研究成果。作为课题主持人，我带领我的研究生深入研究对象所在的学校，用班主任助理或实习教师的身份随堂听课，参与和组织学生活动，在实践中观察，在参与中求证，各类型的参与方式为我和我的研究生提供了相对可靠的研究素材。在研究过程中，我和研究生坚持每周举行一次研讨会，重点解决概念和观点的一致性问题，解决观点与实证材料的适切性问题。参与研究的研究生有2012级的王惠、孙旸，2013级的杨菊、王春燕、张惠、张芹、陈茜茜等。相关研究成果既是她们毕业论文的主要内容，也是本研究成果的重要支撑。研究生陆续毕业，课题也已经结题，这本著作作为一种研究方式和研究成果的记录，也应该是我提升研究效度和稳固研究主题的出发点。

希望若干年后，能用一本新的著作，来弥补本研究成果的生涩。是为记！